Jens Petersen · Examens-Repetitorium Allgemeines Schuldrecht

UNIREP JURA

Herausgegeben von Prof. Dr. Mathias Habersack

Examens-Repetitorium
Allgemeines Schuldrecht

von

Dr. Jens Petersen

o. Professor an der Universität Potsdam

5., neu bearbeitete Auflage

 C.F. Müller

Jens Petersen, Jahrgang 1969, Studium der Rechtswissenschaften in Berlin, Genf und München; Promotion 1996 ebendort, 1997 Assessorexamen, 2001 Habilitation in München. Venia legendi für die Fächer Bürgerliches Recht, Handels- und Gesellschaftsrecht, Steuerrecht, Methodenlehre und Umweltrecht.

Ausgewählte Veröffentlichungen: Duldungspflicht und Umwelthaftung, 1996; Unternehmenssteuerrecht und bewegliches System, 1999; Der Gläubigerschutz im Umwandlungsrecht, 2001; Von der Interessenjurisprudenz zur Wertungsjurisprudenz, 2001; Fußball im Rundfunk- und Medienrecht, 2001; Versicherungsunternehmensrecht, 2003; Medienrecht, 5. Auflage 2010; Die mündliche Prüfung im ersten juristischen Staatsexamen, 2005.

Bibliografische Information der Deutschen Nationalbibliothek
Die Deutsche Nationalbibliothek verzeichnet diese Publikation in der Deutschen Nationalbibliografie; detaillierte bibliografische Daten sind im Internet über <http://dnb.d-nb.de> abrufbar.

Bei der Herstellung des Werkes haben wir uns zukunftsbewusst für umweltverträgliche und wiederverwertbare Materialien entschieden. Der Inhalt ist auf elementar chlorfreies Papier gedruckt.

ISBN 978-3-8114-9837-2

E-Mail: kundenbetreuung@hjr-verlag.de
Telefon: +49 89/2183-7928
Telefax: +49 89/2183-7620

© 2011 C.F. Müller, eine Marke der Verlagsgruppe Hüthig Jehle Rehm GmbH
Heidelberg, München, Landsberg, Frechen, Hamburg

www.cfmueller-campus.de
www.hjr-verlag.de

Dieses Werk, einschließlich aller seiner Teile, ist urheberrechtlich geschützt. Jede Verwertung außerhalb der engen Grenzen des Urheberrechtsgesetzes ist ohne Zustimmung des Verlages unzulässig und strafbar. Dies gilt insbesondere für Vervielfältigungen, Übersetzungen, Mikroverfilmungen und die Einspeicherung und Verarbeitung in elektronischen Systemen.

Satz: Gottemeyer, Rot
Druck: Druckpartner Beltz, Hemsbach

Vorwort

Die besondere Schwierigkeit von Examensklausuren mit Schwerpunkten im Allgemeinen Schuldrecht besteht darin, dass diese nicht selten verborgen hinter vermeintlichen Spezialproblemen liegen. Ein besonderes Anliegen der vorliegenden Darstellung liegt deshalb darin, die Bezüge des Allgemeinen Schuldrechts zum Besonderen Teil und zu den anderen Büchern des BGB darzustellen. Darüber hinaus sollen auch die sog. Nebengesetze miteinbezogen werden. Das bedeutet, dass jeweils auch handelsrechtliche oder zivilprozessuale Folgefragen erörtert werden, soweit sie sich typischerweise im Zusammenhang mit bestimmten Problemen des Allgemeinen Schuldrechts stellen. Dies geschieht, wie es der Grundintention dieser Reihe entspricht, zum einen durch Fälle und zum anderen durch Hinweise zur Fallbearbeitung. Die eingestreuten Fälle werden nicht nur im Hinblick auf das sich konkret stellende Hauptproblem des Allgemeinen Schuldrechts, sondern unter Beachtung der auch vom Examenskandidaten zu beachtenden Anspruchskonkurrenz gelöst, so dass auch solche Fragen mitbehandelt werden, die vorderhand nicht zum Allgemeinen Schuldrecht gehören.

Das Buch setzt ein gewisses Grundwissen im Allgemeinen Schuldrecht und im übrigen Bürgerlichen Recht voraus. Es wird demgemäß nicht alles gleichermaßen ausführlich behandelt, was zum paraten Examenswissen gehört. Dies geschieht nicht nur aus Gründen der Konzentration des Stoffes, sondern auch, damit sich der Examenskandidat zum jederzeitigen Mitdenken herausgefordert fühlt. Wer das Buch früher zur Hand nimmt, sollte vielleicht – so wichtig und unverzichtbar die Grundlagen auch sind! – die ersten drei Fälle (§ 1 I) überspringen, weil diese beträchtliches Grundwissen der anderen Bücher des BGB voraussetzen. Denn wie so häufig, sind die Grundlagen nicht das Einfachste, sondern ihr Verständnis gehört zum Schwierigsten, weshalb auch die Vermeidung von Grundlagenfehlern alles andere als einfach ist.

Maßstab für die Änderungen waren neben Rechtsprechung und Schrifttum die mir zugänglichen Examensklausuren. Das in den ersten vier Auflagen entstandene Fußnotendickicht habe ich für die Neuauflage aufgeforstet. Für die Durchsicht des Manuskripts und viele weiterführende Hinweise im Rahmen der Neubearbeitung danke ich meinen Mitarbeitern, den Herren *Roy F. Bär*, *Lars Rühlicke* und *Hannes Arndt*. Kritik und Anregungen von Seiten der Leser sind sehr willkommen; sie erreichen mich am besten per E-Mail (jens.petersen@uni-potsdam.de).

Potsdam, im März 2011 *Jens Petersen*

Inhaltsverzeichnis

	Rdnr.	Seite
Vorwort		V
Abkürzungsverzeichnis		XV
Literaturverzeichnis		XIX

Erster Teil
Grundlagen

	Rdnr.	Seite
§ 1 Grundbegriffe	1	1
I. Die Relativität des Schuldverhältnisses	1	1
1. Die Forderung als sonstiges Recht?	3	1
2. Verdinglichung obligatorischer Rechte	10	4
a) Der Grundsatz der Relativität und seine Durchbrechungen	10	4
b) Besonderheiten bei der relativen Unwirksamkeit	17	6
II. Einteilung der Schuldverhältnisse	20	7
1. Schuldverhältnis im engeren und weiteren Sinne	20	7
2. Einseitig verpflichtende und gegenseitige Verträge	21	8
III. Verpflichtung und Verfügung	22	9
IV. Die Pflichtverletzung	24	9
1. Begriffsklärung	25	10
2. Kritik am Konzept der Pflichtverletzung	27	10
3. Wahlfeststellung	29	11
V. Pflichten aus dem Schuldverhältnis	30	12
1. Einteilung der Pflichten	31	12
2. Pflichtverletzung beim nichtigen Vertrag	39	15
3. Haftungsmilderung bei der Verletzung von Nebenpflichten?	44	17
4. Vertretenmüssen und Pflichtverletzung	51	20
5. Beweislast bezüglich der Pflichtverletzung	53	21
6. Schadensersatz statt der Leistung wegen Verletzung einer sonstigen Pflicht	57	23

Zweiter Teil
Das Schuldverhältnis

	Rdnr.	Seite
§ 2 Die Entstehung des Schuldverhältnisses	61	24
I. Formerfordernisse	61	24
II. Einschränkungen der Vertrags- und Formfreiheit	67	27
III. Die culpa in contrahendo	69	28
1. Voraussetzungen	71	28

a) Aufnahme von Vertragsverhandlungen	73	28
b) Vertragsanbahnung mit Einwirkungsmöglichkeit	74	29
c) Ähnliche geschäftliche Kontakte	81	32
2. Schuldverhältnis zu Dritten und Eigenhaftung Dritter	82	32
a) Culpa in contrahendo beim Schuldverhältnis mit Schutzwirkung zugunsten Dritter	83	32
b) Eigenhaftung Dritter	85	33
aa) Inanspruchnahme besonderen Vertrauens	85	33
bb) Weitere Fälle	88	34
(1) Prospekthaftung	89	34
(2) Unmittelbares wirtschaftliches Eigeninteresse des Dritten	90	34
3. Culpa in contrahendo des Minderjährigen?	92	35
4. Konkurrenzfragen	93	35
a) Anspruch auf Vertragsaufhebung	93	35
b) Konkurrenz mit dem Kaufrecht	100	37
5. Haftung für das Scheitern von Verträgen	102	38
IV. Der Anspruchsausschluss bei der Lieferung unbestellter Ware	104	39

§ 3 Erlöschen des Schuldverhältnisses 105 39

I. Erfüllung und Surrogate	107	40
1. Einzelheiten zu Erfüllung	107	40
a) Die Empfangszuständigkeit	107	40
b) Leistung durch und an Dritte	108	41
aa) Leistung durch einen Dritten	108	41
bb) Leistung an einen Dritten	110	41
2. Erfüllungssurrogate	111	42
a) Leistung erfüllungshalber	111	42
b) Leistung an Erfüllungs Statt	113	42
3. Die Nacherfüllung	117	43
II. Aufrechnung	119	45
1. Aufrechnungslage	120	45
a) Wechselseitigkeit	120	45
b) Gleichartigkeit	121	46
c) Durchsetzbarkeit der Gegenforderung (Aktivforderung)	122	46
d) Erfüllbarkeit der Hauptforderung (Passivforderung)	123	46
2. Aufrechnungsverbote	123	46
a) Aufrechnung gegen deliktisch begründete und unpfändbare Forderungen	124	46
aa) Ratio legis	125	46
bb) Einzelheiten	127	47
b) Vereinbarung von Aufrechnungsverboten	128	48
c) Gesamtschuld und Bürgschaft	129	48
d) Aufrechnung im Gesellschaftsrecht	130	48
3. Aufrechnungserklärung und Anrechnung von Gesetzes wegen	131	48

III. Sonstige Erlöschensgründe	135	50
1. Der Erlass	135	50
2. Konfusion	137	51

§ 4 Die Lösung vom Schuldvertrag 138 52

I. Der Rücktritt	138	52
1. Rücktritt bei Nicht- und Schlechtleistung	141	54
a) Der Tatbestand des § 323 I	142	54
b) Entbehrlichkeit der Fristsetzung	145	55
aa) Endgültige und ernsthafte Leistungsverweigerung	146	55
bb) Relatives Fixgeschäft	148	56
cc) Sonstige Fälle	149	56
dd) Entbehrlichkeit gemäß § 440	151	57
c) Rücktritt vor Fälligkeit	152	57
d) Rücktritt bei Teilleistung, Gläubigerverschulden und Gläubigerverzug	155	58
2. Rücktritt wegen Schutzpflichtverletzung	161	61
a) Voraussetzungen	162	61
b) Eigene Vertragstreue	163	61
3. Unwirksamkeit des Rücktritts	164	62
a) Rücktritt und Verjährung	164	62
b) Rücktritt und Aufrechnung	168	64
4. Rücktritt und Schadensersatz	169	64
a) Der systematische Zusammenhang	171	66
b) Teilleistung und Berechnung	172	66
5. Wertersatz statt Rückgewähr	174	67
a) Entstehung der Pflicht zum Wertersatz	175	67
aa) Ausschluss der Rückgewähr oder Herausgabe	175	67
bb) Wertersatz bei einschneidenden Maßnahmen	177	68
cc) Wertersatz bei Verschlechterung oder Untergang	178	69
dd) Höhe des Wertersatzes	180	69
ee) Wertersatz wegen unterlassener Nutzungsziehung	181	70
b) Wegfall der Pflicht zum Wertersatz	182	70
aa) Auftreten des Mangels während Verarbeitung oder Umgestaltung	182	70
bb) Kein Wertersatz bei Vertreten des Gläubigers	183	71
cc) Privilegierung des gesetzlich zum Rücktritt Berechtigten	184	71
(1) Ratio legis	185	71
(2) Anwendungsfälle	186	71
(3) Ausweitung und Einschränkung	187	72
(4) Verbleibende Bereicherung	188	73
c) Verwendungsersatz beim Rücktritt	189	73
6. Wertersatz und Schadensersatz	193	74
a) Probleme der Schadensersatzpflicht	194	75
b) Besonderheiten beim gesetzlichen Rücktrittsrecht	195	79

II. Verbraucherschützende Widerrufsrechte 196   78
   1. Präklusion der Vollstreckungsgegenklage beim Widerruf 197   78
   2. Besondere Vertriebsformen 200   80
      a) Haustürgeschäfte 200   80
      b) Fernabsatzverträge 207   82
   3. Durchgriffsmöglichkeiten 208   83
      a) Widerrufsdurchgriff 209   84
      b) Einwendungsdurchgriff 213   85
III. Wegfall der Geschäftsgrundlage 217   86
   1. Geschäftsgrundlage nach bisherigem Recht und Abgrenzung
      zum Allgemeinen Teil 218   87
      a) Beiderseitiger Motivirrtum 219   87
      b) Kalkulationsirrtum 220   87
   2. Die gesetzliche Regelung 221   88
   3. Leistungserschwerungen, wirtschaftliche und faktische
      Unmöglichkeit 225   90
      a) Wirtschaftliche Unmöglichkeit 226   90
      b) Faktische Unmöglichkeit 233   92
      c) Hinweise zum Aufbau 235   93
IV. Kündigung von Dauerschuldverhältnissen 237   93

Dritter Teil
Leistungsstörungen

§ 5 Die Unmöglichkeit 248   98

I. Arten der Unmöglichkeit 253   100
   1. Die anfängliche Unmöglichkeit 254   101
   2. Impossibilium nulla est obligatio 256   101
II. Die Leistungserschwerung 261   103
   1. Maßgeblichkeit des Gläubigerinteresses 263   104
   2. Grobes Missverhältnis 265   105
   3. Der Inhalt des Schuldverhältnisses als Maßstab 266   105
   4. Exkurs: Die Übernahme einer Garantie 276   109
III. Unverhältnismäßigkeitseinrede im Leistungsstörungs- und
   Kaufrecht 277a 110

§ 6 Folgen der Unmöglichkeit 278   114

I. Unmöglichkeitsfolgen bei gegenseitigen Verträgen 278   114
   1. Der Anspruch auf die Gegenleistung bei synallagmatischen
      Verpflichtungen 279   114
      a) Anspruchserhaltung in besonderen Fällen 281   115
      b) Gegenleistung insbesondere beim Gläubigerverzug 283   115

c) Vergütung von Diensten bei Annahmeverzug und
   Unmöglichkeit 288   117
2. Gegenleistung und Geld 294   119
3. Rechtsfolgen der Teilleistung 301   122
II. Schadensersatzansprüche und Ersatzansprüche infolge
   der Unmöglichkeit 303   123
1. Schadensersatz statt der Leistung nach §§ 280 I, III, 283 S. 1 304   123
   a) Einfacher Schadensersatz und Schadensersatz statt der
      Leistung 305   123
   b) Der problematische Verweis auf die Pflichtverletzung 306   124
      aa) Unmöglichkeit und Pflichtverletzung 307   124
      bb) Hinweise für die Fallbearbeitung 309   125
   c) Folgerungen 310   125
2. Schadensersatz statt der Leistung nach § 311a II 312   126
   a) Dogmatische Einordnung 313   126
   b) Vertrauensschaden bei nicht zu vertretender Unkenntnis der
      anfänglichen Unmöglichkeit? 316   127
   c) Ersatz von Aufwendungen 317   128
   d) Rechtsfolgen der anfänglichen Teilunmöglichkeit 318   129
3. Herausgabe des Surrogats 319   129
   a) Dogmatische Einordnung 319   129
   b) Verhältnis des § 285 zu § 311a I 320   130
   c) Rechtsfolgen 321   130
   d) Minderungsmöglichkeit beim Schadensersatz statt der
      Leistung 322   130
4. Beiderseits zu vertretende Unmöglichkeit 323   131

§ 7 Verzögerung der Leistung 332   134
I. Die Ansprüche im Vergleich und Überblick 334   134
1. Schadensersatz wegen Verzögerung der Leistung 334   134
2. Schadensersatz statt der Leistung 335   135
3. Rechtsfolgenbetrachtung 338   136
4. Analoge Anwendung des § 284 bei Leistungsverzögerung? 339   136
II. Voraussetzungen des Verzuges und Abgrenzung 340   137
1. Verzug und Nacherfüllung 346   139
2. Mangelbedingter Betriebsausfallschaden 353   141
3. Besondere Umstände des Verzugs 357   143
III. Sonderfragen 359   144
1. Verzugsbegründende Erstmahnung 359   144
2. Entbehrlichkeit der Mahnung 362   145

Vierter Teil
Schuldverhältnis und Dritter

§ 8 Die Abtretung	371	148
I. Allgemeines	372	148
II. Der Schuldnerschutz	375	149
1. Einwendungen des Schuldners	376	150
2. Aufrechnung gegenüber dem neuen Gläubiger	380	151
3. Leistung an den bisherigen Gläubiger	381	151
4. Wertpapierrechtliche Besonderheiten	383	152
III. Schadensrechtliche Fragen der Zession	388	154
1. Rechtsgeschäftliche Zession	388	154
2. Cessio legis	389	154
IV. Die Bedeutung der Abtretungsvorschriften im Kreditsicherungsrecht	390	155
1. Bestimmtheit und „Bestimmbarkeit"	391	155
2. Akzessorische Sicherungsrechte	392	155
3. Unanwendbarkeit der §§ 406 ff. in besonderen Fällen	398	157
V. Handelsrechtliche Besonderheiten zu den Abtretungsvorschriften	401	158
1. § 399 Fall 2 i. V. m. § 354a HGB	401	158
2. Der Sukzessionsschutz nach § 392 II HGB	402	158
a) Einzelheiten	403	159
b) Zusammenwirken mit den Abtretungsvorschriften	403	159
VI. Hinweise für die Fallbearbeitung	412	161
1. Materiellrechtliche Entsprechungen	412	161
2. Aufbau- und Gliederungshinweis	413	161
§ 9 Schuldübernahme, Schuldbeitritt und Vertragsübernahme	415	162
I. Die privative Schuldübernahme	415	162
1. Rechtsnatur und dogmatische Einordnung	415	162
2. Mitwirkung und Zurückweisungsrecht des Schuldners	416	162
3. Einzelheiten und praktische Anwendung	417	163
II. Der Schuldbeitritt	420	164
1. Schuldbeitritt und Bürgschaft	420	164
2. Schuldbeitritt und Verbraucherdarlehensvertrag	427	167
III. Die Vertragsübernahme	429	168
§ 10 Die Gesamtschuld	431	169
I. Anspruchgrundlage und Voraussetzungen	432	169
1. Die Anspruchgrundlagen	432	169
a) Der Ausgleichsanspruch des § 426 I 1	433	169
b) Die cessio legis des § 426 II	434	170
2. Die Gleichstufigkeit als zusätzliche Voraussetzung	435	170
3. Grundsatz der Einzelwirkung	437	171

II. Unechte Gesamtschuld und Regressproblematik 440 172
III. Die gestörte Gesamtschuld 451 175

§ 11 Der echte Vertrag zugunsten Dritter 457 177

I. Allgemeines 458 177
II. Vertrag zugunsten Dritter auf den Todesfall 459 178

§ 12 Das Schuldverhältnis mit Schutzwirkung zugunsten Dritter 464 180

I. Voraussetzungen 465 180
   1. Bestehen eines Schuldverhältnisses 465 180
   2. Einbeziehung des Dritten 466 180
      a) Leistungsnähe 467 181
      b) Gläubigernähe 468 181
      c) Erkennbarkeit 469 181
      d) Schutzbedürftigkeit 470 181
   3. Hinweis für die Fallbearbeitung 472 182
II. Vertrag mit Schutzwirkung zugunsten Dritter bei gegenläufigen Interessen 473 183

§ 13 Die Drittschadensliquidation 480 185

I. Zufällige Schadensverlagerung 480 185
   1. Obligatorische Gefahrentlastung 481 186
      a) Versendungskauf 481 186
      b) Vermächtnis 482 186
   2. Mittelbare Stellvertretung 486 187
   3. Treuhands- und Obhutsverhältnisse 487 187
II. Schadensberechnung 490 188

Fünfter Teil
Schadensrecht

§ 14 Die grundsätzlichen schadensrechtlichen Vorschriften 491 190

I. Natural- und Totalrestitution 496 191
II. Geldentschädigung 501 193
   1. Ersetzungsbefugnis nach § 249 II 1 .... 501 193
   2. Geldersatz nach Fristsetzung 502 194
   3. Geldersatz ohne Fristsetzung 503 194
III. Sonderfragen der Schadenszurechnung 508 196
   1. Kosten der Rechtsverfolgung 508 196
   2. Vorhaltekosten 509 197
   3. Schockschäden und Herausforderungsfälle 511 197
IV. Reserveursache und hypothetische Kausalität 514 198

Inhaltsverzeichnis

V. Vorteilsausgleichung und normativer Schaden 517   200
   1. Vorteilsausgleichung und Sowieso-Kosten 517   200
   2. Normativer Schaden 520   200

§ 15 Weitergehende schadensrechtliche Vorschriften und Wertungen 522   201

   I. Ersatz immaterieller Schäden 522   201
      1. Vermögenswerte und ideelle Bestandteile des
         Persönlichkeitsrechts 530   203
      2. Schmerzensgeld 532   204
      3. Kommerzialisierung und Entschädigung wegen entgangener
         Nutzungen 534   204
  II. Ersatz vergeblicher Aufwendungen 536   205
      1. Die Regelung des § 284 537   206
      2. Einzelheiten 541   208
 III. Mitverschulden 542   208
      1. Mitveranlassung bei der Gefährdungshaftung 543   209
      2. Einwand des Mitverschuldens beim Schuldanerkenntnis 548   210
 IV. Das schadensersatzrechtliche Bereicherungsverbot 551   211

Sechster Teil
Allgemeine Geschäftsbedingungen

   I. Besondere Inhaltskontrolle 557   213
      1. Klauselverbote ohne Wertungsmöglichkeit 557   213
         a) Leistungsverweigerungsrechte 558   214
         b) Haftungsfreizeichnung für einfache Fahrlässigkeit 559   214
         c) Ausschluss anderweitiger Behelfe des Allgemeinen
           Schuldrechts 562   215
      2. Klauselverbote mit Wertungsmöglichkeit 564   215
  II. Allgemeine Inhaltskontrolle 565   216
      1. Kodifizierung des Transparenzgebots 565   216
      2. Pflichtenprogramm und Haftungsmaßstab 567   217
      3. Ausschluss der Inhaltskontrolle 569   217

Sachverzeichnis 219

Abkürzungsverzeichnis

a. A.	anderer Ansicht
a. E.	am Ende
a. F.	alte Fassung
aaO.	am angegebenen Ort
AblEG	Amtsblatt der Europäischen Gemeinschaft
AcP	Archiv für die civilistische Praxis
AGB	Allgemeine Geschäftsbedingungen
AGBG	Gesetz zur Regelung des Rechts der Allgemeinen Geschäftsbedingungen
Alt.	Alternative
Anm.	Anmerkung
Anw.-Komm.	Anwaltkommentar
arg.	argumentum
Art.	Artikel
AT	Allgemeiner Teil
BAG	Bundesarbeitsgericht
BB	Betriebs-Berater
BGB	Bürgerliches Gesetzbuch
BGBl.	Bundesgesetzblatt
BGH	Bundesgerichtshof
BGHZ	Entscheidungen des BGH in Zivilsachen
BKR	Zeitschrift für Bank- und Kapitalmarktrecht
Bsp.	Beispiel
BT-Drs.	Bundestags-Drucksache
BVerfG	Bundesverfassungsgericht
BVerfGE	Entscheidungen des Bundesverfassungsgerichts
bzw.	beziehungsweise
c. i. c.	culpa in contrahendo
d. h.	das heißt
DAR	Deutsches Autorecht
DB	Der Betrieb
dens.	denselben
ders.	derselbe
dies.	dieselbe(n)
DNotZ	Deutsche Notar-Zeitschrift
DStR	Deutsches Steuerrecht
DZWiR	Deutsche Zeitschrift für Wirtschafts- und Insolvenzrecht
EG	Europäische Gemeinschaft
EntgeltFG	Entgeltfortzahlungsgesetz
EuGH	Europäischer Gerichtshof
EWiR	Entscheidungen zum Wirtschaftsrecht
f., ff.	folgend(e)
FamRZ	Zeitschrift für das gesamte Familienrecht
GbR	Gesellschaft bürgerlichen Recht

Abkürzungsverzeichnis

GG	Grundgesetz der Bundesrepublik Deutschland
ggf.	gegebenenfalls
GmbH	Gesellschaft mit beschränkter Haftung
GmbHG	Gesetz betreffend die Gesellschaften mit beschränkter Haftung
GoA	Geschäftsführung ohne Auftrag
GWB	Gesetz gegen Wettbewerbsbeschränkungen
h. L.	herrschende Lehre
h. M.	herrschende Meinung
HGB	Handelsgesetzbuch
Hk-BGB	BGB-Handkommentar
Hrsg.	Herausgeber
Hs.	Halbsatz
i. d. R.	in der Regel
i. S. d.	im Sinne des/der
i. V. m.	in Verbindung mit
InsO	Insolvenzordnung
JA	Juristische Arbeitsblätter
Jb.J.ZivRWiss.	Jahrbuch Junger Zivilrechtswissenschaftler
JR	Juristische Rundschau
Jura	Juristische Ausbildung
JuS	Juristische Schulung
JZ	Juristenzeitung
JW	Juristische Wochenschrift
Kfz	Kraftfahrzeug
KG	Kommanditgesellschaft/Kammergericht
KTS	Konkurs-, Treuhand- und Schiedsgerichtswesen
KunstUrhG	Gesetz betreffend das Urheberrecht an Werken der bildenden Künste und der Photographie
LM	Nachschlagewerk des BGHZ, herausgegeben von Lindenmaier und Möhring
LMK	Lindenmaier-Möhring, Kommentierte BGH-Rechtsprechung
LuftVG	Luftverkehrsgesetz
m. E.	meines Erachtens
m. w. N.	mit weiteren Nachweisen
MDR	Monatsschrift für deutsches Recht
Münch.-Komm.	Münchener Kommentar zum BGB
NJW	Neue Juristische Wochenschrift
NJW-RR	NJW-Rechtsprechungs-Report Zivilrecht
Nr.	Nummer
NZA	Neue Zeitschrift für Arbeitsrecht
NZM	Neue Zeitschrift für Mietrecht
NZV	Neue Zeitschrift für Verkehrsrecht
o. ä.	oder ähnliches/n/m
oHG	Offene Handelsgesellschaft
OLG	Oberlandesgericht

OLGZ	Entscheidungen der Oberlandesgerichte in Zivilsachen
resp.	respektive
RG	Reichsgericht
RGZ	Entscheidungen des Reichsgerichts in Zivilsachen
Rspr.	Rechtsprechung
Rz.	Randziffer
S.	Satz; Seite
SGB	Sozialgesetzbuch
sog.	sogenannt(e)
st. Rspr.	ständige Rechtsprechung
str.	strittig/umstritten
StVG	Straßenverkehrsgesetz
Tz.	Teilziffer
UrhG	Urheberrechtsgesetz
Var.	Variante
VersR	Versicherungsrecht
vgl.	vergleiche
Vor	Vorbemerkung
WG	Wechselgesetz
WM	Wertpapiermitteilungen
ZEuP	Zeitschrift für europäisches Privatrecht
ZfBR	Zeitschrift für deutsches und internationales Bau- und Vergaberecht
ZGS	Zeitschrift für Vertragsgestaltung, Schuld- und Haftungsrecht
ZHR	Zeitschrift für das gesamte Handels- und Wirtschaftsrecht
ZIP	Zeitschrift für Wirtschaftsrecht
ZPO	Zivilprozessordnung
ZRP	Zeitschrift für Rechtspolitik

Literaturverzeichnis

Brox/Walker, Allgemeines Schuldrecht, 34. Auflage 2010 (zitiert: *Brox/Walker*, Allgemeines Schuldrecht)
Buck-Heeb, Examens-Repetitorium Besonderes Schuldrecht/2 – Gesetzliche Schuldverhältnisse, 3. Auflage 2010 (zitiert: *Buck-Heeb*)
Canaris, Schuldrechtsmodernisierung 2002, Materialien, Text, Dokumente mit ausführlicher Einleitung (zitiert: *Canaris*, Schuldrechtsmodernisierung 2002)
ders., Karlsruher Forum 2002, (Hrsg. E. Lorenz), 2003 (zitiert: *Canaris*, Karlsruher Forum 2002)
Dauner-Lieb/Arnold/Dötsch/Kitz, Fälle zum Neuen Schuldrecht, 2002 (zitiert: Fälle zum Neuen Schuldrecht)
Dauner-Lieb/Heidel/Lepa/Ring (Hrsg.), Das Neue Schuldrecht, 2002 (zitiert: *Bearbeiter*, in: Das Neue Schuldrecht)
Dauner-Lieb/Heidel/Ring (Hrsg.), Anwaltkommentar, 2005 (zitiert: Anw.-Komm.-*Bearbeiter*)
Dörner/Ebert/Hoeren/Kemper/Saenger/Schreiber/Schulte-Nölke/Schulze/Staudinger, BGB-Handkommentar, 6. Auflage 2009 (zitiert: Hk-BGB/*Bearbeiter*)
Ehmann/Sutschet, Modernisiertes Schuldrecht, Lehrbuch der Grundsätze des neuen Rechts und seiner Besonderheiten, 2002 (zitiert: *Ehmann/Sutschet*)
Enneccerus/Lehmann, Schuldrecht, 14. Bearbeitung 1954
Erman, Bürgerliches Gesetzbuch, 12. Auflage 2008 (zitiert: Erman/*Bearbeiter*)
Esser/E. Schmidt, Schuldrecht, Band I, Allgemeiner Teil, 8. Auflage 1995 (zitiert: *Esser/E. Schmidt*)
Fikentscher/Heinemann, Schuldrecht, 10. Auflage 2006
Flume, Allgemeiner Teil des Bürgerlichen Rechts, Band II – Das Rechtsgeschäft, Berlin 1979, 4. Auflage 1992 (unverändert)
Gottwald, Examens-Repetitorium BGB – Allgemeiner Teil, 2. Auflage 2008 (zitiert: *Gottwald*, BGB-AT)
Grunewald, Bürgerliches Recht, 8. Auflage 2009 (zitiert: *Grunewald*, Bürgerliches Recht)
Haas/Medicus/Rolland/Schäfer/Wendtlandt, Das neue Schuldrecht, 2002 (zitiert: *Bearbeiter*, in: Das neue Schuldrecht)
Habersack, Examens-Repetitorium Sachenrecht, 6. Auflage 2010 (zitiert: *Habersack*, Sachenrecht)
Heck, Grundriß des Schuldrechts, 1929, 3. Neudruck 1994
Henssler/Graf von Westphalen (Hrsg.), Praxis der Schuldrechtsreform, 2. Auflage 2003 (zitiert: *Bearbeiter*, in: Henssler/von Westphalen)
Huber, P., Examens-Repetitorium Besonderes Schuldrecht/1 – Vertragliche Schuldverhältnisse, 2. Auflage 2008
Huber, U., Leistungsstörungen, 2 Bände 1999 (zitiert: *Huber*, Leistungsstörungen I bzw. II)
Jauernig, BGB, 13. Auflage 2009 (zitiert: Jauernig/*Bearbeiter*)
Joussen, Schuldrecht I – Allgemeiner Teil, 2008
Kaiser, G., Bürgerliches Recht, Basiswissen und Klausurenpraxis für das Studium, 12. Auflage 2009 (zitiert: *G. Kaiser*, Bürgerliches Recht)
Köhler/Lorenz, PdW Schuldrecht I, Allgemeiner Teil, 21. Auflage 2009 (zitiert: *Köhler/Lorenz*, PdW Fall)
Kreß, Lehrbuch des Allgemeinen Schuldrechts, 1929, Nachdruck 1974
Larenz, Lehrbuch des Schuldrechts, Band I, Allgemeiner Teil, 14. Auflage 1987 (zitiert: *Larenz*, Schuldrecht I)
Larenz/Canaris, Lehrbuch des Schuldrechts, Band II, Halbband 2, Besonderer Teil, 13. Auflage 1994 (zitiert: *Larenz/Canaris*, Schuldrecht II/2)
Looschelders, Schuldrecht Allgemeiner Teil, 8. Auflage 2010 (zitiert: *Looschelders*, Schuldrecht Allgemeiner Teil)

Literaturverzeichnis

Looschelders, Schuldrecht Besonderer Teil, 5. Auflage 2010 (zitiert: *Looschelders*, Schuldrecht Besonderer Teil)
Medicus, Allgemeiner Teil des BGB, 10. Auflage 2010 (zitiert: *Medicus*, Allgemeiner Teil)
Medicus/Lorenz, Schuldrecht I, Allgemeiner Teil, 19. Auflage 2010 (zitiert: *Medicus/Lorenz*, Schuldrecht I, Allgemeiner Teil)
Medicus/Lorenz, Schuldrecht II, Besonderer Teil, 15. Auflage 2010 (zitiert: *Medicus/Lorenz*, Schuldrecht II, Besonderer Teil)
Medicus/Petersen, Grundwissen zum Bürgerlichen Recht, 9. Auflage 2011 (zitiert: *Medicus/Petersen*, Grundwissen)
Medicus/Petersen, Bürgerliches Recht, 22. Auflage 2009 (zitiert: *Medicus/Petersen*, Bürgerliches Recht)
Münchener Kommentar zum BGB, 5. Auflage 2006 ff. (zitiert: Münch.-Komm.-*Bearbeiter*)
Oechsler, Vertragliche Schuldverhältnisse, 2. Auflage, 2007 (zitiert: *Oechsler*)
Oetker/Maultzsch, Vertragliche Schuldverhältnisse, 3. Auflage, 2007 (zitiert: *Oetker/Maultzsch*)
Palandt, Bürgerliches Gesetzbuch, 70. Auflage 2011 (zitiert: Palandt/*Bearbeiter*)
Prütting/Wegen/Weinreich, BGB Kommentar, 5. Auflage 2010 (zitiert: PWW-*Bearbeiter*)
Schellhammer, Schuldrecht nach Anspruchsgrundlagen, 7. Auflage 2008 (zitiert: *Schellhammer*, Schuldrecht)
Schlechtriem/Schmidt-Kessel, Schuldrecht, Allgemeiner Teil, 6. Auflage 2005
Schmidt-Räntsch, Das neue Schuldrecht, 2002
Soergel, Bürgerliches Gesetzbuch mit Einführungsgesetz und Nebengesetzen, 12. und 13. Auflage 1990 ff. (zitiert: Soergel/*Bearbeiter*)
Staudinger, Kommentar zum Bürgerlichen Gesetzbuch mit Einführungsgesetz und Nebengesetzen, Neubearbeitung 2004 ff. (zitiert: Staudinger/*Bearbeiter*)
Westermann, H. P. (Hrsg.), Das Schuldrecht 2002, Systematische Darstellung der Schuldrechtsreform (zitiert: *Autor*, in: Westermann (Hrsg.), Das Schuldrecht 2002)
Westermann/Bydlinski/Weber, BGB-Schuldrecht, Allgemeiner Teil, 7. Auflage 2010 (zitiert: BGB-Schuldrecht AT)

Erster Teil

Grundlagen

§ 1 Grundbegriffe

I. Die Relativität des Schuldverhältnisses

Der Grundsatz der Relativität besagt, dass das Schuldverhältnis nur zwischen den Beteiligten („**inter partes**") wirkt und außenstehende Dritte daraus grundsätzlich keine Rechte herleiten können. Dementsprechend entfalten auch Einreden und Einwendungen nur unter den am Schuldverhältnis beteiligten Personen Wirkung. Damit ist kein striktes Exklusivitätsverhältnis zwischen Gläubiger und Schuldner gemeint, wie sich an der Möglichkeit der Drittleistung (vgl. § 267) zeigt.

Die Relativität des Schuldverhältnisses kommt in § 241 I 1 zum Ausdruck, wonach der Gläubiger aufgrund des Schuldverhältnisses berechtigt ist, vom Schuldner eine Leistung zu fordern[1]. Bei diesem letzten Wort kann eine Darstellung zur Examensvorbereitung schon deshalb ansetzen, weil die Forderung den schuldrechtlichen Anspruch bedeutet[2] und damit eine für die Fallbearbeitung zentrale Kategorie darstellt. Der Begriff hat jedoch auch über das Allgemeine Schuldrecht hinaus Bedeutung, wie die folgende Diskussion zeigt:

1. Die Forderung als sonstiges Recht?

Sehr umstritten ist, ob die Forderung selbst ein sonstiges Recht nach § 823 I ist und somit deliktischen Schutz genießt. Diese Frage wird seit langem kontrovers diskutiert und hat in jüngster Zeit neue Impulse bekommen[3]. Daher hat die Problematik auch für die Examensvorbereitung wieder größere Bedeutung erlangt.

> Die Frage, ob die Forderung als „sonstiges Recht" i. S. d. § 823 I Schutz verdient, zeigt sich in aller Schärfe am Beispiel[4] unseres **Falles 1**: Der Geschäftsführer G einer inzwischen insolvent gewordenen GmbH verlangt von S Bezahlung einer Forderung an die GmbH, welche G namens der GmbH vor deren Insolvenz bereits an Z abgetreten hat. S zahlt in Unkenntnis der Abtretung an die GmbH. Welche Ansprüche hat Z gegen die Beteiligten?

---

1 Zum Verhältnis von Schuldverhältnis und Anspruch noch immer lesenswert *Kreß*, Lehrbuch des Allgemeinen Schuldrechts, § 4 I 3, S. 25 ff.
2 *Medicus/Lorenz*, Schuldrecht I, Allgemeiner Teil, Rz. 6. Dass dies über das Schuldrecht hinaus auch im Erbrecht – etwa beim Vermächtnis – von Bedeutung ist, wird weiter unten Rz. 482 behandelt.
3 Insbesondere durch zwei inhaltlich entgegengesetzte Beiträge von *Canaris* und *Medicus* in derselben Festschrift (für Steffen, 1995, S. 85 ff. und S. 333 ff.); ferner *Becker*, AcP 196 (1996), 439; *Buck-Heeb*, Rz. 151; *J. Hager*, Festschrift für H. P. Westermann, 2007, S. 287 ff.
4 Nach *Larenz/Canaris*, Schuldrecht II/2, § 76 II 4 g.

4 1. Gegen die GmbH besteht zwar materiell-rechtlich ein Anspruch des Z aus § 280 I 1, da die GmbH mit der Einziehung der abgetretenen Forderung eine Pflicht aus dem der Abtretung zugrunde liegenden Schuldverhältnis verletzt hat (**culpa post contractum finitum**)[5]. Die GmbH muss sich das Verschulden des G, der die Gesellschaft gemäß § 35 I GmbHG vertritt, nach § 278 S. 1 zurechnen lassen, so dass sie die Pflichtverletzung auch zu vertreten hat, § 280 I 2. Daneben besteht ein Anspruch aus § 816 II, weil die Leistung des S nach § 407 I wirksam war und dieser mithin befreit ist. Außerdem ist ein Anspruch aus §§ 687 II 1, 681 S. 2, 667 begründet, wobei der GmbH das Wissen des G um die Fremdheit des Geschäfts entsprechend § 166 I zugerechnet wird. Im Zusammenhang mit einer Verschuldenszurechnung analog § 31 wäre zudem an Ansprüche aus § 823 I und § 826 zu denken. Jedoch sind all diese Ansprüche wegen der zwischenzeitlich eingetretenen Insolvenz der GmbH wirtschaftlich wertlos.

5 2. Ein Anspruch des Z gegen G persönlich aus §§ 280 I 1, 311 III scheidet aus, da G als Geschäftsführer der GmbH weder besonderes persönliches Vertrauen in Anspruch genommen noch ein unmittelbar eigenes wirtschaftliches Interesse an der Einziehung der bereits abgetretenen Forderung hatte[6]. Ferner ist ein Anspruch aus § 816 II nicht gegeben, weil nicht an G, sondern an die GmbH eine Leistung bewirkt wurde[7]. Schließlich kommt auch ein Anspruch aus angemaßter Eigengeschäftsführung nach §§ 687 II 1, 681 S. 2, 667 nicht in Betracht. Er scheitert daran, dass G bei der Einziehung der Forderung für die GmbH kein fremdes Geschäft als eigenes behandelt hat, sondern ein Geschäft des Z als Geschäft der GmbH. Problematisch ist dagegen der Anspruch aus § 823 I. Da kein benanntes Recht i. S. d. § 823 I verletzt worden ist, kommt allein die Verletzung eines sonstigen Rechts in Frage, das freilich gleichfalls absoluten Charakter haben muss. Sonstiges Recht i. S. d. § 823 I könnte hier die Forderung des Z gegen den S sein. Die Verletzungshandlung des G läge dann in der Aufforderung zur Zahlung an den früheren Inhaber. Dies wäre auch rechtswidrig und schuldhaft geschehen. Die vorrangig zu klärende Frage ist jedoch, ob die Forderung als vermeintlicher Inbegriff des relativen Rechts über die Qualifizierung als sonstiges Recht den absoluten Rechten des § 823 I gleichgestellt werden kann. Dieser Schwierigkeit hat man früher entgehen zu können geglaubt, indem man den relativen Charakter der Forderung anerkannt, diesen aber von der „**Forderungszuständigkeit**" unterschieden hat[8]. Aber auch wenn die Verletzungshandlung in der Tat der Eingriff in die Zuständigkeit des Gläubigers ist, kann die Forderungszuständigkeit nicht als Objekt der Verletzung angesehen werden[9]. Die Forderung kann nämlich nicht von ihrer Zuständigkeit getrennt werden[10].

---

5 Vgl. unten Rz. 69.
6 Zur Haftung des GmbH-Geschäftsführers nach § 311 III vgl. BGHZ 126, 181, 187 ff. sowie unten Rz. 85 ff.
7 Dieses Auseinanderfallen ist gewissermaßen die Pointe des Beispiels von *Canaris*, das veranschaulicht, dass für die Anerkennung der Forderung als sonstiges Recht durchaus ein wirtschaftliches Bedürfnis besteht.
8 *Larenz*, Schuldrecht II/2, 12. Auflage 1981, S. 604; *von Caemmerer*, Festschrift für Rabel, Band I, 1954, S. 355.
9 So auch *Canaris*, Festschrift für Steffen, 1995, S. 85 ff.
10 *Medicus/Petersen*, Bürgerliches Recht, Rz. 610.

Fraglich ist damit, ob die Forderung selbst als sonstiges Recht eingeordnet werden kann. Das wird von einer im Vordringen befindlichen Auffassung in der Tat angenommen. Dafür spreche insbesondere der Vergleich mit dem Eigentumsvorbehalt[11], bei dem G persönlich nach § 823 I haften würde, wenn er den Eigentumsvorbehalt durch Veräußerung des Vorbehaltsguts missachtete; es sei nicht erklärlich, dass er dann nicht haften solle, wenn er die Forderungen, die beim verlängerten Eigentumsvorbehalt an dessen Stelle treten, unerlaubtermaßen einzieht. Daher sei nicht einzusehen, dass die schuldhafte Einziehung der an dessen Stelle tretenden Forderungen deliktsrechtlich folgenlos bleibe[12]. Entscheidend sei, dass die Forderung die für den deliktsrechtlichen Schutz typische **Ausschluss- und Zuweisungsfunktion** habe, da sie als Vermögensgegenstand nur ihm und keinem anderen zugewiesen sei[13].

Die h. M. lehnt den deliktsrechtlichen Schutz von Forderungen indessen ab, da der Inhaber einer Forderung nach § 816 II hinreichend geschützt sei[14]. Dass dies jedoch nicht immer so ist, belegt der vorliegende Fall, in dem der Anspruch aus § 816 II wegen der Insolvenz des Zedenten wirtschaftlich wertlos ist. Gleichwohl geht die h. M. davon aus, dass ein Anspruch aus § 823 I ausscheidet. Bei vorsätzlichem Handeln des G besteht allerdings ein Anspruch des Z aus § 823 II i. V. m. § 263 I StGB (Betrug des G zu Gunsten der GmbH und zu Lasten des Z) und – falls sittenwidriges Verhalten bejaht werden kann[15] – auch aus § 826.

3. Ansprüche gegen S, der durch die Zahlung die Forderung wegen § 407 zum Erlöschen gebracht hat, bestehen dagegen selbst dann nicht, wenn man die Forderung als sonstiges Recht ansieht: Die Schuldnerschutzvorschriften haben Vorrang, so dass der Schuldner nach § 823 I ebenso wenig haftet wie der gutgläubige Erwerber, der dem Berechtigten durch den Gutglaubenserwerb das Eigentum entzieht[16]. § 407 macht nämlich deutlich, dass nur die Zahlung in Kenntnis der Abtretung nicht schuldbefreiend wirkt[17]. Wenn aber die schon leicht fahrlässige Beeinträchtigung der Forderung deliktsrechtlich sanktioniert würde, würde der von § 407 intendierte Schuldnerschutz verwässert[18].

Beachte: Das vorstehend behandelte Problem sollte in allen Fällen, in denen § 816 II zum Zuge kommt, mitbedacht werden. Denn gerade im wichtigsten Fall der Wirksamkeit der Leistung nach § 407 ist zu prüfen, ob die bewusste Einziehung einer fremden Forderung zugleich die Verletzung eines sonstigen Rechts in Gestalt der Forderung(szuständigkeit) darstellt, weil eben grundsätzlich nur der Gläubiger zum Einzug der Forderung berechtigt ist. Die Frage stellt sich indes nur, wenn die Forderung als solche – regelmäßig durch die Einziehung von dritter Seite – beeinträchtigt wird, nicht jedoch dann, wenn etwa eine Sache, auf die ein Anspruch besteht, untergeht und aus diesem Grund der Primäranspruch verloren geht.

---

11 Hierzu *Habersack*, Sachenrecht, Rz. 262 ff.
12 *Larenz/Canaris*, Schuldrecht II/2, § 76 II 4 g.
13 *Canaris*, Festschrift für Steffen, S. 85 ff.
14 *Medicus*, Festschrift für Steffen, S. 333 ff.
15 Dafür etwa *Hepting/Ziche*, Jura 1987, 205, 208.
16 *Larenz/Canaris*, aaO.
17 Dazu unten Rz. 381.
18 *Medicus/Petersen*, Bürgerliches Recht, Rz. 610; dagegen *Larenz/Canaris*, Schuldrecht II/2, § 76 II 4 g.

2. Verdinglichung obligatorischer Rechte

a) Der Grundsatz der Relativität und seine Durchbrechungen

10 Durchbrochen wird der Grundsatz der Relativität des Schuldverhältnisses dort, wo das relative Recht infolge ausdrücklicher gesetzlicher Anordnung ausnahmsweise Drittwirkung entfaltet[19]. Für das systematische Verständnis besonders wichtig ist in diesem Zusammenhang die Verdinglichung obligatorischer Rechte[20]. Im Besonderen Schuldrecht ist hierfür der **Sukzessionsschutz** nach § 566 und § 613a repräsentativ. Aus dem Sachenrecht verdient § 986 II Hervorhebung[21], weil auch hier ausnahmsweise das Schuldverhältnis, auf dem das Recht zum Besitz einer beweglichen Sache beruht, gegen den Dritterwerber wirkt[22]. Greifen diese Sonderregeln über den Sukzessionsschutz nicht ein, so bleibt es beim Grundsatz der Relativität.

> Dies veranschaulicht unser **Fall 2**: V hat seinem Sohn S ein Grundstück geliehen. S macht darauf notwendige Verwendungen und stellt einen Schuppen auf. Nach einem heftigen Streit mit S veräußert V das Grundstück an K und lässt es diesem auf. K wird ins Grundbuch eingetragen. S hält dem Herausgabe- und Räumungsverlangen des K den Leihvertrag mit V, seine Verwendungen auf das Grundstück sowie ein Wegnahmerecht wegen des Schuppens entgegen. Von V verlangt S Schadensersatz wegen seiner Investitionen auf das Grundstück im Vertrauen auf das Fortbestehen des Leihverhältnisses. K ist zur Rückübertragung des Grundstücks keinesfalls bereit.

11 I. K kann von S aus § 985 Herausgabe und Räumung des Grundstücks verlangen, wenn er Eigentümer des Grundstücks ist und S kein Recht zum Besitz (vgl. § 986 I 1) hat. K ist Eigentümer geworden, vgl. §§ 873 I, 925 I. Fraglich ist, ob S ein Recht zum Besitz im Sinne des § 986 I 1 hat. Als solches kommt der Leihvertrag in Betracht. Die Leihe stellt ungeachtet der jederzeitigen Rückforderbarkeit des geliehenen Gegenstandes unter den Voraussetzungen des § 604 III ein taugliches relatives Besitzrecht i. S. d. § 986 I 1 dar[23]. Den Leihvertrag hat S jedoch mit V abgeschlossen. Folglich kann er nach dem Grundsatz der Relativität des Schuldverhältnisses nur im Verhältnis zu seinem Vertragspartner V, nicht jedoch zu dessen Rechtsnachfolger K ein Recht zum Besitz begründen. Ein Fall des **§ 566 I** liegt nicht vor, weil S das Grundstück nicht von V gemietet, sondern nur geliehen hatte. Auch **§ 986 II** hilft nicht weiter: Dieser gilt nur für bewegliche Sachen, wie sich aus der Bezugnahme auf § 931 ergibt, und entfaltet daher bei unbeweglichen Sachen keinen Sukzessionsschutz.

12 Möglicherweise kann S jedoch die Herausgabe nach § 1000 S. 1 wegen ihm zu ersetzender notwendiger Verwendungen (§ 994 I 1) verweigern. Dieses Recht stünde ihm nach **§ 999 II**, einem Sondertatbestand des Sukzessionsschutzes, grundsätzlich auch gegen K zu, wenn die Verwendungen getätigt wurden, bevor dieser das Eigentum erworben hat. Allerdings setzt § 999 II voraus, dass im Zeitpunkt des Eigentumsüber-

---

19 *Medicus/Lorenz*, Schuldrecht I, Allgemeiner Teil, Rz. 30 f.
20 Siehe hierzu vor allem den gleichnamigen Aufsatz von *Canaris*, Festschrift für Flume I, 1978, S. 371.
21 Näher *Habersack*, Sachenrecht, Rz. 87.
22 *Medicus/Lorenz*, Schuldrecht I, Allgemeiner Teil, Rz. 31.
23 Münch.-Komm.-*Baldus*, 5. Auflage 2009, § 986 Rz. 15.

gangs bereits Ansprüche aus den §§ 994 ff. gegen den Veräußerer bestanden haben[24]. Mangels Vindikationslage im Zeitpunkt der Verwendungen[25] – der Leihvertrag gab dem S gegenüber V ein Recht zum Besitz – liegen derartige Ansprüche im Verhältnis zwischen S und V jedoch nicht vor.

Ohne Kündigung des Leihvertrages bestimmt sich der Ersatz von Verwendungen allein nach der Sonderregelung, die das Gesetz gerade für den Fall der Leihe geschaffen hat: Nach § 601 II richtet sich die Verpflichtung des Verleihers zum Ersatz derartiger Verwendungen nach den Vorschriften über die Geschäftsführung ohne Auftrag. Diese müssen hier jedoch nicht geprüft werden, weil es sich eben nur um eine Verpflichtung des Verleihers, hier also des V, handelt, nicht dagegen um eine solche seines Rechtsnachfolgers K. § 601 II ist somit ebenfalls Ausdruck des Grundsatzes der Relativität des Schuldverhältnisses.

Ein Recht zum Besitz kann sich auch nicht aus einem etwaigen **Zurückbehaltungs-** 13
recht wegen Verwendungen nach § 273 II ergeben. Denn ein bestehendes Zurückbehaltungsrecht führt nur zur Verurteilung **Zug um Zug (§ 274 I)** und somit nicht zur Klageabweisung, wie es für ein Recht zum Besitz i. S. d. § 986 I erforderlich wäre[26]. Abgesehen davon ist die den Gegenanspruch allenfalls begründende Verwendungskondiktion infolge des grundsätzlichen Vorrangs der §§ 994 ff. im Verhältnis S zu K ohnehin ausgeschlossen.

Soweit S dem K gegenüber wegen des gebauten Schuppens das Bestehen eines **Weg-** 14
nahmerechts (§ 258) geltend macht, ist dem entgegenzuhalten, dass ein Wegnahmerecht gleichfalls kein Recht zum Besitz verschafft. Auf die Frage, ob der Schuppen wesentlicher Bestandteil (§ 93) des Grundstücks geworden ist (dann: § 997 I 2 i. V. m. § 258) oder nicht (dann: nur § 258) kommt es nicht an, da das Wegnahmerecht eben nur zur Wegnahme berechtigt, aber kein Besitzrecht begründet (arg. § 258 S. 2). K kann somit von S Herausgabe des Grundstücks verlangen.

II. 1. S könnte gegen V einen Anspruch auf Ersatz der von ihm getätigten Investitio- 15
nen aus §§ 284, 283 S. 1, 280 I 1 haben. Da das zum Wegfall der Leistungspflicht führende Hindernis nach Abschluss des Leihvertrages, d. h. nach Begründung des Schuldverhältnisses, entstanden ist, sind **§§ 283 S. 1, 284 und nicht § 311a II** die einschlägige Anspruchsgrundlage[27]. Voraussetzung des Anspruchs ist, dass der Schuldner nach § 275 nicht zu leisten braucht. V müsste als Schuldner des Leihvertrags also wegen Unmöglichkeit nicht zu leisten brauchen. Das ist dann der Fall, wenn die Leistung, die in der Bereitstellung des verliehenen Gegenstandes besteht, dem Schuldner V unmöglich geworden ist. Da K keinesfalls zur Rückübereignung bereit ist, ist dem

---

24 Erman/*Ebbing*, § 999 Rz. 12, 14; Bamberger/Roth/*Fritzsche*, § 999 Rz. 9.
25 Anders BGHZ 51, 250 ff., wonach es genügt, wenn die Verwendungen bereits vor Eintritt der Vindikationslage gemacht wurden, jedoch ist es auch danach erforderlich, dass überhaupt einmal eine Vindikationslage zwischen Verwender und Veräußerer bestand – daran fehlt es im Verhältnis zwischen V und S, vgl. auch *Habersack*, Sachenrecht, Rz. 115.
26 A. A. BGHZ 64, 124; BGH NJW-RR 1986, 283; wie hier *Seidel*, JZ 1993, 182.
27 Vgl. Palandt/*Grüneberg*, § 283 Rz. 3; Ausführlich zum Ganzen unten § 7; siehe zum Verhältnis von § 283 zu § 311 II auch *Canaris*, Schuldrechtsmodernisierung 2002, S. XIV.

§ 1 *Grundbegriffe*

V durch die Übereignung des Grundstücks die Leistung i. S. d. § 275 I subjektiv unmöglich geworden[28]. Infolgedessen kann S nach §§ 283 S. 1, 280 I 1 Schadensersatz und somit gemäß § 284 grundsätzlich auch Ersatz seiner vergeblichen Aufwendungen verlangen, zumal V als Schuldner des Leihvertrags das Leistungshindernis auch kannte und die Unmöglichkeit durch die bewusste Weiterveräußerung der verliehenen Sache auch zu vertreten hat, vgl. § 280 I 2.

16 2. Daneben hat S gegen V einen Anspruch auf Ersatz seiner Investitionen aus § 601 II i. V. m. §§ 683 S. 1, 670, 677, weil und sofern diese Verwendungen i. S. d. § 601 II 1 darstellen, wovon hier auszugehen ist.

b) Besonderheiten bei der relativen Unwirksamkeit

17 Besonders examensrelevant und auch für das Allgemeine Schuldrecht aufschlussreich ist die Rolle des **§ 883 II für die Vormerkung**[29]: Der Anspruch des Vormerkungsinhabers auf Übereignung des Grundstücks, für den eine Vormerkung eingetragen ist, erlischt eben nicht nach den Regeln der subjektiven Unmöglichkeit, weil vormerkungswidrige Verfügungen des Vormerkungsschuldners **relativ unwirksam** sind. Das obligatorische Recht ist verdinglicht. Ähnlich verhält es sich im Falle des § 392 II HGB, auf den bei der Behandlung der Abtretung zurückzukommen ist[30].

Die durch § 883 II bewirkte Verdinglichung und ihre Wirkung im Hinblick auf die Unmöglichkeit sei an unserem **Fall 3**[31] erläutert, der nebenbei schon zum nächsten Punkt, der Trennung von Verpflichtung und Verfügung, überleitet und auf die Formvorschrift des § 311b[32] vorgreift: V hat dem K mit privatschriftlichem Vertrag ein dingliches Vorkaufsrecht an einem ihm gehörenden Grundstück bestellt, das auch ins Grundbuch eingetragen wurde. Dessen ungeachtet verkauft und übereignet er das Grundstück an D, der als Eigentümer ins Grundbuch eingetragen wird. K übt gegenüber V das Vorkaufsrecht aus und verlangt von ihm Übereignung an sich. V wendet ein, er sei dazu außerstande. Welche Rechte hat K gegen V, wenn für D die Rückübertragung des Grundstücks unter keinen Umständen in Frage kommt?

18 K könnte gegen V einen Anspruch auf Übereignung des Grundstücks aus §§ 433 I, 464 II, 1098 I 1 haben. Ein entsprechender Kaufvertrag, der die Pflicht zur Übereignung begründet, ist zwischen K und V durch die Ausübung des Vorkaufsrechts gegenüber dem V zustande gekommen, und zwar mit dem Inhalt, wie er zwischen V und D vereinbart war, §§ 464 II, 1098 I 1[33]. Das Vorkaufsrecht ist mit der Eintragung ins Grundbuch entstanden, § 873 I. Die Form des § 311b I ist nur im Rahmen des zugrunde liegenden Rechtsgeschäfts einzuhalten, also im Rahmen der Verpflichtung des V, dem

---
28 Vgl. dazu unten Rz. 266.
29 Beachte auch § 1098 II für das dingliche Vorkaufsrecht; über diese Verweisung führen Fälle, in denen ein dingliches Vorkaufsrecht zum Tragen kommt, nicht selten zu § 883 II. Näher zu Vormerkung und Vorkaufsrecht *Habersack*, Sachenrecht, Rz. 342 f.
30 Unten Rz. 402.
31 Ähnlicher Fall bei *Habersack*, Sachenrecht, Rz. 343, dort aber mit spezifisch sachenrechtlichen Folgefragen; hier kommt es eher auf das Zusammenspiel von Primäranspruch, Unmöglichkeit und Verdinglichung des obligatorischen Rechts an.
32 Näher dazu Rz. 61.
33 Dazu BGHZ 168, 152.

K ein dingliches Vorkaufsrecht zu bestellen, sowie im Rahmen des Kaufvertrages zwischen V und D. Dass der Vertrag zwischen K und V nur privatschriftlich geschlossen wurde, schadet im Hinblick auf die sachenrechtliche Begründung des Vorkaufsrechts nach dem **Trennungsprinzip** nicht. Gleichzeitig ist der Vertrag über die Begründung des dinglichen Vorkaufsrechts mit der Eintragung des Vorkaufsrechts im Grundbuch entsprechend § 311b I 2 wirksam geworden[34]. Eine direkte Anwendung scheitert, weil sich der Wortlaut des § 311b I 2 („**Auflassung** und Eintragung") nur auf den Verkauf eines Grundstücks, nicht aber auf die Einräumung eines Vorkaufsrechts bezieht. Der Anspruch des K auf Übereignung ist folglich entstanden. Er könnte jedoch durch Übereignung des Grundstücks an D durch **Unmöglichkeit** nach **§ 275 I** erloschen sein. Darauf spielt V an, wenn er meint, dass er außerstande sei zur Übereignung an K. Nach § 275 I ist der Anspruch auf die Leistung ausgeschlossen, soweit und solange diese für den Schuldner oder für jedermann unmöglich ist. Dabei kann hier dahinstehen, ob die Leistung für jedermann unmöglich ist, etwa weil und sofern D übereignen könnte. Denn als Inhaber eines dinglichen Vorkaufsrechts kommt dem K über die Verweisung in § 1098 II die Vormerkungswirkung des § 883 II zugute. Das bedeutet, dass die Verfügung des V an D dem K gegenüber (relativ) unwirksam ist. Mithin ist die Leistung – Übereignung des Grundstücks an K trotz Weiterveräußerung – dem Schuldner V nicht unmöglich, so dass der Anspruch auf Übereignung aus Kaufvertrag gemäß §§ 433 I, 464 II, 1098 I 1 gegen V besteht. Gegen D hat K den **unselbstständigen Hilfsanspruch aus § 888 I**[35] i. V. m. § 1098 II, dessen Existenz im Übrigen das obige Ergebnis – keine Unmöglichkeit infolge der Weiterveräußerung – bestätigt.

Beachte: Die Bestellung eines dinglichen Vorkaufsrechts führt zu einem Schuldverhältnis zwischen den Beteiligten. Verletzt der Verpflichtete beispielsweise die aus § 469 I resultierende Mitteilungspflicht schuldhaft, dann schuldet er dem Berechtigten Schadensersatz aus § 280 I. Allgemein führt die Bestellung eines beschränkt dinglichen Rechts zu einem **Begleitschuldverhältnis**, das zwischen dem Eigentümer der Sache oder Besteller des dinglichen Rechts einerseits und dem Erwerber des Rechts andererseits begründet wird[36]. Dieses Begleitschuldverhältnis wird teils als gesetzliches[37], teils als vertragliches qualifiziert[38]; in jedem Fall kann die Verletzung einer Pflicht aus diesem Schuldverhältnis einen Anspruch aus § 280 I begründen.

II. Einteilung der Schuldverhältnisse

1. Schuldverhältnis im engeren und weiteren Sinne

Wenn bisher vom Schuldverhältnis gleichbedeutend mit der Forderung gesprochen wurde, so bedarf dies der Präzisierung. Es handelt sich dabei nur um das Schuldverhältnis im engeren Sinne. Darüber hinaus spricht man vom Schuldverhältnis im weite-

---

34 BGH WM 1967, 935 f.; RGZ 125, 264; Bamberger/Roth/*Wegmann*, § 1094 Rz. 15.
35 Zu ihm näher bei *Habersack*, Sachenrecht, Rz. 333, 338, 340 f.
36 *Habersack*, Sachenrecht, Rz. 37, 58.
37 So die h. M.; vgl. nur Staudinger/*Wiegand*, 2009, § 1215 Rz. 1.
38 Soergel/*Habersack*, 13. Auflage 2001, Vor § 1204 Rz. 15.

ren Sinne, wenn vom **Gesamtgefüge** der Rechte und Pflichten aus einer rechtlichen Verbindung die Rede ist. So ergibt sich aus den beiden Absätzen des § 433 ein ganzes Bündel von Forderungen und Pflichten, das als Schuldverhältnis im weiteren Sinne angesehen werden kann[39]. Dieses wird mitunter als „Organismus" oder bewegliches Gefüge[40] bezeichnet, weil sich auch das Schuldverhältnis mit der Zeit verändern kann. In der Fallbearbeitung sollte man sich indes mit derart blumigen Begriffen tunlichst zurückhalten.

2. Einseitig verpflichtende und gegenseitige Verträge

21 Von den **gegenseitigen (synallagmatischen) Verträgen**, wie Kauf, Miete, Werkvertrag, bei denen für die im Gegenseitigkeitsverhältnis stehenden Hauptpflichten die **§§ 320 ff.** gelten[41], unterscheidet man die einseitig verpflichtenden Schuldverträge. Dazu gehören etwa die Schenkung sowie grundsätzlich die Bürgschaft oder das Darlehen[42], weil dieses nicht etwa gegeben wird, damit der Darlehensgeber die Darlehenssumme zurückerhält (häufiger Fehler). Handelt es sich jedoch, wie zumeist der Fall, um ein verzinsliches Darlehen, liegt ein gegenseitiger Vertrag vor, weil die Pflicht zur Zinszahlung die Gegenleistung darstellt[43]. Ebenso verhält es sich bei der entgeltlichen Bürgschaft[44]. Davon zu unterscheiden sind die **unvollkommen zweiseitig verpflichtenden Verträge**, wie etwa der Auftrag[45]. Diese wiederum sind nicht zu verwechseln – was freilich aufgrund der uneinheitlichen Terminologie nicht leicht fällt[46] – mit den **unvollkommenen Verbindlichkeiten** (§§ 656, 762[47]), deren Besonderheit darin besteht, dass bei ihnen nicht auf Erfüllung geklagt werden kann (**Naturalobligationen**), das dennoch Geleistete jedoch nicht kondiziert werden kann, weil diese Verträge zwar keine Verbindlichkeit begründen, sie aber nach Erfüllung gleichwohl einen Behaltensgrund darstellen[48]. Mitunter werden unwirksame Schuldverträge schließlich erst durch Heilung wirksam. So liegt es etwa in den Fällen der §§ 311 b I 2, 518 II und § 766 S. 3. Auch hier kann nicht auf Erfüllung geklagt werden. Ist jedoch geleistet worden, stellt der dadurch wirksam gewordene Schuldvertrag einen Rechtsgrund zum Behaltendürfen dar[49].

---

39 *Medicus/Lorenz*, Schuldrecht I, Allgemeiner Teil, Rz. 8.
40 Vgl. *Gernhuber*, Bürgerliches Recht, § 14 vor I sowie unter II; siehe aber auch *Grunewald*, Bürgerliches Recht, § 9 Rz. 2 („komplexes Rechtsverhältnis").
41 Problematisch ist dies bei der Gesellschaft bürgerlichen Rechts; siehe dazu *K. Schmidt*, Gesellschaftsrecht, 4. Auflage 2002, § 20 III.
42 Dabei ist das Sachdarlehen (§ 607 BGB) vom Gelddarlehen (§ 488 BGB) zu unterscheiden.
43 *Oechsler*, Rz. 410.
44 *Medicus/Petersen*, Bürgerliches Recht, Rz. 214.
45 *Gernhuber*, Bürgerliches Recht, § 15 I 5.
46 *Westermann/Bydlinski/Weber*, BGB-Schuldrecht AT, § 1 Rz. 12; *Medicus/Petersen*, Bürgerliches Recht, Rz. 39.
47 Dazu *Enneccerus/Lehmann*, Schuldrecht, § 3.
48 Siehe aber auch Münch.-Komm.-*Habersack*, 5. Auflage 2009, § 762 Rz. 3 m. w. N.
49 *Medicus/Petersen*, Bürgerliches Recht, Rz. 40.

III. Verpflichtung und Verfügung

Es besteht auch unter Examenskandidaten ein weitverbreitetes Missverständnis dahingehend, dass der Schnitt zwischen Verpflichtung und Verfügung scharf zwischen dem zweiten und dritten Buch des BGB gezogen sei. Auch im Schuldrecht sind jedoch Verfügungen geregelt[50]. Speziell im Allgemeinen Teil sind die Abtretung[51] und der Erlass[52] zu nennen. Deshalb ist auch die **Forderung tauglicher Gegenstand von Verfügungen**. Während die Übertragung der Forderung im Allgemeinen Schuldrecht geregelt ist, finden sich für die Belastung der Forderung die einschlägigen Vorschriften im Sachenrecht (etwa §§ 1273 ff.)[53].

22

Verfügungen sind abstrakt, weil der Rechtsgrund und die Erreichung eines Leistungszwecks[54] nicht zu ihrem Tatbestand gehört[55]. Wird der **Leistungszweck** verfehlt, so kann dies im Wege der Leistungskondiktion des Veräußerers ausgeglichen werden. Schuldverträge können danach unterschieden werden, ob sie abstrakt vom Geschäftszweck sind (**abstrakte Verträge**) oder ob dieser zum Geschäftszweck gehört (**kausale Verträge**)[56]. Letztere sind der Regelfall und liegen immer dann vor, wenn es sich um einen beidseitig verpflichtenden Vertrag handelt, für den der Austauschzweck charakteristisch ist. Erstere dagegen „geben keine Antwort auf die Frage nach dem Warum der Verpflichtung"[57]. Beispiele hierfür sind die §§ 780, 781[58] und § 793. Dagegen gibt es keine kausalen Verfügungen[59]. Wenn beim abstrakten Vertrag der Bezug auf die zweckorientierte Verbindlichkeit (etwa eine Schenkung beim fingierten Rechtsgrund ohne Gegenleistung[60]) verfehlt wird, entsteht die abstrakte Verbindlichkeit dessen ungeachtet, kann aber durch Vertrag aufgehoben und kondiziert werden[61]. Das Risiko bei der rechtsgrundlosen Verfügung besteht darin, dass der Erwerber den zugewandten Gegenstand als Berechtigter weiterveräußert, einer seiner Gläubiger in ihn vollstreckt oder der Erwerber nach § 818 III entreichert ist[62].

23

IV. Die Pflichtverletzung

Die wichtigste Anspruchsgrundlage des Allgemeinen Schuldrechts ist § 280 I 1[63]. Innerhalb dessen ist der Begriff der Pflichtverletzung **Dreh- und Angelpunkt**[64].

24

---

50 Näher zum Unterschied zwischen Verpflichtung und Verfügung *Medicus*, Allgemeiner Teil, Rz. 207 ff.
51 Einzelheiten unten Rz. 371.
52 Dazu unten Rz. 135.
53 Näher *Habersack*, Sachenrecht, Rz. 22.
54 *Gernhuber*, Bürgerliches Recht, § 4 II 2, S. 32.
55 *Schellhammer*, Schuldrecht, Rz. 1944.
56 *Gernhuber*, aaO., § 4 III 1 und 2, S. 33.
57 So plastisch *Gernhuber*, aaO., S. 33.
58 Zu ihnen unten in unserem **Fall 53** (Rz. 548).
59 *Schellhammer*, Schuldrecht, Rz. 1944.
60 Vgl. BGH NJW 1972, 1158.
61 *Gernhuber*, Bürgerliches Recht, § 4 III 2 c, S. 34.
62 *Schellhammer*, Schuldrecht, Rz. 1945.
63 Instruktiv zum Verhältnis der Folgevorschriften *Fikentscher/Heinemann*, Schuldrecht, Rz. 420 und 522.
64 Vgl. dazu *Reichenbach*, Jura 2003, 512.

1. Begriffsklärung

25 Pflichtverletzung ist jedes Verhalten, sei es durch Tun oder Unterlassen, das dem aus dem Schuldverhältnis resultierenden Pflichtenprogramm entgegengesetzt ist oder von ihm abweicht[65]. Es geht also um das objektive Zurückbleiben hinter dem Pflichtenprogramm des Schuldners[66]. Die Pflichtverletzung ist damit rechtswidrig[67], wenngleich nicht notwendigerweise schuldhaft herbeigeführt. Die Haftung für eine Pflichtverletzung erfasst sämtliche Formen der Verletzung von Hauptleistungspflichten, also die Schlechtleistung, die Nichtleistung oder die verspätete Leistung, der Verletzung von Nebenleistungspflichten sowie von nicht leistungsbezogenen Nebenpflichten gemäß § 241 II (Schutzpflichten)[68]. Der Tatbestand der Pflichtverletzung normiert die Grundsätze der positiven Forderungsverletzung sowie der culpa in contrahendo und alle Erscheinungsformen der **Schutzpflichtverletzung**[69]. Eine Umschreibung der Schlechtleistung findet sich in § 281 I 1 und 3, wo die Rede davon ist, dass die Leistung nicht wie geschuldet erbracht bzw. bewirkt ist. Dass es der Sache nach gleichbedeutend in § 323 V 2 „nicht vertragsgemäß" heißt, liegt daran, dass dieser nur für gegenseitige Verträge gilt, während sich § 281 auch auf gesetzliche Schuldverhältnisse bezieht[70].

26 Paradigmatisch ist der **Pferdefutterfall** des Reichsgerichts[71]: Das vom Verkäufer rechtzeitig und in der vereinbarten Menge gelieferte Pferdefutter war infolge einer Nachlässigkeit seiner Gehilfen mit giftigen Rizinuskörnern durchsetzt und führte zum Verenden der Tiere, an die es verfüttert wurde. Dem Geschädigten steht ein Schadensersatzanspruch aus § 437 Nr. 3 i. V. m. § 280 I 1 zu, weil der Schuldner mit der Lieferung mangelhaften Futters eine Pflicht verletzt hatte, da die Kaufsache entgegen § 433 I 2 bei Gefahrübergang nicht frei von Sachmängeln war, § 434 I 2 Nr. 1[72]. Umgekehrt kann die Pflichtverletzung auch einmal auf Seiten des Käufers liegen, wenn er den Verkäufer zur Mangelbeseitigung auffordert, ohne zuvor genügend sorgfältig ausgeschlossen zu haben, dass der Mangel aus seinem Rechtskreis stammt[73].

2. Kritik am Konzept der Pflichtverletzung

27 Die im Schrifttum am Begriff der Pflichtverletzung geübte Kritik kann hier nicht im Einzelnen referiert werden[74]. Da jedoch in manchen Bundesländern **Themenklausuren** in Gestalt von Aufsätzen geschrieben werden[75] und die Erörterung des Begriffs der

---

65 *Münch*, Jura 2002, 361, 363 f. („Differenz zwischen dem rechtlich Geschuldeten und dem wirklich Erbrachten").
66 *Dauner-Lieb*, in: Das Neue Schuldrecht, § 2 Rz. 13.
67 *Ehmann/Sutschet* (§ 4 II 1, S. 61 f.) sprechen bezüglich des Ersatzes von Schäden an anderen Rechtsgütern vom Unrechtstatbestand in Gestalt einer objektiven Sorgfaltspflichtverletzung.
68 Dazu sogleich unter Rz. 30, 33.
69 *Ehmann/Sutschet*, § 4 II 1 a, 2 a, S. 62 f.
70 *Grigoleit/Riehm*, ZGS 2002, 115 Fußnote 3.
71 **RGZ 66, 289**; dazu – noch immer instruktiv – *Leenen*, Jura 1993, 534.
72 Vgl. *Münch*, Jura 2002, 361, 362 f.
73 BGH NJW 2008, 1147; dazu instruktiv *D. Kaiser*, NJW 2008, 1709; siehe auch *dies.*, Festschrift für Canaris, 2007, S. 531.
74 Vgl. nur *Schapp*, JZ 2001, 583; *Altmeppen*, DB 2001, 1131; *Wilhelm*, JZ 2004, 1055.
75 Dazu *Medicus/Petersen*, Grundwissen zum Bürgerlichen Recht, 9. Auflage 2011, Rz. 7.

Pflichtverletzung für einen derartigen Aufsatz geradezu prädestiniert ist, sei ein Einwand exemplarisch herausgegriffen: *Ulrich Huber* gibt zu bedenken, dass die Pflichtverletzung, speziell bei § 275, ein **logisches Problem** aufwerfe: „Wenn ein Leistungsstörungsrecht von dem Prinzip ausgeht, dass es Leistungshindernisse gibt, die den Schuldner entlasten, und zwar mit der Konsequenz, dass der Schuldner weder zur Erfüllung verpflichtet ist noch zum Schadensersatz, dann beseitigt das Leistungshindernis die Pflicht, und eine Pflichtverletzung liegt überhaupt nicht vor."[76] Die beispielhafte Erörterung dieser These wäre gewiss Gegenstand einer sehr anspruchsvollen Themenklausur[77].

Ein weiterer Einwand zielt auf die Formulierung der „Verletzung einer Pflicht" (§ 280 I) ab, da die Verletzung unzureichend auf **Leistungspflichten** zugeschnitten sein könne[78], die entweder erfüllt oder nicht erfüllt, aber schwerlich verletzt werden könnten[79]. Allenfalls könne die Nichterfüllung der Leistungspflicht Grund einer Garantiehaftung sein[80], weil und sofern eine entsprechende Garantiepflicht für die Erfüllung des Leistungsversprechens bestehe[81].   **28**

3. Wahlfeststellung

An vielen Stellen gewinnt der Begriff der Pflichtverletzung erst in der Zusammenschau mit anderen Vorschriften Konturen. So wird etwa kontrovers diskutiert, worin die **Pflichtverletzung im Falle des § 283**, der auf die Voraussetzungen des § 280 I verweist, liegen soll. In Betracht kommt entweder die Herbeiführung von Umständen durch den Schuldner, die zu seiner Leistungsbefreiung führen oder ganz schlicht die Tatsache, dass die geschuldete Leistung nicht erbracht wird[82]. Ohne dass die Frage an dieser Stelle ausdiskutiert werden kann[83], veranschaulicht sie, dass eine abschließende Behandlung des schillernden Begriffs der Pflichtverletzung hier, also auf gleichsam abstrakter Ebene, schwerlich möglich ist. Entsprechendes gilt für das Problem der sog. **Wahlfeststellung** zwischen anfänglicher und nachträglicher Unmöglichkeit[84]: Steht nicht fest bzw. lässt der Sachverhalt bewusst offen, ob die Leistungsbefreiung infolge Unmöglichkeit vor oder nach Vertragsschluss erfolgte, so muss sich der Schuldner in beiderlei Hinsicht exkulpieren[85]. Wann die Unmöglichkeit in diesem Fall eingetreten ist, kann dann offen bleiben[86]. Diese Frage stellt sich in der Klausur bevorzugt im Rahmen einer Abwandlung.   **29**

---

76 *U. Huber*, ZIP 2000, 2273, 2276; vgl. auch *Wilhelm*, JZ 2004, 1055; siehe andererseits aber auch *Canaris*, JZ 2001, 499, 515 ff.
77 Instruktiv *Medicus*, JuS 2003, 521, 527; *Reichenbach*, Jura 2003, 512.
78 Zu Leistungs- und Schutzpflichten *Grigoleit*, Festschrift für Canaris, 2007, S. 275.
79 So *Ehmann/Sutschet*, § 4 2 b, S. 64 f.
80 Näher *Ehmann*, Festschrift für Canaris, 2007, S. 165.
81 *Ehmann/Sutschet*, aaO., S. 66.
82 In diese Richtung *Canaris*, JZ 2001, 499, 512.
83 Dazu näher unten Rz. 307.
84 Zu der Frage, ob sich die Haftung beim zwischen Angebot und Vertragsschluss eintretenden Leistungshindernis aus § 311 II oder §§ 280, 283 ergibt *P. W. Tettinger*, ZGS 2006, 452.
85 *Köhler/Lorenz*, PdW, Fall 61.
86 *Canaris*, Festschrift für Heldrich, 2005, S. 20 f.

V. Pflichten aus dem Schuldverhältnis

30 Die aus dem Schuldverhältnis resultierenden Pflichten[87] müssen sorgfältig unterschieden werden. Das gilt umso mehr, als der Begriff der Pflichtverletzung eine zentrale Stellung im System des Allgemeinen Schuldrechts einnimmt. Denn nach § 280 I 1 kann der Gläubiger Ersatz des Schadens verlangen, der daraus entsteht, dass der Schuldner eine Pflicht aus dem Schuldverhältnis verletzt. In den vorliegenden Zusammenhang gehören auch diejenigen Fälle, in denen früher von einer **positiven Forderungsverletzung** gesprochen wurde. Als verletzte Pflichten kommen sowohl Leistungspflichten (Haupt- und Nebenleistungspflichten) sowie die sog. Schutzpflichten (nicht leistungsbezogene Nebenpflichten) in Betracht[88]. Verletzt der Schuldner eine Leistungspflicht dadurch, dass er überhaupt nicht oder nur verzögert leistet, liegen die besonderen Ausprägungen der Unmöglichkeit oder unter Umständen des Verzugs vor.

1. Einteilung der Pflichten

31 Aus dem Schuldverhältnis resultieren für die Beteiligten mannigfaltige Pflichten. Vor den **Sekundärpflichten** sind in der Fallbearbeitung **Primärpflichten** zu prüfen, weil sie verschuldensunabhängig bestehen[89]. Diese dürfen nicht ohne weiteres mit den **Hauptpflichten** gleichgesetzt werden, weil auch **Nebenpflichten** im Einzelfall durchaus Primärpflichten sein können. **Hauptleistungspflicht** ist nunmehr auch die Pflicht zur mangelfreien Leistung (vgl. §§ 433 I 2, 633 I)[90]. Zuweilen besteht die entscheidende[91] Pflichtverletzung bei der Erbringung einer mangelhaften Leistung allerdings nicht in der Lieferung der mangelhaften Sache, sondern im vom Schuldner zu vertretenden (§ 280 I 2) Unterlassen der Nacherfüllung[92]. Dass dies allerdings nicht zwangsläufig so sein muss[93], zeigt der schon angesprochene Pferdefutterfall[94], bei welchem die Nacherfüllung ersichtlich nicht weiterführen würde. Bloßer Bestandteil der Hauptleistungspflicht ist dagegen die Pflicht nach § 243 I, eine Sache mittlerer Art und Güte auszuwählen (sog. **Auswahlpflicht**)[95], wenn eine nur der Gattung nach bestimmte Sache geschuldet wird. Folgerichtig kann auch die Verletzung dieser Pflicht einen Schadensersatzanspruch aus §§ 437 Nr. 3, 281 I 1, 283 S. 1 begründen[96].

---

87 Von den Pflichten sind die **Obliegenheiten** (grundlegend *R. Schmidt*, Die Obliegenheiten, 1953) zu unterscheiden, deren Besonderheit darin besteht, dass ihre Verletzung nicht zu einem Anspruch des anderen führt, sondern umgekehrt einen Rechtsverlust nach sich zieht; siehe auch unten **Fall 54** (Rz. 551).
88 Zur Anwendbarkeit des Allgemeinen Schuldrechts auf Schutzpflichten *Medicus*, Festschrift für Canaris, 2007, S. 835.
89 *Medicus/Petersen*, Bürgerliches Recht, Rz. 205; freilich können auch Sekundäransprüche verschuldensunabhängig bestehen.
90 *Pfeiffer*, ZGS 2002, 23, 27.
91 Zum für das Vertretenmüssen maßgeblichen Bezugspunkt siehe unten Rz. 52 f.
92 *S. Lorenz*, NJW 2002, 2497; näher zur Nacherfüllung Rz. 117, 250, 346 ff.
93 *Gsell*, Festschrift für Canaris, 2007, S. 337.
94 Vgl. oben Rz. 26.
95 Vgl. *Canaris*, JZ 2001, 518; näher zu § 243 unten bei der Behandlung der Leistungsstörungen Rz. 296.
96 *Ehmann/Sutschet*, § 4 III 5, S. 85.

Von den Hauptleistungspflichten können bloße **Nebenleistungspflichten** unterschieden werden[97]. Die Abgrenzung gestaltet sich zuweilen schwierig. Das zeigt sich deutlich bei der Pflicht zur Aushändigung einer Bedienungsanleitung beim Verkauf eines komplizierten technischen Gegenstandes[98]. Diese Pflicht ist eine vertragliche Leistungspflicht[99], da sie der Erfüllung des spezifisch vertraglichen Leistungsinteresses des Gläubigers (Leistungsinteresse) zu dienen bestimmt ist[100]. Während sie im Regelfall als Nebenleistungspflicht eingeordnet werden kann, dürfte umso eher eine Hauptleistungspflicht angenommen werden, je komplizierter das zu bedienende Gerät ist[101]. Auch die Abnahmepflicht des Käufers aus § 433 II ist grundsätzlich eine Nebenleistungspflicht, die aber etwa bei Räumungsverkäufen zur Hauptleistungspflicht werden kann[102]. Das Gesetz behandelt die Verletzung vertraglicher Haupt- und Nebenleistungspflichten oftmals gleich. So richtet sich der Schadensersatz statt der Leistung – anders als bei der Verletzung bloßer Schutzpflichten – nach der Vorschrift des § 281 I 1. Praktisch relevant wird das etwa bei der Pflicht des Mieters zur Vornahme von **Schönheitsreparaturen**[103]. Für den Anspruch aus §§ 281 I 1, 280 I 1, III kommt es nicht mehr darauf an, ob die Verpflichtung zur Vornahme solcher Schönheitsreparaturen als **synallagmatische Hauptleistungspflicht** eingeordnet wird. Auch beim Rücktrittsrecht (etwa nach § 323 I 1) unterscheidet das Gesetz nicht zwischen Haupt- und Nebenleistungspflichten[104]; vielfach ist der Rücktritt aber bei unwesentlichen Pflichtverletzungen ausgeschlossen (vgl. § 323 V 2).

32

Bedeutsamer als die Unterscheidung zwischen Haupt- und Nebenleistungspflichten ist die Abgrenzung zwischen Nebenleistungspflichten und **nicht leistungsbezogenen Nebenpflichten (Schutzpflichten)**[105]. Die Schutzpflichten sind in § 241 II dogmatisch verankert und verpflichten jede Partei des Schuldverhältnisses zur Rücksicht auf die Rechte, Rechtsgüter und Interessen des anderen Teils. Anders als Leistungspflichten sind sie stets handlungs- und nie erfolgsbezogen[106]. Beim Kaufvertrag ist etwa die Pflicht, die vorhandenen Verkaufsräume gefahrenfrei zu halten, als Schutzpflicht einzuordnen; Gleiches gilt für die Pflicht zur Warnung, Beratung oder Aufklärung, wenn mit der Kaufsache auch bei ordnungsgemäßer Bedienung besondere Risiken verbunden sein können[107]. Bedeutsam ist die Unterscheidung zwischen Nebenleistungspflichten und nicht leistungsbezogenen Nebenpflichten vor allem für den Rücktritt und den Schadensersatz statt der Leistung. Sie sind bei Verletzung einer nicht leistungsbezo-

33

---

97 *Medicus/Petersen*, Bürgerliches Recht, Rz. 208.
98 Vgl. unten **Fall 6** (Rz. 44).
99 A. A. *Ehmann/Sutschet* (§ 4 III 2 e, S. 74), die eine Schutzpflicht annehmen.
100 Vgl. *Canaris*, JZ 2001, 499, 512.
101 Vgl. ausführlich Erman/*Grunewald*, § 434 Rz. 58 m. w. N.
102 Palandt/*Weidenkaff*, § 433 Rz. 44.
103 Siehe zu ihnen *Oechsler*, Rz. 559.
104 Vgl. zum Meinungsstand: Erman/*H.P. Westermann*, § 323 Rz. 5.
105 Zu den Leistungs- und Schutzpflichten *Grigoleit*, Festschrift für Canaris, 2007, S. 275; *Gröschler*, Festschrift für Konzen, 2006, S. 109.
106 *Wilhelm*, JZ 2004, 1055, 1058 ff.
107 Zum Ersten vgl. Rz. 77, 83 ff.

§ 1 *Grundbegriffe*

genen Nebenpflicht nur unter der Voraussetzung der **Unzumutbarkeit**[108] der weiteren Leistungserbringung möglich, erfordern allerdings keine Nachfristsetzung, vgl. §§ 282, 324[109]. Nicht leistungsbezogene Nebenpflichten zeichnen sich dadurch aus, dass ihre Verletzung die Hauptleistung, also das **Leistungsinteresse**, nicht beeinträchtigt; vielmehr schützen sie das **Integritätsinteresse** des anderen Teils[110].

> Den Schadensersatz wegen solcher Nebenpflichtverletzungen zeigt unser **Fall 4**: Bei der Ausführung von Elektroarbeiten beschädigt der Elektriker E aus Unachtsamkeit Einrichtungsgegenstände im Hause des B. Als B den E nach der Beschädigung zur Rede stellt, wird er von diesem auf das Übelste beleidigt. Daraufhin wird es dem B zu viel. Er verweist den E des Hauses und lässt die noch unerledigten Arbeiten durch X erledigen, der dafür 300 € mehr verlangt. Welche Ansprüche hat B gegen E?

34 1. Wegen der Mehrkosten für den anderen Elektriker könnte B gegen E einen Anspruch auf Schadensersatz statt der Leistung aus §§ 280 I 1, III, 282 haben. Voraussetzung dafür ist zunächst die Verletzung einer nicht leistungsbezogenen Nebenpflicht aus dem Schuldverhältnis.

a) Eine derartige Nebenpflichtverletzung im Sinne des § 241 II liegt in mehrfacher Hinsicht vor. Zunächst besteht sie darin, dass E Einrichtungsgegenstände des B, also dessen sonstige Rechte, beschädigt hat. Zudem liegt in der massiven Beleidigung eine Beeinträchtigung des Rechtsguts der Ehre. Diese Pflichtverletzungen muss E zu vertreten haben. Hinsichtlich der Beleidigungen handelte E vorsätzlich, vgl. § 276 I 1. Die Beschädigung der Einrichtungsgegenstände geschah dagegen aus Unachtsamkeit. Mangels Beachtung der im Verkehr erforderlichen Sorgfalt (§ 276 II) liegt somit Fahrlässigkeit vor. Damit sind die Voraussetzungen des § 280 I 1 gegeben, auf die § 282 Bezug nimmt.

35 b) **Schadensersatz statt der Leistung** kann freilich nach § **280 III** nur unter den zusätzlichen Voraussetzungen des § 282 verlangt werden. Neben der Verletzung einer nicht leistungsbezogenen Nebenpflicht gemäß § 241 II ist danach erforderlich, dass dem Gläubiger die Leistung durch den Schuldner nicht mehr zuzumuten ist (**Unzumutbarkeit**). Für die Beantwortung dieser Wertungsfrage sind die Interessen des Gläubigers und des Schuldners unter Berücksichtigung aller Umstände des Einzelfalles und der Grundsätze von Treu und Glauben abzuwägen[111]. Die Unzumutbarkeit muss dabei auf der Verletzung der Nebenpflicht beruhen. Die Beschädigung der Einrichtungsgegenstände als bloße Verletzung eines sonstigen Rechtsguts genügt in der Regel noch nicht für die Annahme der Unzumutbarkeit, weil der Gläubiger den dadurch entstehenden Schaden gemäß § 280 I 1 vom Schuldner ersetzt verlangen kann[112]. Vielmehr muss die

---

108 Zu der im Schrifttum diskutierten Möglichkeit einer richtlinienkonformen Auslegung dieses Begriffs *Unberath*, ZEuP 2005, 5, 26; *Lorenz/Bauer*, Festschrift für Kropholler, 2008, S. 59; anders OLG Saarbrücken NJW 2007, 3503, 3505 (dazu *Faust*, JuS 2008, 179).
109 Dazu *Cziupka/Kliebisch*, JuS 2008, 855, 856 f.; *Madaus*, Jura 2004, 289; *Recker*, NJW 2002, 1247 f.
110 *Medicus*, ZfBR 2001, 511; *Madaus*, Jura 2004, 289, 291; zur jeweiligen Anspruchsgrundlage *Mankowski*, JuS 2006, 481.
111 Bamberger/Roth/*Grüneberg*, § 282 Rz. 3.
112 Münch.-Komm.-*Ernst*, 5. Auflage 2007, § 282 Rz. 5; Erman/*H.P. Westermann*, § 282 Rz. 4.

Pflichtverletzung den Verdacht begründen, sich auch künftig zu wiederholen, so dass das Vertrauen auf die korrekte Pflichterfüllung zerstört ist. Ob für die Annahme der Unzumutbarkeit eine vom Schuldner missachtete Abmahnung erforderlich ist[113], kann hier dahinstehen, weil jedenfalls eine schwerwiegende Persönlichkeitsverletzung bereits beim ersten Vorkommen das Vertrauensverhältnis zerstört, mithin Unzumutbarkeit begründet[114]. E hat B auf das Übelste beleidigt. Aufgrund dieser schwerwiegenden Ehrverletzung ist dem B ein Festhalten an der Vertragserfüllung unzumutbar. B kann daher Schadensersatz statt der Leistung verlangen. Dieser umfasst auch und gerade die **Mehrkosten eines Deckungsgeschäfts**[115], hier also die der anderweitigen Auftragsvergabe an X mitsamt der entstehenden Mehrkosten in Höhe von 300 €.

Ein Anspruch aus § 823 I kommt wegen der Mehrkosten nicht in Betracht, weil es sich insoweit nur um einen primären Vermögensschaden handelt. Hier zeigt sich im Übrigen eine Besonderheit des § 241 II, denn die Erwähnung der „Rechtsgüter und Interessen" soll gerade zum Ausdruck bringen, dass die Schutzpflichten auch zum Schutz des Vermögens bestehen können und nicht nur die absoluten Rechte i. S. d. § 823 I schützen[116].

2. Bezüglich der zerstörten Einrichtungsgegenstände hat B gegen E einen Anspruch auf Schadensersatz nach § 280 I 1, da E seine Nebenpflicht aus dem Werkvertrag fahrlässig verletzt hat. Des Weiteren hat B gegen E einen Anspruch auf Schadensersatz aus § 823 I wegen der fahrlässig zerstörten Einrichtungsgegenstände. E hat das Eigentum des B rechtswidrig und schuldhaft beschädigt.

3. Wegen der Ehrverletzung steht dem B dagegen kein Schadensersatzanspruch zu. Die Ansprüche aus § 280 I 1 sowie aus § 823 I und § 823 II i. V. m. § 185 StGB scheitern zumindest am ersatzfähigen Schaden. Ein Vermögensschaden ist nicht entstanden und die Vorschrift des § 253 II beschränkt die Ersatzfähigkeit immaterieller Schäden (abweichend vom Katalog des § 823 I!) auf die Verletzung des Körpers, der Gesundheit, der Freiheit und der sexuellen Selbstbestimmung; die Verletzung des allgemeinen Persönlichkeitsrechts wird damit ausdrücklich nicht erfasst[117]. Zwar ist anerkannt, dass bei besonders schweren Beeinträchtigungen des allgemeinen Persönlichkeitsrechts auch immaterielle Schäden direkt nach § 823 I ersetzt werden können[118], allerdings dürfte es hier an einer solchen besonders schweren Beeinträchtigung der Ehre des B fehlen.

2. Pflichtverletzung beim nichtigen Vertrag

Entscheidend ist hier, wie auch sonst in der Fallbearbeitung, weniger die genaue Kategorisierung als vielmehr der Blick auf die Rechtsfolgen. Zu beachten ist, dass § 280 I 1, der von der Verletzung einer Pflicht spricht, nicht nur Haupt- und Nebenleistungs-

---

113 Vgl. BGH NJW 1978, 260; Palandt/*Grüneberg*, § 282 Rz. 4; a. A. Münch.-Komm.-*Ernst*, 5. Auflage 2007, § 282 Rz. 6.
114 Wie hier Erman/*H.P. Westermann*, § 282 Rz. 4.
115 Vgl. auch Hk-BGB/*Schulze*, § 282 Rz. 3. Näher zum Deckungsgeschäft *Faust*, Festschrift für U. Huber, 2006, S. 253 ff.
116 *Huber/Faust*, Schuldrechtsmodernisierung, § 3 Rz. 8.
117 BT-Drs. 14/7752, S. 24 f.; näher zu § 253 siehe unten Rz. 522 ff.
118 Vgl. BGHZ 26, 349 (Herrenreiterfall); *Petersen*, Medienrecht, 5. Auflage, 2010, § 4 Rz. 7 ff.

pflichten erfasst, sondern auch für die Verletzung von nicht leistungsbezogenen Nebenpflichten (Schutzpflichten) gilt[119].

> Dass dies insbesondere im Hinblick auf die Unterscheidung von **Leistungs-** und **Schutzpflichten** gilt, soll unser **Fall 5** zeigen: U hat im Hause des B Schwarzarbeiten zu dessen Zufriedenheit verrichtet, jedoch den Wasserhahn vergessen zuzudrehen. Kann B von ihm Ersatz wegen der Wasserschäden verlangen?

40 1. In Betracht kommt zunächst ein Anspruch aus § 280 I 1. Voraussetzung dafür ist die Verletzung einer Pflicht aus einem Schuldverhältnis.

Fraglich ist, ob ein Schuldverhältnis besteht. Ein solches könnte in dem zwischen B und U geschlossenen Werkvertrag (§ 631) liegen. Das entspricht § 311 I, wonach zur Begründung eines Schuldverhältnisses durch Rechtsgeschäft grundsätzlich ein Vertrag erforderlich ist. Eine dahingehende Einigung liegt vor. Es fragt sich jedoch, ob die mögliche Unwirksamkeit des zwischen B und U geschlossenen Vertrags daran etwas ändert. Dieser könnte nämlich nach § 134 i. V. m. § 8 I Schwarzarbeitsbekämpfungsgesetz[120] nichtig sein. Letzteres ist im Hinblick auf seine Schutzzwecke – Schutz des Handwerks, Vermeidung von Steuerausfällen – ein Verbotsgesetz i. S. d. § 134[121]. Der Werkvertrag zwischen B und U war somit nichtig. Damit stellt sich die Frage, ob eine Haftung aus § 280 I 1 auch bei nichtigen Verträgen möglich ist. Das erscheint auf den ersten Blick paradox, ist aber, soweit Schutzpflichten betroffen sind, grundsätzlich möglich. Die Nichtigkeit des zugrunde liegenden Vertrages bewirkt, dass die Leistungspflichten zwischen den Beteiligten ausgesetzt sind. Dagegen bestehen die **Schutzpflichten** ungeachtet der Nichtigkeit des Vertrages[122]. Denn diese beginnen mit dem ersten rechtsgeschäftlichen Kontakt zwischen den Beteiligten (§ 311 II) und verdichten sich dann gleichsam, so dass sie auch während der Durchführung des vermeintlich wirksamen Vertrages mit dem Inhalt bestehen, dass die Rechtsgüter des anderen Teils nicht gefährdet oder verletzt werden dürfen. Grundlage der Schutzpflichten ist also nicht der nichtige Vertrag, sondern das vorvertragliche Schuldverhältnis gemäß § 311 II, das trotz Nichtigkeit des Vertrages fortbesteht und beide Beteiligten gemäß § 241 II zur Rücksicht auf die Rechte, Rechtsgüter und Interessen des anderen Teils verpflichtet. Vom Schuldverhältnis nach § 311 II ist die Möglichkeit eines **Vertrages ohne primäre Leistungspflicht** zu unterscheiden. Sie ist seit langem anerkannt[123] und hat in § 311a I für den Fall der anfänglichen Unmöglichkeit auch eine positiv-rechtliche Ausprägung erfahren, indem klargestellt wird, dass die Unmöglichkeit der Leistungspflicht der Wirksamkeit des Vertrages nicht entgegensteht. Während der Schuldner beim Vertrag ohne primäre Leistungspflicht wegen Verletzung vertraglicher Leistungspflichten auf der Sekundärebene haftet (§ 311a II 1), ist beim nichtigen Vertrag die Verletzung vertraglicher Leistungspflichten dagegen gänzlich ausgeschlossen. Allerdings kann aus

---

119 Vgl. nur *Dauner-Lieb*, in: Das Neue Schuldrecht, § 2 Rz. 32.
120 Eingefügt durch das Gesetz zur Intensivierung der Bekämpfung der Schwarzarbeit und damit zusammenhängender Steuerhinterziehung vom 23.7.2004, BGBl. I, S. 1842 ff.
121 Vgl. *Petersen*, Jura 2003, 532 ff.
122 Davon geht auch der Regierungsentwurf aus; vgl. BT-Drs. 14/6040, S. 125.
123 Grundlegend *Canaris*, JZ 1965, 475.

§ 311a I nicht gefolgert werden, dass ein gegen § **134** verstoßender Vertrag wirksam wäre. Darüber sagt die Vorschrift nichts aus, so dass § 311a I nicht ausschließt, dass ein Vertrag aus einem anderen Grund als der Unmöglichkeit – hier also § 134 – nichtig ist (Lehre von der Doppelwirkung im Recht). Ein Schuldverhältnis lag also vor.

U hat unproblematisch eine Pflicht aus dem Schuldverhältnis verletzt, indem er den Wasserhahn nicht zugedreht hat. Für den hier einschlägigen Fall der Schutzpflichtverletzung bedeutet dies, dass der Vertrag zwar nach § 134 nichtig ist, ein Anspruch aus § 280 I aber begründet ist, weil der Schuldner eine Pflicht aus dem gleichwohl – d. h. auch ohne einen wirksamen Vertrag – bestehenden Schuldverhältnis nach § 311 II verletzt hat. Vom Vertretenmüssen des U gemäß § 280 I 2 ist auszugehen, da er vergessen hatte, den Wasserhahn zuzudrehen, mithin die im Verkehr erforderliche Sorgfalt außer Acht gelassen hat (§ 276 II). **41**

2. Daneben besteht ein Anspruch aus § 823 I wegen Eigentumsverletzung.

Beachte: Da es im soeben behandelten Fall nur um die Verletzung von Schutzpflichten geht, stellt sich die schwierige Frage nicht, was bei der Schwarzarbeit bezüglich der Leistungspflichten, insbesondere im Hinblick auf den wegen § 817 S. 2 problematischen Bereicherungsausgleich, gilt[124]. Zum Nichtigkeitsgrund des § 134 ist im vorliegenden Zusammenhang ergänzend darauf hinzuweisen, dass die Anspruchsgrundlage für den Fall des von einer Vertragspartei verschuldeten Verstoßes gegen § 134 in den Vorschriften zur culpa in contrahendo, also in §§ 280 I 1, 311 II zu suchen ist[125]. **42**

Zu berücksichtigen ist weiterhin, dass das Gesetz auch im Fall des anfänglichen Unvermögens eine **Verschuldens**- und keine bloße **Garantiehaftung** anordnet[126]. Es spielt demnach keine Rolle, ob die Unmöglichkeit der Leistungserbringung bereits vor Vertragsschluss oder kurz danach eingetreten ist[127]. Gleichwohl ist das Pflichtenprogramm unterschiedlich: Während dem Schuldner vor dem Vertragsschluss vor allem **Informationspflichten** obliegen[128], betreffen die Pflichten nach Vertragsschluss den Leistungsgegenstand selbst[129]. **43**

3. Haftungsmilderung bei der Verletzung von Nebenpflichten?

Nebenpflichten sind stets in dem Sinne **nichtsynallagmatisch**, dass ihre Verletzung den Anspruch auf die Gegenleistung grundsätzlich unberührt lässt[130]. Bei ihrer Verletzung kann es darauf ankommen, ob sie im konkreten Fall mit dem Leistungsinteresse des **44**

---

124 Beachte hierzu die von *Canaris* (Gesetzliches Verbot und Rechtsgeschäft, 1983) entwickelte Figur der „**halbseitigen Teilnichtigkeit**", wonach der Vertrag nur zu Lasten desjenigen nichtig ist, der den Gesetzesverstoß zu verantworten hat, und im Übrigen als wirksam gedacht wird. Zu § 134 *Petersen*, Jura 2003, 532 ff.; zu § 817 S. 2 siehe auch Anw.-Komm.-*von Sachsen Gessaphe*, § 817 Rz. 10 ff., 23.
125 *Canaris*, JZ 2001, 499, 506; dort auch zum schwierigen Fall der konkurrierenden Anfechtung nach § 119 II.
126 Dazu *Ehmann*, Festschrift für Canaris, 2007, S. 165.
127 Dazu näher unten Rz. 253 ff.
128 Siehe zu den Informationspflichten *Grigoleit*, WM 2001, 597.
129 *Canaris*, JZ 2001, 499, 507.
130 *Medicus/Petersen*, Bürgerliches Recht, Rz. 209.

§ 1 *Grundbegriffe*

Gläubigers zusammenhängen (leistungsbezogene Nebenpflichten) oder das Integritätsinteresse betreffen (nicht leistungsbezogene Nebenpflichten). Das wird neben den angesprochenen Fällen[131] der Abgrenzung von § 281 zu § 282 auch bei der Frage relevant, ob **Haftungsmilderungen** eingreifen. Das kann wiederum zum Folgeproblem der Anwendbarkeit derartiger Privilegierungen auf den konkurrierenden deliktischen Anspruch führen.

> Das illustriert unser **Fall 6**: Der Warenhausinhaber W schenkt seinen Kunden Elektrogeräte, die bei nicht fachgerechter Anwendung Gesundheitsschäden hervorrufen können. Leicht unachtsam vergisst er aber, die erforderlichen Bedienungsanleitungen beizulegen. Der Kunde K verletzt sich infolge einer unrichtigen Bedienung. Dem Stammkunden S lässt W das Gerät samt Anleitung durch seinen sorgsam ausgewählten Gehilfen G vorbeibringen. G zerstört bei dieser Gelegenheit leicht fahrlässig eine Vase im Hause des S. Welche Ansprüche haben K und S gegen W?

45 I. W könnte dem K aus Vertrag und aus Delikt haften.

1. Zu prüfen ist zunächst ein Anspruch des K aus § 280 I 1. Das erforderliche Schuldverhältnis besteht hier in einem Schenkungsvertrag. Indem W es unterlassen hat, dem potenziell gefährlichen Elektrogerät die nötige Bedienungsanleitung beizulegen, hat er eine Pflichtverletzung begangen. Die Pflicht zum Schadensersatz ist jedoch ausgeschlossen, wenn er die Pflichtverletzung nicht zu vertreten hat, § 280 I 2. Grundsätzlich hat W als Schuldner gemäß § 276 I 1 Vorsatz und jede Form von Fahrlässigkeit zu vertreten. Hier könnte aber eine **mildere Haftung** bestimmt sein. In Betracht kommt insoweit § 521, da W dem K das Gerät geschenkt hat. Danach würde W, dem nur leichte Fahrlässigkeit zur Last fällt, hier nicht haften. Die Anwendbarkeit dieser Haftungsmilderung ist jedoch zweifelhaft, weil § 521 in erster Linie auf **Leistungspflichten** zugeschnitten ist. Da bei der Schenkung keine Gegenleistung geschuldet ist, soll die Privilegierung daher grundsätzlich nur bezüglich der unentgeltlichen Hingabe des Vermögensgegenstandes gelten.

46 Hier besteht indes die Besonderheit darin, dass die verletzte Pflicht – Aufklärung über Gefahren durch Aushändigung einer Bedienungsanleitung – im **Zusammenhang mit dem Vertragsgegenstand** steht. Es handelt sich mithin um eine leistungsbezogene Nebenpflicht (Nebenleistungspflicht). Wie § 434 II 2 im Zusammenhang mit § 433 I 2 zeigt[132], kann die Pflicht zur Aushändigung einer Anleitung auch Hauptpflicht sein. Da hier jedoch nur die Bedienung selbst und nicht der Zusammenbau problematisch ist, liegt nur eine Nebenleistungspflicht vor. In derartigen Fällen geht der Bundesgerichtshof davon aus, dass die Haftungsmilderung auch für die Verletzung einer mit dem Vertragsgegenstand zusammenhängenden Nebenpflicht gilt[133]. Das bedeutet, dass W

---

131 Vgl. oben Rz. 33.
132 Vgl. zum Begriff Bamberger/Roth/*Faust*, § 434 Rz. 93.
133 BGHZ 93, 23; dazu *Medicus*, Festschrift für Odersky, 1996, S. 589; *Schlechtriem*, BB 1985, 1256 f.; *Stoll*, JZ 1985, 384; Münch.-Komm.-*Koch*, 5. Auflage 2008, § 521 Rz. 8; a. A. Jauernig/*Mansel*, § 521 Rz. 1. Häufig wird statt von einer Nebenleistungspflicht von einer „leistungsbezogenen Schutzpflicht" gesprochen. Nach § 241 II sind Schutzpflichten indes nur nicht leistungsbezogene Nebenpflichten, vgl. dazu bereits oben Rz. 33.

die Pflichtverletzung hier wegen § 521 nicht zu vertreten hat, § 280 I 2, und folglich nicht nach § 280 I 1 haftet.

2. W könnte dem K jedoch aus § 823 I verpflichtet sein. Verletztes Rechtsgut ist die Gesundheit. Zwar liegt kein zum Schadensersatz verpflichtendes positives Tun vor, sondern lediglich ein **Unterlassen**. Das Unterlassen steht der Erfolgsherbeiführung durch positives Tun, also einem „Verletzen" i. S. d. § 823 I, jedoch gleich, wenn eine Pflicht zum Tätigwerden mit dem Zweck der Erfolgsabwendung besteht[134]. Eine solche Pflicht des W bestand hier deshalb, weil er Geräte verschenkte, die ohne die erforderliche Bedienungsanleitung potenziell gefährlich für die Beschenkten waren. Aus diesem Grund oblagen ihm entsprechende **Verkehrssicherungspflichten**[135], denen er nur durch die Beilegung der Bedienungsanleitung entsprechen konnte. Indem er dies unterließ, hat er eine Rechtsgutsverletzung im Sinne des § 823 I begangen. Diese war auch rechtswidrig[136].

Fraglich ist, ob W auch schuldhaft handelte. Leichte Fahrlässigkeit, die grundsätzlich für die Haftung aus § 823 I genügt, lag vor. Möglicherweise wirkt sich aber auch hier die Haftungsmilderung des § 521 zugunsten des W **privilegierend** aus. Die Rechtsprechung hat dies in einem vergleichbaren Fall angenommen[137]. Auch wenn § 521 nach seiner systematischen Stellung in den vertraglichen Schuldverhältnissen primär auf den vertraglichen bzw. vertragsähnlichen Anspruch zugeschnitten ist, lässt der Wortlaut die Ausweitung auf den deliktischen Anspruch zu, zumal dem Schenker andernfalls die Haftungsmilderung wenig helfen würde, wenn er deliktisch ungemildert haften müsste. Legt man dies zugrunde, scheidet auch ein Anspruch aus § 823 I aus.

3. Ein Anspruch aus § 823 II wegen der Verletzung von Verkehrspflichten kommt nach zutreffender h. M.[138] schon deshalb nicht in Betracht, weil Verkehrspflichten keine Schutzgesetze i. S. d. Vorschrift darstellen. Hingegen ist der Tatbestand der §§ 229, 13 I StGB verwirklicht. Allerdings scheidet eine Haftung aus § 823 II aufgrund der auch auf diesen Anspruch anzuwendenden Privilegierung des § 521 aus.

II. Auch für S kommen (quasi-)vertragliche und deliktische Ansprüche in Betracht.

1. Einem Anspruch aus § 280 I 1 auf Schadensersatz wegen der zerstörten Vase könnte entgegenstehen, dass W die Pflichtverletzung womöglich nicht zu vertreten hat, § 280 I 2. Er muss sich jedoch das Verschulden des G nach **§ 278** zurechnen lassen. Indes könnte auch insoweit die Haftungsmilderung des § 521 eingreifen, da G nur leicht fahrlässig gehandelt hat. Im Unterschied zum ersten Teil des Falles hängt die Pflichtverletzung des G hier jedoch nicht mit dem Vertragszweck zusammen. Vielmehr ist allein das **Integritätsinteresse** des S beeinträchtigt. Eine Ausdehnung der Haftungs-

---

134 *Medicus/Petersen*, Bürgerliches Recht, Rz. 642.
135 Zu ihnen grundlegend *von Bar*, Verkehrspflichten, 1980.
136 Zu der Frage, auf welcher Ebene Verkehrspflichten zu prüfen sind, siehe *Medicus/Petersen*, Bürgerliches Recht, Rz. 644, 646, 655.
137 **BGHZ 93, 23** („Kartoffelpülpe"); *Oechsler*, Rz. 510.
138 *Canaris*, 2. Festschrift für Larenz, 1983, S. 27, 77; *Picker*, AcP 183 (1983), 369, 496; a. A. *von Bar*, Verkehrspflichten, 1980, S. 157; *Deutsch*, JuS 1967, 157.

beschränkung auf die Verletzung nicht leistungsbezogener Nebenpflichten (Schutzpflichten) ginge jedoch zu weit[139]. W haftet also aus § 280 I 1[140].

50   2. Ein Anspruch aus § 831 I 1 scheitert daran, dass sich W für seinen **Verrichtungsgehilfen** G exkulpieren kann, § 831 I 2. Die Exkulpation kann nach dem Wortlaut zwar keinesfalls ohne weiteres vermutet oder gar unterstellt werden (häufiger Fehler!), doch ergibt sie sich hier daraus, dass G sorgsam ausgewählt worden ist.

4. Vertretenmüssen und Pflichtverletzung

51   Praktisch wichtiger ist die Frage, welche unter mehreren möglichen Pflichtverletzungen den **Bezugspunkt** des Vertretenmüssens darstellt[141]. Hier ist zunächst zwischen § 283 und § 281 zu unterscheiden. Für den Schadensersatzanspruch aus §§ 437 Nr. 3, 280 I, III, 283 kommt es für das Vertretenmüssen entscheidend auf den zur Nichtbehebbarkeit des Sachmangels führenden Umstand an[142]. Beim Anspruch aus §§ 437 Nr. 3, 280 I, III, 281 kommen demgegenüber die Leistung einer mangelhaften Sache sowie das Scheitern der Nacherfüllung in Betracht[143].

52   Während einige auf die mangelhafte Lieferung abstellen[144], die der primäre Bezugspunkt des Vertretenmüssens ist[145], halten andere das Scheitern der Nacherfüllung für den entscheidenden Bezugspunkt[146]. Zu weit geht es wohl, ein doppeltes Vertretenmüssen zu verlangen[147]. Eine vermittelnde Ansicht hält beide Bezugspunkte für möglich, so dass der Schadensersatz statt der Leistung entweder an die Verletzung der Pflicht aus § 433 I 2 oder an die nicht ordnungsgemäße Nacherfüllung anknüpfen kann[148]. Da demnach beide Pflichtverletzungen mögliche Anknüpfungspunkte sind[149], reicht es aus, wenn der Schuldner eine von ihnen zu vertreten hat. Unter Zugrundelegung dieser Ansicht vermeidet man in der **Fallbearbeitung** am ehesten Unvollständigkeiten. Der Bundesgerichtshof hat die Frage offen gelassen[150].

---

139   Anders freilich OLG Köln VersR 1988, 381.
140   *Medicus/Petersen*, Bürgerliches Recht, Rz. 209a; ausführlich zum Ganzen *Grundmann*, AcP 198 (1998), 457, 461.
141   Vgl. hierzu instruktiv *Tiedtke/Schmitt*, BB 2005, 615, 620 ff.; siehe auch *Looschelders*, JA 2007, 673, 676.
142   *Tiedtke/Schmitt*, BB 2005, 615, 623; *Hirs*ch, Jura 2003, 289, 296; a. A. (Bezugspunkt kann auch die Lieferung einer mangelhaften Sache sein) Bamberger/Roth/*Faust*, § 437 Rz. 114 f.
143   Siehe auch *Harke*, ZGS 2006, 9; *Fikentscher/Heinemann*, Schuldrecht, Rz. 879.
144   *Haas*, in: Haas/Medicus/Rolland, Das neue Schuldrecht, Kapitel 5 Rz. 225; *Faust*, Festschrift für Canaris, 2007, S. 219.
145   *Looschelders*, Festschrift für Canaris, 2007, S. 737.
146   *S. Lorenz*, Festschrift für U. Huber, 2006, S. 423; siehe aber auch *Gsell*, Festschrift für Canaris, 2007, S. 337; ferner *Schur*, ZGS 2002, 243.
147   So aber *Hirsch*, Jura 2003, 289, 293; gegen ihn auch *Tiedtk*e, Kaufrecht, 7. Auflage 2005, Rz. 541.
148   *Canaris*, BB 2001, 1815, 1816; Bamberger/Roth/*Faust*, § 437 Rz. 67; Staudinger/*Otto*, 2009, § 280 Rz. D 11 ff. („Handlungseinheit"), § 281 Rz. C 22, B 84 ff.; Münch.-Komm.-*Ernst*, 5. Auflage 2007, § 281 Rz. 47 f.; *U. Huber*, Festschrift für Schlechtriem, 2003, S. 521, 528.
149   *Tiedtke/Schmitt*, BB 2005, 615, 623.
150   BGH NJW 2005, 2852, 2853.

5. Beweislast bezüglich der Pflichtverletzung

Im Rahmen der Fallbearbeitung muss stets positiv festgestellt werden[151], worin die Pflichtverletzung genau besteht, weil dies nicht zuletzt für die **Beweislast** von Interesse ist[152], welche grundsätzlich der Gläubiger trägt[153].

53

> Die praktischen Auswirkungen zeigt unser **Fall 7**: B ist als Kassiererin im Kaufhaus des A beschäftigt. Als sich am Ende des Monats ergibt, dass auf die Kasse der B ein Defizit von 165 € entfällt, verlangt A von B Zahlung dieses Betrags mit der Begründung, die B habe seine Rechtsgüter nicht mit hinreichender Sorgfalt vor Minderung bewahrt. B entgegnet, A möge ihr das doch bitte im Einzelnen nachweisen. A meint, er könne ja nun am allerwenigsten die einzelnen Verminderungen belegen. Wer hat Recht?

A könnte gegen B einen Anspruch auf Zahlung des Fehlbetrags aus § 280 I 1 haben. Voraussetzung dieses Anspruchs ist die Verletzung einer Pflicht aus dem Schuldverhältnis. Schuldverhältnis ist hier der zwischen A und B geschlossene Arbeitsvertrag. Als Pflichtverletzung kommt zunächst die Unmöglichkeit der Herausgabe der fehlenden Kassenbeiträge in Betracht. Herausgabe wird indes nur dann geschuldet, wenn der Arbeitnehmer selbst Besitz am Kasseninhalt hat[154]. Im vorliegenden Fall ist B dagegen lediglich Besitzdienerin[155] (§ 855) des A, da sie die tatsächliche Gewalt über die Kassengelder für A in dessen Erwerbsgeschäft ausübt. Als Besitzdienerin schuldet sie statt der Herausgabe nur den sorgfältigen Umgang mit den Kassengeldern; dazu gehört es insbesondere, den Kassenbestand vor einem Manko zu bewahren (sog. **Mankohaftung**)[156]. Da es sich bei dieser Pflicht um eine wesentliche Vertragspflicht einer Kassiererin handelt, die vor allem dem Schutz des Leistungsinteresses dient, ist sie zumindest als Nebenleistungspflicht einzuordnen. Daneben mag diese Pflicht auch das Integritätsinteresse des A schützen, soll dieser doch vor Vermögensschäden bewahrt werden. Die Behandlung einer solchen **doppelrelevanten Nebenpflicht**[157] ist zwar umstritten, wobei ganz überwiegend ein Vorrang der Leistungspflicht und damit des § 281 angenommen wird; auf die Unterscheidung zwischen § 281 und § 282 kommt es im Rahmen des § 280 I 1 allerdings nicht an[158]. Entscheidend ist vielmehr, ob B die Pflicht zum sorgsamen Umgang mit dem Kassenbestand verletzt hat. Die Beweislast für den Vorwurf der Pflichtverletzung trägt nach allgemeinen Grundsätzen derjenige, der sich darauf beruft, also der Gläubiger[159]. Im Arbeitsrecht muss daher der Arbeitgeber die

54

---

151 Siehe auch das Schema von *Münch*, Jura 2002, 361, 374.
152 Vgl. *Zieglmeier*, JuS 2007, 701.
153 Immer noch grundlegend dazu *Larenz*, Schuldrecht I, § 24 I b; dort auch zu den Korrekturmöglichkeiten unter „Sphärengesichtspunkten", die freilich Ausnahmecharakter haben.
154 *Walker*, JuS 2002, 740.
155 Vgl. BAG AP Nr. 3 zu § 611 BGB „Mankohaftung" unter II 1. Vgl. auch *Petersen*, Jura 2002, 160, 255.
156 Allgemein zum Arbeitsrecht im Rahmen der Schuldrechtsmodernisierung *Henssler/Muthers*, ZGS 2002, 219.
157 Zum Begriff vgl. *Madaus*, Jura 2004, 289, 291; siehe auch unten Rz. 241.
158 Anw.-Komm.-*Dauner-Lieb*, § 282 Rz. 5 ff.; *Looschelders*, Schuldrecht Allgemeiner Teil, Rz. 608; a. A. (Anwendbarkeit sowohl des § 281 als auch des § 282) Münch.-Komm.-*Ernst*, 5. Auflage 2007, § 282 Rz. 2.
159 Vgl. *Canaris*, JZ 2001, 499, 512; bei verhaltensbezogenen Pflichten muss der Gläubiger den Verstoß gegen eine Sorgfaltspflicht darlegen und beweisen, vgl. BGH NJW 2006, 2262.

Pflichtverletzung des Arbeitnehmers darlegen und ggf. beweisen. Der pauschale Hinweis des Arbeitgebers auf das Bestehen einer Kassendifferenz genügt dafür im Regelfall nicht. Hat das schädigende Ereignis jedoch näher beim Arbeitnehmer als beim Arbeitgeber gelegen, dürfen keine allzu hohen Anforderungen an die Darlegungslast des Arbeitgebers gestellt werden; trägt der Arbeitgeber ausreichende Indizien für ein Fehlverhalten des Arbeitnehmers vor, muss sich dieser im Sinne einer **abgestuften Darlegungslast** substantiiert dazu äußern[160]. Während also unbestimmte Vermutungen oder ein mehr oder weniger dringender Verdacht nicht ausreichen, dürfte es genügen, wenn der Arbeitgeber zunächst darlegt und beweist, dass nur ein bestimmter Arbeitnehmer Zugriff auf die Kassengelder hatte. Zwar hat A hier erklärt, dass das Manko die „Kasse der B" betreffe; das bedeutet aber nicht zwangsläufig, dass der unbefugte Zugriff anderer Personen (Aushilfskräfte, Bürokräfte usw.) auf den Kassenbestand völlig ausgeschlossen war. Insofern hat A eine Pflichtverletzung der B nicht hinreichend dargetan, ein Anspruch aus § 280 I 1 scheidet damit ebenso aus wie ein Anspruch aus § 823 I wegen Eigentumsverletzung.

55 Ergänzend sind folgende Überlegungen erwähnenswert. Die Vorschrift des § 280 I 2 regelt die Darlegungs- und **Beweislast** für die Frage des Verschuldens abweichend von den allgemeinen Grundsätzen[161]. Eine Haftung der B scheint bei erfolgreichem Nachweis einer objektiven Pflichtverletzung nur dann ausgeschlossen, wenn B selbst nachweist, dass sie die Pflichtverletzung nicht zu vertreten hätte. Dieser Nachweis würde der B nicht gelingen; die schematische Anwendung des § 280 I 2 würde sich in derartigen Fällen für den Arbeitnehmer als *probatio diabolica*, also als praktisch nicht zu führender Beweis darstellen. Allerdings – und hierin besteht eine wichtige Besonderheit – kommt die Beweislastregel des § 280 I 2 gemäß **§ 619a** zugunsten des Arbeitnehmers nicht zur Anwendung. Nach § 619a braucht der Arbeitnehmer dem Arbeitgeber abweichend von § 280 I 2 nur dann Ersatz für den aus der Verletzung einer Pflicht aus dem Arbeitsverhältnis entstehenden Schaden zu leisten, wenn er die Pflichtverletzung zu vertreten hat. Die Beweislast liegt danach also wieder beim Gläubiger, der sich auf den anspruchsbegründenden Umstand des Verschuldens beruft. Die Beweislastumkehr des § 280 I 2 ist nach der Rechtsprechung des Bundesarbeitsgerichts Ausdruck des vom Schuldner übernommenen **Leistungsrisikos**. Ihre Anwendung sei im Rahmen der Arbeitnehmerhaftung allerdings unangebracht, weil der Arbeitgeber infolge seiner Organisationsmöglichkeiten ein erhöhtes Risiko („Betriebsrisiko") trage, das er nicht auf den Arbeitnehmer zurückverlagern dürfe[162]. Die Beweislastverteilung zu Lasten des Arbeitgebers (in den Fällen der Mankohaftung) war bereits früher in der Rechtsprechung anerkannt[163]. § 619a, der festlegt, dass es bei den anerkannten Grundsätzen bleiben solle, hat insoweit also lediglich klarstellende Bedeutung[164]. Daraus folgt, dass A auch die Umstände, die das Vertretenmüssen der B begründen, beweisen müsste, was ihm ebenfalls misslingt, so dass eine Haftung der B auch aus diesem Grund ausscheiden würde.

---

160 Vgl. BAG AP Nr. 3 zu § 611 BGB „Mankohaftung" unter III 2 b).
161 Zur Widerlegung der Vermutung bei einem entschuldbaren Rechtsirrtum vgl. BGH NJW 2005, 976, 977.
162 BAG NZA 1999, 141; siehe auch *Löwisch*, NZA 2001, 446.
163 Siehe nur BAG AP Nr. 2 zu § 611 BGB „Mankohaftung" unter B I 1.
164 Vgl. Hk-BGB/*Schreiber*, § 619a Rz. 7.

Allerdings soll nochmals klargestellt werden, dass die nach § 619a dem Arbeitgeber **56** übertragene Darlegungs- und Beweislast durch die allgemeinen zivilprozessualen Grundsätze des Anscheins- bzw. Prima-facie-Beweises und vor allem der „**sekundären Darlegungs- und Behauptungslast**" zugunsten des Arbeitgebers erheblich abgemildert sein kann. Liegt das schädigende Ereignis also näher beim Arbeitnehmer, dürfen keine allzu hohen Anforderungen an die Darlegungslast des Arbeitgebers gestellt werden. Stattdessen muss sich der Arbeitnehmer substantiiert äußern und im Sinne einer **gestuften Darlegungslast** Tatsachen vortragen, die sein Verschulden ausschließen[165]. Das kann sich faktisch genauso auswirken wie die Beweislastumkehr des § 280 I 2. So muss der Arbeitgeber zum Beispiel nicht beweisen, aus welchem Grund der Arbeitnehmer nicht zur Arbeit erscheint[166], vielmehr genügt (zumindest in einem ersten Schritt) die Darlegung des Nichterscheinens[167]. Der Arbeitnehmer muss sodann substantiiert Tatsachen vortragen, die sein Verschulden ausschließen. Misslingt dieser Vortrag, gilt der Vortrag des Arbeitgebers zum Verschulden als zugestanden, andernfalls muss der Arbeitgeber die substantiiert vorgetragenen Tatsachen im Rahmen seiner allgemeinen Beweislast widerlegen.

6. Schadensersatz statt der Leistung wegen Verletzung einer sonstigen Pflicht

Im Zusammenhang mit § 241 II ist immer auch **§ 282** zu beachten[168]. Danach kann der **57** Gläubiger Schadensersatz **statt der Leistung** wegen Verletzung einer sonstigen Pflicht aus dem Schuldverhältnis unter den Voraussetzungen des § 280 I 1 verlangen, wenn dem Gläubiger die Leistung durch den Schuldner nicht mehr zuzumuten ist[169]. Das ist nur dann der Fall, wenn die Pflichtverletzung besonders gravierend ist, also nur unter engen Voraussetzungen[170], weil den Gläubiger sonst eine schlichte Verletzung von Nebenpflichten zum Schadensersatz statt der Leistung berechtigen würde[171]. Die Pflichten des § 241 II sind nämlich solche nicht leistungsbezogenen Nebenpflichten, von denen in § 282 die Rede ist („sonstige Pflicht"). Zu denken ist daran insbesondere bei **Sukzessivlieferungsverträgen**[172].

Die Vorschrift des § 241 II steht außerdem in engem systematischen Zusammenhang **58** zur Kodifizierung der **culpa in contrahendo**, wie sich aus der Bezugnahme in § 311 II ergibt[173], wonach die nunmehr normierten Fallgruppen der c. i. c. (§ 311 II Nr. 1–3) dazu führen, dass „ein Schuldverhältnis mit Pflichten nach § 241 II entsteht". Das führt uns zu der Frage, wann und mit welchem Inhalt und welchen Folgen das Schuldverhältnis entsteht. Die Erörterung soll im folgenden Teil unternommen werden.

---

165 BAG NJW 1999, 1052.
166 *Ehmann/Sutschet*, § 4 V 2 b, S. 104.
167 Vgl. auch *Dedek*, ZGS 2002, 320.
168 Zu § 282 am praktischen Fall siehe oben **Fall 4** (Rz. 33).
169 Für überflüssig, weil bereits von § 281 I erfasst, halten *Ehmann/Sutschet* (§ 4 V 5 a, S. 118) die Regelung des § 282.
170 *Zimmer*, NJW 2002, 1 ff.
171 *Joussen*, Schuldrecht I – Allgemeiner Teil, 2008, Rz. 686.
172 Vgl. auch *Canaris*, JZ 2001, 499, 513 Fußnote 133; näher zu den Sukzessivlieferungsverträgen sogleich Rz. 59.
173 Näher *Heinrichs*, Festschrift für Canaris, 2007, S. 421.

Zweiter Teil
Das Schuldverhältnis

59 Das Schuldverhältnis ist eine Sonderverbindung zwischen Gläubiger und Schuldner. Je nach Inhalt kann es sich in einer einzigen Leistung erschöpfen oder länger dauern. Letzteres ist bei den sog. **Dauerschuldverhältnissen** der Fall, für die der Zeitfaktor prägend ist. Das wirkt sich etwa bei der Beendigung aus, denn Dauerschuldverhältnisse können durch **Kündigung** beendigt werden, wie § 313 III 2 nunmehr ausdrücklich klarstellt. Von den Dauerschuldverhältnissen zu unterscheiden sind die **Sukzessivlieferungsverträge**, bei denen nicht in einem Mal zu leisten ist, sondern sich die zu liefernde Menge sukzessive erhöht[1].

60 Man unterscheidet zwischen vertraglichen und gesetzlichen Schuldverhältnissen. Nur von den ersteren soll hier die Rede sein. Beachtung für das Allgemeine Schuldrecht verdient jedoch, dass sich auch aus gesetzlichen Schuldverhältnissen das für die Anwendung des § 280 I 1 erforderliche Schuldverhältnis ergeben kann. Auch das **Eigentümer-Besitzer-Verhältnis** begründet eine Sonderverbindung, so dass innerhalb dessen etwa nach § 278 zugerechnet werden kann. Kein Schuldverhältnis stellt dagegen nach h. M. das **nachbarschaftliche Gemeinschaftsverhältnis** dar[2].

§ 2 Die Entstehung des Schuldverhältnisses

Entstehung und Erlöschen des Schuldverhältnisses werden hier bewusst nacheinander behandelt, weil dies auch dem Aufbau in der Fallbearbeitung entspricht.

I. Formerfordernisse

61 Der Schuldner kann sich grundsätzlich ohne Einhaltung einer bestimmten Form zu einer Leistung verpflichten. Die wichtigste Ausnahme im Allgemeinen Schuldrecht findet sich in § **311b I 1** für die Verpflichtung zur Veräußerung oder zum Erwerb eines Grundstücks. Der Beurkundungszwang hat zugleich **Warn-, Beweis-** und **Beratungsfunktion**. Daneben bietet er eine Gültigkeitsgewähr[1]. Grundsätzlich formfrei ist nach § 167 II die **Vollmacht** zum Abschluss eines gemäß § 311b I 1 formbedürftigen Vertrags. Etwas anderes gilt freilich bei der unwiderruflichen Vollmacht[2] – mag diese auch

---

1 Instruktiv dazu *Musielak*, JuS 1979, 96.
2 *Medicus/Petersen*, Bürgerliches Recht, Rz. 799, m. w. N. auch zur Gegenmeinung.

1 BGHZ 87, 150, 153.
2 Ebenso für die Verpflichtung der Erteilung einer unwiderruflichen Vollmacht; vgl. BGH NJW-RR 1988, 351.

zeitlich begrenzt sein³ –, weil sie bereits eine bindende Verpflichtung zur Veräußerung oder zum Erwerb des Grundstücks begründet⁴. Formfrei ist dagegen die Ausübung von **Gestaltungsrechten**⁵.

Umstritten ist, ob einseitige auf Grundstücksverträge bezogene Rechtsgeschäfte, wie etwa die Genehmigung oder Zustimmung nach § 182 II, formfrei möglich sind. Das würde bedeuten, dass der von einem falsus procurator abgeschlossene und in der Form des § 311b I 1 ordnungsgemäß beurkundete Kaufvertrag über ein Grundstück sogar dann wirksam wäre, wenn der Vertretene ihn lediglich durch ein konkludentes Verhalten genehmigt. Der Bundesgerichtshof hat dies angenommen⁶. Im Schrifttum wird dagegen in Anlehnung an die zu § 167 II entwickelten und bereits oben genannten Einschränkungen vorgebracht, dass der Geschäftsherr ohne die erforderliche notarielle Beratung an einen Vertrag gebunden wäre, der ein Grundstücksgeschäft zum Gegenstand hat und so der **Schutzzweck** des § 311b vereitelt würde⁷. Allerdings ist der Hinweis auf § 167 II nicht durchschlagend, weil dem Zustimmenden dort kein formgerechter Vertrag zu Gebote steht, der im Fall des § 182 II immerhin vorliegt⁸. Gegen die teleologische Reduktion des § 182 II wird eingewandt, dass dieser dann praktisch keinen Anwendungsbereich mehr hätte⁹.

62

> Dass § 311b I 1 darüber hinaus auch auf zusammengesetzte Verträge anwendbar sein kann, soll unser **Fall 8** zeigen, den der Bundesgerichtshof zu entscheiden¹⁰ hatte: B beauftragt den Bauunternehmer U mit der Errichtung von Geschäfts- und Wohnhäusern auf einem Grundstück, das dem B gehört. Der privatschriftlich geschlossene Vertrag sah u. a. vor, dass U einen Teil des Grundstücks erwerben sollte und der Kaufpreis hierfür mit der Bausumme zu verrechnen sei. B kündigt jedoch noch vor Fertigstellung der Bauten den Vertrag. U verlangt daraufhin Werklohn für noch unbezahlte Bauleistungen. B wendet ein, dass das bisher errichtete Baufundament Mängel aufweise, was zutrifft. Er rechne daher mit einem diesbezüglichen Anspruch auf. Kann U von B unverminderte Bezahlung der bisherigen Bauleistungen verlangen?

1. U hat einen Anspruch aus § 631, wenn zwischen U und B ein wirksamer Werkvertrag besteht. Ein Werkvertrag – wenn auch mit atypischer Gegenleistung – wurde zwischen beiden geschlossen. Dieser könnte indes nach § 125 S. 1 i. V. m. § 311b I 1 nichtig sein, da er nur privatschriftlich geschlossen wurde. Als Werkvertrag bedarf der zwischen U und B geschlossene Vertrag zwar grundsätzlich nicht der notariellen Beurkundung nach § 311b I. Etwas anderes könnte sich aber daraus ergeben, dass neben den Bauleistungen auch noch die Übertragung von Grundeigentum durch B geschul-

63

---

3 BGH WM 1967, 1093.
4 St. Rspr.; vgl. nur RGZ 110, 320; BGH LM § 167 Nr. 18; BGH DNotZ 1965, 549.
5 BGH NJW-RR 1996, 1167.
6 BGHZ 125, 218, 220; BGH NJW 1996, 3338, 3339 (zu § 15 IV GmbHG); einschränkend zur Einwilligung aber BGH NJW 1998, 1482, 1484.
7 *Medicus*, Allgemeiner Teil, Rz. 1017.
8 *Prölss*, JuS 1985, 585.
9 *Canaris*, Festschrift für Medicus, 1999, S. 25, 56 f.; *Hagen*, Festschrift für Schippel, 1996, S. 183 („Anwendungsbereich des § 182 II BGB auf Null reduziert").
10 **BGH NJW 1993, 3196**; instruktiv dazu *Gold*, JA 1994, 206.

det war. Damit handelt es sich um einen **zusammengesetzten Vertrag**[11]. Dieser ist ausnahmsweise nach § 311b I beurkundungspflichtig, wenn der an sich formlos wirksame Werkvertrag eine **rechtliche Einheit** mit dem Grundstückskaufvertrag bildet[12]. Dies gilt auch dann, wenn die Einzelvereinbarungen für sich betrachtet formfrei hätten abgeschlossen werden können[13]. Eine rechtliche Einheit wird von der Rechtsprechung angenommen, wenn die Vereinbarungen nach dem Willen der Parteien nicht für sich allein gelten, sondern miteinander **stehen und fallen** sollen[14]. Ein tatsächlicher wirtschaftlicher Zusammenhang genügt hierfür zwar nicht[15], doch reicht ein entsprechender Wille des einen Vertragsteils aus, wenn der andere ihn erkannt und hingenommen hat[16], wenn die gegenseitige Abhängigkeit so stark ist, dass beide Vereinbarungen nur zusammen gelten sollen[17]. Das ist im vorliegenden Fall anzunehmen, da der Grundstückskaufvertrag gerade der Finanzierung des Bauvorhabens diente und das eine Geschäft mithin mit dem anderen stehen und fallen sollte[18]. Das hat zur Folge, dass ausnahmsweise auch der an sich formfreie Werkvertrag der gesetzlich vorgeschriebenen Form des § 311b I bedarf. Diese ist jedoch nicht eingehalten, so dass der Vertrag nach § 125 nichtig ist und in Ermangelung eines wirksamen Werkvertrags kein **Erfüllungsanspruch** besteht.

64 2. U könnte einen Aufwendungsersatzanspruch aus berechtigter Geschäftsführung ohne Auftrag gemäß §§ 683 S. 1, 670, 677 auf Bezahlung der Bauleistungen haben. U hat mit den Bauleistungen ein objektiv fremdes Geschäft geführt, weil diese zum Rechtskreis des B gehörten. Dass diese infolge des Vertragsschlusses zugleich seinen eigenen Rechtskreis berührten, steht nach Ansicht der Rechtsprechung nicht entgegen; insofern liegt ein sog. **„auch-fremdes-Geschäft"** vor, bei dem die Rechtsprechung gleichfalls den Fremdgeschäftsführungswillen vermutet[19]. Da die Tätigkeit des U dem Willen des B entsprach, liegen die Voraussetzungen der berechtigten Geschäftsführung ohne Auftrag an sich vor, so dass U als Bauunternehmer entsprechend § **1835 III** die vertragsübliche Vergütung verlangen könnte. Die h. M. im Schrifttum wendet demgegenüber ein, dass das Institut der Geschäftsführung ohne Auftrag in derartigen Fällen zu einem konturenlosen Billigkeitsinstrument des Lastenausgleichs bei nichtigen Werkverträgen gemacht werde, für den vielmehr das Bereicherungsrecht das richtige Ausgleichsinstrument sei[20]. Dessen besondere Beschränkungen in Gestalt der **§§ 814 f., 817 S. 2** würden durch die Heranziehung der Geschäftsführung ohne Auftrag

---

11 Teilweise ist auch von einem gemischten Vertrag die Rede; vgl. Palandt/*Grüneberg*, Überbl v § 311 Rz. 19, 21.
12 BGHZ 76, 48; vgl. auch BGHZ 104, 18, 22.
13 BGH NJW 1984, 613; 1986, 854.
14 BGHZ 101, 393, 396; 112, 376, 378. Die Formulierung des miteinander Stehens und Fallens sollte dem Examenskandidaten von der Bestimmung des relativen Fixgeschäfts her vertraut sein; dazu unten Rz. 148.
15 BGH NJW 1986, 1983, 1985; Palandt/*Grüneberg*, § 311b Rz. 32.
16 BGHZ 78, 349.
17 BGHZ 50, 13.
18 BGH NJW 1996, 3196.
19 Vgl. Palandt/*Sprau*, § 677 Rz. 6; *Buck-Heeb*, Rz. 42 ff; *Looschelders*, Schuldrecht Besonderer Teil, Rz. 849 ff.
20 Ausführlich *Gold*, JA 1994, 206, 208 ff., mit beachtlichen Gründen.

unterlaufen[21]. Folgt man der Rechtsprechung[22], kommt ein Anspruch aus § 812 I 1 Fall 1 nicht in Betracht, da die berechtigte Geschäftsführung ohne Auftrag insofern einen Rechtsgrund darstellt.

3. Allerdings könnte dem Anspruch aus §§ 683 S. 1, 677, 670 ein Gegenanspruch in Höhe der unbestreitbar vorliegenden Mängel des Baufundaments entgegenstehen, mit dem B dem U gegenüber erklärtermaßen (§ 388) **aufgerechnet** hat. Dann wäre der Anspruch insoweit erloschen, § 389. Das setzt voraus, dass B einen aufrechenbaren Anspruch gegen U hat. Ein solcher kann sich in Ermangelung eines wirksamen Werkvertrags zwar nicht aus § 634 Nr. 4, wohl aber aus § 280 I 1 ergeben. Dann müsste U eine Pflicht aus dem Schuldverhältnis verletzt haben. Als solches kommt die Geschäftsführung ohne Auftrag in Betracht, denn unter Zugrundelegung der Rechtsprechung liegt eine berechtigte Geschäftsführung ohne Auftrag vor. Diese stellt ein **gesetzliches Schuldverhältnis** dar, das ebenfalls ein Schuldverhältnis i. S. d. § 280 I 1 ist. Wenn die aus diesem Schuldverhältnis resultierenden Pflichten (vgl. § 677), wie hier, missachtet werden, indem die Rechtsgüter des Gläubigers rechtswidrig und schuldhaft beeinträchtigt werden, stellt dies eine Pflichtverletzung des gesetzlichen Schuldverhältnisses der Geschäftsführung ohne Auftrag dar. In Höhe der Mängel vermindert sich daher infolge der **Aufrechnung (§ 389)** der Werklohnanspruch des U[23]. 65

Beachte: Da § 280 I ganz allgemein von der Verletzung einer Pflicht aus dem Schuldverhältnis spricht und damit auch das gesetzliche Schuldverhältnis erfasst wird, kann auch dann, wenn eine daraus resultierende Pflicht (vgl. nur § 677) verletzt wird, ein Anspruch aus § 280 I 1 bestehen. Das ist insbesondere dann der Fall, wenn die an sich berechtigte Geschäftsführung ohne Auftrag schlecht ausgeführt wird. Als Anspruchsgrundlage kann man etwa § 280 I 1 i. V. m. §§ 683 S. 1, 670, 677 zitieren. Jedoch gilt § 280 I im Eigentümer-Besitzer-Verhältnis, das ebenfalls ein gesetzliches Schuldverhältnis darstellt, erst dann, wenn der Anspruch rechtshängig geworden ist[24]. 66

II. Einschränkungen der Vertrags- und Formfreiheit

Nach § 311b II ist ein Vertrag nichtig, durch den sich jemand verpflichtet, sein künftiges Vermögen oder einen Teil davon zu übertragen. In direkter Anwendung spielt die Vorschrift praktisch keine Rolle. Diskutiert und mit Recht abgelehnt wurde allerdings die analoge Anwendung auf die Bürgschaften vermögensloser Ehegatten und Kinder[25]. 67

---

21 Vgl. *Medicus/Petersen*, Bürgerliches Recht, Rz. 412. Siehe zu § 817 S. 2 BGB *Klöhn*, AcP 210 (2010), 804.
22 Vgl. auch BGH NJW 1997, 48; anders entscheidet der BGH freilich bei einem Verstoß gegen § 134, weil der Geschäftsführer die Aufwendungen dann nicht für erforderlich halten durfte; BGHZ 111, 311; allgemein zum Verhältnis der GoA zum Bereicherungsrecht *Buck-Heeb*, Rz. 339 ff.; *Looschelders*, Schuldrecht Besonderer Teil, Rz. 853; Anw.-Komm.-*von Sachsen Gessaphe*, § 812 Rz. 26.
23 Ausführlich zur Aufrechnung unten Rz. 119 ff. Beachte, dass die bloß fehlerhafte Ausführung einer mangelfreien Planung die Erforderlichkeit der Aufwendung nicht beseitigt und somit für eine Kürzung des Anspruchs anstelle der Aufrechung kein Raum ist.
24 Palandt/*Grüneberg*, § 280 Rz. 9. Zur Anwendung des § 278 siehe oben Rz. 60.
25 Dazu unten **Fall 21** (Rz. 221).

68 Aus dem **Erbrecht** verdient § 2302 Erwähnung, wonach ein Vertrag nichtig ist, durch den sich jemand verpflichtet, eine Verfügung von Todes wegen zu errichten, aufzuheben oder nicht aufzuheben. Das gilt aber nicht für die schuldrechtliche Verpflichtung der Ausschlagung[26]. Zu beachten ist ferner **§ 311b IV**[27] für den Vertrag über den Nachlass, den Pflichtteil oder ein Vermächtnis eines noch lebenden Dritten[28].

III. Die culpa in contrahendo

69 Dass die culpa in contrahendo (c. i. c.) ebenfalls zur Entstehung des Schuldverhältnisses gehört, ergibt sich daraus, dass sie für den Zeitraum vom ersten rechtsgeschäftlichen Kontakt der Vertragsparteien bis zum vollständigen Abschluss des Vertrages bzw. noch darüber hinaus (**culpa post contractum finitum**[29]) gilt.

70 Der Gesetzgeber hat mit § 311 II und III eine subsumtionsgeeignete Norm geschaffen[30]. Allerdings sind damit nicht alle Probleme gelöst. In Erinnerung zu rufen sind an dieser Stelle im Übrigen die Einzelheiten zu § 241 II, auf den § 311 II verweist[31].

1. Voraussetzungen

71 § 311 II allein stellt **keine Anspruchsgrundlage** dar, wie sich aus der textlichen Fassung ergibt, weil sie keine an einen bestimmten Tatbestand geknüpfte Rechtsfolge (Schadensersatz) erkennen lässt. Vielmehr begnügt sich § 311 II damit festzustellen, dass mit der Vertragsanbahnung bzw. der Aufnahme von Vertragsverhandlungen oder ähnlichen geschäftlichen Kontakten ein Schuldverhältnis entsteht.

72 **Anspruchsgrundlage** ist auch für die Fälle der culpa in contrahendo letztlich **§ 280 I 1**, wonach der Gläubiger Schadensersatz verlangen kann, wenn der Schuldner eine Pflicht aus dem Schuldverhältnis verletzt. Wann ein Schuldverhältnis entsteht, sagt dann § 311 II, der die positiv-rechtliche Fundierung darstellt. In der Fallbearbeitung kann man von einem Anspruch aus §§ 280 I 1, 311 II, 241 II (culpa in contrahendo) sprechen.

a) Aufnahme von Vertragsverhandlungen

73 Wenn § 311 II Nr. 1 die Aufnahme von Vertragsverhandlungen als Entstehungsgrund für das Schuldverhältnis normiert, entspricht das dem alten Grundsatz, dass bereits der Eintritt in Vertragsverhandlungen ein besonderes Pflichtenverhältnis in Gestalt einer **Sonderverbindung** zwischen den Beteiligten begründet[32]. Der Eintritt in Vertragsverhandlungen ist nach der Rechtsprechung weit zu verstehen[33]. Ansatzpunkt ist der erste **rechtsgeschäftliche Kontakt**, von dem aus sich das Schuldverhältnis gleichsam

---

26 Palandt/*Weidlich*, § 2302 Rz. 4.
27 Der frühere § 312 I.
28 Einzelheiten hierzu bei *Büdenbender*, in: Das Neue Schuldrecht, § 13 Rz. 16 ff.
29 Zu ihr bereits oben Rz. 4.
30 *Canaris*, JZ 2001, 499, 519.
31 Oben Rz. 30 ff.
32 *Medicus*, Allgemeiner Teil, Rz. 444.
33 BGHZ 66, 51, 55.

verdichtet bis zum Vertragsschluss[34]. Schon der Eintritt in Vertragsverhandlungen schafft erhöhte **Sorgfaltspflichten**, für deren Verletzung der Schuldner – insbesondere nach § 278 S. 1 – einzustehen hat[35]. Diese dogmatischen Erkenntnisse sind mit § 311 II Nr. 1 Gesetz geworden, ohne dass sich in der Sache etwas Neues ergibt[36].

b) Vertragsanbahnung mit Einwirkungsmöglichkeit

Ebenso verhält es sich bei § 311 II Nr. 2, der schon an den Vertrag, also nicht nur die darauf gerichteten Verhandlungen, anknüpft. Die genaue Unterscheidung und Zuordnung zwischen Nr. 1 und Nr. 2 ist allerdings nicht immer trennscharf möglich. Entscheidend ist bei der Nr. 2, dass der schlichte **soziale** Kontakt nicht ausreicht, sondern es vielmehr auf einen irgendwie gearteten Zusammenhang mit einem möglichen Vertragsschluss ankommt, wie sich aus dem Wortlaut („eine etwaige rechtsgeschäftliche Beziehung") ergibt. Der rechtsgeschäftliche Kontakt muss also von beiden Seiten auf einen Vertragsschluss gerichtet sein. Die Vorschrift normiert eine **Einwirkungs-** und **Anvertrauenshaftung** bereits für das Stadium der Vertragsanbahnung. Beachtung verdienen die in § 311 II Nr. 2 aufgezählten Schutzgüter, unter denen neben den Rechten und Rechtsgütern auch die Interessen rangieren. Das bedeutet, dass nicht nur die in § 823 I genannten Rechtsgüter, sondern alle Arten von *Vermögens*interessen geschützt sind[37].

74

Wie weit dies gehen kann, zeigt unser **Fall 9**: A soll im Warenhaus des W eine Anstellung erhalten. Noch bevor der Anstellungsvertrag unterschrieben ist, wird A von W bevollmächtigt, Verhandlungen mit Kunden zu führen, ohne jedoch Verträge mit ihnen abschließen zu dürfen. Dessen ungeachtet verkauft A dem Kunden K in einem der Büroräume des Warenhauses einen nach dem Willen des W unverkäuflichen Gegenstand und begeht zudem die Unvorsichtigkeit, dem K mitzuteilen, wo er, wie er von W bei Gelegenheit der Verhandlungen über sein Arbeitsverhältnis erfahren hat, Gegenstände gleicher Art zum Einkaufspreis bekommen kann. Den Kaufpreis für den Gegenstand legt A nicht in die Ladenkasse, sondern in eine Kasse im Büro. Währenddessen ist F, die Ehefrau des K, die an sich vor dem Warenhaus warten wollte, sich dann jedoch wegen eines Platzregens im Warenhaus untergestellt hat, auf einer Bananenschale ausgerutscht, die A achtlos weggeworfen hatte. Was können K und F von W verlangen? W verlangt von A Schadensersatz in Höhe von 3000 €, die ihm – was zutrifft – entgangen sind, weil A dem K die anderweitige Einkaufsmöglichkeit verraten hat.

I. K könnte gegen W einen Anspruch auf Übereignung des von A verkauften Gegenstandes aus § 433 I haben. Da W nicht selbst gehandelt hat, wirkt die Erklärung des A nur unter den Voraussetzungen des § 164 I 1 für und gegen ihn. A hat eine eigene Willenserklärung abgegeben. Es handelt sich um ein sog. unternehmensbezogenes Geschäft, so dass auch dem **Offenkundigkeitsprinzip** (vgl. § 164 I 2) entsprochen ist. Fraglich ist jedoch, ob auch die erforderliche Vertretungsmacht bestand, da A nur Verhandlungsmacht, nicht aber Vertretungsmacht hatte. Auch unter dem Gesichts-

75

---

34 Vgl. *Canaris*, JZ 1965, 475, 479.
35 *Medicus/Lorenz*, Schuldrecht I, Allgemeiner Teil, Rz. 103.
36 *Lieb*, in: Das Neue Schuldrecht, § 3 Rz. 37, hält die Nr. 1 sogar für „einen (überflüssigerweise speziell geregelten) Unterfall der Nr. 2".
37 Zum wichtigsten Fall der Entscheidungsfreiheit siehe unten Rz. 95 ff.

punkt der Anscheinsvollmacht lässt sich keine Vertretungsmacht begründen, weil A zum ersten Mal für W auftrat und es deshalb an einem entsprechenden Vertrauenstatbestand fehlt[38]. In Betracht kommt freilich eine **Ladenvollmacht** nach § 56 HGB[39], für deren Bestand entgegen dem Wortlaut der Vorschrift die arbeitsrechtliche Anstellung nicht erforderlich ist[40], so dass der Anwendung nicht entgegensteht, dass A vor dem Abschluss des Anstellungsvertrages tätig wurde. Jedoch wurde der Kauf in den Büroräumen und nicht im Laden abgeschlossen, so dass die Voraussetzungen des § 56 HGB nicht vorliegen[41], zumal das Geld auch nicht in die Ladenkasse, sondern in die Kasse im Büro gelegt wurde[42].

76 Fraglich ist, ob sich ein Anspruch auf Übereignung des Gegenstandes aus § 280 I 1 i. V. m. § 311 II Nr. 2 i. V. m. § 278 ergeben kann. Ein Anspruch nach den Regeln der culpa in contrahendo auf Erfüllung scheidet jedoch aus[43], weil andernfalls der **Schutzzweck** der Vorschriften über die Beschränkung der Vertretungsmacht unterlaufen würde[44]. Allenfalls wird das **negative Interesse** ersetzt, wenn etwa, wie hier, der unbefugte Vertragsabschluss durch einen verhandlungsbefugten, wenngleich nicht vertretungsberechtigten Mitarbeiter erfolgt, dessen Verhalten dem Vertretenen nach § 278 zugerechnet werden kann, sofern dieser immerhin die Befugnis hatte, den rechtsgeschäftlichen Kontakt mit dem Dritten herzustellen[45]. Folglich scheidet ein Erfüllungsanspruch aus; allenfalls könnten – hier nicht ersichtliche – Schäden, die im Vertrauen auf die Wirksamkeit entstanden sind, ersetzt werden.

77 II. Zu prüfen ist weiterhin, ob F Ansprüche gegen W hat.

1. In Betracht kommt zunächst ein Anspruch aus § 280 I 1. Das dafür erforderliche Schuldverhältnis ist eventuell durch die Aufnahme von Vertragsverhandlungen bzw. die Vertragsanbahnung entstanden, § 311 II. Das Fehlverhalten des A könnte dem W dann möglicherweise nach § 278 S. 1 zugerechnet werden, weil und sofern er ihn in die Einhaltung der **Schutzpflichten** gegenüber seinen Kunden mit einbezogen hat. Problematisch ist dabei, ob ihr verhängnisvolles Betreten des Warenhauses „im Hinblick auf eine rechtsgeschäftliche Beziehung" erfolgte, § 311 II Nr. 2. Das ist zweifelhaft, weil nicht sie, sondern ihr Mann eine solche eingehen wollte. Gewiss lässt sich vertreten, dass auch derjenige, der sich nur unterstellt[46], vom Angebot des Kaufhausinhabers

---

38 Der mehrfache Geschäftsabschluss ist „i. d. R. erforderlich" (*Canaris*, Handelsrecht, 24. Auflage 2006, § 14 Rz. 19).
39 Zu ihr *Petersen*, Jura 2003, 310, 314.
40 *K. Schmidt*, Handelsrecht, § 16 V 3 d.
41 Vgl. Staub/*Joost*, HGB, § 56 Rz. 24; a. A. *K. Schmidt*, Handelsrecht, § 16 V 3 c, wenn das Geschäft – wie hier naheliegend – im Laden angebahnt und außerhalb abgeschlossen wurde; auch das KG (JW 1924, 1181) ließ freilich Büroräume nicht ausreichen für die Anwendung des § 56 HGB.
42 Die Einrichtung einer besonderen Kasse ist ein Indiz gegen § 56 HGB; vgl. BGH NJW 1975, 2191; vgl. auch *Canaris*, Die Vertrauenshaftung im deutschen Privatrecht, 1971, S. 190.
43 Vgl. *Medicus*, Allgemeiner Teil, Rz. 454, sowie speziell zum Formmangel, bei dem das Problem gleichfalls auftritt, Rz. 633.
44 *Canaris*, in: 50 Jahre Bundesgerichtshof, 2000, S. 176, 177 ff.
45 BGHZ 92, 164, 175; allgemein auch *Ackermann*, Der Schutz des negativen Interesses, 2007.
46 Keinesfalls aber etwa der Ladendieb, der den Inhaber nur schädigen will und daher keinen Schutz verdient.

angelockt werden sollte[47]. Doch sprechen die besseren Gründe und insbesondere die Wertung des Gesetzes, den bloßen sozialen Kontakt nicht ausreichen zu lassen[48], gegen eine Haftung des W. Auch unter dem Gesichtspunkt eines Vertrags mit Schutzwirkung zugunsten Dritter (vgl. § 311 III 1)[49] lässt sich kein Anspruch der F gegen W begründen, denn es war für W zumindest nicht erkennbar, dass F in den Schutzbereich eines etwaigen Vertrags mit K einbezogen sein sollte. Vielmehr war sie eher zufällig zeitgleich im Warenhaus des W.

2. F könnte aber einen Anspruch aus § 831 I gegen W haben[50]. Voraussetzung dafür ist, dass A, der die Bananenschale weggeworfen hat, als sein Verrichtungsgehilfe anzusehen ist. Dann müsste er dem W gegenüber weisungsgebunden sein. Hier war zwar der Anstellungsvertrag noch nicht unterschrieben, doch musste A gleichwohl schon den Weisungen des W gehorchen und ist daher sein **Verrichtungsgehilfe**. W haftet somit der F aus § 831, da für ihn keine Exkulpationsmöglichkeit besteht. **78**

III. W könnte gegen A einen Anspruch auf Schadensersatz in Höhe von 3000 € aus §§ 280 I 1, 311 II Nr. 2 haben. Einen Anstellungsvertrag hatten W und A freilich noch nicht geschlossen, so dass sich unter dem Gesichtspunkt der Vertragsverletzung mangels Vertrags noch kein Anspruch aus § 280 I 1 herleiten lässt. In Betracht kommt eine nachteilige Einwirkung auf die Interessen des W i. S. d. § 311 II Nr. 2, weil W dem A immerhin die Möglichkeit gegeben hatte, auf seine Interessen einzuwirken, indem er ihn bereits vor dem endgültigen Vertragsschluss mit der günstigen Einkaufsmöglichkeit vertraut gemacht hat. Er hat ihm als potenziellem Vertragspartner des Dienstvertrags damit ein Betriebsgeheimnis anvertraut, das A fahrlässig (§ 276 II) an K weitergegeben hat. Damit wird die **Einwirkungs-** und **Anvertrauenshaftung** des § 311 II Nr. 2 i. V. m. § 280 I 1 ausgelöst[51]. Allerdings dürfte der Anspruch des W gegen A nach § 254 I zu mindern sein, weil er dem A noch vor endgültigem Abschluss des Dienstvertrags die Möglichkeit gegeben hat, Vertragsverhandlungen zu führen. **79**

Beachte: Auch wenn hier keine **Anscheinsvollmacht** bestand, so wirft diese doch gerade im Hinblick auf die **culpa in contrahendo** eine Streitfrage auf. Gewichtige Stimmen im Schrifttum[52] lehnen die Anscheinsvollmacht nämlich – zumindest im Bürgerlichen Recht[53] – ab. Nach dieser Ansicht kommt allenfalls ein Anspruch aus c. i. c. in Betracht. Im Rahmen dessen kann freilich das – regelmäßig vorliegende – Verschulden des Vertreters nach **§ 278 S. 1** zugerechnet werden, weil eine **Sonderverbindung** besteht. Wer dieser Ansicht folgt, sollte also im Anschluss immer einen Anspruch aus §§ 280 I 1, 311 II Nr. 2 prüfen. **80**

---

47 Folgt man dem, kommt es darauf an, ob sich W die Unachtsamkeit des A nach § 278 zurechnen lassen müsste. Das wäre wohl der Fall, weil W willentlich zugelassen hat, dass A in seinem Pflichtenkreis – nämlich bezogen auf Schutzpflichten gegenüber etwaigen Kunden – tätig war.
48 Vgl. *Canaris*, JZ 2001, 499, 520.
49 Dazu *Brors*, ZGS 2005, 142.
50 Siehe zur Prüfung von § 831 *Buck-Heeb*, Rz. 317 ff.; *Looschelders*, Schuldrecht Besonderer Teil, Rz. 1321 ff.
51 Vgl. *Canaris*, JZ 2001, 499, 519 f.
52 Etwa *Flume*, Allgemeiner Teil des Bürgerlichen Rechts, Band II, § 49, 3, 4.
53 Anders im Handelsrecht; vgl. *Canaris*, Die Vertrauenshaftung im deutschen Privatrecht, 1971, S. 191 ff.

§ 2 *Die Entstehung des Schuldverhältnisses*

c) Ähnliche geschäftliche Kontakte

81 Auslegungsschwierigkeiten sind am ehesten bei der dritten vom Gesetz genannten Möglichkeit denkbar. Ähnliche geschäftliche Kontakte sollen offenbar diejenigen Fälle erfassen, in denen der rechtsgeschäftliche Kontakt eine der Nr. 1 und insbesondere der Nr. 2 vergleichbare Qualität und Dichte hat. Ausgehend vom soeben zu § 311 II Nr. 2 Gesagten ist zunächst festzuhalten, dass es sich um *geschäftliche*, also nicht lediglich soziale Kontakte handeln muss. Ein wichtiges praktisches und auch ausbildungsrelevantes Beispiel dürften die **Gefälligkeitsverhältnisse mit rechtsgeschäftlichem Charakter** ohne primäre Leistungspflicht darstellen[54].

2. Schuldverhältnis zu Dritten und Eigenhaftung Dritter

82 Das Schuldverhältnis besteht grundsätzlich nur zwischen Gläubiger und Schuldner, also zwei Parteien[55]. Bereits seit langem ist jedoch anerkannt, dass nicht nur die Vertragsparteien, sondern unter bestimmten Voraussetzungen auch Dritte einem Anspruch aus culpa in contrahendo ausgesetzt sein können. § 311 III hat dies nun in eine gesetzliche Form gebracht[56].

a) Culpa in contrahendo beim Schuldverhältnis mit Schutzwirkung zugunsten Dritter

83 § 311 III 1 enthält eine Klarstellung und zeigt aufgrund seiner allgemeinen Fassung zugleich, dass der Dritte nicht notwendig – wie Satz 2 impliziert – Anspruchsgegner sein muss, sondern auch Anspruchsberechtigter sein kann.

> Das zeigt sich etwa beim Schuldverhältnis mit Schutzwirkung zugunsten Dritter und soll an unserem **Fall 10**[57] illustriert werden. Die Mutter M betritt mit ihrem Kind K den Teppichladen des T. Als M die gekaufte Ware bezahlen will, fällt eine Teppichrolle, die ein sorgsam ausgewählter und ansonsten immer untadeliger Angestellter des T unsorgsam abgestellt hat, auf K und verletzt das Kind schwer. Kann K von T Ersatz verlangen?

84 1. K könnte gegen T einen Anspruch aus § 280 I 1 haben. Voraussetzung dafür ist ein Schuldverhältnis zwischen ihnen. Fraglich ist jedoch, ob ein Schuldverhältnis zwischen T und K bestand, da ein Vertrag nur zwischen T und M zustande gekommen ist. **§ 311 III 1** eröffnet nunmehr aber ausdrücklich die Möglichkeit, dass ein Schuldverhältnis mit besonderen Schutzpflichten auch zu Personen entstehen kann, die nicht selbst Vertragspartei werden sollen. Das trifft auf T und K grundsätzlich zu. Fraglich ist demnach, ob ein solcher Fall hier vorliegt. Hier könnte die Sonderverbindung durch ein **Schuldverhältnis mit Schutzwirkung zugunsten Dritter** begründet sein, vermöge dessen dem K ein eigener vertraglicher Anspruch zustünde. Zu prüfen ist demnach, ob K in den Vertrag zwischen T und M einbezogen ist. Die Voraussetzungen eines solchen

---

54 Siehe auch *Canaris*, Festschrift für Schimansky, 1999, S. 43 ff.; *Willoweit*, JuS 1984, 909.
55 Zur Relativität des Schuldverhältnisses oben Rz. 1 ff.
56 Vgl. dazu im Rahmen der Fallbearbeitung unten Rz. 473 zum Schuldverhältnis mit Schutzwirkung zugunsten Dritter bei gegenläufigen Interessen.
57 **BGHZ 66, 51** („Gemüseblatt") und **RGZ 78, 239** („Linoleumrolle") nachgebildet.

Schuldverhältnisses mit Schutzwirkung zugunsten Dritter[58] liegen vor: Die erforderliche Leistungsnähe besteht, weil K der Gefahr einer **Schutzpflichtverletzung** in gleicher Weise ausgesetzt ist wie M. Auch die Gläubigernähe ist gegeben, weil M als Mutter für das Wohl und Wehe ihres Kindes verantwortlich ist. Schließlich war für T erkennbar, dass ihn hier auch hinsichtlich des Dritten (K) Schutzpflichten treffen könnten. Somit besteht ein Schuldverhältnis zwischen K und T in Gestalt eines Vertrags mit Schutzwirkung zugunsten Dritter. Dieses zieht nach dem ausdrücklichen Verweis in § 311 III 1 auf § 241 II die Pflicht zu besonderer Rücksichtnahme auf die Rechtsgüter des anderen Teils nach sich, die hier missachtet wurde. Den T selbst trifft zwar kein Verschulden; er muss sich jedoch die Unachtsamkeit (§ 276 II) seines Angestellten nach § 278 S. 1 zurechnen lassen, weil dieser mit seinem Wissen und Wollen in seinem Pflichtenkreis tätig und somit sein **Erfüllungsgehilfe** war. Da keine Anzeichen für ein anrechenbares Mitverschulden der M (§§ 254 II 2, 278) ersichtlich sind, haftet T dem K aus § 280 I 1 auf Schadensersatz.

2. Ein Anspruch aus § 831 besteht nicht, weil sich T für den sorgsam ausgewählten Angestellten exkulpieren kann, § 831 I 2.

b) Eigenhaftung Dritter

§ 311 III 2 normiert die bereits früher anerkannte und fallgruppenweise erschlossene Möglichkeit der Eigenhaftung eines Dritten[59]. 85

aa) Inanspruchnahme besonderen Vertrauens

Die Grundlagen für die Haftung des Dritten bei Inanspruchnahme besonderen Vertrauens sind im Schrifttum bereits vor einem halben Jahrhundert gelegt worden[60]. Deshalb kann für die Auslegung des § 311 III 2 auf die bekannten Grundsätze zurückgegriffen werden. Erforderlich ist demnach, dass der andere Teil entweder auf die außergewöhnliche **Sachkunde** oder die besondere persönliche Zuverlässigkeit des Dritten vertraut hat[61], d. h. – mit den Worten von **BGHZ 126, 181, 189** – wenn der Dritte ein „zusätzliches, von ihm selbst ausgehendes Vertrauen auf die Vollständigkeit und Richtigkeit seiner Erklärungen" hervorgerufen hat und kein nur „normales Verhandlungsvertrauen" beansprucht. Erforderlich ist mithin ein **qualifiziertes Vertrauen**[62]. Der Dritte muss also eine zusätzliche und gerade von ihm ausgehende Gewähr übernehmen[63]. Dieses **Garantieelement** sollte nach wie vor auch in der Fallbearbeitung eine entscheidende Rolle spielen.

Soweit § 311 III 2 von einem „Vertrauen für sich" spricht, ist dasselbe gemeint wie beim „persönlichen Vertrauen"[64]. Eine die Eigenhaftung begründende und rechtfer- 86

---

58 Zu ihnen eingehend unten Rz. 464 ff.
59 Eingehend und weiterführend dazu *Faust*, AcP 210 (2010), 555, 570 ff.
60 Von *Ballerstedt*, AcP 151 (1951), 501; eingehend später *Canaris*, Die Vertrauenshaftung im deutschen Privatrecht, 1971.
61 *Medicus/Petersen*, Bürgerliches Recht, Rz. 200b.
62 Palandt/*Grüneberg*, § 311 Rz. 63.
63 BGHZ 56, 81, 84; 74, 103, 108; BGH NJW 1990, 389 f.; 1990, 1907 f. Siehe ferner *Canaris*, ZHR 163 (1999), 225, 232 f.
64 *Canaris*, JZ 2001, 499, 520 f.

tigende Stellung als **Sachwalter**, wie der Dritte in diesen Fällen bezeichnet wird, kann sich daher nicht aus dem schlichten Hinweis auf besondere eigene Sachkunde[65] oder dem bloßen Auftreten als Wortführer[66] und nicht einmal ohne weiteres aus dem Gerieren als ausgewiesener Fachmann[67] ergeben. Allerdings haftet ein Gebrauchtwagenhändler, der ein in Zahlung genommenes Kraftfahrzeug namens des Kunden verkauft, regelmäßig als Sachwalter persönlich[68].

87 Kumulativ („und") setzt § 311 III 2 voraus, dass der Dritte durch die Inanspruchnahme besonderen Vertrauens den Vertragsschluss erheblich beeinflusst. Ob dieses Kausalitätserfordernis mehr als eine redundante Wendung ist und eine eigene Hürde darstellt, bleibt abzuwarten; es sollte in der Fallbearbeitung aber nicht übergangen werden.

bb) Weitere Fälle

88 Das Wort „insbesondere" in § 311 III 2 impliziert, dass es neben der ausdrücklich genannten Fallgruppe andere gibt und somit Raum für weitere Kriterien besteht[69]. Die Regelung entspricht damit der Tatsache, dass sich in Rechtsprechung und Schrifttum weitere **Fallgruppen** herauskristallisiert haben:

(1) Prospekthaftung

89 Zu nennen ist zunächst der Sonderfall der Prospekthaftung, die eine Art „typisierten Vertrauens"[70] zum Gegenstand hat. Es geht dabei um die Einstandspflicht für unrichtige Angaben in Prospekten über Kapitalanlagen, wie sie vor allem bei der Beteiligung an einer Publikums-KG nicht selten unterlaufen.

(2) Unmittelbares wirtschaftliches Eigeninteresse des Dritten

90 Schwieriger zu beurteilen ist dies bei der Fallgruppe des persönlichen wirtschaftlichen Eigeninteresses. Ein solches kann der Dritte etwa als Bürge oder Gesellschafter einer GmbH haben. An einem Vertrauensmoment fehlt es in derartigen Fällen häufig. Daher ist die Rechtsprechung mit der Haftung des Dritten aufgrund wirtschaftlichen Eigeninteresses mittlerweile sehr zurückhaltend[71]. Die Fallgruppe beschränkt sich im Wesentlichen auf die **Eigenhaftung des Vertreters**, die insbesondere angenommen werden kann, wenn jemand in Wirklichkeit selbst an dem Geschäft interessiert ist und nur aus formalen Gründen als Vertreter handelt, weil er ansonsten eigene Verpflichtungen gegenwärtigen müsste[72].

91 Die Fassung des § 311 III 2 kann nicht ohne weiteres als eine Abkehr von der Fallgruppe des wirtschaftlichen Eigeninteresses gesehen werden – sie lässt diese Frage

---

65 BGH NJW 1990, 506.
66 BGH ZIP 1993, 363.
67 Vgl. BGH ZIP 1993, 1787.
68 BGHZ 63, 382; 79, 286; 87, 304.
69 *Canaris*, JZ 2001, 499, 520.
70 **BGHZ 71, 284, 287; 123, 106, 109.**
71 Vgl. BGHZ 126, 181 ff.
72 Etwa im Fall RGZ 120, 249; prägnant dazu *Medicus*, Festschrift für Steindorff, 1990, S. 725 ff.

bewusst offen[73] –, doch ist diese auf die zuletzt gemachte Einschränkung reduziert. Ein wirtschaftliches Eigeninteresse des Dritten kann demnach nur genügen, wenn es selbst mit dem Wort „überragend" nur schwach beschrieben ist[74]. Für die **Fallbearbeitung** folgt daraus, dass das Eigeninteresse durchaus erörtert werden kann, wenn der Sachverhalt entsprechende Anhaltspunkte bietet; die Entscheidung dafür sollte jedoch Extremfällen vorbehalten bleiben.

3. Culpa in contrahendo des Minderjährigen?

Im Schnittpunkt zum Allgemeinen Teil steht die Frage, ob auch der Minderjährige aus culpa in contrahendo gemäß § 280 I 1 haftet. Soweit darin zugleich ein Betrug liegt, hat er dafür in den Grenzen der Deliktsfähigkeit (§ 828) und Strafmündigkeit (§§ 19 StGB, 3 JGG) deliktisch einzustehen (§ 823 II i. V. m. § 263 StGB)[75]. Vertraglich haftet der Minderjährige entsprechend § 179 III 2 hier jedoch höchstens, wenn der gesetzliche Vertreter in den Eintritt der Vertragsverhandlungen eingewilligt hatte[76]. Für den Fall, dass der Minderjährige sich beim Vertragsschluss für einen Volljährigen ausgibt, dürfte zudem § **109 II** eine abschließende Sonderregelung darstellen[77]. Die Haftung aus culpa in contrahendo ist demnach gegen den Minderjährigen ausgeschlossen, sofern nicht eine Einwilligung des gesetzlichen Vertreters besteht.

92

4. Konkurrenzfragen

a) Anspruch auf Vertragsaufhebung

Auf der Schwelle zum Erlöschen des Schuldverhältnisses steht ein viel diskutiertes Problem, das in der Frage besteht, ob im Falle der arglistigen Täuschung neben der Anfechtungsmöglichkeit des § 123 I auch ein Anspruch aus §§ 280 I 1, 311 II i. V. m. § 249 I besteht, der auf Vertragsaufhebung gerichtet ist[78]. Da nämlich jede arglistige Täuschung bei Vertragsschluss tatbestandlich zugleich eine Pflichtverletzung darstellt, wäre nach dem Grundsatz der **Naturalrestitution** der Zustand herzustellen, der ohne das schädigende Ereignis jetzt bestehen würde (§ 249 I). Ohne die Täuschung wäre der Vertrag aber nicht geschlossen worden.

93

Gleichwohl ist die Anwendbarkeit des § 280 I 1 problematisch, da die Jahresfrist des § 124 durch die dreijährige Verjährungsfrist des § 195 unterlaufen würde[79]. Dass die schon bei leichter Fahrlässigkeit (§ 276 I) mögliche Haftung aus culpa in contrahendo verjährungsmäßig besser gestellt wird als die vorsätzliches Handeln voraussetzende Anfechtung nach § 123 wird z. T. als wertungswidersprüchlich angesehen[80]. Der Bun-

94

---

73 Die Kommission hatte es ausdrücklich abgelehnt, einen entsprechenden klarstellenden Hinweis aufzunehmen, der von Dritten sprach, die „am Vertragsschluss ein überragendes Eigeninteresse haben".
74 *Canaris*, JZ 2001, 499, 520.
75 Zum Minderjährigen im Schuldrecht siehe *Petersen*, Jura 2003, 399.
76 *Canaris*, NJW 1964, 1987.
77 *Medicus/Petersen*, Bürgerliches Recht, Rz. 177.
78 Instruktiv *Medicus*, JuS 1965, 209 ff.
79 Dazu BGH NJW-RR 2002, 308, 309 f.; BGH NJW 2006, 845, 847.
80 Zum Streitstand *Medicus/Petersen*, Bürgerliches Recht, Rz. 150.

desgerichtshof hält die Regeln der c. i. c. dennoch für anwendbar, hat dies jedoch in einer neueren Entscheidung präzisiert: Nur wenn unter Zugrundelegung der **Differenzhypothese** eine **Vermögenseinbuße** vorliegt, kommt ein Anspruch aus § 280 I 1 wegen Pflichtverletzung neben § 123 I in Betracht[81].

95 Zu beachten ist in diesem Zusammenhang, dass **§ 311 II Nr. 2** neben den Rechten und Rechtsgütern auch die **Interessen** des einen Teils aufzählt. Mit diesen ist insbesondere die **Entscheidungsfreiheit** angesprochen, die beim unerwünschten Schuldvertrag tangiert ist. Jedoch soll die soeben zitierte Rechtsprechung damit weder von Grund auf in Frage gestellt noch gesetzgeberisch festgeschrieben werden[82]. Die Nennung der Interessen in § 311 II Nr. 2 stellt vielmehr klar, dass die culpa in contrahendo nach wie vor das einschlägige Institut für den Schutz vor dem unerwünschten Vertrag ist, ohne dabei etwas über die Richtigkeit der neuesten Rechtsprechung auszusagen.

> Die Konkurrenz von culpa in contrahendo und Anfechtung nach § 123 soll unser **Fall 11** illustrieren: M benötigt dringend Kredit. Seine Frau F soll sich bei der Bank dafür verbürgen. Der Sachbearbeiter S sagt F, ihre Unterschrift sei „nur für die Akten", obwohl ihm klar ist, dass die Bank F gegebenenfalls voll in Anspruch nehmen wird. F unterschreibt im Vertrauen darauf, dass es sich um eine reine Formalität handelt. Kann sich F von ihrer Erklärung lösen?

96 1. Die Bürgschaft könnte infolge arglistiger Täuschung (§ 123 I) nach § 142 I nichtig sein. S hat die F über die Bedeutung der Unterschrift getäuscht[83]. Die erforderliche Kausalität liegt vor, weil F daraufhin unterschrieb. Die Anfechtung ist auch nicht nach **§ 123 II** ausgeschlossen, weil S gleichsam „im Lager" der Bank stand und somit kein Dritter im Sinne dieser Vorschrift war[84].

97 2. Denkbar ist weiterhin ein Anspruch der F auf Vertragsaufhebung aus § 280 I 1. Zwischen F und B besteht ein Schuldverhältnis i. S. d. § 311 II. Die arglistige Täuschung stellt auch eine **Pflichtverletzung** dar. Das Verschulden des S müsste sich die B nach § 278 S. 1 zurechnen lassen. Gemäß § 249 I könnte danach die Vertragsaufhebung verlangt werden, da F den Vertrag ohne die Täuschung nicht unterschrieben hätte.

98 Problematisch ist allerdings, ob der Anspruch aus der Pflichtverletzung nach § 280 I 1 neben § 123 I anwendbar ist, weil dadurch die Frist des § 124 unterlaufen werden könnte, zumal die Pflichtverletzung bereits bei leichter Fahrlässigkeit einschlägig wäre und damit zudem das Vorsatzerfordernis des § 123 I ausgehebelt werden könnte[85]. Die Frage ist umstritten: Die Rechtsprechung hält die culpa in contrahendo neben § 123 I

---

81 BGH NJW 1998, 302; kritisch *Grigoleit*, NJW 1999, 900; ablehnend auch *Medicus/Lorenz*, Schuldrecht I, Allgemeiner Teil, Rz. 109: Der Anspruch auf Vertragsaufhebung sei auf Naturalrestitution gerichtet, die mitnichten auf Vermögensschäden limitiert sei, zumal § 253 eben nur die Geldentschädigung ausschließe. Zur Beweislastumkehr vgl. BGH NJW 2006, 3139, 3141; BGH NJW-RR 2008, 564.
82 *Grigoleit*, in: Schulze/Schulte-Nölke (Hrsg.), Schuldrechtsreform, 2001, S. 269 ff.
83 Zur Sittenwidrigkeit von Ehegattenbürgschaften und schuldrechtlichen Begleitfragen siehe unten **Fall 21** (Rz. 221). In unserem Fall gibt es hierfür keine hinreichenden Anhaltspunkte.
84 Näher zum Dritten bei § 123 II *Petersen*, Jura 2004, 306, 308.
85 So vor allem *Medicus*, JuS 1965, 209.

für anwendbar[86]. Der Bundesgerichtshof hat dies noch einmal unter Hinweis darauf bekräftigt, dass § 123 I die **Entschließungsfreiheit** schütze, während der Schadensersatzanspruch aus § 280 I 1 das Vermögen betreffe[87]. Voraussetzung sei allerdings, dass unter Zugrundelegung der **Differenzhypothese** auch ein **Vermögensschaden** bei F entstanden sei[88]. Fraglich ist also, wie sich die Vermögenslage ohne den Vertrag entwickelt hätte. Falls sich dabei ein rechnerisches Minus in der Form ergibt, dass der Vertragsschluss für den Betroffenen wirtschaftlich nachteilig ist, liegt neben der arglistigen Täuschung zugleich eine c. i. c. vor.

Das ist hier zu bejahen, weil die F durch die Inanspruchnahme aus der Bürgschaft, einem für sie nachteiligen Vertrag, empfindliche Vermögensnachteile zu befürchten hat, denen kein entsprechender Vorteil gegenübersteht. Demnach liegt hier auch ein Anspruch aus § 280 I 1 vor. **99**

b) Konkurrenz mit dem Kaufrecht

Schwierigkeiten bereitet auch das Verhältnis der soeben behandelten vorsätzlichen Verletzung einer vorvertraglichen Sorgfaltspflicht zum kaufrechtlichen Anspruch aus § 437 Nr. 3[89]. Früher ist die Rechtsprechung davon ausgegangen, dass die culpa in contrahendo neben dem Anspruch aus Sachmängelgewährleistungsrecht möglich ist[90]. Seit der Schuldrechtsreform mehren sich indes die Stimmen derer, welche die konkurrierende Anwendung der §§ 280 I 1, 311 II, 241 II neben § 437 auch im Falle der arglistigen Täuschung ablehnen[91]. Bezweifelt wird schon das Bedürfnis für einen zusätzlichen Anspruch auf Vertragsaufhebung, da dem Käufer im Falle der arglistigen Täuschung sowohl kleiner als auch großer Schadensersatz zusteht und letzterer die Rückgängigmachung des Vertrags beinhaltet[92]. Vor allem wird die Gefahr beschworen, dass mit einem zusätzlichen Anspruch auf Vertragsaufhebung der **Vorrang der Nacherfüllung** umgangen werde[93]. Die Gegenmeinung spricht sich generell gegen einen Vorrang des Sachmängelrechts aus[94]. **100**

Eine vermittelnde Ansicht hält den Anspruch aus c.i.c. neben dem Gewährleistungsrecht nur in Fällen der Arglist für anwendbar[95]. Für diese Sichtweise wird geltend gemacht, dass Sach- und Rechtsmangel gleich behandelt werden und die culpa in contrahendo schon vorher neben der Rechtsmängelhaftung anwendbar gewesen sei[96]. Des Weiteren wird vorgebracht, dass der Täuschende nicht schutzwürdig sei, wie sich **101**

---

86 BGH WM 1982, 567; BGHZ 69, 53.
87 **BGH NJW 1998, 302** (=JZ 1998, 1173 mit Anm. *Wiedemann*).
88 Dazu auch *Canaris*, AcP 200 (2000), 273, 314 f.; *S. Lorenz*, ZIP 1998, 1053, 1055 f.; *Fleischer*, AcP 200 (2000), 91 ff.
89 Siehe auch *Weiler*, ZGS 2002, 249.
90 BGH NJW 1992, 2565.
91 Vgl. *Lieb*, in: Das Neue Schuldrecht, § 3 Rz. 41; Bamberger/Roth/*Gehrlein*, § 311 Rz. 79; *Roth*, JZ 2006, 1026.
92 Palandt/*Grüneberg*, § 311 Rz. 15.
93 *Roth*, JZ 2006, 1026; *Buck*, in: H. P. Westermann (Hrsg.), Das Schuldrecht 2002, S. 179.
94 Bamberger/Roth/*Faust*, § 437 Rz. 190; Münch.-Komm.-*Emmerich*, 5. Auflage 2007, § 311 Rz. 137 ff. m. w. N.; *Häublein*, NJW 2003, 388, 391.
95 OLG Hamm ZGS 2005, 315; *Derleder*, NJW 2004, 975; *P. Huber*, Besonderes Schuldrecht/1, Rz. 247.
96 *G. Kaiser*, Bürgerliches Recht, Rz. 380.

insbesondere aus den §§ **444, 438 III** ergebe[97]. Dem ist zu folgen, zumal das hauptsächliche Gegenargument – Umgehung des Vorrangs der Nacherfüllung – nicht verfängt, weil dem arglistig Getäuschten die Nacherfüllung durch den anderen Teil regelmäßig gar nicht zuzumuten sein wird (§ 440 I 1 letzter Fall bzw. §§ 281 II Var. 2, 323 II Nr. 3)[98] und Rücktritt und Schadensersatz statt der ganzen Leistung auch bei unerheblichen Mängeln trotz §§ 281 I 3, 323 V 2 möglich sind[99].

5. Haftung für das Scheitern von Verträgen

102 Schwierige Grundsatzfragen ergeben sich bei der Beurteilung, ob ein Anspruch aus §§ 280 I, 311 II unter dem Gesichtspunkt der culpa in contrahendo vorliegt, wenn das Zustandekommen eines Vertrages daran scheitert, dass eine Partei treuwidrig die Vertragsverhandlungen abgebrochen hat oder die Unwirksamkeit eines bereits zustande gekommenen Vertrags herbeiführt. Beim **Abbruch von Vertragsverhandlungen** ist zu bedenken, dass jede Partei nach dem Prinzip der **Vertragsfreiheit** grundsätzlich jederzeit die Vertragsverhandlungen ohne Angabe von Gründen abbrechen kann. Eine Ausnahme macht die Rechtsprechung[100] nur dann, wenn der Vertragsschluss zwischen den Vertragspartnern als sicher anzunehmen ist und im Hinblick darauf von einer Partei Aufwendungen im Vertrauen auf die Durchführung des Vertrags gemacht wurden. Werden in einem solchen Fall die Verhandlungen grundlos abgebrochen, kann dies ausnahmsweise eine Pflichtverletzung darstellen und einen Anspruch aus §§ 280 I, 311 II auf Ersatz dieser Aufwendungen nach sich ziehen. Haftungsgrund ist dann die Erweckung und **Enttäuschung berechtigten Vertrauens** in das Zustandekommen des Vertrags[101].

103 Auch die schuldhafte Herbeiführung der Unwirksamkeit eines Vertrages kann nach der Rechtsprechung einen solchen Anspruch auslösen[102]. Für den Fall des Formmangels ist dies aber nur ganz ausnahmsweise anzunehmen, wenn eine **Aufklärungspflicht** des anderen Teils über die Formbedürftigkeit, etwa in Gestalt einer Betreuungspflicht, besteht. Wer einen Bausatz zur Selbstmontage verkauft, muss den Käufer ggf. darüber unterrichten, dass die Montage eine besondere Fachkenntnis erfordert, die über ein gewisses handwerkliches Geschick hinausgeht[103]. Ein Anspruch auf Vertragsanpassung steht dem durch eine Verletzung von Aufklärungspflichten Geschädigten grundsätzlich nicht zu[104]. Legt ein Mietwagenunternehmer den vergleichsweise hohen Unfallersatztarif zugrunde[105] und kann er erkennen, dass die Haftpflichtversicherung des Geschädigten nicht den vollen Betrag übernehmen wird, so muss er diesen darüber aufklären, um nicht aus §§ 280 I, 311 II, 241 II zu haften[106].

---

97 *Huber/Faust*, Schuldrechtsmodernisierung, § 14 Rz. 29.
98 **BGH NJW 2009, 2120; 2010, 858.** Ausführlich dazu Rz. 150.
99 Dazu Rz. 142.
100 BGH NJW 1996, 1885.
101 Eingehend *Singer*, in: Beiträge für Claus-Wilhelm Canaris zum 65. Geburtstag, 2002, S. 135 ff.
102 Vgl. RGZ 104, 265 („Weinsteinsäure"); siehe auch BGHZ 18, 248, 252.
103 BGH NJW 2007, 3057.
104 BGH NJW 2006, 3139; dazu *Theisen*, NJW 2006, 3102.
105 Zu ihm unter Rz. 501.
106 BGH NJW 2007, 2759; kritisch *Rehm*, JZ 2007, 786.

IV. Der Anspruchsausschluss bei der Lieferung unbestellter Ware

Dieser Fragenkreis der Lösung vom unerwünschten Schuldvertrag steht bereits auf der Schwelle zum Erlöschen des Schuldverhältnisses. Bevor dies im folgenden Abschnitt behandelt wird, sei noch kurz auf eine zweifelhafte Vorschrift neueren Datums eingegangen. Sie passt in diesen Zusammenhang eigentlich ebenso wenig, wie sie an den Anfang des zweiten Buchs des BGB oder überhaupt dort hinein passt[107]. Nichtsdestoweniger muss der Examenskandidat darauf gewappnet sein, ihr zu begegnen. Die Rede ist von § 241a, wonach Ansprüche gegen den Verbraucher (vgl. § 13) durch die Lieferung unbestellter Sachen oder Erbringung unbestellter sonstiger Leistungen durch einen Unternehmer (§ 14) grundsätzlich nicht begründet werden[108]. Die Fragen des Zustandekommens eines solchen Vertrags[109] gehören in den Allgemeinen Teil und sollen hier nicht behandelt werden[110]. Aber auch die anderen Fragen, die § 241a aufgeworfen hat, gehören nicht unbedingt in das Allgemeine Schuldrecht. So ist vor allem die Reichweite des normierten Anspruchsausschlusses unklar. Nach seiner systematischen Stellung zu urteilen, könnte es so aussehen, als seien nur vertragliche Ansprüche ausgeschlossen, doch sind im Schuldrecht gerade auch gesetzliche Schuldverhältnisse geregelt, so dass § 241a auch auf diese ausgeweitet werden könnte[111]. Das könnte für die vorsätzliche Zerstörung (§ 823 I), den Verbrauch (§ 812 I 1) oder die Weiterveräußerung (§ 816 I 1) folgenreich sein, da der Unternehmer weiterhin Eigentümer bleibt. Allerdings werden solche Ansprüche auch nicht „durch die Lieferung", sondern durch andere Handlungen des Verbrauchers ausgelöst. Die Tatsache, dass es sich um eine systemwidrige Vorschrift handelt, streitet eher für eine enge Auslegung des § 241a.

104

§ 3 Erlöschen des Schuldverhältnisses

Das Schuldverhältnis erlischt, wenn die geschuldete Leistung an den Gläubiger bewirkt wird (§ 362 I)[1]. Entscheidend ist nicht die Leistungshandlung, sondern der **Leistungserfolg**[2], ohne dass es dabei auf zusätzliche subjektive Tatbestandsmerkmale ankommt. Der Erfolg muss aber auf einer Leistungshandlung beruhen. Das ist Inhalt der sog. Theorie der **realen Leistungsbewirkung**[3], welche die **Vertragstheorie** und die

105

---

107 Treffend *Flume*, ZIP 2000, 1427, 1429; siehe aber auch *Mitsch*, ZIP 2005, 1017; *Czeguhn/Dickmann*, JA 2005, 587.
108 Siehe dazu – auch im Hinblick auf aliud-Probleme – *S. Lorenz*, JuS 2003, 36; zu letzteren auch *Thier*, AcP 203 (2003), 399.
109 Etwa diejenige, ob ein Vertrag zustande kommt, wenn der Verbraucher sich mit dem Angebot über die unbestellte Ware einverstanden erklärt (vgl. dazu *Riehm*, Jura 2000, 505, 511) oder ob der Vertrag durch Ge- oder Verbrauch zustande kommt (dazu *Casper*, ZIP 2000, 1602, 1607).
110 Zu den rechtlichen Folgen einer unwirksamen Willenserklärung des Verbrauchers vgl. *Wendehorst*, DStR 2000, 1311, 1316.
111 *Schwarz/Pohlmann*, Jura 2000, 361, 363.

1 Zum Erlöschensgrund der Konfusion näher unter Rz. 137 ff.
2 BGHZ 12, 268; 87, 162.
3 *Larenz*, Schuldrecht I, § 18 I.

Zweckvereinbarungstheorie[4] verdrängt hat und heute neben der Theorie der **finalen Leistungsbewirkung**[5] vertreten wird.[6]

106 Nach der Theorie der finalen Leistungsbewirkung bedarf es zur Erfüllung noch der – sei es auch durch schlüssiges Verhalten erklärten – **Tilgungsbestimmung**, damit der Gläubiger weiß, welche Schuld erlischt[7]. So hat etwa die bloße Verbuchung auf einem Konto ohne Veranlassung, z. B. in Form einer wirksamen Anweisung, keine Erfüllungswirkung.[8] Die Erfüllungswirkung tritt jedoch dann ein, wenn die Bank ausnahmsweise als Dritte im Sinne des § 267 leistet[9]. Dies muss aber für den Gläubiger erkennbar sein[10].

I. Erfüllung und Surrogate

107 Es empfiehlt sich, mit der Prüfung der Erfüllung – sei es auch durch (§ 267) oder an einen Dritten nach § 362 II – zu beginnen und erst dann die Erfüllungssurrogate in den Blick zu nehmen.

1. Einzelheiten zu Erfüllung

a) Die Empfangszuständigkeit

Der Leistungserfolg tritt nur ein, wenn der, an den die Leistung bewirkt wird, **Empfangszuständigkeit** besitzt[11]. Diese fehlt insbesondere dem **Minderjährigen**, so dass dieser durch die Zuwendung der geleisteten Sache zwar Eigentum daran erwerben kann, weil dies nur rechtlich vorteilhaft (§ 107) ist, aber nicht die Forderung verliert, solange der gesetzliche Vertreter den geleisteten Gegenstand nicht erhalten oder die Leistung genehmigt hat[12]. Als positiv-rechtlichen Anknüpfungspunkt für die Empfangszuständigkeit kann man diejenigen Fälle ansehen, in denen das Gesetz zum Schutz bestimmter Personen Verfügung und Empfang gleichgestellt hat, wie dies etwa in den §§ 1812, 1813[13], **§§ 80, 81 InsO (lesen!)** oder § 829 ZPO der Fall ist[14]. Die Empfangszuständigkeit fehlt ferner dem Erben nach Anordnung der Nachlassverwaltung (§ 1984 I 1) oder bei der Testamentsvollstreckung nach § 2211 I.

---

4 *Weitnauer*, Festschrift für von Caemmerer, 1978, S. 255.
5 *Gernhuber*, Die Erfüllung und ihre Surrogate, 2. Auflage 1994, § 5 II.
6 Umfassend zu den Erfüllungstheorien *Beck*, Die Zuordnungsbestimmung im Rahmen der Leistung, 2008, S. 134 ff.
7 BGH NJW 2007, 3488.
8 Vgl. hierzu *Beck*, Die Zuordnungsbestimmung im Rahmen der Leistung, 2008, S. 472 ff.
9 Dazu sogleich unter Rz. 108.
10 BGHZ 40, 276; 72, 248.
11 *Larenz*, Schuldrecht I, § 18 I. Kritisch zu diesem aus der Theorie der realen Leistungsbewirkung entwickelten Kriterium *Beck*, Die Zuordnungsbestimmung im Rahmen der Leistung, 2008, S. 226 ff.
12 *Medicus/Lorenz*, Schuldrecht I, Allgemeiner Teil, Rz. 266.
13 Aus diesen beiden Vorschriften leiten die Vertreter der Vertragstheorie ab, dass die Erfüllung eine Verfügung sei; dagegen *Muscheler/Bloch*, JuS 2000, 729, 732.
14 *Muscheler/Bloch*, JuS 2000, 729, 739.

b) Leistung durch und an Dritte

Auch wenn der Mitwirkung Dritter am Schuldverhältnis ein eigener Teil vorbehalten ist[15], sind hier aus Gründen der Sachnähe folgende Einzelheiten mit zu behandeln. Zu unterscheiden ist im Ausgangspunkt die Leistung **durch** einen Dritten gemäß § 267 I von der Leistung **an** einen Dritten nach § 362 II.

108

aa) Leistung durch einen Dritten

Der Wortlaut des § 267 I („bewirken") impliziert die systematische Nähe zu § 362 I, weil das Schuldverhältnis durch die Drittleistung unter den Voraussetzungen des § 267 I nach § 362 I erlischt. Einen instruktiven Anwendungsfall stellt die Zahlung des Restkaufpreises durch den Zweiterwerber einer unter Eigentumsvorbehalt veräußerten Sache anstelle des Ersterwerbers dar, die dem Zweck dient, den Bedingungseintritt für den Eigentumsübergang (§ 449) herbeizuführen[16]. Kein Dritter ist, wer als **Putativschuldner** handelt, also nur meint, eine eigene Schuld zu tilgen. Dann hat er nur gegen den Gläubiger (= Empfänger) einen Kondiktionsanspruch und keine Rückgriffskondiktion gegen den Schuldner[17]. Der Gläubiger behält hingegen seinen Erfüllungsanspruch gegen den Schuldner[18]. Ist der Gläubiger bezüglich der Leistung des Dritten entreichert (§ 818 III), so ist umstritten, ob der Dritte nachträglich die Eigenleistung in eine Drittleistung umwandeln kann[19]. Die Rechtsprechung lässt dies dann zu, wenn keine schutzwürdigen Interessen der anderen Beteiligten entgegenstehen[20]. Als schutzwürdiges Interesse in diesem Sinne kommt etwa der Gesichtspunkt in Betracht – mit dem die Gegenmeinung auch die Möglichkeit der Umwidmung überhaupt bestreitet –, dass der Schuldner um eine günstige Aufrechnungslage gegenüber dem Gläubiger gebracht wird[21]. Außerdem könne, so wird weiter argumentiert, der Schuldner zwischenzeitlich schon an den Gläubiger geleistet haben und somit das **Entreicherungs-** und **Insolvenzrisiko** des Gläubigers tragen müssen.

Im Grundsatz bleibt freilich festzuhalten, dass der Dritte i. S. d. § 267 in keiner besonderen Beziehung zu den Parteien des Schuldverhältnisses stehen muss und es dementsprechend auch nicht darauf ankommt, ob er ein anerkennenswertes Interesse (vgl. § 268) an der Leistung hat[22]. Schließlich versteht sich, dass die Zahlung durch den Bürgen kein Fall des § 267 ist, weil der Bürge entgegen der insoweit missverständlichen Formulierung des § 766 S. 3 nur auf seine eigene Bürgschuld zahlt.

109

bb) Leistung an einen Dritten

§ 362 II verweist für die Leistung an einen Dritten auf § 185 und setzt damit eine Einwilligung des Gläubigers i. S. d. § 183 voraus. Zu beachten ist, dass – insoweit ähn-

110

---

15 Unten § 8 ff.
16 Vgl. *Larenz/Canaris*, Schuldrecht II/2, § 69 III 2 a.
17 *Medicus/Petersen*, Bürgerliches Recht, Rz. 948.
18 Dieser Anspruch muss freilich auch (noch) bestehen; sofern dies nicht (mehr) der Fall ist, stellen sich andere Probleme; zu ihnen *Medicus/Petersen*, Bürgerliches Recht, Rz. 684 ff. m. w. N.
19 So zutreffend *Larenz/Canaris*, Schuldrecht II/2, § 69 III 2 c.
20 BGH NJW 1986, 2700, 2701.
21 Zu denken ist auch an eine entsprechende Anwendung der §§ 404 ff.
22 *Muscheler/Bloch*, JuS 2000, 729, 737.

lich wie im Fall des § 123 II – nicht jede vom Gläubiger verschiedene Person **Dritter** i. S. d. § 362 II ist[23]. Dritter ist vielmehr nur, wer im eigenen Namen handelt[24], d. h. für sich empfängt. In diesem Zusammenhang ist auch an diejenigen Vorschriften zu erinnern, die eine befreiende Wirkung für den Fall anordnen, dass an den Inhaber einer Urkunde der in § 808 genannten Art oder an den Altgläubiger nach Abtretung (§ 407) geleistet wird. Für den bereicherungsrechtlichen Ausgleich ist dann immer an § 816 II zu denken[25].

2. Erfüllungssurrogate

a) Leistung erfüllungshalber

111 Leistung erfüllungshalber und Leistung an Erfüllungs Statt dürfen in der Fallbearbeitung keinesfalls vermengt werden. Erstere ist gesetzlich in § **364 II** nur angedeutet, aber nicht geregelt und bedeutet, dass die ursprüngliche Forderung erhalten bleibt und der Gläubiger sich lediglich primär aus dem erfüllungshalber hingegebenen Gegenstand befriedigen soll. Dabei wird die ursprüngliche Forderung **gestundet**, bis entweder Erfüllung eintritt oder der Versuch anderweitiger Befriedigung misslingt[26]. Missachtet der Gläubiger dabei die verkehrsübliche Sorgfalt, haftet er wie für die Verschlechterung oder den Untergang der Sache[27].

112 Wichtigster und zugleich klausurrelevantester Anwendungsfall ist der **Wechsel** oder **Scheck**, der **erfüllungshalber** gegeben wird. Löst ihn die bezogene Bank ein, wird neben der Wechsel- bzw. Scheckverbindlichkeit zugleich auch die ursprüngliche Schuld getilgt und der Schuldner mithin vollständig frei[28]. Andernfalls – etwa wenn der Scheck platzt – bleibt sowohl die Verpflichtung aus dem Scheck als auch die ursprüngliche Forderung bestehen.

b) Leistung an Erfüllungs Statt

113 Dagegen ist die Leistung an Erfüllungs Statt in § **364 I** geregelt. Die Leistung an Erfüllungs Statt wird als (Schuld-)**Änderungsvertrag** qualifiziert, der sich vom normalen Vertrag nur dadurch unterscheidet, dass er sofort vollzogen wird[29]. Der ursprüngliche Rechtsgrund ändert sich dadurch nicht[30]. Die Vereinbarung selbst führt freilich noch nicht zum Erlöschen der Schuld, sondern erst die Hingabe des vereinbarten Gegenstandes, sei es durch Abtretung oder durch Übereignung[31].

---

23 Zum Fall der Abkürzung des Leistungswegs durch den Hersteller, der direkt an die Kunden seines Vertragspartners liefert und auf diesem Weg die ihm obliegende Leistung bewirkt, siehe *Bülow*, JuS 1991, 529, 533.
24 *Taupitz*, JuS 1992, 449.
25 Siehe dazu nochmals unseren **Fall 1** (Rz. 3).
26 BGH NJW 1992, 684.
27 BGHZ 96, 182, 193.
28 *Medicus/Lorenz*, Schuldrecht I, Allgemeiner Teil, Rz. 286.
29 *Gernhuber*, Die Erfüllung und ihre Surrogate, 2. Auflage 1994, § 10 sub 3.
30 BGHZ 89, 126, 133.
31 *Muscheler/Bloch*, JuS 2000, 729, 740.

In der Fallbearbeitung ist § 365 im Blick zu halten[32], wonach der Schuldner für die an Erfüllungs Statt hingegebene Sache wegen eines Sachmangels „in gleicher Weise wie ein Verkäufer Gewähr zu leisten hat". Eine Klausur, die zunächst Probleme bezüglich der Erfüllung aufwirft, kann so kaufrechtliche Folgefragen in sich bergen. Aufbautechnisch ist dann mit der Erörterung des § 364 I zu beginnen und gegebenenfalls über § 365 die kaufrechtliche Rechtslage zu prüfen. Repräsentativ hierfür ist die **Inzahlunggabe gebrauchter Sachen**, die vor allem beim Kraftfahrzeugkauf von praktischer Bedeutung ist[33]. 114

> Dies sei am Beispiel des **Falles 12**[34] verdeutlicht: K kauft einen Neuwagen und gibt seinen alten in Zahlung, wobei er verschweigt, dass dieser einen Unfall hatte. Als V dies entdeckt, verlangt er für den Neuwagen den vollen Preis. Zu Recht?

Der Zahlungsanspruch ist nach § 433 II entstanden. Er könnte durch die Zahlung (§§ 362 I, 266) verbunden mit der Leistung des Gebrauchtwagens erloschen sein. Letztere ist als Leistung an Erfüllungs Statt anzusehen, weil V dem K insoweit eine **Ersetzungsbefugnis** eingeräumt hat[35]. Da das alte Kfz infolge des verschwiegenen Unfalls mangelbehaftet war, sind über § 365 die Vorschriften über einen Sach- und Rechtsmangel anwendbar, §§ 434 ff. Hier liegt ein Sachmangel vor. Nach § 437 Nr. 2 i. V. m. § 323 I könnte V demnach über den Rücktritt den vollen Listenpreis für den Neuwagen verlangen[36]. Da die Pflichtverletzung nicht unerheblich ist, ist der Rücktritt auch nicht nach § 323 V 2 ausgeschlossen[37]. V müsste umgekehrt nach § 346 I dem K dessen alten Unfallwagen zurückgeben. 115

Die Literatur[38] macht demgegenüber geltend, dass sich der Vertrag bei der Inzahlunggabe gebrauchter Sachen aus kauf- und tauschrechtlichen Elementen zusammensetzt. V könne demnach nur den ganzen Vertrag rückgängig machen und den Verkauf des Neuwagens allein dadurch aufrechterhalten, dass er bezüglich des Altwagens Minderung nach § 441 verlangt. K müsste demgemäß nur den **mangelbedingten Minderwert** des Altwagens ausgleichen (§ 441 III)[39]. Das ist sachgerecht, weil sich der verschwiegene Unfall auch nur im merkantilen Minderwert äußert. 116

3. Die Nacherfüllung

Eine Besonderheit des reformierten Schuldrechts stellt die Nacherfüllung dar[40]. Mit der Nacherfüllung soll der Gläubiger dasjenige erhalten, was ihm vertraglich verspro- 117

---

32 *Medicus/Lorenz* Schuldrecht I, Allgemeiner Teil, Rz. 289.
33 Vgl. **BGHZ 46, 338**.
34 Nach BGHZ 46, 338.
35 Kritisch zur Gleichsetzung von Annahme an Erfüllungs Statt und Ersetzungsbefugnis *Beck*, Die Zuordnungsbestimmung im Rahmen der Leistung, 2008, S. 127 ff.
36 So BGHZ 46, 338.
37 Siehe auch BGH NJW 2006, 1960; dazu unten Rz. 142.
38 *Larenz*, Schuldrecht II/1, 13. Auflage 1986, § 42 II I a, S. 92 f.; ihm folgend *Mayer-Maly*, 1. Festschrift für Larenz, 1973, S. 673; *Medicus/Petersen*, Bürgerliches Recht, Rz. 756.
39 Näher zur Berechnung *Oechsler*, Rz. 223.
40 Dazu *Petersen*, Jura 2002, 461; *Oechsler*, NJW 2004, 1825.

§ 3 *Erlöschen des Schuldverhältnisses*

chen wurde[41]. So verlangt die Ersatzlieferung etwa eine vom Verkäufer völlige Wiederholung der Leistungen, also Besitzübergabe und Eigentumsverschaffung einer mangelfreien Sache[42]. Von der Nacherfüllung ist bei zwei unterschiedlichen Schuldverträgen des Besonderen Schuldrechts die Rede, die zugleich die beiden wichtigsten in der Fallbearbeitung darstellen. Die Nacherfüllung ist zunächst im Kaufrecht in den §§ 439 f., 437 Nr. 1 geregelt und sodann im Werkvertragsrecht in den §§ 635 ff., 634 Nr. 1[43]. Sie ist der **vorrangige Rechtsbehelf** bei Mangelhaftigkeit der Kaufsache bzw. des Werkes. Darüber hinaus ist sie auch an einigen Stellen im Allgemeinen Schuldrecht vorausgesetzt[44]. Repräsentativ ist insoweit § 326 I 2, wonach der Anspruch auf die Gegenleistung infolge Unmöglichkeit dann nicht entfällt, wenn der Schuldner im Falle der nicht vertragsgemäßen Leistung die Nacherfüllung nach § 275 I bis III nicht zu erbringen braucht. Das erklärt sich daraus, dass dem Gläubiger durch einen automatischen Fortfall der Gegenleistungspflicht die Möglichkeit zur Wahl zwischen Rücktritt und Minderung genommen würde[45].

118 Der Anspruch auf Nacherfüllung ist ein **modifizierter** vertraglicher **Erfüllungsanspruch**[46]. Die Modifizierung besteht darin, dass der Schuldner durch den gescheiterten Erfüllungsversuch seiner Leistungspflicht noch nicht nachgekommen ist und der Erfüllungsanspruch sonach fortbesteht, wobei die §§ 437 ff. nun an die Stelle der allgemeinen Vorschriften treten[47]. Das bedeutet, dass der Nacherfüllungsanspruch auch nach § 275 untergehen kann[48]. Ausgangspunkt ist die gesetzgeberische Grundentscheidung in § 433 I 2 – entsprechend verhält es sich nach § 633 I für den Werkvertrag –, wonach der Verkäufer dem Käufer die Sache frei von Sach- und Rechtsmängeln zu verschaffen hat. Ist die gekaufte Sache mangelhaft, kann der Käufer nach § 437 Nr. 1 unter den Voraussetzungen des § 439 Nacherfüllung verlangen. Damit hat sich der Gesetzgeber zur sog. **Erfüllungstheorie** bekannt[49], nach der die Mangelfreiheit der verkauften Sache zur Leistungspflicht des Verkäufers gehört (vgl. § 433 I 2). Der **Erfüllungsort** für den Nacherfüllungsanspruch ist bei Fehlen einer vertraglichen Vereinbarung nach herrschender Meinung nicht der ursprüngliche Leistungsort (Verkaufsort) gemäß § 269, sondern der bestimmungsgemäße Belegenheitsort der Kaufsache, d. h. in der Regel der Wohnsitz des Käufers[50]. Wenn der Leistungsort der Nacherfüllung der vertragsgemäße Belegenheitsort der Sache bzw. des Werkes ist[51], wie auch

---

41 BGHZ 162, 219, 227.
42 BGH ZGS 2008, 353 („nicht weniger, aber auch nicht mehr").
43 Vgl. nur *Oechsler*, Rz. 588 ff.
44 Siehe zur nachträglichen Unmöglichkeit der Nacherfüllung etwa *Ehmann/Sutschet*, § 7 IV, S. 199 ff.
45 *Canaris*, Schuldrechtsmodernisierung 2002, S. XIII.
46 *Büdenbender*, in: Das Neue Schuldrecht, § 8 Rz. 47.
47 *Canaris*, Schuldrechtsmodernisierung 2002, S. XXV; *Haas*, BB 2001, 1313, 1315.
48 *Oechsler*, Rz. 144, 596.
49 *H.P. Westermann*, in: Schulze/Schulte-Nölke (Hrsg.), Schuldrechtsreform, 2001, S. 109, 111, 123.
50 OLG München NJW 2006, 449; AG Menden NJW 2004, 2171; Bamberger/Roth/*Faust*, § 439 Rz. 13; Staudinger/*Matusche-Beckmann*, 2004, § 439 Rz. 9; Münch.-Komm.-*H. P. Westermann*, 5. Auflage 2008, § 439 Rz. 7. Vgl. auch BGH NJW 2008, 724 zum Ort der Nachbesserung beim Werkvertrag. A. A. *Oechsler*, Rz. 139, mit beachtlichen Gründen; *Jacobs*, in Dauner-Lieb/Konzen/Schmidt, Das neue Schuldrecht in der Praxis, 2003, S. 371, 374 f.; *Skamel*, ZGS 2006, 227; vgl. auch *Stöber*, NJW 2006, 227, 229.
51 Bamberger/Roth/*Faust*, § 439 Rz. 13.

der Bundesgerichtshof annimmt[52], so wird damit die Nacherfüllungspflicht als Bringschuld qualifiziert und damit derjenige Käufer privilegiert, dessen ursprünglicher Leistungsanspruch am Sitz des Verkäufers erfüllt werden musste[53]. Daher nehmen andere an, dass dieser ursprüngliche Erfüllungsort auch Leistungsort der Nacherfüllung sein müsse[54]. Kommt der Verkäufer dem Nachlieferungsverlangen des Käufers unverzüglich nach, hat der Verkäufer ordnungsgemäß erfüllt (§ 362 I) und der Primäranspruch erlischt. Verweigert der Schuldner die Nacherfüllung, kann darin eine **zweite Pflichtverletzung** liegen; uneinheitlich beurteilt wird, auf welche dieser Pflichtverletzungen sich das Vertretenmüssen (§ 280 I 2) beziehen muss[55].

II. Aufrechnung

Die Aufrechnung ist das praktisch wichtigste und klausurrelevanteste Erfüllungssurrogat[56]. Zu beginnen ist, wie immer in der Fallbearbeitung, mit der Rechtsfolge: Die Aufrechnung führt nach § **389** zum **rückwirkenden Erlöschen** beider Forderungen. Vor dem Hintergrund des neuen Rechts ist zu beachten, dass der Rücktritt wegen Nichterfüllung einer Verbindlichkeit nach § 352 unwirksam wird[57], wenn der Schuldner sich von der Verbindlichkeit durch Aufrechnung befreien konnte und unverzüglich, d. h. ohne schuldhaftes Zögern (§ 121), nach dem Rücktritt die Aufrechnung erklärt.

119

1. Aufrechnungslage

a) Wechselseitigkeit

Wechselseitigkeit bedeutet, dass jeder zugleich Gläubiger und Schuldner des anderen ist. Dass die Wechselseitigkeit Voraussetzung für die Aufrechnung ist, ergibt sich aus dem Wortlaut des § 387 („einander"). Eine Ausnahme vom Erfordernis der Wechselseitigkeit im Interesse eines Dritten macht § **268 II**, wonach ein ablösungsberechtigter Dritter auch mit einer ihm zustehenden Forderung aufrechnen kann. In diesen Zusammenhang gehören auch die §§ **406 f.**[58]. Mangels Wechselseitigkeit kann dagegen bei der befreienden Schuldübernahme nach § **417 I 2** eine dem bisherigen Schuldner zustehende Forderung vom Übernehmenden nicht aufgerechnet werden. Zu beachten ist schließlich, dass sich die Parteien über das Erfordernis der Wechselseitigkeit **einverständlich hinwegsetzen** können[59].

120

---

52 BGH NJW-RR 2008, 724.
53 Skeptisch *Unberath/Cziupka*, JZ 2008, 867, mit differenzierender Beantwortung der Frage der Kostentragung.
54 *Skamel*, ZGS 2006, 227; *Unberath/Cziupka*, JZ 2009, 313.
55 Siehe hierzu oben Rz. 52 f.
56 Siehe zur Aufrechnung am praktischen Fall bereits oben **Fall 8** (Rz. 62).
57 Zu § 352 unten Rz. 168.
58 Zu ihnen unten Rz. 380; instruktiv *Coester-Waltjen*, Jura 2004, 391. Weitere Ausnahmen von der Wechselseitigkeit werden von *Kollhosser*, Drittaufrechnung und Aufrechnung in Treuhandfällen, Festschrift für Lukes, 1989, S. 721, beschrieben.
59 *Larenz/Canaris*, Schuldrecht II/2, § 69 III 2 d.

b) Gleichartigkeit

121 Zur Verrechenbarkeit von Leistung und Gegenleistung hat das Gesetz in § 387 weiterhin angeordnet, dass die Forderungen „ihrem Gegenstand nach gleichartig" sein müssen. Bei beidseitigen Geldschulden, dem wichtigsten Fall, genügt insoweit ein kurzer Hinweis. Systematisch erklärt sich daraus der Vorrang der Aufrechnung als Einwendung gegenüber der – gleichfalls Gegenseitigkeit voraussetzenden – aufschiebenden Einrede nach § 273. Denn das **Zurückbehaltungsrecht** bewirkt nur eine Verurteilung Zug um Zug, ohne dass die Forderung erlischt. Zu beachten ist, dass in der **Insolvenz** durch § 45 InsO zwar eine Umwandlung von Forderungen auf einen anderen Gegenstand als Geld in eine Geldforderung herbeigeführt wird, dies jedoch nach § 95 I 2 InsO für die Aufrechnung nicht mehr genügt.

c) Durchsetzbarkeit der Gegenforderung (Aktivforderung)

122 Aufrechnen kann nur, wer auch ein entsprechendes Leistungsurteil erstreiten könnte. Deshalb muss die Forderung einredefrei bestehen, vgl. § 390, weil der Schuldner andernfalls auch die Verurteilung verhindern könnte. Nur für die Verjährung macht **§ 215** eine Ausnahme. In der Insolvenz ist wiederum § 95 I 2 InsO zu beachten, der dazu führt, dass die erforderliche und an sich nach § 44 InsO hergestellte **Fälligkeit** hier nicht genügt.

d) Erfüllbarkeit der Hauptforderung (Passivforderung)

123 Schließlich muss die Haupt- bzw. Passivforderung, d. h. die gegen den Aufrechnenden gerichtete Forderung, **erfüllbar** (nicht notwendigerweise durchsetzbar – darüber kann der Aufrechnende frei verfügen!) i. S. d. **§ 271 II** sein. Erfüllbarkeit bedeutet, dass der Aufrechnende leisten darf, weil in der Aufrechnung eben auch die Erfüllung einer eigenen Schuld liegt. Demgemäß liegt Erfüllbarkeit dann vor, wenn der Gläubiger durch Nichtannahme der Leistung in Annahmeverzug kommen würde.

2. Aufrechnungsverbote

Weiterhin dürfen keine Aufrechnungsverbote bestehen. Unter den Aufrechnungsverboten sind neben den in §§ 387 ff. genannten weitere Tatbestände des Allgemeinen Schuldrechts von Bedeutung.

a) Aufrechnung gegen deliktisch begründete und unpfändbare Forderungen

124 Was die Ersteren betrifft, so ist neben dem Verbot, gegen unpfändbare Forderungen aufzurechnen (§ 394), bei Fällen mit deliktsrechtlichem Bezug stets **§ 393** im Blick zu halten, wonach gegen eine Forderung aus einer vorsätzlich begangenen **unerlaubten Handlung** nicht aufgerechnet werden darf.

aa) Ratio legis

> Den Regelungszweck des § 393 veranschaulicht unser kleiner **Fall 13**: G hat gegen S eine Forderung in Höhe von 10 000 €. Aus Ärger darüber, dass S sein gesamtes Vermögen auf seine Frau übertragen hat und G von ihm keine Zahlung zu erwarten hat, verprügelt er den S. Dieser verlangt von G ein der Höhe nach angemessenes Schmerzensgeld von 10 000 €. G erklärt die Aufrechnung. Was kann S von G verlangen?

S hat gegen G einen Anspruch auf Schmerzensgeld in Höhe von 10 000 € aus § 823 I **125**
sowie aus § 823 II i. V. m. § 223 StGB, jeweils i. V. m. **§ 253 II**[60]. Indem G den S verprügelte, hat er den Tatbestand des § 823 I verwirklicht und ist somit dem S zum Schadensersatz wegen einer Verletzung des Körpers verpflichtet. Nach § 253 II kann bei solchen Körperverletzungen auch wegen des Schadens, der nicht Vermögensschaden ist, eine billige Entschädigung in Geld gefordert werden, wenn, wie hier, die Verletzung vorsätzlich herbeigeführt wurde (§ 253 II). Der Anspruch ist also in der geltend gemachten Höhe entstanden.

Der Anspruch könnte jedoch nach § 389 durch die von G erklärte (§ 388) Aufrechnung **126**
erloschen sein. Obwohl indes die Voraussetzungen der Aufrechnung (vgl. § 387) vorliegen, steht § 393 entgegen. Die Vorschrift dient nicht nur dem Zweck, dem Gläubiger eines Schadensersatzanspruchs aus vorsätzlicher unerlaubter Handlung binnen angemessener Frist Wiedergutmachung zu verschaffen, sondern sie will auch und gerade vermeiden, dass der Gläubiger einer nicht beibringbaren Forderung im Wege der **Selbstjustiz** private Vergeltung durch eine vorsätzlich unerlaubte Handlung verübt[61]. Aus diesem Grund scheitert die Aufrechnung des G an § 393. Die Schmerzensgeldforderung ist mithin nicht nach § 389 erloschen und besteht unvermindert.

bb) Einzelheiten

Dem Aufrechnungsverbot unterliegt freilich nur die Hauptforderung; die **Gegenforde-** **127**
rung darf deliktischen Ursprungs sein. Zuweilen wird eine teleologische Reduktion bei sich gegenüberstehenden deliktischen Forderungen in Betracht gezogen[62], um eine Bevorzugung des mittellosen Schädigers zu vermeiden[63]. Der Bundesgerichtshof verweist zur Vermeidung nicht hinnehmbarer Rechtsunsicherheiten dagegen auf den klaren Wortlaut und lehnt eine Einschränkung des Aufrechnungsverbots selbst dann ab[64], wenn beide deliktischen Ansprüche auf einem einheitlichen Lebensverhältnis (Bsp.: Schlägerei) beruhen[65]. Soweit das Aufrechnungsverbot reicht, ist auch die Einrede aus § 273 I ausgeschlossen; nach der Grundwertung des § 393 soll sich der vorsätzlich handelnde Schädiger eben nicht auf die Gegenforderung berufen können, sondern stets zur Zahlung verpflichtet sein[66]. Unanwendbar ist § 393 schließlich auf Forderungen, die nur aus vorsätzlicher Vertragsverletzung resultieren und nicht zugleich eine unerlaubte Handlung darstellen[67]. Hier ist aber stets § 826 zu berücksichtigen. Das in **§ 394** geregelte Aufrechnungsverbot gegen unpfändbare Forderungen wird seit **RGZ 85, 108** (lesenswert; auch im Hinblick auf **§ 242**) nach Treu und Glauben dahingehend eingeschränkt, dass eine Forderung aus vorsätzlich begangener unerlaubter Handlung auch gegen eine unpfändbare Forderung aufgerechnet werden kann, sofern beide Forderungen aus demselben **Lebensverhältnis** i. S. d. **§ 273** herrühren (**Konnexität**).

---

60 § 253 II selbst ist keine Anspruchsgrundlage. Näher dazu unten Rz. 533.
61 Hk-BGB/*Schulze*, § 393 Rz. 1.
62 Jauernig/*Stürner*, § 393 Rz. 1; *Deutsch*, NJW 1981, 734.
63 *Fikentscher/Heinemann*, Rz. 339.
64 **BGH NJW 2009, 3508**; so schon RGZ 123, 6; OLG Celle NJW 1981, 766; *Haase*, JR 1972, 137, 138 f.
65 Den einheitlichen Lebensvorgang hält ein Teil der Lehre für maßgeblich; *Deutsch*, NJW 1981, 734.
66 Ähnlich RGZ 123, 6, 8, wonach die Berufung auf § 273 I „in Wahrheit" als Aufrechnungserklärung auszulegen sei.
67 BGH NJW 1975, 1119.

b) Vereinbarung von Aufrechnungsverboten

128 Aufrechnungsverbote können auch **vereinbart** werden. Ob das der Fall ist, ist gegebenenfalls durch **Auslegung** zu ermitteln. So kann sich dies etwa aus einer Treuhandvereinbarung ergeben[68]. Der Bundesgerichtshof hat dies sogar aus der Klausel „netto Kasse gegen Rechnung und Verladepapiere" geschlossen[69]. Bei der Verwendung Allgemeiner Geschäftsbedingungen ist allerdings § 309 Nr. 3 zu berücksichtigen, wonach Aufrechnungsverbote grundsätzlich unwirksam sind.

c) Gesamtschuld und Bürgschaft

129 Zu beachten ist schließlich § **422 II**, wonach eine Forderung, die einem **Gesamtschuldner** zusteht, von den übrigen Schuldnern nicht aufgerechnet werden kann. Kein Aufrechnungsverbot stellt zwar § **770 II** dar, doch sei darauf in diesem Zusammenhang verwiesen[70], weil es sich ebenfalls um eine die Aufrechnung betreffende Sonderregelung außerhalb der §§ 387 ff. handelt. Danach steht dem Bürgen ein **Leistungsverweigerungsrecht** zu, solange sich der Gläubiger durch Aufrechnung gegen eine fällige Forderung des Hauptschuldners befriedigen kann (Einrede der Gestaltbarkeit). Die Rechtsprechung wendet diesen Rechtsgedanken entsprechend auf den als Gesamtschuldner in Anspruch genommenen Miterben an[71] und gesteht diesem wegen eines Gegenanspruchs der Miterbengemeinschaft ein Leistungsverweigerungsrecht zu[72].

d) Aufrechnung im Gesellschaftsrecht

130 Der Vollständigkeit halber sei auf zwei gesellschaftsrechtliche Besonderheiten verwiesen: § **19 II 2 GmbHG** enthält ein praktisch wichtiges Aufrechnungsverbot im Interesse der **realen Kapitalaufbringung**, nach dem gegen den Anspruch der Gesellschaft auf Einzahlung der Stammeinlage die Aufrechnung weitgehend unzulässig ist[73]. Dagegen gewährt § **129 III HGB** als Parallelvorschrift zum zitierten § 770 II dem oHG-Gesellschafter ein **Leistungsverweigerungsrecht**, solange sich der Gläubiger durch Aufrechnung gegen eine fällige Forderung der Gesellschaft befriedigen kann.

3. Aufrechnungserklärung und Anrechnung von Gesetzes wegen

131 Des Weiteren bedarf die Aufrechnung als Gestaltungsrecht gemäß § 388 S. 1 einer entsprechenden **Erklärung**[74]. Dabei ist die Aufrechnung grundsätzlich **bedingungsfeindlich**, § 388 S. 2. Die **Eventualaufrechnung** im Prozess ist freilich zulässig, weil die hilfsweise erklärte Aufrechnung infolge der Klärung im Prozess keine Unsicherheit für den Anfechtungsgegner schafft, da es schon an einer Bedingung im Sinne eines künftigen, ungewissen Ereignisses fehlt. Ohne eine Aufrechnungserklärung ist in der Klausur immer auch in Betracht zu ziehen, ob nicht aus irgendwelchen Gründen eine **Anrechnung kraft Gesetzes** vorliegen könnte.

---

68 *Medicus/Lorenz*, Schuldrecht I, Allgemeiner Teil, Rz. 311.
69 BGHZ 14, 61.
70 Näher zu § 770 II *Habersack*, Sachenrecht, Rz. 199.
71 BGHZ 38, 127; zusätzlich wird der Rechtsgedanke des § 129 II HGB herangezogen.
72 Vgl. auch Palandt/*Grüneberg*, § 422 Rz. 2.
73 Zur analogen Anwendung bei Ansprüchen aus §§ 30, 31 GmbHG siehe BGHZ 69, 274; 146, 107.
74 Dazu näher unten Rz. 133.

> Der Unterschied zwischen Aufrechnung und Anrechnung sei anhand unseres **Falles 14** verdeutlicht, welcher der Entscheidung **RGZ 105, 408** nachgebildet ist:[75] W ist Mieterin einer Fünfzimmerwohnung im Haus des E. Ein Zimmer bewohnt sie selbst, die übrigen vermietet sie, mit ihren Möbeln ausgestattet, an Studenten. Als ein Mietrückstand von 4800 € erreicht ist, erwirkt E gegen W ein Räumungsurteil. Die Möbel in den vier untervermieteten Zimmern behält E wegen des Mietrückstands zurück. Die Studenten bleiben wohnen und zahlen den mit W als Untermietzins vereinbarten Betrag hinfort an E. Sechs Monate später klagt W gegen E auf Herausgabe der Möbel und macht geltend, dass E durch die Vermietung der Zimmer mit ihren Möbeln pro Zimmer und Monat um 200 € höhere Mieteinnahmen erziele, was E nicht bestreitet. Diesen Betrag müsse E ihr vergüten. Sie rechne hiermit gegen die Forderung auf den rückständigen Mietzins auf. Kann W Herausgabe der Möbel verlangen? Ändert sich etwas, wenn sie die Aufrechnung nicht erklärt hätte?

W könnte gegen E einen Anspruch auf Herausgabe der Möbel aus § 985 haben. Sie ist weiterhin Eigentümerin der Möbel. E ist zwar nur mittelbarer Besitzer (§ 868), doch lässt die h. M. die Vindikation auch gegen den mittelbaren Besitzer zu[76]. E könnte aber ein Recht zum Besitz (§ 986) haben, das sich aus einem **Vermieterpfandrecht (§ 562 I 1)** ergeben könnte. Ein solches ist hier auch entstanden, da aus dem Mietverhältnis noch offene Verbindlichkeiten in Höhe von 4800 € bestanden, so dass E insoweit ein Vermieterpfandrecht nach § 562 I 1 zusteht. Die Möbel sind auch pfändbar i. S. d. § 811 ZPO, weshalb auch § 562 I 2 nicht eingreift. Das Vermieterpfandrecht ist auch nicht nach § 562a erloschen. Es könnte jedoch dadurch erloschen sein, dass die zugrunde liegende Forderung nicht mehr besteht. Da das Vermieterpfandrecht ein gesetzliches Pfandrecht ist, finden gemäß § 1257 die Vorschriften über ein rechtsgeschäftlich bestelltes Pfandrecht entsprechende Anwendung[77]. Nach § 1252 erlischt das Pfandrecht mit der Forderung, für die es besteht. Es fragt sich also, ob die Mietzinsforderung des E als zugrunde liegende Forderung erloschen ist.

132

In Betracht kommt hier die von W **erklärte (§ 388 S. 1)** Aufrechnung, infolge derer die Mietzinsforderung nach **§ 389** erloschen sein könnte. Voraussetzung dafür ist nach § 387 allerdings, dass W ihrerseits gegen E ein aufrechenbarer Gegenanspruch zustand. Ein solcher könnte sich unter folgenden Gesichtspunkten ergeben:

133

a) Ein Anspruch auf Erlösherausgabe aus **angemaßter Eigengeschäftsführung** (§§ 687 II, 681 S. 2, 667) scheidet aus, weil E nicht positiv gewusst haben dürfte, dass er zur Weiternutzung der Möbel nicht ohne weiteres berechtigt war[78].

b) Einem aufrechenbaren Gegenanspruch aus §§ 987 ff. auf Nutzungsersatz bezüglich der weitervermieteten Möbel steht das die Vindikationslage ausschließende ursprüngliche Besitzrecht des E gemäß §§ 986, 562 I 1 entgegen.

c) Ein Gegenanspruch kann sich folglich nur aus Bereicherungsrecht ergeben. § 816 I 1 scheidet aus, weil die Weitervermietung keine Verfügung darstellt. In Betracht kommt

---

75 Ausführliche Lösung m. w. N. bei *Petersen*, JA 1999, 292.
76 *Medicus/Petersen*, Bürgerliches Recht, Rz. 448.
77 Näher dazu *Habersack*, Sachenrecht, Rz. 183, 193 f.
78 A. A. vertretbar; offen gelassen von RGZ 105, 408, 410.

aber § 812 I 1 Fall 2, da E in den **Zuweisungsgehalt** eines fremden Rechts eingegriffen hat[79]: Er durfte die Möbel nur zurückbehalten (§ 562), nicht aber nutzen, wie sich aus §§ 1213, 1257 ergibt. Dieses Recht war nur der W zugewiesen. Daher hat er die gezogenen Nutzungen (§§ 812 I, 818 I) in Geld (§ 818 II) herauszugeben. W steht somit ein aufrechenbarer Gegenanspruch in Höhe der wertmäßig gezogenen Nutzungen zu. Bezogen auf ein halbes Jahr sind das bei vier Zimmern, die jeweils einen Mehrerlös von 200 € erbracht haben, genau 4800 €. Das entspricht exakt der Höhe des rückständigen Mietzinses. Da beide Forderungen Geldforderungen und mithin gleichartig (§ 387) sind, ist die zugrunde liegende Mietzinsforderung im Wege der Aufrechnung vollumfänglich erloschen. Damit ist aber gemäß §§ 1257, 1252 auch das Vermieterpfandrecht erloschen. E hat folglich kein Recht zum Besitz (§ 986) mehr, so dass das Herausgabeverlangen aus § 985 gerechtfertigt ist.

d) Daneben besteht ein Anspruch aus §§ 1223, 1257, weil das Pfandrecht erloschen ist[80]. Weitere Ansprüche bestehen jedoch nicht: § 861 scheidet aus, weil es an verbotener Eigenmacht (§ 858) fehlt; soweit E eigenmächtig handelte, war dies jedenfalls nicht verboten, § 562. § 1007 I steht entgegen, dass E beim Besitzerwerb nicht bösgläubig war.

134 Hätte W die Aufrechnung nicht erklärt, so käme eine Anrechnung kraft Gesetzes in Betracht, die nach §§ 1214 II, 1257 möglich wäre. Beim hier in Betracht kommenden Nutzungspfand (§§ 1213, 1257) wird der Reinertrag der Nutzungen **kraft Gesetzes** auf die geschuldete Leistung angerechnet. Allerdings bezieht sich **§ 1214 II** nur auf § 1214 I, der von einem nutzungsberechtigten Pfandgläubiger ausgeht, und gerade dies war E wie gesehen nicht. Wenn jedoch schon beim berechtigten Pfandgläubiger der Reinertrag der Nutzungen auf die geschuldete Leistung von Gesetzes wegen angerechnet wird, muss dies erst recht für den nicht Nutzungsberechtigten gelten[81]. Im Ergebnis ändert sich also ohne ausdrücklich erklärte Aufrechnung nichts.

III. Sonstige Erlöschensgründe

1. Der Erlass

135 Das Schuldverhältnis erlischt nach § 397 auch, wenn der Gläubiger dem Schuldner die Schuld durch Vertrag erlässt (Absatz 1) bzw. wenn er durch Vertrag mit dem Schuldner anerkennt, dass das Schuldverhältnis nicht besteht (Absatz 2, sog. **negatives Anerkenntnis**). Allerdings darf ein Forderungsverzicht mit der Wirkung des § 397 selbst bei eindeutig erscheinender Erklärung des Gläubigers nicht angenommen werden, ohne dass bei der Feststellung des Erlasses zusätzlich zum erklärten Vertragswillen sämtliche Begleitumstände berücksichtigt worden sind[82].

---

79 Siehe ausführlich dazu *Buck-Heeb*, Rz. 380 ff.; *Looschelders*, Schuldrecht Besonderer Teil, Rz. 1064 ff.; Anw.-Komm.-*von Sachsen Gessaphe*, § 812 Rz. 79 ff.
80 Siehe dazu Soergel/*Habersack*, 13. Auflage 2001, § 1223 Rz. 1.
81 RGZ 105, 408.
82 So BGH NJW 2002, 1044.

Beim Erlass handelt es sich um eine Verfügung[83], weil ein Recht aufgehoben wird[84]. **136**
Demgemäß gilt das **Abstraktionsprinzip**, d. h. der Erlass ist zwar wirksam ohne eine entsprechende Kausalabrede, kann aber kondiziert werden nach § 812 I 1 Fall 1[85]. Herauszugeben ist der Erlass in diesem Fall durch vertragliche Wiederbegründung der erloschenen Forderung. Für § 397 II stellt dies zudem § 812 II klar. Für die Gesamtschuld ist **§ 423** zu beachten.

2. Konfusion

Das Schuldverhältnis setzt zwei miteinander nicht identische Rechtssubjekte voraus **137** und erlischt mithin durch Konfusion, also dem Zusammentreffen von Gläubiger und Schuldner im Hinblick auf dieselbe Forderung[86]. Ein solches Zusammenfallen kann sich insbesondere durch **Universalsukzession** ergeben. Hat also etwa der Schuldner bei seinem Erbonkel ein Darlehen aufgenommen, erlischt der Anspruch aus § 488 mit dem Tod des Erblassers durch Konfusion, weil der Schuldner nicht zugleich sein eigener Gläubiger sein kann[87]. Das Gesetz hat dies in den §§ 362 ff. nicht eigens geregelt, sondern als selbstverständlich vorausgesetzt. Nur an versteckter Stelle, nämlich in **§ 425 II**, kommt dies einmal zum Ausdruck, wenn u. a. von der Vereinigung der Forderung mit der Schuld gesprochen wird, die nur für und gegen den Gesamtschuldner wirkt, in dessen Person sie eintritt. Schwierigkeiten bereitet dies bei der **Gesamthand**, also etwa der Gesellschaft bürgerlichen Rechts, bei der keine Konfusion angenommen wird, wenn die Gesamthand Schuldner oder Gläubiger eines Gesamthänders wird[88]. Erkennt man die Außen-GbR mit der nunmehr wohl herrschenden und insbesondere von der Rechtsprechung[89] vertretenen Ansicht als rechtsfähig an, so erklärt sich dies zwanglos, weil sich dann von vornherein zwei selbstständige Rechtssubjekte als Schuldner und Gläubiger gegenüberstehen.

---

83 Dazu bereits oben Rz. 22.
84 Palandt/*Grüneberg*, Überbl v § 311 Rz. 6.
85 Vgl. auch *Petersen*, Jura 2004, 98.
86 BGHZ 48, 214, 218; BGH NJW 1982, 1381.
87 Siehe zu diesem Fall der Konfusion auch das potentielle Folgeproblem bei *Habersack*, Sachenrecht, Rz. 333, Fall 47.
88 *Gernhuber*, Die Erfüllung und ihre Surrogate, 2. Auflage 1994, § 19, 2; vgl. aber auch *dens.*, aaO., § 19, 7; näher zum Ganzen unter prozessualen Aspekten *Bub/Petersen*, Festschrift für Schumann, 2001, S. 71 ff.; *dies.*, NZM 1999, 646.
89 BGH BB 2001, 374; dazu *Habersack*, BB 2001, 477.

§ 4 Die Lösung vom Schuldvertrag

138 Von der Lösung vom Schuldvertrag war bereits bei der Erörterung der Konkurrenz von culpa in contrahendo und Anfechtung nach § 123 die Rede[1]. Im Folgenden sollen die typischen gesetzlichen und außergesetzlichen Fälle behandelt werden.

I. Der Rücktritt

Der wichtigste Fall der Lösung vom Vertrag ist der Rücktritt[2]. Infolge des Rücktritts sind die bereits erbrachten Leistungen nach § 346 I zurückzugewähren, während die noch nicht erfüllten Leistungspflichten entsprechend § 346 I erlöschen[3]. Das Schuldverhältnis wandelt sich in ein **Rückgewährschuldverhältnis**[4]. Es entsteht also kein gesetzliches, sondern bleibt ein vertragliches Schuldverhältnis[5]. Die Rückabwicklung nach Rücktrittsrecht ist in ihren Wirkungen von der bereicherungsrechtlichen Rückabwicklung zu unterscheiden. Das vertragliche Schuldverhältnis besteht auch nach Rücktritt noch fort. Ein häufiger und schwerwiegender systematischer Fehler besteht darin, die Rückgewähr ungeachtet dessen nach Bereicherungsrecht vorzunehmen[6]. Allerdings können beide Rechtsinstitute alternativ zur Anwendung kommen, wenn neben dem Rücktrittsrecht auch ein Anfechtungsrecht besteht. § 346 I stellt nunmehr **vertragliches** und **gesetzliches** Rücktrittsrecht gleich, so dass sich eine nähere Abgrenzung meist erübrigt[7]. Für die Ausübung des vertraglichen Rücktrittsrechts enthält § 350 jedoch eine Sonderregelung zur Fristsetzung. § 346 III 1 Nr. 3 und § 347 I 2 privilegieren den Inhaber eines gesetzlichen Rücktrittsrechts[8], der hinsichtlich Wertersatz und Nutzungen nur für die eigenübliche Sorgfalt (§ 277) einzustehen hat[9]. Umstritten ist, wem das Rücktrittsrecht nach der Abtretung zusteht, dem Zedenten[10] oder dem Zessionar[11].

Beispielhaft für die vielen Streitigkeiten im Zusammenhang mit dem Rücktritt ist die Frage, ob der Verkäufer einer mangelhaften Sache nach erfolgter Nachlieferung stets Ersatz für die Nutzung der ersetzten Sache verlangen kann, wie dies ein Teil der Lehre unter Hinweis auf §§ 346 I, 439 IV zunächst angenommen hat[12]. Auch der Bundesge-

---

[1] Oben **Fall 11** (Rz. 97 ff.).
[2] Lesenswert der Klausurfall von *Tetenberg*, Jura 2004, 847.
[3] BGHZ 88, 48; Palandt/*Grüneberg*, § 346 Rz. 4; *Faust*, Festschrift für U. Huber, 2006, S. 260.
[4] *Oechsler*, Rz. 154, 185. Zur Haftung bei Störungen im Rückgewährschuldverhältnis lesenswert *Faust*, JuS 2009, 481.
[5] Anw.-Komm.-*J. Hager*, § 346 Rz. 14.
[6] Zu den Unterschieden Anw.-Komm.-*J. Hager*, § 346 Rz. 6.
[7] Anw.-Komm.-*J. Hager*, § 346 Rz. 13; zur Teleologie und Systematik der Rücktrittsrechte *Canaris*, Festschrift für Kropholler, 2008, S. 3.
[8] Zu § 346 III 1 Nr. 3 ausführlich unten Rz. 184 ff.
[9] Sehr skeptisch zum neuen Rücktrittsrecht *Kohler*, JZ 2001, 325 ff.
[10] So die Rechtsprechung (BGH NJW 1985, 2640, 2641), sofern es nicht ausdrücklich abgetreten wurde (BGH NJW 1973, 1793, 1794). So auch Münch.-Komm.-*Emmerich*, 5. Auflage 2007, § 325 Rz. 30.
[11] Nach Erman/*H.P. Westermann*, § 398 Rz. 29, ist zunächst dessen Zustimmung erforderlich. Für eine gemeinsame Rücktrittserklärung von Zedent und Zessionar *Gernhuber*, Festschrift für Raiser, 1974, S. 95; ähnlich Münch.-Komm.-*Roth*, 5. Auflage 2007, § 398 Rz. 99.
[12] *Reischl*, JuS 2003, 668; Bamberger/Roth/*Faust*, § 439 Rz. 32; a. A. *Kohler*, ZGS 2004, 51; *Schulte/Ebers*, JuS 2004, 370; vermittelnd *Gsell*, NJW 2003, 1971: Abzug neu für alt; *dies.*, JuS 2006, 203.

richtshof ging zwischenzeitlich davon aus, dass das deutsche Recht einen **Nutzungsersatzanspruch** zwingend vorsehe, hatte aber Bedenken, ob dieser Anspruch mit der Verbrauchsgüterkaufrichtlinie vereinbar ist, und die Frage deshalb nach Art. 234 EG dem EuGH vorgelegt[13]. Nachdem der EuGH die Unvereinbarkeit festgestellt hatte, trug der Bundesgerichtshof dem im Wege einer richtlinienkonformen Rechtsfortbildung Rechnung[14]. Nunmehr stellt bereits § 474 II 1 klar, dass Nutzungsersatz als Folge der Nachlieferung nur außerhalb des Verbrauchsgüterkaufrechts in Betracht kommt. Die nach § 346 II 1 Nr. 1 bestehende Nutzungsersatzpflicht des Käufers ist nicht richtlinienwidrig. Schließlich ist auch der Kaufpreis zurückzugewähren. Deshalb ist die Befürchtung gering, dass der Nutzungsersatz den Käufer – entgegen der Verbrauchsgüterkaufrichtlinie – davon abhält, seine Rechte durchzusetzen[15]. Nutzungsersatz nach §§ 346 II 1 Nr. 1, 357 meint nach der Rechtsprechung des Europäischen Gerichtshofs nur die tatsächliche Nutzung und nicht die bloße Möglichkeit der Nutzung[16].

Auch wenn dies weniger ein Spezialproblem des Rücktritts als vielmehr eine der vielen Folgefragen der Nacherfüllung darstellt, illustriert es doch, dass die isolierte Behandlung des Rücktrittsrechts schwerlich möglich ist[17], zumal § 325 Rücktritt und Schadensersatz nebeneinander ermöglicht[18]. Aus diesem Grund ist es unumgänglich, hier bereits auf einzelne Konkurrenz- und Abgrenzungsfragen zum Leistungsstörungsrecht einzugehen, das an sich erst im nächsten Teil behandelt wird. Das erscheint jedoch deshalb erträglich und sinnvoll, weil auch in der Fallbearbeitung Rücktritts- und Leistungsstörungsrecht im Zusammenhang gesehen werden müssen. Auch beim Rücktrittsrecht unterscheidet man in der Fallbearbeitung zwischen Entstehung und Erlöschen. Ist das Rücktrittsrecht nach § 323 I entstanden, so erlischt es zumindest nicht dadurch, dass der Gläubiger weiterhin Erfüllung beansprucht[19]. Es bedarf also keiner erneuten Fristsetzung[20]. **139**

Auf dieser Grundlage sollen nun die einzelnen Rücktrittsgründe in den §§ 323, 324 der Reihe nach behandelt werden, auch soweit damit auf das Leistungsstörungsrecht vorgegriffen wird. Dabei ist im Ausgangspunkt zu berücksichtigen, dass die beiden genannten Vorschriften einen gegenseitig verpflichtenden Vertrag voraussetzen und mithin nicht für einseitig verpflichtende Verträge gelten[21]. Dagegen ist für den Rücktritt nicht mehr erforderlich, dass die konkrete Pflicht, die der Schuldner verletzt, im Gegenseitigkeitsverhältnis steht, so dass auch die (nicht unerhebliche, § 323 V 2[22]) Verletzung einer **nichtsynallagmatischen** Leistungspflicht zum Rücktritt berechtigt[23]. **140**

---

13 BGH NJW 2006, 3200 m. w. N.; vgl. auch *Witt*, NJW 2006, 3332.
14 EuGH NJW 2008, 1433; BGH NJW 2009, 427, dazu *Pfeiffer*, NJW 2009, 412.
15 BGH ZIP 2009, 2158; siehe auch EuGH NJW 2009, 3015; ferner *Faust*, JuS 2009, 1049.
16 EuGH NJW 2009, 3015; dazu *Schinkels*, ZGS 2009, 539.
17 Instruktiv aber der Überblick von *Arnold*, Jura 2002, 154 ff.
18 Bedeutsam wird der Rücktritt insbesondere bei der Prüfung des Gegenleistungsanspruchs; vgl. *Meier*, Jura 2002, 187, 194.
19 BGH NJW 2006, 1198; Münch.-Komm.-*Ernst*, 5. Auflage 2007, § 323 Rz. 155 f.; *Althammer*, ZGS 2005, 375; a. A. *Schwab*, JR 2003, 133, 136.
20 Dazu *Althammer*, NJW 2006, 1179.
21 Vgl. oben Rz. 21; zur analogen Anwendung des § 324 bei nichtsynallagmatischen Verträgen *Canaris*, Festschrift für Kropholler, 2008, S. 3, 19.
22 Beispiel zur Unerheblichkeit: BGH NJW 2007, 2111 (Kraftstoffmehrverbrauch um nicht einmal 10% gegenüber den Herstellerangaben).
23 Palandt/*Grüneberg*, § 323 Rz. 1; siehe dazu bereits oben Rz. 32.

§ 4 *Die Lösung vom Schuldvertrag*

1. Rücktritt bei Nicht- und Schlechtleistung

141 § 323 enthält in seinem ersten Absatz ein allgemeines Rücktrittsrecht, welches in den folgenden Absätzen näher geregelt ist[24]. **Rücktrittsgrund** ist bereits das Ausbleiben einer fälligen Leistung trotz Fristsetzung[25]. Nach § 326 V bleibt es dem Gläubiger unbenommen, trotz der Unmöglichkeit vorsorglich den Rücktritt zu erklären[26].

a) *Der Tatbestand des § 323 I*

142 § 323 I betrifft die Rücktrittsgründe der Verzögerung der Leistung sowie der **Schlechtleistung** („nicht vertragsgemäß"). Das Recht zum Rücktritt ist **verschuldensunabhängig**, so dass es für die Ausübung des Rücktrittsrechts nicht darauf ankommt, ob der Schuldner die Pflichtverletzung zu vertreten hat[27]. Allerdings kann sich im Rahmen des § 323 V 2 die Frage stellen, ob Arglist des Schuldners bei der Prüfung der Unerheblichkeit der Pflichtverletzung i. S. d. § 323 V 2 zu berücksichtigen ist[28]. Der Bundesgerichtshof nimmt eine erhebliche Pflichtverletzung des Verkäufers in der Regel an, wenn er über das Vorhandensein eines (auch unbedeutenden) Mangels arglistig getäuscht hat[29]. Ist der Gläubiger umgekehrt für die Nichtleistung allein oder weit überwiegend verantwortlich, kann er nach § 323 VI nicht zurücktreten[30].

143 Die Grundregelung des § 323 I enthält zunächst das grundsätzliche Erfordernis einer angemessenen Fristsetzung. Die **Angemessenheit** ist nach den Umständen des Einzelfalles zu beurteilen[31], wobei eine zu kurze Frist eine angemessene in Lauf setzt[32]. Angemessen ist die Frist, wenn sie dem Schuldner die Möglichkeit gibt, die bereits begonnene[33] Leistungsanstrengung zu beenden oder die kurzfristig mögliche Leistung alsbald vorzunehmen, insbesondere nachzuerfüllen[34].

144 Die **Nacherfüllung** ist zu einer zentralen dogmatischen Kategorie geworden[35]. Der Käufer kann nach **§ 439 I** „als Nacherfüllung nach seiner Wahl die Beseitigung des Mangels oder die Lieferung einer mangelfreien Sache verlangen"[36]. Er muss sich jedoch nicht für eine der beiden Möglichkeiten entscheiden, sondern kann auf sein

---

24 Zur Übertragbarkeit rücktrittsrechtlicher Wertungen auf die bereicherungsrechtliche Rückabwicklung eingehend *Bockholdt*, AcP 206 (2006), 769, 779 ff.; *Fest*, Der Einfluss der rücktrittsrechtlichen Wertungen auf die bereicherungsrechtliche Rückabwicklung nichtiger Verträge, 2006.
25 Zum Rücktritt vor Fälligkeit bei solvenzbedingten Zweifeln an der Leistungsfähigkeit des Schuldners *Moschler*, ZIP 2002, 1831.
26 *Canaris*, Festschrift für Kropholler, 2008, S. 3 ff.
27 *Dauner-Lieb*, JZ 2001, 8, 13.
28 Eingehend *Hey*, Jura 2006, 856; vgl. auch *Kulke*, ZGS 2006, 412.
29 BGH NJW 2006, 1960; a. A. *Roth*, JZ 2006, 1026; *Looschelders*, JR 2007, 309.
30 Dazu *Fest*, ZGS 2006, 173.
31 *Dauner-Lieb*, in: Das Neue Schuldrecht, § 2 Rz. 27.
32 *Ehmann/Sutschet*, § 3 I 2, S. 129 mit Fußnote 9; a. A. *Canaris*, JZ 2001, 510. Eine viel zu kurze Frist kann aber treuwidrig und aus diesem Grund unwirksam sein.
33 Nicht erst zu beginnende: BGH NJW 1985, 320, 323.
34 *Dauner-Lieb*, in: Das Neue Schuldrecht, § 2 Rz. 27.
35 Siehe zur Nacherfüllung bereits oben Rz. 117 f.; insbesondere zum Problem des Weiterfresserschadens *P. W. Tettinger*, JZ 2006, 641; *Masch/Herwig*, ZGS 2005, 24; *Foerste*, Festschrift für Graf von Westphalen, 2010, S. 161.
36 Zur Verjährung BGH NJW 2006, 47; dazu *Gramer/Thalhofer*, ZGS 2006, 250.

Wahlrecht verzichten[37]. Liest man § 439 I im Zusammenhang mit dem Fristsetzungserfordernis des § 323 I, läuft dies praktisch auf ein Recht des Verkäufers zur **zweiten Andienung** hinaus[38]. Das Gesetz sichert damit den **Vorrang des Erfüllungsanspruchs** durch Fristsetzung, weil Sekundäransprüche erst in Betracht kommen sollen, wenn dem Schuldner eine letzte Möglichkeit zur vertragsgerechten Erfüllung gegeben wurde[39]. Dass dies nicht einseitig den Verkäufer privilegiert, gewährleistet § 440, indem er – gleichsam als Ausgleich – die Entbehrlichkeit der Fristsetzung in besonderen Fällen anordnet und damit sicherstellt, dass sich der Käufer wegen der Nacherfüllung nicht über Gebühr lange mit dem Verkäufer auseinandersetzen muss[40]. Allerdings steht § 323 I 1 bei der Anwendung über § 437 Nr. 2 in einem gewissen Widerspruch zu Art. 3 V der **Verbrauchsgüterkaufrichtline**[41], wonach der Käufer auch ohne Fristsetzungserklärung vom Verbrauchsgüterkauf zurücktreten kann, wenn er die Nacherfüllung verlangt hat und eine angemessene Frist abgelaufen ist. Das spricht für eine **richtlinienkonforme Auslegung** des § 323 II Nr. 3, wonach die Fristsetzungserklärung unter besonderen Umständen entbehrlich ist[42].

b) Entbehrlichkeit der Fristsetzung

Die Fristsetzung ist in bestimmten Fällen entbehrlich, die das Gesetz in § 323 II zusammenzieht und in drei Fallgruppen aufgliedert. Zu beachten ist jedoch, dass § 440, von dem bereits soeben die Rede war, noch weitere „entlegenere" Fälle bezüglich der Nacherfüllung nennt. Darüber hinaus ist § 326 V zu beachten.   **145**

aa) Endgültige und ernsthafte Leistungsverweigerung

Entbehrlich ist die Fristsetzung bei endgültiger und ernsthafter Leistungsverweigerung (§ 323 II Nr. 1), d. h. wenn der Schuldner eindeutig zum Ausdruck bringt, dass er seinen Vertragspflichten nicht nachkommen werde, wofür das bloße Bestreiten von Mängeln nicht ohne weiteres ausreicht[43]. Eine Leistungsverweigerung in diesem Sinne liegt aber grundsätzlich dann vor, wenn der Mieter auszieht, ohne ihm obliegende Schönheitsreparaturen vorzunehmen[44], es sei denn, es besteht etwa im Einzelfall Streit über die Wirksamkeit einer Kündigung[45].   **146**

In diesem Zusammenhang sei noch auf eine problematische Fallgruppe aufmerksam gemacht, nämlich die endgültige Erfüllungsverweigerung **vor Eintritt der Fälligkeit**. Richtigerweise wird man davon auszugehen haben, dass dieses Problem in § 323 IV geregelt ist[46] und § 323 II Nr. 1 somit nur für die Fälle der Erfüllungsverweigerung   **147**

---

37 Bamberger/Roth/*Faust*, § 437 Rz. 20; *P. Huber*, Besonderes Schuldrecht/1, Rz. 138.
38 BGH NJW 2005, 1348, 1350; *Dauner-Lieb*, in: Das Neue Schuldrecht, § 2 Rz. 26.
39 Von *Dauner-Lieb*, in: Das Neue Schuldrecht, § 2 Rz. 24, als „prägendes Strukturprinzip" bezeichnet.
40 *Gsell*, JZ 2001, 65, 67 ff.
41 *S. Lorenz*, NJW 2005, 1889, 1894.
42 Bamberger/Roth/*Faust*, § 437 Rz. 18; *Canaris*, Festschrift für R. Schmidt, 2006, S. 55, spricht sich für eine richtlinienkonforme Reduktion des § 323 I aus.
43 BGH NJW 2005, 3490, 3492 f.
44 BGH NJW 1998, 1303; BGHZ 49, 56.
45 BGHZ 104, 14.
46 Siehe zur Kündigung auch unten Rz. 438 f.

§ 4 *Die Lösung vom Schuldvertrag*

nach Fälligkeit einschlägig ist[47]. Macht der Schuldner durch sein Verhalten unmissverständlich klar, dass er auch nach Fälligkeit nicht leisten wird, so spricht man von einer **antizipierten Erfüllungsverweigerung**[48]. In Verzug gerät der Schuldner aber erst bei Fälligkeit der Leistung, auch wenn die Erfüllungsverweigerung bereits vorher erfolgt[49].

bb) Relatives Fixgeschäft

148 Ein Rücktrittsrecht kann sich ferner aus § 323 II Nr. 2 ergeben, der das sog. relative Fixgeschäft regelt. Absolutes und relatives Fixgeschäft dürfen in der Fallbearbeitung nicht schematisch abgegrenzt, sondern müssen von der **Rechtsfolge** her unterschieden werden: Das relative Fixgeschäft gewährt ein Rücktrittsrecht, wohingegen das absolute zur Unmöglichkeit führt[50]. Ein relatives Fixgeschäft ist dann anzunehmen, wenn das Geschäft mit der zeitgerechten Leistung **stehen und fallen** soll[51]. Das kommt in der Gesetzesfassung klar zum Ausdruck, in der gefordert wird, dass „der Gläubiger im Vertrag den Fortbestand seines Leistungsinteresses an die Rechtzeitigkeit der Leistung gebunden hat". Allein die Formulierung „ohne Nachfrist" genügt nicht für die Annahme eines relativen Fixgeschäfts und damit auch nicht für die Anwendung des § 323 II Nr. 2[52].

Ein **absolutes Fixgeschäft** liegt dagegen vor, wenn das Interesse des Gläubigers mit dem Ablauf der Frist schlechthin wegfällt. Schulbeispiel ist der nach Weihnachten gelieferte Tannenbaum, der dann gemessen am Vertragszweck für den Käufer wertlos geworden ist. Die Verspätung führt in diesem Fall nicht, wie sonst, zum Verzug, sondern sogleich zur Unmöglichkeit. Bei der Mitwirkung von Kaufleuten ist immer auch an den **Fixhandelskauf i. S. d. § 376 HGB** zu denken[53].

cc) Sonstige Fälle

149 Der dritte Fall der Entbehrlichkeit einer Fristsetzung kann sich aus **besonderen Umständen** ergeben, die unter Abwägung der beiderseitigen Interessen den sofortigen Rücktritt rechtfertigen (§ 323 II Nr. 3). Es handelt sich um einen Auffangtatbestand, welcher der Rechtsprechung **Bewertungsspielräume** geben soll[54]. § 323 II Nr. 3 ist **eng auszulegen**. Vorstellbar sind damit Abgrenzungsfragen zu § 313 III 1, der ein Rücktrittsrecht bei Geschäftsgrundlagenstörungen im Falle der Unzumutbarkeit vorsieht[55].

150 Zweifelhaft ist, ob das **arglistige Verschweigen eines Mangels** dem § 323 II Nr. 3 unterfällt, wie dies unter Hinweis darauf vertreten wird, dass dem Gläubiger eine weitere Zusammenarbeit mit dem Schuldner unter Abwägung der beiderseitigen Interessen

---

47 Hk-BGB/*Schulze*, § 323 Rz. 6.
48 Münch.-Komm.-*Ernst*, 5. Auflage 2007, § 323 Rz. 96.
49 BGH NJW 2008, 210.
50 Vgl. auch *Dauner-Lieb/Arnold/Dötsch/Kitz*, Fälle zum Neuen Schuldrecht, Fall 28.
51 RGZ 51, 347; BGHZ 110, 96; kritisch *Schwarze*, AcP 207 (2007), 437. Diese Wendung sollte dem Examenskandidaten außerdem im Zusammenhang mit der ausnahmsweisen Formbedürftigkeit von Werkverträgen geläufig sein; vgl. dazu oben unter Rz. 63.
52 Vgl. BGH NJW 1959, 933.
53 Zum Anwendungsbereich des § 376 HGB *Herresthal*, ZIP 2006, 883.
54 BT-Drs. 14/6040, S. 186; vgl. auch oben Rz. 144.
55 Dazu unten Rz. 227.

nicht mehr zuzumuten sei[56]. Die überwiegende Ansicht im Schrifttum stellt hier eher auf § 440 S. 1, 3. Alt. ab (Unzumutbarkeit)[57] und subsumiert dem § 323 II Nr. 3 vor allem die sog. **„just-in-time-Verträge"**. Von anderer Seite wird auch für den Fall des arglistigen Verschweigens der Vorrang der Nacherfüllung betont, so dass auch bei arglistigem Verhalten des Schuldners noch eine Einzelfallabwägung erforderlich wäre[58]. Nach der Rechtsprechung[59] kann der Käufer, demgegenüber ein Mangel arglistig vom Verkäufer verschwiegen wurde, im Regelfall[60] gemäß § 323 II Nr. 3 ohne Fristsetzung vom Vertrag zurücktreten. Eine zweite Chance zur Nacherfüllung verdiene der Verkäufer nur dann, wenn ihm der Mangel bei Abschluss des Kaufvertrages unbekannt war; andernfalls sei er nicht schutzwürdig, da er bei Kenntnis des Mangels bereits auf die ordnungsgemäße Erfüllung hätte hinwirken müssen. Zudem lässt die arglistige Täuschung bei Vertragsschluss das Vertrauen des anderen Teils entfallen, und zwar selbst dann, wenn die Mangelbeseitigung nicht vom Verkäufer selbst (Rechtsgedanke des § 249 II), sondern von einem zu beauftragenden Dritten (etwa von einem Tierarzt) vorzunehmen wäre[61]. Eine weitere denkbare Konstellation stellt der Fall dar, dass der Gläubiger entdeckt, dass beim vorgeblichen Neuwagen in Wirklichkeit neue gegen gebrauchte Teile durch den Schuldner ausgetauscht worden sind[62]. Auch bei derartigen Pflichtverletzungen im Vertrauensbereich wird im Schrifttum die Anwendung der Nr. 3 befürwortet[63].

dd) Entbehrlichkeit gemäß § 440

Beachtung verdient in diesem Zusammenhang schließlich § **440**, wonach es für den Rücktritt außer in den Fällen des § 323 II der Fristsetzung auch dann nicht bedarf, wenn der Verkäufer beide Arten der Nacherfüllung nach § 439 III verweigert[64], diese fehlgeschlagen oder unzumutbar ist. Unzumutbarkeit kann sich als Folge einer Interessenbewertung ergeben[65].

151

c) Rücktritt vor Fälligkeit

§ 323 IV gestattet den Rücktritt vor Fälligkeit, wenn offensichtlich ist, dass die Voraussetzungen des Rücktritts eintreten werden[66]. Es handelt sich dabei um den sog. **vorweggenommenen Vertragsbruch**[67]. § 323 setzt die Nichterfüllung „einer" Pflicht aus einem gegenseitigen Vertrag und damit nicht notwendigerweise einer **Hauptpflicht** voraus.

152

---

56 Vgl. *Dauner-Lieb*, in: Das Neue Schuldrecht, § 2 Rz. 28.
57 Vgl. Staudinger/*Matusche-Beckmann*, 2004, § 440 Rz. 22; Münch.-Komm.-*H. P. Westermann*, 5. Auflage 2008, § 440 Rz. 8; Erman/*Grunewald*, § 440 Rz. 3; a. A. *Gutzeit*, NJW 2008, 1359, 1361.
58 So Münch.-Komm.-*Ernst*, 5. Auflage 2007, § 281 Rz. 60. Siehe zu einer ähnlichen Frage oben Rz. 100.
59 BGH NJW 2007, 835.
60 *Gutzeit*, NJW 2008, 1359, 1360, auch zu den „Angaben ins Blaue".
61 BGH NJW 2008, 1371; kritisch *S. Lorenz*, NJW 2004, 26, 27.
62 Vgl. BGH NJW 1978, 260.
63 Hk-BGB/*Schulze*, § 323 Rz. 8.
64 Das bloße Bestehen der Einrede aus § 439 III reicht dagegen für eine Entbehrlichkeit nicht aus, BGH NJW 2005, 3490, 3492 f.
65 Hk-BGB/*Saenger*, § 440 Rz. 2.
66 Siehe bereits oben Rz. 147; vgl. auch *Krause*, Jura 2002, 299, 300.
67 Hk-BGB/*Schulze*, § 323 Rz. 12.

§ 4 *Die Lösung vom Schuldvertrag*

153 Dass die Voraussetzungen des Rücktritts vor Fälligkeit eintreten, kann jedoch nicht aus einem bloßen Ausweichen des Schuldners geschlossen werden[68]; ebenso wenig aus der Erklärung des Schuldners, der Übergabetermin könne nicht eingehalten werden[69]. Auch Meinungsverschiedenheiten über den Inhalt des Vertrags reichen nicht aus[70]. Vielmehr muss die Weigerung des Schuldners als sein letztes Wort aufzufassen sein[71]. Denn erst wenn der Schuldner dies klargemacht hat, ist „offensichtlich, dass die Voraussetzungen des Rücktritts vorliegen werden", wie es das Gesetz verlangt[72]. Die nach dem Gesetzeswortlaut anzustellende Prognose („werden") erfordert dabei klare Anhaltspunkte. „Offensichtlich" bedeutet daher mehr als „absehbar" und betrifft die Augenscheinlichkeit des künftigen Geschehens nicht nur aus Sicht des Gläubigers. Dies veranschaulicht auch der für diesen Zusammenhang gebräuchliche Begriff der **Vertragsaufsage**.

154 Problematisch ist, ob der Gläubiger neben dem Rücktritt **Schadensersatz** verlangen kann. § 281 I 1 hilft nicht direkt, da er eine **fällige Leistungspflicht** voraussetzt, während § 323 IV den sofortigen Rücktritt ohne Fälligkeit ermöglicht. Im Hinblick auf § 325, wonach die Verbindung von Rücktritt und Schadensersatz möglich ist[73], wird im Schrifttum eine erweiternde Auslegung des § 281 II Alt. 2 auf das relative Fixgeschäft[74] sowie die analoge Anwendung des § 323 IV auf § 281 vorgeschlagen[75]. Nach anderer Ansicht ergibt sich der Schadensersatzanspruch aus § 280 I, III i. V. m. § 282 unter der Voraussetzung, dass dem Gläubiger die Leistung durch den Schuldner ausnahmsweise nicht mehr zuzumuten ist. Allerdings ist hier eher das **Leistungsinteresse** betroffen, so dass § 281 I 1 und nicht § 282 einschlägig sein dürfte[76].

d) Rücktritt bei Teilleistung, Gläubigerverschulden und Gläubigerverzug

155 Der Rücktritt bei Teilleistung ist möglich, wenn der Gläubiger an ihr kein Interesse hat (§ 323 V). Nach § 323 VI ist der Rücktritt ausgeschlossen, wenn der Gläubiger für den Umstand, der ihn zum Rücktritt berechtigen würde, allein oder weit überwiegend verantwortlich ist, oder wenn der vom Schuldner nicht zu vertretende Umstand zu einer Zeit eintritt, zu welcher der Gläubiger im Verzug der Annahme ist. **§ 323 VI** schließt den Rücktritt aus und wirkt dadurch **anspruchserhaltend**. Allerdings ist im Zusammenhang mit dem Gläubigerverzug noch eine andere neue Vorschrift zu berücksichtigen, die demselben Rechtsgedanken folgt und ihn im Hinblick auf die Gefahrtragung verwirklicht, nämlich § 446 S. 3.

---

68 RGZ 67, 318.
69 OLG Hamm NJW-RR 1996, 1098.
70 BGH NJW 1971, 798.
71 BGH ZIP 1991, 508; BGH NJW 1986, 661.
72 Vgl. auch *Ramming*, ZGS 2002, 412, 415.
73 Zu ihm Rz. 169 ff.
74 *Ramming*, ZGS 2002, 412, 415.
75 *Jaensch*, ZGS 2004, 134, 139 f.
76 Vgl. schon oben Rz. 34.

Als Beispiel für den Rücktrittsausschluss im Falle des Gläubigerverzugs diene unser **Fall 15**: K hat bei V ein Auto gekauft, das nach dem Inhalt des Vertrags bis zum 30.4. abgeholt werden sollte. Mehrmalige Aufforderungen zur Abholung seitens des V blieben erfolglos. Das Auto steht während des ganzen Monats Mai im Betrieb des V, der den K immer wieder per Fax, Brief und Telefon zur Abholung auffordert. In der zweiten Maihälfte wird der Wagen mehrfach durch leichte Unachtsamkeiten der Mitarbeiter des V teilweise schwer beschädigt. Zudem bekommt das Auto, das den anderen Arbeiten im Betrieb des V im Wege steht, durch kleine Unaufmerksamkeiten des V mehrere Lackspritzer in unterschiedlichen Farben ab. Als K Anfang Juni zur Abholung erscheint, ist er entsetzt und erklärt den Rücktritt. V sagt, er werde unter keinen Umständen einen anderen Wagen liefern noch diesen reparieren. Vielmehr verlangt er Zahlung des Kaufpreises und der Kosten für die Briefe, Faxe und Telefonkosten.

1. V könnte einen Anspruch auf Kaufpreiszahlung aus Kaufvertrag[77] gemäß § 433 II haben. Der Anspruch ist durch den Vertragsschluss entstanden. Er könnte jedoch durch den von K erklärten (§ 349) Rücktritt erloschen sein. Voraussetzung dafür ist, dass zugunsten des K ein Rücktrittsgrund besteht. Ein Rücktrittsrecht des K kann sich aus **§ 437 Nr. 2** i. V. m. **§ 323 I** ergeben. Einem Rücktrittsrecht des K könnte indes von vornherein entgegenstehen, dass dieser dem V keine angemessene Frist zur Leistung oder Nacherfüllung gesetzt hat, wie dies § 323 I grundsätzlich verlangt. Dies war hier nicht etwa nach § 437 Nr. 2 i. V. m. § 326 V Hs. 2 entbehrlich. Zwar verweist § 437 Nr. 2 auf den gesamten § 326 V und somit auch auf dessen zweiten Halbsatz, nach dem die Fristsetzung entbehrlich ist. Doch bezieht dieser sich auf den ersten Halbsatz und setzt folglich einen Fall der Unmöglichkeit nach § 275 voraus, der hier nicht vorliegt, weil die Nacherfüllung noch möglich ist. Aus der tatbestandlichen Fassung des § 437 („wenn die Voraussetzungen der vorliegenden Vorschriften vorliegen") ergibt sich, dass es sich insoweit um eine Rechtsgrundverweisung handelt, so dass eine Fristsetzung nach § 326 V Hs. 2 nur unter den Voraussetzungen des § 326 V Hs. 1 entbehrlich wäre, die hier indessen nicht vorliegen. Eine Fristsetzung durch K ist jedoch nach **§ 323 II Nr. 1** entbehrlich, wenn V die Leistung bzw. Nacherfüllung ernsthaft und endgültig verweigert. Indem V hier erklärt, er werde weder einen anderen Wagen leisten noch diesen reparieren, hat er die in Betracht kommende Nacherfüllung (§ 437 Nr. 1 i. V. m. § 439) ernsthaft und endgültig verweigert, so dass es einer Fristsetzung durch K nicht mehr bedurfte.

156

Fraglich ist jedoch, ob die Voraussetzungen der §§ 437 Nr. 2, 323 I überhaupt vorliegen. Das setzt voraus, dass die Sache mangelhaft war, der Schuldner die Leistung also nicht vertragsgemäß bewirkt hat. Nach § 434 I 1 ist die Sache frei von Sachmängeln, wenn sie bei Gefahrübergang die vereinbarte Beschaffenheit hat[78]. Zwar war mangels Übergabe des Wagens die Gefahr hier noch nicht nach § 446 S. 1 übergegangen, doch steht es der **Übergabe** nach **§ 446 S. 3** gleich, wenn der Käufer im Verzug der Annahme ist. Das bemisst sich nach den §§ 293 ff. Voraussetzung dafür ist, dass er die ihm ordnungsge-

157

---

77 Zu dem Streit, ob § 433 als Anspruchsgrundlage anzusehen ist, oder ob der Anspruch auf der Vereinbarung der Parteien beruht, vgl. *Oechsler*, Rz. 49.
78 Dazu *Grigoleit/Riehm*, JZ 2003, 118.

mäß angebotene Leistung nicht angenommen hat, § 293. Das ist vorliegend geschehen. Ein tatsächliches Angebot i. S. d. § 294 war nicht erforderlich, da der Gläubiger die geschuldete Sache abzuholen hatte, so dass nach § 295 ein wörtliches Angebot ausreichte. Ein solches hat V mehrfach unterbreitet. Ein Fall des § 297 liegt nicht vor. Da V somit dem K die Sache in Annahmeverzug begründender Weise angeboten hatte, steht dies nach § 446 S. 3 der Übergabe gleich, so dass die Sache zum maßgeblichen Zeitpunkt frei von Sachmängeln war. Folglich hat der Schuldner V die Leistung vertragsgemäß bewirkt. Demzufolge liegen die Voraussetzungen des § 323 I nicht vor, so dass K kein Rücktrittsrecht zusteht. V kann daher Kaufpreiszahlung verlangen.

158 2. V könnte des Weiteren einen Anspruch auf Zahlung der Porto-, Telefon- und Faxkosten aus **§ 304** haben. Voraussetzung dafür ist, dass es sich bei den geltend gemachten Posten um **Mehraufwendungen** handelt, die V für das erfolglose Angebot machen musste. Hier hat V den Wagen mehr als einmal angeboten und entsprechende Kosten aufgewendet. Auch wenn nur die Kosten erfolgloser Leistungsangebote[79], nicht aber für ein erfolgreiches Zweitangebot ersetzt werden[80], wird man hier den Ersatz für alle tatsächlich aufgewendeten Kosten – dies ist stets erforderlich – bejahen können. Denn auch die weiteren Mehrkosten waren angesichts der Tatsache, dass das Auto dem V im Wege stand und K die Abnahme schuldete (§ 433 II), objektiv erforderlich, wie dies allgemein verlangt wird[81]. Somit kann V für alle geltend gemachten Posten als Mehraufwendungen Ersatz verlangen.

3. Da K mit Ablauf des 30.4. mit seiner Abnahmeverpflichtung aus § 433 II in Verzug geraten ist, besteht schließlich ein Anspruch auf Zahlung der Porto-, Telefon- und Faxkosten aus §§ 280 I 1, II, 286 I 1. Nach § 286 II Nr. 1 bedurfte es keiner verzugsbegründenden Mahnung[82], so dass auch nach dieser Vorschrift sämtliche Posten zu ersetzen sind.

159 Der Fall **veranschaulicht** am Rande: Im Rahmen des Ausschlusses des Rücktrittsrechts ist bei Verwendung Allgemeiner Geschäftsbedingungen[83] im Übrigen immer auch an § 309 Nr. 8 a) zu denken, wonach eine Klausel unwirksam ist, die bei einer vom Verwender zu vertretenden Pflichtverletzung den Rücktritt ausschließt. Allerdings ist diese Vorschrift auf den praktisch wichtigen Fall des Rücktrittsrechts wegen eines Sachmangels nach § 309 Nr. 8 b) lit. aa) nicht anwendbar, der den Kernbereich der Gewährleistungsrechte sichert und insoweit allein gilt.

160 Des Weiteren ist zu beachten, dass das Gesetz im Recht der Leistungsstörungen häufig (vgl. außer § 323 V etwa auch § 280 I 2) die Formulierung „zu vertreten" verwendet. Das darf nicht pauschal mit Verschulden gleichgesetzt werden. Vielmehr regelt § 276 I 1, dass der Schuldner u. a. eigenes Verschulden zu vertreten hat. Die danach in Betracht kommende strengere oder mildere Haftung („wenn") ist eine beliebte Einbruchstelle

---

79 Dies gilt auch für das Erstangebot.
80 Palandt/*Grüneberg*, § 304 Rz. 1.
81 Vgl. RGZ 45, 302.
82 Zur verzugsbegründenden Erstmahnung unten Rz. 359.
83 Dazu noch weiter unten im sechsten Teil.

für eine **Inzidentprüfung** des Gläubigerverzugs (vgl. § 300 I). In diesem Rahmen ist dann auch immer an die **Anspruchsgrundlage** des § 304 zu denken.

2. Rücktritt wegen Schutzpflichtverletzung

§ 324 regelt den Rücktritt wegen der Verletzung einer **sonstigen Pflicht** nach § 241 II aus dem gegenseitigen Vertrag[84]. Solche Pflichten sind mithin keine Leistungspflichten und damit auch keine Neben*leistungs*pflichten[85], deren Verletzung sich nach § 323 und nicht nach § 324 beurteilt[86]. Hat sich also etwa der Verkäufer vertraglich verpflichtet, auch anfallende Reparaturen (Nebenleistungspflicht) auszuführen und kommt er dem nicht nach, obwohl ihm der Käufer erfolglos eine angemessene Frist gesetzt hat, so kann dieser nach § 323 zurücktreten, ohne dass es auf die Zumutbarkeit i. S. d. § 324 ankommt[87], es sei denn, es handelt sich um eine nur unerhebliche Pflichtverletzung, § 323 V 2.

161

a) Voraussetzungen

Nach § 324 ist neben der Verletzung einer Pflicht aus § 241 II die Unzumutbarkeit erforderlich für den Rücktritt wegen Schutzpflichtverletzung. Unter § 324 fällt auch die Problematik des Rücktritts vom **Sukzessivlieferungsvertrag** bei schweren Vertragsverletzungen des Schuldners[88], wenn durch die Vertragsverletzung die Vertrauensgrundlage irreparabel zerstört wird[89]. Allerdings kommt beim Rücktritt vom Sukzessivlieferungsvertrag je nach verletzter (Neben-)Pflicht und konkreter Ausgestaltung immer auch ein Rücktritt nach § 323 V i. V. m. II Nr. 2 oder 3 in Betracht[90]. Die Abgrenzung sollte auch hier wieder danach erfolgen, ob das **Leistungsinteresse** (dann: § 323) oder das **Integritätsinteresse** (dann: § 324) betroffen ist[91].

162

b) Eigene Vertragstreue

Ungeschriebene Voraussetzung des Rücktrittsrechts ist die **eigene Vertragstreue** – und zwar sowohl im Rahmen des § 323 als auch bei § 324[92]. Zu berücksichtigen ist jedoch, dass eine Vertragsuntreue in diesem Sinne nicht ohne weiteres angenommen werden kann. So ist das Verhalten des Gläubigers unschädlich, wenn es erst durch eine Pflichtverletzung des Schuldners hervorgerufen worden ist[93] oder mit der Pflicht des Schuldners in keinem inneren Zusammenhang steht[94]. Keinen Rechtsverlust bewirkt die Vertragsuntreue des Gläubigers auch dann, wenn das zugrunde liegende Verhalten

163

---

84 Bei nichtsynallagmatischen Verträgen dürfte § 324 freilich analog gelten, *Canaris*, Festschrift für Kropholler, 2008, S. 3, 19.
85 Siehe oben Rz. 33.
86 *Canaris*, JZ 2001, 499, 509.
87 *Mankowski*, ZGS 2003, 91, hält ihn etwa nicht für die geeignete Lösung bei der fahrlässigen Täuschung.
88 Zur Problematik der Leistungsstörungen beim Sukzessivlieferungsvertrag *Schwab*, ZGS 2003, 73.
89 RGZ 104, 41; BGH NJW 1972, 246; Palandt/*Grüneberg*, Überbl v § 311 Rz. 33.
90 Zu ihm oben Rz. 57.
91 Vgl. oben Rz. 33; siehe auch *Madaus*, Jura 2004, 289, 291; vgl. auch schon *Medicus*, ZfBR 2001, 511.
92 Vgl. Palandt/*Grüneberg*, § 323 Rz. 29, § 281 Rz. 35.
93 RGZ 109, 56.
94 BGH NJW-RR 1994, 372.

nach Art und Schwere ungeeignet ist, den Vertragszweck zu gefährden[95] oder der Schuldner auf die Erfüllung der Pflicht keinen Wert legt[96]. In all diesen Fällen würde vielmehr der Schuldner rechtsmissbräuchlich handeln, wenn er sich auf ein irrelevantes Verhalten des Gläubigers kaprizieren würde, das dessen vermeintliche Vertragsuntreue dokumentieren soll.

3. Unwirksamkeit des Rücktritts

164 Schließlich regelt das Gesetz noch zwei **Sonderfälle**, in denen der Rücktritt unwirksam ist bzw. wird.

a) Rücktritt und Verjährung

Als Gestaltungsrecht unterliegt der Rücktritt nicht der Verjährung, wie sich aus einem **Umkehrschluss** aus § 194 ergibt. Im Allgemeinen Teil bestimmt jedoch § 218, dass der Rücktritt wegen nicht oder nicht vertragsgemäß erbrachter Leistung unwirksam ist, wenn der Anspruch auf die Leistung oder der Nacherfüllungsanspruch verjährt ist und der Schuldner sich hierauf beruft. Gegenstand der Verjährung ist danach nicht das Rücktrittsrecht, sondern es verjährt der Anspruch, dessen Nichterfüllung das Rücktrittsrecht begründet.

> Dass dies beim Spezieskauf zu Problemen führen kann, zeigt unser **Fall 16**[97]: K hat von V ein Bild gekauft, das, wie V beteuert, von Chagall stammt. Nach drei Jahren stellt sich heraus, dass es sich, was V freilich nicht ahnen konnte, um eine Fälschung eines unbekannten Künstlers handelt. K verlangt Rückgängigmachung des Kaufs. V meint, dazu sei es jetzt zu spät.

165 K könnte gegen V einen Anspruch auf Rückgewähr des Kaufpreises aus §§ 437 Nr. 2, 326 V, 323 I, 346 I haben. § 437 setzt zunächst voraus, dass ein wirksamer Kaufvertrag besteht und die Sache mangelhaft ist. Der Kaufvertrag könnte hier nach § 142 I erloschen sein. Das Verlangen des K, den Kauf rückgängig zu machen, könnte man als Anfechtungserklärung (§ 143 I) auslegen. Doch steht dem K kein Anfechtungsrecht zu. Eine Anfechtung wegen arglistiger Täuschung scheidet aus, weil dem K der für § 123 I erforderliche Vorsatz fehlt. Und einer Anfechtung nach § 119 II steht entgegen, dass es sich bei der Herkunft und Urheberschaft der Sache zwar – anders als beim Wert selbst – um einen wertbildenden Faktor und somit um eine verkehrswesentliche Eigenschaft handelt. Dennoch ist nach Gefahrübergang die Anfechtung durch den Käufer nach § 119 II ausgeschlossen, weil insoweit nurmehr das **Gewährleistungsrecht** in Gestalt der §§ 437 f. zum Zuge kommt[98]. Andernfalls könnte sich der Käufer unter Umständen über Gebühr lange (vgl. § 121 II) von seiner Erklärung lösen, während die Verjährung nach Kaufrecht mit der Ablieferung der Sache (§ 438 II) beginnt. Der Kaufvertrag ist wirksam. Die Rechte des Käufers bemessen sich nach dem allgemeinen

---

[95] BGH NJW 1987, 253.
[96] BGH WM 1972, 1056.
[97] Nach *Knütel*, NJW 2001, 2519.
[98] Siehe zum Konkurrenzverhältnis der Anfechtung nach § 119 II zum Kaufrecht noch unten **Fall 24** (Rz. 256).

Leistungsstörungsrecht. Hier liegt ein Mangel der Kaufsache vor: V hat einen echten Chagall versprochen und einen unechten geliefert. Da indes die Übereignung des Bildes in mangelfreiem Zustand von Anfang an, also bei Vertragsschluss, unmöglich war, ließe sich zwar aus diesem Grund noch an der Wirksamkeit des Kaufvertrags zweifeln, jedoch bestimmt § 311a I, dass der Vertrag ungeachtet etwaiger **qualitativer (Teil-)Unmöglichkeit**[99] bei Vertragsschluss wirksam ist. Damit ist der Weg für die weitere Prüfung der Rücktrittsvoraussetzungen frei. Hier hat das Bild entgegen § 434 I 1 nicht die vereinbarte Beschaffenheit[100]. Für diesen Fall verweist § 437 Nr. 2 auf § 323. Dessen Voraussetzungen sind mithin zu prüfen. Ein Fall des § 323 I liegt nicht vor, weil K keine Frist zur Leistung oder Nacherfüllung bestimmt hat. Jedoch ist nach § 326 V, auf den § 437 Nr. 2 verweist, bei Unmöglichkeit, wie sie hier bezüglich der Pflicht zur Verschaffung eines echten Chagalls angenommen werden kann, die Fristsetzung entbehrlich. Es handelt sich um einen **unbehebbaren Mangel**[101], so dass von vornherein keine Nacherfüllungsmöglichkeit besteht[102]. Da der Verkäufer aus einem falschen Chagall keinen echten machen kann, würde sich auch durch Bestimmung und Ablauf einer Frist offensichtlich nichts ändern. K steht damit ein Rücktrittsrecht zu. Er hat den Rücktritt auch erklärt, **§ 349**, indem er Rückgängigmachung des Kaufes verlangt. Hier kam also nur ein Rücktritt und keine Anfechtung für K in Betracht, so dass, wie gesehen, die Rückabwicklung nicht über das Bereicherungsrecht erfolgt, sondern ein **Rückgewährschuldverhältnis** entsteht. K ist also dem Grunde nach zum Rücktritt berechtigt.

Fraglich ist jedoch, ob dieses Recht noch durchsetzbar ist. Nach § 218 ist der Rücktritt wegen nicht oder nicht vertragsgemäß erbrachter Leistung nämlich unwirksam, wenn der Anspruch auf die Leistung oder der Nacherfüllungsanspruch verjährt ist und der Schuldner sich hierauf beruft. Letzteres hat V hier unternommen, indem er darauf verwiesen hat, dass es zur Rückgängigmachung zu spät sei. Damit hat er konkludent die Einrede der Verjährung erhoben. Es fragt sich also, ob „der Anspruch auf die Leistung oder der Nacherfüllungsanspruch verjährt ist". Der Nacherfüllungsanspruch verjährt nach § 438 I Nr. 3 nach zwei Jahren. Da der Rücktritt als **Gestaltungsrecht** nicht verjährt (arg. § 194) und Nacherfüllung bei einem Spezieskauf mit unbehebbarem Mangel ausscheidet, sieht es so aus, als sei der Rücktritt unbefristet möglich[103]. Jedoch ordnet § 438 IV 1 für das in § 437 bezeichnete Rücktrittsrecht die Geltung des § 218 an. Nach § 218 I 2 ist der Rücktritt auch dann ausgeschlossen, wenn der Nacherfüllungsschuldner nach § 275 nicht zu leisten braucht und der Nacherfüllungsanspruch verjährt wäre (**hypothetische Verjährung**)[104]. Die Vorschrift des § 218 I bewirkt

166

---

99 Davon spricht man, wenn der Verkäufer seiner Pflicht aus § 433 I 2 deshalb nicht nachkommen kann, weil die Stückschuld bei Vertragsschluss einen unbehebbaren Mangel aufweist; vgl. *S. Lorenz*, JZ 2001, 742, 743; *Dötsch*, ZGS 2002, 160, 161; vgl. auch *Hofmann/Pammler*, ZGS 2004, 91; skeptisch *Peukert*, AcP 205 (2005), 430, 437.
100 Näher dazu *Grigoleit/Riehm*, JZ 2003, 233.
101 Vgl. dazu *Hofmann/Pammler*, ZGS 2004, 91.
102 Vgl. *Canaris*, Schuldrechtsmodernisierung 2002, S. XLVIII Fußnote 128; die Unmöglichkeit muss bezüglich aller Arten der Nacherfüllung vorliegen; *P. Huber*, Besonderes Schuldrecht/1, Rz. 140 f.
103 Vgl. *Knütel*, NJW 2001, 2519.
104 BGHZ 168, 64; 170, 30, 37 (dazu *Fischer/Herrlein*, NJW 2007, 687).

§ 4 *Die Lösung vom Schuldvertrag*

somit, dass das Rücktrittsrecht – wenn auch nicht im streng dogmatischen Sinne – gleichsam der Verjährung unterliegt[105]. Damit ist der Anspruch verjährt und mithin der Rücktritt nach § 218 unwirksam. K kann also nicht mehr zurücktreten.

167 Zu **beachten** ist in diesem Zusammenhang § 438 IV 2, wonach der Käufer trotz Unwirksamkeit des Rücktritts nach § 218 I die Zahlung des Kaufpreises insoweit verweigern kann, als er aufgrund des Rücktritts dazu berechtigt sein würde[106]. Dabei geht es um den Erhalt der **Mängeleinrede**, wenn der Kaufpreis noch nicht gezahlt und die Gegenleistung somit noch nicht erbracht ist. Auf eine vorherige Mängelanzeige kommt es nicht an, so dass der Käufer ungeachtet der Unwirksamkeit des Rücktritts nach § 218 infolge der Verjährung des Leistungs- oder Nacherfüllungsanspruchs zur Verweigerung der Kaufpreiszahlung berechtigt ist, wenn die Voraussetzungen des Rücktritts vorliegen[107].

b) Rücktritt und Aufrechnung

168 Erwähnenswert ist ferner der bereits bei der Behandlung der **Aufrechnung** angesprochene zweite Sonderfall der Unwirksamkeit des Rücktritts nach § 352, der das Zusammentreffen von Rücktritt und Aufrechnung betrifft und bestimmt, dass der Rücktritt wegen Nichterfüllung einer leistungsbezogenen Verbindlichkeit im weitesten Sinne[108] – nicht aber wegen Schutzpflichtverletzungen[109] – unwirksam wird, wenn die Aufrechnung unverzüglich erklärt wird. Sowohl die Aufrechnung als auch der Rücktritt sind **Gestaltungsrechte**. Der Schuldner, der zur Aufrechnung berechtigt ist, wird deswegen in seinem Vertrauen darauf geschützt, dass der Gläubiger nicht aufgrund der Nichterfüllung zurücktritt[110]. Wenn der Schuldner also unverzüglich (§ 121) nach der Rücktrittserklärung die Aufrechnung erklärt, wird der Rücktritt – eine zuvor bestehende Aufrechnungslage vorausgesetzt – unwirksam, so dass eine entsprechende Erklärung, die an sich Gestaltungswirkung hat, folgenlos bleibt. Letztlich liegt der Regelungsgrund in der Rückwirkung des Erlöschens (§ 389), so dass es an einer fälligen Leistung fehlt und damit die Voraussetzungen des § 323 I nicht (mehr) vorliegen.

4. Rücktritt und Schadensersatz

169 Nach § 325 wird das Recht, Schadensersatz zu verlangen, beim gegenseitigen Vertrag nicht durch den Rücktritt ausgeschlossen[111]. Allerdings sind Einschränkungen des Wahlrechts denkbar, wenn sich der säumige Schuldner nach Ablauf einer vom Gläubiger gesetzten Nacherfüllungsfrist leistungsbereit halten muss, weil der Gläubiger zwischen Erfüllungsanspruch, Rücktritt und Schadensersatz wählen kann. Dies führt zu einer für den Schuldner misslichen **Schwebelage**. Denn nach Fristablauf kann der

---

105 Vgl. Palandt/*Grüneberg*, Einf v § 346 Rz. 5.
106 Siehe zum Zusammenspiel von § 437 f. und § 218 auch *Leenen*, DStR 2002, 34, 38.
107 Vgl. auch Hk-BGB/*Saenger*, § 438 Rz. 13.
108 Anw.-Komm.-*J. Hager*, § 352 Rz. 2; Erman/*Röthel*, § 352 Rz. 1.
109 Jauernig/*Stadler*, § 352 Rz. 1.
110 Münch.-Komm.-*Gaier*, 5. Auflage 2007, § 352 Rz. 1; Erman/*Röthel*, § 352 Rz. 1.
111 Vgl. dazu *Arnold*, ZGS 2003, 427. Zum wechselseitigen Einfluss von Rücktrittsfolgen und Schadensberechnung lesenswert *Gsell*, JZ 2004, 643; *Oechsler*, Rz. 213 f.; *Heinrichs*, Festschrift für Derleder, 2005, S. 87, 103; insbesondere beim Verzug *Herresthal*, JuS 2007, 798.

Gläubiger Schadensersatz statt der Leistung verlangen (§ 281 I 1) und muss die Primärleistung des Schuldners nicht mehr annehmen[112]. Damit der Gläubiger hier nicht auf Kosten des Schuldners spekuliert, ist erwogen worden, dass das Wahlrecht verwirkt wird, wenn der Gläubiger, der womöglich innerlich schon vom Erfüllungsanspruch Abstand genommen hat, zusieht, wie der Schuldner gleichwohl Aufwendungen macht[113].

Damit im Zusammenhang steht die Frage nach der Bindung des Gläubigers an die einmal getroffene Wahl[114]. Jedenfalls bei der Wahl von Rücktritt und/oder Schadensersatz statt der Leistung nach Fristablauf ist der Erfüllungsanspruch ausgeschlossen. Für den Schadensersatz statt der Leistung ist diese Folge in § 281 IV festgelegt, für den Rücktritt ist sie als selbstverständlich angesehen und daher nicht eigens geregelt worden[115]. Ob und ggf. unter welchen Voraussetzungen eine Geltendmachung der Sekundärrechte vor Fristablauf bindend ist, ist umstritten[116]. Die Geltendmachung des Erfüllungsanspruchs führt auch nach Fristablauf nicht zum Wegfall der Sekundärrechte, da es sich nicht um eine echte **Wahlschuld** handelt, bei welcher die Wahl nach § 263 II rechtsgestaltende Wirkung entfaltet, sondern um eine **elektive Konkurrenz**, bei welcher der Gläubiger zwischen mehreren alternativ konkurrierenden Rechten frei wählen kann. Der Unterschied besteht in der Bindungswirkung bezüglich der Entscheidung, die der Käufer getroffen hat[117]. Der Gläubiger kann daher nach Fristablauf grundsätzlich jederzeit vom Erfüllungsverlangen zur Geltendmachung der Sekundäransprüche übergehen, ohne eine erneute Frist setzen zu müssen[118]. Jedoch kann die Geltendmachung der Sekundärrechte rechtsmissbräuchlich (§ 242) sein, etwa wenn der Rücktritt zur Unzeit erklärt wird, kurze Zeit nachdem der Gläubiger erneut die Leistung angefordert hat[119].

Die Ausübung des Rücktrittsrechts schließt etwaige Schadensersatzansprüche nicht aus[120], so dass der Käufer nicht Gefahr läuft, sich durch die Ausübung des Gestaltungsrechts den Weg über den Schadensersatz zu verbauen. Somit kann der Verkäufer, der ohne Eigentumsvorbehalt geliefert hat, die Sache nach § 346 zurück verlangen und außerdem Schadensersatz statt der Leistung fordern[121]. Auch Fragestellungen, die auf

170

---

112 *Canaris*, Karlsruher Forum 2002, S. 5, 49; *M. Schwab*, JR 2003, 133, 134; vgl. auch *Marotzke*, KTS 63 (2002), 1, 40; a. A. Münch.-Komm.-*Ernst*, 5. Auflage 2007, § 281 Rz. 80, 82, der dem Gläubiger eine kurze Überlegungsfrist einräumt; ähnlich *Finn*, ZGS 2004, 32 f., 38; für den Nacherfüllungsanspruch ebenso *Schubel*, in: M. Schwab/Witt (Hrsg.), Examenswissen zum neuen Schuldrecht, 2. Auflage 2003, S. 188.
113 *Schlechtriem/Schmidt-Kessel*, Rz. 436.
114 Zum Verhältnis der primären und sekundären Gläubigerrechte *Kleine/Scholl*, NJW 2006, 3462.
115 Vgl. BT-Drs. 14/6040, S. 194.
116 Gegen eine Bindung *Wieser*, NJW 2003, 2432, 2433; dafür Jauernig/*Stadler*, § 281 Rz. 15; *Derleder/Zänker*, NJW 2003, 2777; näher dazu *Gsell*, JZ 2004, 643, 646 f.
117 *Oechsler*, Rz. 139, mit instruktivem Beispielsfall.
118 BGH NJW 2006, 1198, unter Rz. 16 ff. (dazu *Althammer*, NJW 2006, 1179); Münch.-Komm.-*Ernst*, 5. Auflage 2007, § 323 Rz. 155 f.; Bamberger/Roth/*Faust*, § 439 Rz. 10; *Oetker/Maultzsch*, S. 81; *Althammer*, ZGS 2005, 375, 376; *Skamel*, ZGS 2006, 457; a. A. (Wahlschuld) OLG Celle NJW 2005, 2094; *Büdenbender*, AcP 205 (2005), 386 ff., insbes. 411 f.; *Schellhammer*, MDR 2002, 301; *M. Schwab*, JZ 2006, 1030.
119 BGH NJW 2006, 1198.
120 Vgl. *Büdenbender*, DStR 2002, 312, 318.
121 Palandt/*Grüneberg*, § 325 Rz. 2.

gutachterlichen Rat in die eine oder andere Richtung abzielten, entschärft § 325[122]. Schließlich verliert der Gegensatz zwischen **Surrogations-** und **Differenztheorie**[123] durch § 325 an Bedeutung[124]. Es bleibt freilich dabei, dass der Gläubiger grundsätzlich[125] zwischen diesen beiden Methoden wählen kann[126]. Der Rücktrittsberechtigte kann nach Ausübung des Rücktritts daneben gemäß § 325 einen etwaigen **Nutzungsausfallschaden** als Schadensersatz statt der Leistung geltend machen, wenn er beispielsweise nach rücktrittsbedingter Rückgabe (§ 346 I, II) der Sache deswegen eine Ersatzsache anmieten musste[127]. Der Gläubiger, der nach § 325 Rücktritt und Schadensersatz miteinander verbindet, darf im Hinblick auf zu ersetzende Nutzungen und Verwendungen (§§ 346 f.) nicht schlechter stehen, als wenn er nur Schadensersatz verlangt hätte. Es kann also vorkommen, dass der Rücktrittsgläubiger dem Rücktrittsschuldner nach §§ 346 f. verschuldensunabhängig nutzungsersatzpflichtig ist und umgekehrt der Rücktrittsschuldner dem Rücktrittsgläubiger bei Vertretenmüssen Schadensersatz nach § 281 schuldet. Der BGH spricht von einem **zweistufigen Ausgleichssystem**[128].

a) Der systematische Zusammenhang

171 Den systematischen Zusammenhang zwischen Rücktritt und Schadensersatz erhellt § 281 V, wonach der Schuldner für den Fall, dass der Gläubiger Schadensersatz statt der ganzen Leistung verlangt, zur Rückforderung des Geleisteten nach den Rücktrittsvorschriften der §§ 346 ff. berechtigt ist, sobald der Schuldner nicht mehr zu leisten braucht. Die Vorschrift zeigt, dass der mögliche Schadensersatz statt der Leistung wahlweise in Gestalt des **großen** oder **kleinen Schadensersatzes** berechnet werden kann. Der Grund ist darin zu sehen, dass sich der Schadensersatz statt der Leistung ähnlich auswirkt wie der Rücktritt[129]. § 281 V widerspricht daher auch nicht der Kombination von Rücktritt und Schadensersatz nach § 325[130].

b) Teilleistung und Berechnung

172 Der große Schadensersatz wird bei der **Teilleistung** nach § 281 I 2 an strengere Voraussetzungen geknüpft als der kleine, nämlich dass das Interesse des Gläubigers an der geschuldeten Leistung dies erfordert. Sein Interesse fordert dies, wenn die erbrachte Leistung und der zu zahlende Differenzbetrag („kleiner Schadensersatz") zusammen das Interesse des Gläubigers (Käufers) an der ursprünglichen Leistung nicht decken. In diesem Zusammenhang – nämlich der Verbindung von Kauf- und Rücktrittsrecht – ist **§ 449 II** für den Eigentumsvorbehalt zu berücksichtigen. Danach kann der Verkäu-

---

122 Instruktiv auch *Meier*, Jura 2002, 187, 196.
123 Ausführlich dazu *Füssenich*, JA 2004, 403; *Schmidt-Recla*, ZGS 2007, 181.
124 *Canaris*, ZRP 2001, 333; skeptisch *Ehmann/Sutschet*, § 4 V 3 d, S. 114. *Meier*, Jura 2002, 118, 125 (dort auch mit Beispiel).
125 Eine Ausnahme soll nach *Canaris*, Festschrift für E. Lorenz, 2004, S. 147, 177 ff., für das Problem der beiderseits zu vertretenden Unmöglichkeit gelten; dazu unten Rz. 323 ff.
126 Vgl. *Arnold*, ZGS 2003, 427, 431; *Emmerich*, Das Recht der Leistungsstörungen, § 13 III 5.
127 **BGHZ 174, 290**; zustimmend *Gsell*, LMK 2008, 258611. Weiterführend auch *Faust*, JZ 2008, 471, 474, wonach die Wertungen des Rücktrittsrechts nur hinsichtlich der dem Gläubiger zugewendeten mangelhaften Leistung vorrangig sind.
128 **BGH NJW 2010, 2426, 2428** Tz. 23 mit Anm. *Faust*, JuS 2010, 724.
129 *Canaris*, JZ 2001, 499, 513.
130 **BGH NJW 2010, 2426, 2427 ff.** Tz. 20 ff.

fer die Sache aufgrund des Eigentumsvorbehalts nur herausverlangen, wenn er vom Vertrag zurückgetreten ist.

Weiterhin ist für die Auslegung des § 325 zu beachten, dass die Vorschrift dem Gläubiger nur solche Posten kumulativ zuerkennt, die sich wirtschaftlich entsprechen. Könnte der Gläubiger nicht nur seine eigene Leistung über den Rücktritt zurückverlangen, sondern im Rahmen des Schadensersatzes nach der **Surrogationsmethode** darüber hinaus den vollen Gegenwert für die Gegenleistung verlangen, würde dies einen Verstoß gegen das schadensersatzrechtliche Bereicherungsverbot bedeuten[131].

173

5. Wertersatz statt Rückgewähr

Die zentrale Regelung der Rechtsfolgen stellt § 346 II dar[132], nach dessen zweitem Satz die im Vertrag bestimmte Gegenleistung bei der Berechnung des Wertersatzes **zugrunde zu legen** ist. Diese Regelung ist Ausdruck der Privatautonomie, weil sie dem subjektiven **Äquivalenzprinzip** zur Durchsetzung verhilft und auf der Vermutung beruht, dass der von den Parteien ausgehandelte Preis äquivalent zur Gegenleistung ist[133]. Die Höhe des Wertersatzes bestimmt sich allerdings nicht starr nach der vereinbarten Gegenleistung[134]. Zugrundelegen bedeutet vielmehr, dass die Gegenleistung bei sachmangelbedingten Störungen des Äquivalenzverhältnisses analog §§ 441 III, 638 III herabgesetzt werden kann[135]. Nach Ansicht des Bundesgerichtshofs findet § 346 II 2 auch dann Anwendung, wenn der Rücktritt auf einem „Zahlungsverzug" des Schuldners (§ 323 I 1 Var. 1) beruht[136]. Der Schuldner darf die Vorteile eines für ihn günstigen Vertrages daher behalten, wenn er unter den Voraussetzungen des § 346 II zum Wertersatz verpflichtet ist, während er sie bei Bestehen einer Rückgewährpflicht nach § 346 I wieder verliert[137]. In der Literatur wird dieses Ergebnis zum Teil kritisiert und eine teleologische Reduktion des § 346 II 2 befürwortet: Beruhe der Rücktritt auf der Pflichtverletzung einer Vertragspartei, so dürften ihr die Vorteile des Vertrages nicht erhalten bleiben[138].

174

a) Entstehung der Pflicht zum Wertersatz

aa) Ausschluss der Rückgewähr oder Herausgabe

Wertersatz wird zunächst geschuldet, wenn die Rückgewähr oder Herausgabe nach der Natur des Erlangten ausgeschlossen ist. Das ähnelt der Formulierung in § 818 II.

175

---

131 *Canaris*, JZ 2001, 499, 514; zum schadensersatzrechtlichen Bereicherungsverbot in diesem Zusammenhang auch **BGH NJW 2010, 2426, 2428 f.** Tz. 27. Siehe allgemein dazu unten Rz. 551 ff.
132 Überblick dazu bei *M. Schwab*, JuS 2002, 631.
133 *Canaris*, Schuldrechtsmodernisierung 2002, S. XXXIX.
134 Anders etwa *Kohler*, JZ 2002, 682, 688 f., der bei Äquivalenzstörungen eine teleologische Reduktion des § 346 II für erforderlich hält.
135 Bamberger/Roth/*Grothe*, § 346 Rz. 46; Münch.-Komm.-*Gaier*, 5. Auflage 2007, § 346 Rz. 45; *Reischl*, JuS 2003, 667.
136 BGH NJW 2009, 1068; ablehnend *Faust*, JuS 2009, 271; *Fest*, ZGS 2009, 126.
137 *Fest*, ZGS 2009, 126, 130 mit eingehender Begründung; kritisch *Faust*, JuS 2009, 271, 273.
138 *Canaris*, Festschrift für Wiedemann, 2002, S. 3, 21; Anw.-Komm.-*J. Hager*, § 346 Rz. 47; Staudinger/ *D. Kaiser*, 2004, § 346 Rz. 158 f. mit unterschiedlichen Ansätzen; dagegen Bamberger/Roth/*Grothe*, § 346 Rz. 46.

§ 4 *Die Lösung vom Schuldvertrag*

Die Nutzungsmöglichkeit muss freilich die Hauptpflicht des jeweiligen Vertrags sein[139]. Andernfalls könnten die Voraussetzungen, unter denen nach § 347 I 1 nicht gezogene Nutzungen zu ersetzen sind, unterlaufen werden[140].

176 Allerdings ist der Anwendungsbereich des § 346 II 1 Nr. 1 überschaubar, weil Dienst- und **Gebrauchsüberlassungsverträge**, für die er in Betracht kommen würde[141], regelmäßig Dauerschuldverhältnisse darstellen, die nach Vertragsbeginn im Wege der Kündigung beendet werden[142]. Es verbleiben für den Anwendungsbereich der Nr. 1 freilich Verträge über unkörperliche Werkleistungen[143]. Zu denken ist ferner an diejenigen Fälle, in denen die Werkleistungen untrennbar mit Sachen des Bestellers verbunden wurden oder die nach den §§ 93 f. wesentliche Bestandteile seines Grundstücks geworden sind[144]. In diesen Fällen wurde nämlich bereits früher eine Pflicht zum Wertersatz statt zur Rückgewähr angenommen[145].

bb) Wertersatz bei einschneidenden Maßnahmen

177 Weiterhin ist Wertersatz zu leisten, soweit der Schuldner den empfangenen Gegenstand verbraucht, veräußert, belastet, verarbeitet (§ 950; bloße Reparatur genügt nicht[146]) oder umgestaltet hat. Entsprechendes gilt bei der Inhaltsänderung eines Rechts[147]. Veräußerung und Belastung nimmt auf das dingliche Geschäft Bezug[148]. Wertersatz statt Rückgabe einer unbelasteten Sache ist aber dann ausgeschlossen, wenn man vom Schuldner die Beseitigung der Belastung verlangen kann[149]. Die Beseitigung der Belastung hat auch der Bundesgerichtshof früher schon vom Käufer eines Grundstücks verlangt, das dieser zugunsten der finanzierenden Bank mit einer Grundschuld belastet hat[150].

Der Bundesgerichtshof knüpft den Wertersatzanspruch zusätzlich zu den Voraussetzungen des § 346 II 1 Nr. 2 daran, dass die Rückgewähr des empfangenen Gegenstandes nach § 275 unmöglich ist. Der Rückgewährschuldner muss also etwa eine Belastung des empfangenen Grundstücks vorrangig beseitigen. Nur wenn ihm das unmöglich ist, schuldet er Wertersatz[151]. Das entspricht einer starken Strömung im Schrifttum, die schon vorher die Rückgewähr in Natur für vorrangig erachtet hat.

---

139 Anw.-Komm.-*J. Hager*, § 346 Rz. 33; *Brox/Walker*, Allgemeines Schuldrecht, § 18 Rz. 21; a. A. Palandt/*Grüneberg*, § 346 Rz. 8; *Canaris*, Schuldrechtsmodernisierung 2002, S. XXXVIII (Anwendung auch auf die Herausgabe von Nutzungen).
140 *J. Hager*, in: Das Neue Schuldrecht, § 5 Rz. 18.
141 *Muthers*, in: Henssler/von Westphalen, § 346 Rz. 5, nennt zusätzlich den Werkvertrag.
142 *D. Kaiser*, JZ 2001, 1057 f.
143 *D. Kaiser*, JZ 2001, 1057, 1059, nennt beispielhaft Architekturleistungen in Gestalt der Planung und Bauaufsicht sowie Konzerte.
144 *D. Kaiser*, aaO, S. 1059.
145 RGZ 147, 390, 392; vgl. Staudinger/*Peters*, 2008, § 634 Rz. 106; a. A. *D. Kaiser*, Die Rückabwicklung gegenseitiger Verträge wegen Nicht- und Schlechterfüllung nach BGB, 2000, S. 120 ff.
146 Staudinger/*D. Kaiser*, 2004, § 346 Rz. 137.
147 Staudinger/*D. Kaiser*, 2004, § 346 Rz. 138.
148 *J. Hager*, in: Das Neue Schuldrecht, § 5 Rz. 20.
149 Vgl. *D. Kaiser*, JZ 2001, 1057, 1062.
150 BGH NJW 1994, 1161, 1162.
151 BGH NJW 2009, 63; vgl. auch schon BGH NJW 2008, 2028.

§ 346 II 1 Nr. 2 enthält demnach das ungeschriebene Tatbestandsmerkmal der Unmöglichkeit[152]. Die Gegenmeinung verweist auf den Wortlaut, der von der zusätzlichen Voraussetzung der Unmöglichkeit nichts wisse und hält den Rückgewährschuldner zwar für berechtigt, den früheren Zustand – soweit möglich – wiederherzustellen, nicht aber für verpflichtet[153].

cc) Wertersatz bei Verschlechterung oder Untergang

Schließlich muss der Schuldner den Wert ersetzen, soweit der empfangene Gegenstand sich verschlechtert hat oder untergegangen ist[154]. Verschlechterungen, die durch die bestimmungsgemäße Ingebrauchnahme entstehen, bleiben jedoch außer Betracht (§ 346 II 1 Nr. 3 Hs. 2)[155] und verpflichten demzufolge nicht zum Wertersatz für bloßen Verschleiß. Selbst wenn die Vertragspartner um das Bestehen eines Rücktrittsgrundes wissen, dürfen sie die Sache bis zur Rücktrittserklärung gefahrlos im Rahmen des vertrags- bzw. bestimmungsgemäßen Gebrauchs weiterbenutzen. Die in § 347 statuierte Wertersatzpflicht wegen nicht gezogener Nutzungen macht deutlich, dass der Schuldner dies im Rahmen ordnungsmäßiger Wirtschaft sogar soll[156].

178

Eine **entsprechende Anwendung** des § 346 II 1 Nr. 3 kommt bei Diebstahl, Enteignung, Verlieren des Gegenstandes sowie bei der Unmöglichkeit seiner Wiederbeschaffung infolge der Änderung politischer Verhältnisse in Betracht[157].

179

dd) Höhe des Wertersatzes

Für die Höhe des Wertersatzes ist nach § 346 II 2 die im Vertrag bestimmte Gegenleistung zugrunde zu legen. Das scheint bei der **Lieferung einer mangelhaften Sache** zweifelhaft zu sein, weil der Käufer im Falle des Rücktritts den vollen Preis für eine mangelhafte Sache zahlen müsste[158]. Ein Teil der Lehre spricht sich hier für eine Kürzung um den Gewinnanteil aus, so dass nur der objektive Wert zum Zeitpunkt der Lieferung ersetzt wird[159]. Des Weiteren wird der Abzug des mangelbedingten Minderwerts vom Kaufpreis vertreten[160]. Zur Wahrung des Verhältnisses zwischen Wertersatz und Restwert sowie aus Gründen des Gleichlaufs von Rücktritt und Minderung empfiehlt sich indes die entsprechende Anwendung des **§ 441 III**[161]. Beruht der Rücktritt auf einer ausbleibenden Zahlung und ist der Kaufpreis niedriger als der Wert, so ist

180

---

152 *Canaris*, Schuldrechtsmodernisierung, S. XXXVII; Anw.-Komm.-*J. Hager*, § 346 Rz. 17; *Looschelders*, Schuldrecht Allgemeiner Teil, Rz. 838; *M. Schwab*, JuS 2002, 630, 632; *Schulze-Ebers*, JuS 2004, 366; *Armbrüster*, EWiR 2002, 869, 870.
153 *Arnold*, Jura 2002, 154, 157; *Benicke*, ZGS 2002, 369, 371; *Medicus/Lorenz*, Schuldrecht I, Allgemeiner Teil, Rz. 565; *Annuß*, JA 2006, 184, 186; *Fest*, ZGS 2009, 78.
154 Dazu *Oechsler*, Rz. 201.
155 Näher *J. Hager*, in: Das Neue Schuldrecht, § 5 Rz. 24.
156 *D. Kaiser*, JZ 2001, 1057, 1061.
157 Dafür *J. Hager*, in: Das Neue Schuldrecht, § 5 Rz. 23, unter Hinweis auf den Charakter der Vorschrift als Gefahrtragungsregel.
158 Modifizierend *J. Hager*, in: Das Neue Schuldrecht, § 5 Rz. 27 f., mit Nachweisen zur Entstehungsgeschichte.
159 *D. Kaiser*, JZ 2001, 691; Palandt/*Grüneberg*, § 346 Rz. 10.
160 *Rolland*, in: Das neue Schuldrecht, § 4 Rz. 78.
161 *Canaris*, Festschrift für Wiedemann, 2002, S. 17; *Arnold*, Jura 2002, 157; *Perkams*, Jura 2003, 152.

§ 4 *Die Lösung vom Schuldvertrag*

eine teleologische Reduktion des § 346 II 2 vorzunehmen[162], soweit sich nicht aus dem Vertrag etwas anderes ergibt[163].

ee) Wertersatz wegen unterlassener Nutzungsziehung

181 Zieht der Schuldner Nutzungen entgegen den **Regeln einer ordnungsgemäßen Wirtschaft** nicht, obwohl ihm das möglich gewesen wäre, so ist er dem Gläubiger nach § 347 I 1 zum Wertersatz verpflichtet. Die Vorschrift des § 347 I 1 ist § 987 II angeglichen[164], unterscheidet sich von diesem allerdings dadurch, dass nach § 987 II a. E. Nutzungsersatz nur verlangt werden kann, soweit ein Verschulden vorliegt. Im Rahmen des § 987 II wird das Verschulden im Übrigen im technischen Sinne (§ 276 I 1) verstanden[165]. Verschulden wird in § 347 zumindest für das vertragliche Rücktrittsrecht nicht vorausgesetzt. Stattdessen spricht § 347 I von den Regeln einer – objektiv – ordnungsgemäßen Wirtschaft. Das läuft auf die Anwendung der Regeln des **Verschuldens gegen sich selbst** hinaus[166]. Hat der Betroffene indes keine **Kenntnis** von seinem Rücktrittsrecht, kann es sich nur um untechnisches Verschulden, also Verschulden gegen sich selbst, handeln[167]. Im Falle eines gesetzlichen Rücktrittsrechts hat der Berechtigte hinsichtlich der Nutzungen nur für die diligentia quam in suis (§ 277) einzustehen, § 347 I 2. Beim Gläubigerverzug ist die Sondervorschrift des § 302 zu beachten[168].

b) Wegfall der Pflicht zum Wertersatz

182 Der Wegfall der Pflicht zum Wertersatz ist in § 346 III geregelt. Wertersatz entfällt in drei Fällen[169]:

aa) Auftreten des Mangels während Verarbeitung oder Umgestaltung

Zum Ersten ist nach § 346 III 1 Nr. 1 kein Wertersatz zu leisten, wenn sich der zum Rücktritt berechtigende Mangel erst während der Verarbeitung oder Umgestaltung des Gegenstands gezeigt hat. Im Unterschied zu § 346 II 1 Nr. 2[170] hat sich erst bei der Umgestaltung ein Mangel gezeigt. Dieser Mangelunwert rechtfertigt ein Absehen von der Wertersatzpflicht. § 346 III 1 Nr. 1 ist **entsprechend** anzuwenden, wenn sich der Mangel erst beim bestimmungsgemäßen Verbrauch zeigt[171]. Paradigmatisch ist der Fall, dass der Gast beim Essen eine Schnecke im Salat erspäht[172]. Uneinheitlich beurteilt wird nur, ob der Gast bezüglich des schon verzehrten Teils nach § 346 I Nutzungsersatz schuldet[173].

---

162 *Canaris*, Karlsruher Forum 2002, S. 20.
163 Anw.-Komm.-*J. Hager*, § 346 Rz. 47.
164 Näher Anw.-Komm.-*J. Hager*, § 347 Rz. 2 f.; lehrreicher Fall bei *Oechsler*, Rz. 215.
165 Münch.-Komm.-*Baldus*, 5. Auflage 2009, § 987 Rz. 24.
166 Münch.-Komm.-*Gaier*, 5. Auflage 2007, § 347 Rz. 6.
167 *Reischl*, JuS 2003, 669.
168 Vgl. auch Erman/*Röthel*, § 347 Rz. 3.
169 Zu ihnen auch *Schwab*, JuS 2002, 630, 634.
170 Zum Rechtsgedanken dieser Vorschrift lehrreich *Oechsler*, Rz. 207, am Beispiel von BGHZ 5, 337 zur Problematik der Herausgabeansprüche Dritter.
171 *Schwab*, JuS 2004, 406; *Benicke*, ZGS 2002, 370; *Schulte/Ebers*, JuS 2004, 370; *Arnold*, Jura 2002, 158.
172 AG Burgwedel NJW 1986, 2647; *Oechsler*, Rz. 204.
173 Bejahend Anw.-Komm.-*J. Hager*, § 346 Rz. 50; verneinend Münch.-Komm.-*Gaier*, 5. Auflage 2007, § 346 Rz. 49; Staudinger/*D. Kaiser*, 2004, § 346 Rz. 167.

bb) Kein Wertersatz bei Vertreten des Gläubigers

Zweitens ist kein Wertersatz zu leisten, soweit der Gläubiger die Verschlechterung oder den Untergang zu vertreten hat. Erklärungsbedürftig ist das **Vertretenmüssen**: Hat der Gläubiger eine mangelhafte Sache geliefert, so hat er den Untergang immer dann zu vertreten, wenn dieser auf dem Mangel beruht[174]. Wie immer ist beim Merkmal des Vertretenmüssens an Modifizierungen, wie etwa § 300 I zu denken[175]. Das Wort „soweit" – im Unterschied zum „wenn" der Nr. 1 – lässt die Möglichkeit eines teilweisen Absehens von der Wertersatzpflicht oder einer Quotelung im Rahmen des Vertretenmüssens offen.

183

cc) Privilegierung des gesetzlich zum Rücktritt Berechtigten

Von größter Bedeutung in der Fallbearbeitung ist der dritte Fall des § 346 III, wonach die Pflicht zum Wertersatz beim gesetzlichen Rücktrittsrecht entfällt, wenn die Verschlechterung oder der Untergang beim Berechtigten eingetreten ist, obwohl dieser diejenige Sorgfalt beobachtet hat, die er in **eigenen Angelegenheiten** anzuwenden pflegt[176].

184

(1) Ratio legis

Die Privilegierung des Rücktrittsschuldners in Richtung der **diligentia quam in suis** (vgl. § 277) erklärt sich damit, dass der Rücktrittsberechtigte „den Erwerb der Gegenleistung als endgültig betrachten und diese somit ebenso wie sein sonstiges Vermögen behandeln darf, ohne durch die Gefahr unverschuldeter finanzieller Belastungen in seiner Entscheidungsfreiheit hinsichtlich der Ausübung des Rücktrittsrechts beeinträchtigt zu werden"[177]. Ebenso wie bei der Pflicht zum Wertersatz die Verschlechterung durch bestimmungsgemäße Ingebrauchnahme nach § 346 II 1 Nr. 3 Hs. 2 außer Betracht bleibt, mithin unschädlich ist und keine Wertersatzpflicht auslöst, entfällt die Pflicht zum Wertersatz bei Beachtung der eigenüblichen Sorgfalt. Erst wenn die Grenze zum Verschulden gegen sich selbst (vgl. § 254) überschritten ist, wird dies mit einer Wertersatzpflicht sanktioniert. Dagegen hat der Gesetzgeber dem früher vertretenen Kriterium des **risikoerhöhenden Verhaltens** eine **Absage** erteilt, so dass dies schwerlich noch vertretbar ist[178].

185

(2) Anwendungsfälle

Praktisch bedeutsam ist dies bei der Weiterbenutzung eines mangelhaften Kraftfahrzeugs über den Rahmen des Üblichen hinaus durch den Käufer nach Erklärung des Rücktritts. Während es in derartigen Fällen früher des Rekurses auf das Verbot unzulässiger Rechtsausübung (§ 242) bedurfte[179], braucht dies heute nicht mehr geprüft zu werden, weil erstens § 346 II 1 Nr. 3 keine übermäßige Nutzung erlaubt und zweitens

186

---

174 *J. Hager*, in: Das Neue Schuldrecht, § 5 Rz. 31.
175 Zum Umfang der Haftungsmilderung *Grunewald*, Festschrift für Canaris, 2007, S. 329.
176 Dazu *G. Wagner*, Festschrift für U. Huber, 2006, S. 591.
177 *Canaris*, Schuldrechtsmodernisierung 2002, S. XLIII.
178 *Canaris*, Schuldrechtsmodernisierung 2002, S. XLIV.
179 Diese wurde freilich grundsätzlich verneint (vgl. nur BGH NJW 1994, 1004) und nur bei übermäßiger Abnutzung bejaht (OLG Frankfurt NJW-RR 1994, 120).

§ 346 III 1 Nr. 3 nach Erklärung des Rücktritts keine Anwendung findet[180]. Ein Verstoß gegen die **eigenübliche Sorgfalt** liegt etwa dann vor, wenn der Empfänger die erhaltene Sache einfach wegwirft[181]. Die Veräußerung eines Gegenstandes stellt dagegen nicht ohne weiteres[182] eine Verletzung der eigenüblichen Sorgfalt dar. Auch trifft den gutgläubigen Käufer einer gestohlenen Sache, die er dem Eigentümer zurückgibt (vgl. § 935 I), kein Verschuldensvorwurf[183].

(3) Ausweitung und Einschränkung

187 § 346 III 1 Nr. 3 privilegiert ausweislich seines unmissverständlichen Wortlauts nur den von Gesetzes wegen **Rücktrittsberechtigten**[184]. Wer sich ein vertragliches Rücktrittsrecht ausbedungen hat, bedarf dieses Schutzes nicht, weil er damit rechnen muss, dass er die Sache zurückgeben muss. Ungeachtet der klaren gesetzlichen Regelung werden im Schrifttum mit gutem Grund Ausnahmen diskutiert[185]. Zum einen ist denkbar, dass zwar im strengen Sinne ein vertragliches Rücktrittsrecht vorliegt, dieses jedoch letztlich nur eine Ausformung oder Abänderung eines gesetzlichen Rücktrittsrechts i. S. d. § 323 darstellt, etwa weil es daran anknüpft, dass eine vertraglich bedungene Leistung ausbleibt. Für diesen Fall wird eine analoge Anwendung des § 346 III 1 Nr. 3 befürwortet[186].

Schwierig wird es schließlich, wenn der Käufer die Sache leicht fahrlässig zerstört, bevor er den Rücktritt erklärt, aber nachdem er von seinem Rücktrittsrecht **Kenntnis** erlangt hat. Da der Wortlaut die Kenntnis des Berechtigten nicht voraussetzt, wird teilweise kein Korrekturbedarf gesehen[187]. Andere wollen dagegen § 346 III 1 Nr. 3 ab Kenntnis bzw. fahrlässiger Unkenntnis des Rücktrittsgrundes nicht anwenden[188] oder dahingehend einschränken, dass ab Kenntnis nicht mehr auf die eigenübliche Sorgfalt abgestellt wird, sondern jedes Verschulden (i. S. d. § 276) zum Wegfall der Privilegierung führen soll[189]. Unabhängig von der teleologischen Reduktion des § 346 III 1 Nr. 3 entsteht spätestens mit der positiven Kenntnis[190] eine Nebenpflicht zum sorgfälti-

---

180 *J. Hager*, in: Das Neue Schuldrecht, § 5 Rz. 36, mit weiteren Erwägungen.
181 BGHZ 115, 286, 299.
182 Die Rechtsprechung stellt auf den Einzelfall ab; vgl. BGH NJW 1988, 406, 409.
183 BGHZ 5, 337, 340.
184 Zur Reichweite der Vorschrift für die bereicherungsrechtliche Rückabwicklung *Thier*, Festschrift für Heldrich, 2005, S. 439.
185 Siehe auch *D. Kaiser*, in: H. P. Westermann (Hrsg.), Das Schuldrecht 2002, S. 202, zur teleologischen Reduktion des § 346 III 1 Nr. 3; *Gaier*, WM 2002, 11 (dazu *Muthers*, in: Henssler/von Westphalen, § 346 Rz. 17; vgl. auch *Arnold*, Jura 2002, 158).
186 *Canaris*, Schuldrechtsmodernisierung 2002, S. XLIV, allerdings mit der Einschränkung, dass dies nicht etwa bei Bedingungen o. ä. gilt.
187 Erman/*Röthel*, § 346 Rz. 29; Bamberger/Roth/*Grothe*, § 346 Rz. 53; Palandt/*Grüneberg*, § 346 Rz. 13; *Reischl*, JuS 2003, 672; *Brox/Walker*, Allgemeines Schuldrecht, § 18 Rz. 27; *Kamanabrou*, NJW 2003, 30.
188 Für eine teleologische Reduktion ab Kenntnis *Schwab*, JuS 2002, 630, 635 f.; *J. Hager*, Festschrift für Musielak, 2004, S. 195, 202 f.; ab fahrlässiger Unkenntnis *Gaier*, WM 2002, 5; *Oechsler*, § 2 Rz. 206 (grobe Fahrlässigkeit).
189 *Canaris*, Schuldrechtsmodernisierung 2002, S. XLVII f.; *Arnold*, ZGS 2003, 427, 434; *Kohler*, JZ 2002, 1127, 1134 f.; *Perkams*, Jura 2003, 150, 151 f.; *Rheinländer*, ZGS 2004, 178, 180; *Thier*, Festschrift für Heldrich, 2005, S. 439, 446; *Looschelders*, Schuldrecht Allgemeiner Teil, Rz. 849.
190 Diese halten für erforderlich *J. Hager*, Festschrift für Musielak, 2004, S. 195, 200; *Thier*, Festschrift für Heldrich, 2005, S. 439, 448: Wertung des § 819 I; *Medicus/Lorenz*, Schuldrecht I, Allgemeiner Teil, Rz. 573; *Schwab*, JuS 2002, 630, 636; Staudinger/*D. Kaiser*, 2004, § 346 Rz. 197 m. w. N.

gen Umgang (§ 241 II) mit dem künftigen Rücktrittsgegenstand[191]; teilweise wird sie bereits bei fahrlässiger Unkenntnis des Rücktrittsgrundes angenommen[192]. Die schuldhafte Verletzung dieser Pflicht kann einen Schadensersatzanspruch nach §§ 280 I, 241 II begründen[193], obwohl das Rückgewährschuldverhältnis an sich erst mit der Rücktrittserklärung entsteht (§ 346 IV)[194].

Eine Privilegierung des **Rücktrittsgegners** ist auch dann angezeigt, wenn der Gläubiger des Rückgewährsanspruchs den Rücktritt in pflichtwidriger Weise veranlasst hat[195]. Zum anderen ist § 346 III 1 Nr. 3 einzuschränken, wenn sich das Rücktrittsrecht aus § 313 III 1 ergibt, da der Berechtigte sonst in doppelter Hinsicht privilegiert wäre[196]. Die Auslegung des § 346 III 1 Nr. 3 wird wohl weiterhin die Rücktrittsdiskussion bestimmen[197].

(4) Verbleibende Bereicherung

Nach § 346 III 2 ist eine verbleibende Bereicherung freilich auch beim Ausschluss der Wertersatzpflicht herauszugeben. Der Rücktritt soll zu keiner Bereicherung des Käufers führen[198]. Die h.L. sieht darin im Einklang mit der Amtlichen Begründung eine **Rechtsfolgenverweisung** auf die §§ 812 ff.[199], also auch auf § 818 III[200]. Als Ausnahme zu § 346 II darf der Anspruch denjenigen auf Wertersatz nicht übersteigen[201]. **188**

c) Verwendungsersatz beim Rücktritt

Eine für die Fallbearbeitung wichtige Ausgleichsvorschrift findet sich in § 347 II für die Rückgabe des Gegenstandes durch den Schuldner oder die Leistung von **Wertersatz**. Dann sind ihm notwendige Verwendungen zu ersetzen. Zu beachten ist, dass ein möglicherweise konkurrierender Anspruch aus § 284 nicht dadurch ausgeschlossen ist, dass der Käufer vom Kaufvertrag wegen eines Mangels zurücktritt; ein solcher Anspruch auf Ersatz vergeblicher Aufwendungen ist nicht nach § 347 II beschränkt auf Ersatz der Aufwendungen, durch welche der Verkäufer bereichert ist oder auf Ersatz notwendiger Verwendungen[202]. § 347 II ist also nach Ansicht des Bundesgerichtshofs gegenüber § 284 keine abschließende Spezialregelung, wie sich auch aus § 325 ergibt[203]. **189**

---

191 *Canaris*, Schuldrechtsmodernisierung 2002, S. XLVI; *D. Kaiser*, Die Rückabwicklung gegenseitiger Verträge wegen Nicht- und Schlechterfüllung nach BGB, 2000, S. 268 f. m. w. N.
192 Münch.-Komm.-*Gaier*, 5. Auflage 2007, § 346 Rz. 61; Bamberger/Roth/*Grothe*, § 346 Rz. 59.
193 Dazu Staudinger/*D. Kaiser*, 2004, § 346 Rz. 194 ff.
194 *Fikentscher/Heinemann*, Schuldrecht, Rz. 542. Näher dazu noch unten Rz. 194 f.
195 *Oechsler*, § 2 Rz. 206; *Gaier*, WM 2002, 11; *Canaris*, Schuldrechtsmodernisierung 2002, S. XLV; *Kamanabrou*, NJW 2003, 30, 31.
196 *Canaris*, Schuldrechtsmodernisierung 2002, S. XLV; Anw.-Komm-*J. Hager*, § 346 Rz. 58; *D. Kaiser*, JZ 2001, 1064 f.
197 Siehe auch *J. Hager*, Festschrift für Musielak, 2004, S. 198 ff.; instruktiv – auch für Examenskandidaten – der Klausurfall von *Tetenberg*, Jura 2004, 847.
198 Diskussionsbeitrag von *Medicus*, in: Karlsruher Forum 2005, S. 205.
199 *Fikentscher/Heinemann*, Schuldrecht, Rz. 539.
200 *Medicus/Petersen*, Bürgerliches Recht, Rz. 661.
201 Anw.-Komm.-*J. Hager*, § 346 Rz. 65; *Schwab*, JuS 2004, 407.
202 Staudinger/*D. Kaiser*, 2004, § 347 Rz. 62; Palandt/*Grüneberg*, § 347 Rz. 3.
203 BGHZ 163, 381 = NJW 2005, 2848, unter Rz. 12 f.; näher dazu *Ellers*, Jura 2006, 201, 203 f.

190 § 347 II 1, der nach dem Willen des Gesetzgebers allerdings abschließend sein soll[204], ordnet als **eigene Anspruchsgrundlage** eine Ersatzpflicht für notwendige Verwendungen (vgl. § 994) an. Auch nützliche und nicht nur notwendige Aufwendungen werden ersetzt, wenn der Gegner des Aufwendenden durch sie bereichert ist[205]. Da die Rückgabe der Sache oder die Leistung von Wertersatz erforderlich ist, sofern die Pflicht dazu nicht nach § 346 III 1 Nr. 1 oder 2 ausgeschlossen ist, steht dem nach § 346 III 1 Nr. 3 Privilegierten kein Anspruch auf Verwendungsersatz zu[206], weil der Rücktrittsgegner, der weder die Sache zurück- noch Wertersatz dafür bekommt, auch nicht mit einem Verwendungsersatzanspruch belastet werden soll[207]. § 347 II gilt für das vertragliche und gesetzliche Rücktrittsrecht gleichermaßen, weil anders als in § 347 I 2, der sich ersichtlich nur auf den vorangehenden ersten Satz bezieht, keine Beschränkung normiert ist.

191 Der Vereinfachung ebenfalls zu dienen scheint die Ersatzpflicht für andere Aufwendungen in § 347 II 2, soweit der Gläubiger durch diese bereichert ist. Allerdings ist diese Vorschrift nicht ohne Tücken. Zunächst ist zu beachten, dass im Gegensatz zu den in Satz 1 geregelten **Verwendungen** von **Aufwendungen** die Rede ist. Diese Begriffe decken sich nicht[208]. Aufwendungen sind freiwillige Vermögensopfer. Demgegenüber sind Verwendungen alle Maßnahmen, die der Sache zugutekommen, indem sie sie erhalten, wiederherstellen oder verbessern[209]. Auch Änderungen der Sache können ersatzfähige Aufwendungen sein[210]. Da dem Verwendenden das Vermögensopfer nicht bewusst gewesen sein muss, eignet sich hierbei die Kategorie der Freiwilligkeit nicht[211]. § 347 II 2 kann so verstanden werden, dass den Gläubiger bereichernde Aufwendungen immer zu ersetzen sind, gleichviel ob freiwillig oder unfreiwillig erfolgt.

192 Das bedeutet im Übrigen nicht, dass der Sprachgebrauch des neuen § 347 II unreflektiert wäre. Ein **ähnlicher Regelungsmechanismus** findet sich nämlich schon in § 2022 für den Erbschaftsanspruch und in § 2381 für den Erbschaftskauf, der in seinem ersten Absatz einen Ersatz der notwendigen Verwendungen und in Absatz 2 eine Ersatzpflicht für andere Aufwendungen insoweit anordnet, als durch sie der Wert der Erbschaft zur Zeit des Verkaufs erhöht ist.

6. Wertersatz und Schadensersatz

193 § 346 II spricht nicht von Schadensersatz; diesen kann der Gläubiger nach **§ 346 IV** wegen Verletzung einer Pflicht aus § 346 I nach Maßgabe der §§ 280 bis 283 verlangen[212]. Beim vom Rückgewährschuldner verschuldeten Untergang des empfangenen

---

204 Vgl. BT-Drs. 14/6040, S. 197; dazu *Oechsler*, Rz. 217.
205 Vgl. *Arnold*, Jura 2002, 154, 160.
206 Erman/*Röthel*, § 347 Rz. 8; *D. Kaiser*, JZ 2001, 1068; Bamberger/Roth/*Grothe*, § 347 Rz. 4.
207 Anw.-Komm.-*J. Hager*, § 347 Rz. 6, der aufgrund des unklaren Normzwecks für eine restriktive Auslegung plädiert; ebenso Münch.-Komm.-*Gaier*, 5. Auflage 2007, § 347 Rz. 16.
208 Ausführlich *Medicus/Petersen*, Bürgerliches Recht, Rz. 874 ff.
209 Die Rechtsprechung (BGHZ 41, 157; a. A. *Larenz/Canaris*, Schuldrecht II/2, § 72 IV 3 b) nimmt freilich Aufwendungen aus, welche die Sache grundlegend verändern (sog. enger Verwendungsbegriff).
210 *J. Hager*, in: Das Neue Schuldrecht, § 5 Rz. 43.
211 *Medicus/Petersen*, Bürgerliches Recht, Rz. 875.
212 Siehe dazu auch *Oechsler*, Rz. 209 ff.

Gegenstandes kommt also nicht bloß ein Wertersatzanspruch, sondern ein umfangmäßig weitergehender Schadensersatzanspruch in Betracht. Erfasst werden demnach auch die über die Verschlechterung hinausgehenden Folgeschäden sowie der **entgangene Gewinn (§ 252)**. Allerdings kommt eine verschärfte Haftung für zufallsbedingten Untergang (§ 287 S. 2)[213] in der Regel erst nach der Erklärung des Rücktritts und – soweit erforderlich – der Mahnung in Betracht, weil erst die Rücktrittserklärung zur Fälligkeit des Rückgewähranspruchs führt[214]. Vor Zugang der Rücktrittserklärung ist auch die Rückgewährpflicht noch nicht entstanden[215].

a) Probleme der Schadensersatzpflicht

Die gesetzliche Entscheidung wird teilweise für **wertungsmäßig fragwürdig** gehalten, weil nicht einzusehen sei, warum etwa nach § 346 III 1 Nr. 3 kein Wertersatz, wohl aber Schadensersatz bei Kenntnis des Rückgewährschuldners von der Rücktrittsmöglichkeit möglich sein soll[216]. Vereinzelt spricht man sich deshalb dafür aus, Absatz 4 bei Verschulden, die Absätze 2 und 3 dagegen nur bei zufälligem Untergang anzuwenden[217]. Die wohl überwiegende Auffassung lässt es gleichwohl bei der gesetzlichen Anordnung bewenden, da dem Rückgewährschuldner, der nur im Falle des Vertretenmüssens hafte, keine vorsorgliche Rückgabe zumutbar sei[218].

194

Fraglich ist überdies, ob die volle Schadensersatzpflicht nur bei einem schuldhaften Verhalten des Rückgewährschuldners nach Rücktrittserklärung möglich ist, da § 346 IV nur von einer Schadensersatzhaftung wegen **Verletzung der Rückgewährpflicht** spricht und diese erst mit der Erklärung des Rücktritts beginnt[219]. Dagegen wird jedoch zu Recht vorgebracht, dass eine **vorgreifliche Pflicht** zum sorgfältigen Umgang mit der Sache spätestens mit Kenntnis, nach wohl überwiegender Ansicht bereits mit fahrlässiger Unkenntnis[220], des Rücktrittsgrundes entstehe[221]. Gegen diesen dogmatischen Anknüpfungspunkt wird zwar geltend gemacht, dass eine Verletzung von Pflichten aus dem Schuldverhältnis konstruktiv erst nach Entstehung des Rückgewährschuldverhältnisses begründbar sei[222]. Zu berücksichtigen ist jedoch, dass auch dem Rückgewährschuldverhältnis vorgelagerte Schutzpflichten (§ 241 II), die mit der Einwirkung auf die Rechtsgüter des anderen Teils (§ 311 II Nr. 2) einhergehen, Anknüpfungspunkt für die Schadensersatzhaftung nach § 280 I sein können[223]. Auch wenn der Berechtigte vor

---

213 Dazu noch näher unten Rz. 356, 364 ff.
214 *Canaris*, Schuldrechtsmodernisierung 2002, S. XLVI; dort auch zur grundsätzlichen Anwendbarkeit des § 346 IV vor der Rücktrittserklärung.
215 *Ehmann/Sutschet*, § 5 II 3, S. 136.
216 *J. Hager*, Festschrift für Musielak, 2004, S. 202 f.
217 *Gaier*, NJW 2004, 1644.
218 *Canaris*, Schuldrechtsmodernisierung 2002, S. XLVI; *Rheinländer*, ZGS 2004, 180; *Perkams*, Jura 2003, 152; *Kohler*, JZ 2002, 1134; dagegen Anw.-Komm.-*J. Hager*, § 346 Rz. 69.
219 In diese Richtung Staudinger/*D. Kaiser*, 2004, § 346 Rz. 194 m. w. N.; dagegen aber *Canaris*, Schuldrechtsmodernisierung 2002, S. XLVI; *Oechsler*, Rz. 209.
220 Siehe dazu oben Rz. 187.
221 Staudinger/*D. Kaiser*, 2004, § 346 Rz. 195 f. m. w. N.; *Oechsler*, Rz. 209.
222 A. A. jetzt Erman/*Röthel*, § 346 Rz. 39 ff.
223 *Gaier*, WM 2002, 1, 12; *Ehmann/Sutschet*, aaO., S. 136, sprechen insofern von „,vorvertraglichen' (,vorrücktrittlichen') Schutzpflichten". Siehe ferner die Nachweise in Fußnote 191.

§ 4 *Die Lösung vom Schuldvertrag*

der Rücktrittserklärung als Vollrechtsinhaber mit der übereigneten Sache nach Belieben verfahren kann (§ 903), kann sich etwas anderes ergeben, wenn er um seine Rücktrittsmöglichkeit weiß[224], weil der künftige Rückgewährgläubiger ab diesem Zeitpunkt erkennbar ein Interesse daran hat, dass der Rückgewährschuldner mit dem Vertragsgegenstand so sorgfältig umgeht, dass er ihn unbeschadet zurückgewähren kann. Ob sich diese Pflicht aus § 346 IV[225] oder unmittelbar aus § 241 II[226] ergibt, kann letztlich dahinstehen. In jedem Fall haftet der Rückgewährschuldner bei schuldhafter Verletzung dieser Sorgfaltspflichten gemäß § 280 I auf Schadensersatz, wobei allerdings wiederum umstritten ist, ob auf diesen Schadensersatzanspruch die Haftungsprivilegierung nach § 346 III 1 Nr. 3 Anwendung findet[227].

b) Besonderheiten beim gesetzlichen Rücktrittsrecht

195 Die besondere Bedeutung des Schadensersatzanspruchs nach § 346 IV vor der Rücktrittserklärung zeigt sich beim **gesetzlichen** Rücktrittsrecht, da hier der Wertersatzanspruch an § 346 III 1 Nr. 3 scheitern kann. Dieses Privileg ist bei Kenntnis der Rücktrittsvoraussetzungen dahingehend einzuschränken, dass der Rücktrittsberechtigte zwar nicht für zufällige Verschlechterungen haftet, ihn aber zumindest bestimmte Pflichten im Umgang mit dem erlangten Gegenstand treffen[228]. Würde man dem gesetzlich zum Rücktritt Berechtigten das Haftungsprivileg uneingeschränkt zubilligen, käme es zu einem Wertungswiderspruch gegenüber **§ 357 III 4**[229], der bei ordnungsgemäßer Belehrung oder anderweitiger Kenntnis des Widerrufsrechts dem Berechtigten das Privileg des § 346 III 1 Nr. 3 versagt[230]. Daher darf auch dem gesetzlich zum Rücktritt Berechtigten das Privileg von der Kenntnis des Rücktrittsgrundes an nicht mehr uneingeschränkt zustehen[231].

> Die meistdiskutierten Probleme des Rücktrittsrechts veranschaulicht unser abschließender **Fall 17**: K kauft bei V zum Preis von 9000 € einen Wagen, dessen erhebliche Mangelhaftigkeit sich alsbald herausstellt. Nach erfolgloser wiederholter Nachbesserung macht sich K auf den Weg zu V, um den Wagen zurückzugeben. Auf der Fahrt zu V fährt K – wie es seine Art ist – etwas unvorsichtig und verursacht leicht fahrlässig einen Unfall, durch den der Wagen einen Totalschaden erleidet. K erklärt nunmehr gegenüber V den Rücktritt vom Kaufvertrag und verlangt den vollen Kaufpreis zurück. V verweigert unter Verweis auf den von K verschuldeten Unfall die Zahlung und rechnet mit Gegenansprüchen auf.

---

224 Staudinger/*D. Kaiser*, 2004, § 346 Rz. 195, 197.
225 Palandt/*Grüneberg*, § 346 Rz. 15 m. w. N.; Münch.-Komm.-*Gaier*, 5. Auflage 2007, § 346 Rz. 64 ff.
226 So die wohl überwiegende Meinung, vgl. Staudinger/*D. Kaiser*, 2004, § 346 Rz. 195 m .w. N.
227 Dafür Palandt/*Grüneberg*, § 346 Rz. 18; in diese Richtung auch *J. Hager*, Festschrift für Musielak, 2004, S. 195, 202; dagegen die wohl herrschende Meinung, *Canaris*, Schuldrechtsmodernisierung 2002, S. XLVII f.; *Gaier*, WM 2002, 1, 11; Bamberger/Roth/*Grothe*, § 346 Rz. 61; *Kamanabrou*, NJW 2003, 30, 31.
228 *Canaris*, Schuldrechtsmodernisierung 2002, S. XLVII f.
229 Dessen Richtlinienkonformität bezweifelt freilich mit guten Gründen *Faust*, JuS 2009, 1049, 1052.
230 Kritisch zu § 357 III 3 a.F. *Habersack*, BKR 2001, 72, 76, der die Vorschrift angesichts des Inhalts der Belehrungspflicht (§§ 355 II, 358 V, 360 I) für überflüssig hält.
231 Vgl. *Canaris*, Schuldrechtsmodernisierung 2002, S. XLVII f.

Der Anspruch auf Rückzahlung des Kaufpreises aus §§ 437 Nr. 2, 323 I, 440, 346 I Alt. 1 ist mit der Rücktrittserklärung (§ 349) entstanden, weil bei Gefahrübergang ein erheblicher (§ 323 V 2) Sachmangel vorlag und die Nacherfüllung gemäß § 440 I 2 fehlgeschlagen ist. Der Anspruch ist aber durch die von V erklärte (§ 388) Aufrechnung nach § 389 erloschen, wenn ihm ein Gegenanspruch wegen des Unfallschadens zusteht. Ein solcher könnte sich aufgrund des Untergangs des empfangenen Gegenstandes aus § 346 II 1 Nr. 3 ergeben. Der Gegenanspruch könnte indes nach § 346 III 1 Nr. 3 ausgeschlossen sein, da K trotz leichter Fahrlässigkeit die eigenübliche Sorgfalt (§ 277) beachtet hat[232]. Problematisch ist jedoch, ob die Haftungsprivilegierung auch dann gilt, wenn der Rückgewährschuldner, wie hier K, im Zeitpunkt der Verschlechterung Kenntnis vom Rücktrittsgrund hatte. Ein Teil der Lehre lehnt dies ab und gelangt so ab Kenntnis bzw. fahrlässiger Unkenntnis des Rücktrittsgrundes über eine teleologische Reduktion des § 346 III 1 Nr. 3 zu einer Haftung auch für Zufallsschäden[233]. Andere schränken die Privilegierung des § 346 III 1 Nr. 3 dahingehend ein, dass ab Kenntnis des Rücktrittsgrundes nicht mehr auf die eigenübliche Sorgfalt (§ 277), sondern auf die verkehrsübliche Sorgfalt (§ 276 II) abzustellen ist. Da K hier leicht fahrlässig handelte, träfe ihn auch danach eine Wertersatzpflicht. Für die Höhe des Wertersatzes ist gemäß § 346 II 2 grundsätzlich die Gegenleistung (9000 €) maßgeblich, die jedoch wegen der Mangelhaftigkeit des PKW entsprechend § 441 III zu mindern ist[234]. Wendet man demgegenüber § 346 III 1 Nr. 3 wortlautgetreu auch bei Kenntnis vom Rücktrittsgrund an[235], so ist die Wertersatzpflicht ausgeschlossen, weil K hier die eigenübliche Sorgfalt beachtet hat.

In Betracht kommt ferner ein aufrechenbarer Gegenanspruch des V gegen K auf Schadensersatz aus §§ 346 IV, 280 I 1, 241 II. Das zwischen K und V bestehende Rückgewährschuldverhältnis stellt ein Schuldverhältnis i. S. d. § 280 I 1 dar. Freilich entsteht es erst mit dem Wirksamwerden der Rücktrittserklärung durch Zugang der Rücktrittserklärung beim Rücktrittsgegner[236]. Das bedeutet jedoch, dass das Rückgewährschuldverhältnis im Zeitpunkt der Beschädigung des Wagens durch K noch nicht bestand. Daher erhebt sich die Frage, ob sich aus dem Rückgewährschuldverhältnis bereits vorgreifliche Rücksichtnahmepflichten ergeben[237], für deren Verletzung der Rücktrittsberechtigte haftet. Inhalt und Reichweite derartiger Pflichten ergeben sich insbesondere aus dem vertrags- und bestimmungsgemäßen Gebrauch der erlangten Sache[238]. Bejaht man diese mit der herrschenden Meinung[239], ist hier bereits vor der Rücktrittserklärung ein Schuldverhältnis zu bejahen, da K auf dem Weg zu V war und bei der Beschädigung Kenntnis von der Rücktrittsmöglichkeit hatte[240]. Die daraus

---

232 Fallbeispiel insoweit in Anlehnung an *Canaris*, Schuldrechtsmodernisierung 2002, S. XLI; dazu auch *Leenen*, Festschrift für Schirmer, 2006, S. 369 ff.
233 Siehe die Nachweise in den Fußnoten zu Rz. 187.
234 Dazu oben Rz. 180.
235 Siehe die Nachweise in Fußnote 187.
236 Siehe oben Rz. 194.
237 Siehe dazu oben Rz. 187, 194.
238 *Canaris*, Schuldrechtsmodernisierung 2002, S. XLVI.
239 Siehe die Nachweise in Fußnoten 191, 223 ff.
240 Zum Maßstab der Kenntnis BGH NJW 1984, 2937, 2938.

resultierende vorgelagerte Schutzpflicht hat K durch die Beschädigung des PKW auch verletzt. Zu prüfen ist, ob K die Pflichtverletzung nach § 280 I 2 zu vertreten hat. Nach § 276 I 1 ist dies an sich der Fall, da K leicht fahrlässig handelte. Fraglich ist jedoch, ob sich die Privilegierung des § 346 III 1 Nr. 3 auch auf den konkurrierenden Schadensersatzanspruch auswirkt. Wendet man die Vorschrift entgegen der wohl herrschenden Meinung entsprechend an[241], so hat K dies nicht zu vertreten und haftet auch nicht auf Schadensersatz. Andernfalls bewendet es bei § 276 I 1 und V hat einen aufrechenbaren Gegenanspruch und würde nurmehr den entsprechend § 441 III berechneten mangelbedingten Minderwert schulden.

Als Gegenanspruch des Verkäufers ist in derartigen Fällen stets noch ein Anspruch auf Herausgabe der Nutzungen bzw. – bei nichtgegenständlichen Gebrauchsvorteilen – auf Wertersatz (§ 346 II 1 Nr. 1) in Betracht zu ziehen. Den Wert der Nutzungen berechnet die Rechtsprechung bei Gütern des täglichen Gebrauchs (insbesondere Kfz) nach der sog. **zeitanteiligen linearen Wertminderung**[242]. Der vorliegende Sachverhalt bietet hierfür allerdings keine Anhaltspunkte.

II. Verbraucherschützende Widerrufsrechte

196 Vom Rücktritt ist der Widerruf zu unterscheiden[243]. Diesen regelt das Gesetz nunmehr in § 355[244] (lesen!), nach dem ein Verbraucher (§ 13)[245] an seine auf den Abschluss eines Vertrags mit einem Unternehmer (§ 14) gerichtete Willenserklärung nicht mehr gebunden ist[246], wenn ihm gesetzlich (vgl. §§ 312 I, 312d I 1, 485 I, 495 I) ein Widerrufsrecht eingeräumt ist und er seine Willenserklärung danach fristgerecht widerrufen hat[247]. Das gilt entsprechend der Lehre von den Doppelwirkungen im Recht, wonach auch ein nichtiges Rechtsgeschäft noch angefochten werden kann[248], selbst dann, wenn der Vertrag aus anderen Gründen (§§ 134, 138) nichtig ist[249].

1. Präklusion der Vollstreckungsgegenklage beim Widerruf

197 Die Neuregelung birgt ein **Klausurproblem**, das einen alten vollstreckungsrechtlichen Streit mit neuem Leben erfüllt[250].

---

241 Vgl. die Nachweise in Fußnote 227.
242 BGHZ 115, 47, 54 f.; BGH NJW 2006, 53; ausführlich Staudinger/*D. Kaiser*, 2004, § 346 Rz. 228.
243 Zur Rechtfertigung von Widerrufsrechten *Eidenmüller*, AcP 210 (2010), 67; zur europäischen Perspektive *Kroll-Ludwigs*, ZEuP 2010, 509.
244 Insbesondere zum Deutlichkeitsgebot des § 355 II 1 a.F. siehe BGH ZGS 2002, 375; zu § 356 *Otte/Kapitza*, ZGS 2004, 54; zu § 357 *Lettl*, JA 2011, 9.
245 Vgl. auch BGH NJW 2009, 3780; dazu *Faust*, JuS 2010, 254.
246 Zum Verbraucherbegriff *K. Schmidt*, JuS 2006, 1; *Kieselstein/Rückebeil*, ZGS 2007, 54; Stellvertretung und Verbraucherschutz behandelt *Möller*, ZIP 2002, 333.
247 Vgl. auch *Dethloff*, Jura 2003, 730.
248 Zur Lehre von den Doppelwirkungen im Recht *Petersen*, Jura 2007, 673.
249 BGH JZ 2010, 315 mit Anm. *Petersen*; siehe auch *Chr. Schreiber*, AcP 211 (2011), 36 ff.
250 Eingehend hierzu *Schwab*, JZ 2006, 170; vgl. auch *Gottwald*, BGB-AT, Rz. 65.

Dies sei einleitend an unserem **Fall 18** aufgezeigt: Verbraucher V, der über ein bestehendes Widerrufsrecht bezüglich seines mit dem Unternehmer U vor fünf Monaten an seiner Haustür abgeschlossenen Kaufvertrags nicht belehrt worden ist, wehrt sich gegen den Vollstreckungsversuch des U aus einem zuvor erstrittenen rechtskräftigen Urteil unter gleichzeitigem Widerruf des Vertrags im Wege einer Vollstreckungsgegenklage. Zu Recht?

Der zulässigen Vollstreckungsgegenklage (§ 767 I ZPO) könnte die materielle Präklusionsvorschrift des § 767 II ZPO entgegenstehen[251], die selbst nur die Begründetheit betrifft. Als Einwendung i. S. d. § 767 I ZPO kommt nicht der nunmehr erfolgte Widerruf, sondern nur die Unwirksamkeit des Vertrages infolgedessen in Betracht. Die Vollstreckungsgegenklage ist jedoch unbegründet, wenn der Grund, auf dem die Einwendung, d. h. die Unwirksamkeit des Vertrages, beruht, schon vor dem in § 767 II ZPO genannten Zeitpunkt hätte geltend gemacht werden können. Da als Grund für die Unwirksamkeit des Vertrages hier nur der erfolgte Widerruf in Betracht kommt, fragt sich, ob dieser vor dem Schluss der mündlichen Verhandlung im Vorprozess hätte geltend gemacht werden müssen.

198 Der Widerruf ist rechtstechnisch ein **Gestaltungsrecht**[252]. Bei solchen ist seit jeher umstritten, ob es für § 767 II ZPO auf die Ausübung oder das Bestehen ankommt. Nur im ersten Fall ist die Klage nicht präkludiert, weil dann der Grund, hier also die Ausübung, erst nach Abschluss der mündlichen Verhandlung entstanden ist. Bei Gestaltungsrechten – gleiches gilt etwa für die Aufrechnung – ist also problematisch, ob es auf die rechtsgestaltende Erklärung oder die rechtliche Möglichkeit dazu ankommt, denn auf die Kenntnis des Gestaltungsrechtsinhabers kommt es nicht an. Die **Rechtsprechung** stellt aus Gründen der Prozessökonomie und um die materielle Rechtskraft nicht zu durchbrechen auf das Bestehen des Gestaltungsrechts ab[253], während die **h. L.** die Ausübung für maßgeblich hält, weil diese die Gestaltungswirkung und damit das Entstehen der Einwendung ja erst herbeiführt[254].

199 Nach § 312 I steht dem V hier ein Widerrufsrecht nach § 355 I zu. Da V nicht belehrt wurde, erlischt das Widerrufsrecht nach § 355 IV 3 auch nicht. Allerdings bestand das Widerrufsrecht des V bereits zum Zeitpunkt der mündlichen Verhandlung. Damit wäre nach Ansicht der Rechtsprechung die Vollstreckungsgegenklage **präkludiert**. Es fragt sich jedoch, ob sich aus § 355 I insoweit etwas anderes ergibt. Dafür spricht, dass nach dem Schutzzweck des Widerrufsrechts die Entscheidung über den Zeitpunkt des Widerrufs im Belieben des Verbrauchers stehen soll[255]. Andernfalls könnte nämlich das zeitlich unbegrenzte Widerrufsrecht (§ 355 IV 3) durch Titulierung des Anspruchs abgeschnitten werden[256]. Unter Schutzzweckgesichtspunkten ist daher im Fall des § 355

---

251 Zu § 767 ZPO beim Wegfall der Einwendung nach § 407 siehe BGH NJW 2001, 231; dazu *Brand/Fett*, JuS 2002, 637.
252 Früher hat der BGH dies unter Hinweis darauf ablehnen können, dass der Vertrag bereits vorher schwebend unwirksam war und durch die Ausübung endgültig unwirksam wurde; BGH NJW 1996, 57.
253 Zusammenfassend *K. Schmidt*, JuS 2000, 1096.
254 *Schwab*, JZ 2006, 170.
255 *K. Schmidt*, JuS 2000, 1096, 1098; einschränkend *M. Schwab*, JZ 2006, 170.
256 *Riehm*, Jura 2000, 505, 507; zu einem weiteren, europarechtlich motivierten Argument *Berger*, Jura 2001, 292.

§ 4 *Die Lösung vom Schuldvertrag*

und bezogen auf § 767 II ZPO auf die Ausübung des Widerrufsrechts abzustellen. Daraus folgt, dass V hier mit seinem Vorbringen nicht präkludiert ist und mit seiner Vollstreckungsgegenklage durchdringen wird.

2. Besondere Vertriebsformen

200 Das Gesetz hat in Umsetzung verschiedener Richtlinien[257] einen eigenen Untertitel mit der Überschrift „Besondere Vertriebsformen" geschaffen[258]. Es handelt sich dabei um das Haustürwiderrufsrecht[259] (§§ 312 f.) und das Fernabsatzrecht (§§ 312b ff.)[260]. Diese Vorschriften werfen einige prüfungsrelevante Fragen auf[261].

a) Haustürgeschäfte

Dem Verbraucher steht bei Haustürgeschäften nach § 312 I 1 ein Widerrufsrecht gemäß § 355 zu, weil diese leicht zu einer **Überrumpelung** führen können. Eine Ausnahme besteht nach § 312 III Nr. 1 insbesondere dann, wenn die Verhandlungen auf vorhergehende Bestellung des Verbrauchers geführt werden. Jedoch macht die Rechtsprechung davon eine Unterausnahme für den Fall, dass es sich um eine **provozierte Bestellung** handelt[262].

> **Fall 19**, der **BGH NJW-RR 1991, 1074** nachgebildet ist, geht einleitend der Frage nach, wer zum Widerruf berechtigt ist: Die Gattin des U, der eine Gärtnerei betreibt, kauft im Namen ihres Mannes vom Vertreter V einen Blumenautomaten. G war entgegen der Annahme des V zum Ankauf nicht befugt. Als V deshalb von G Zahlung verlangt, widerruft diese ihre Erklärung.

201 V könnte gegen G einen Anspruch aus § 179 I haben. Dann müsste G einen Vertrag als Vertreterin ohne Vertretungsmacht geschlossen haben. G hat mit V im Namen des U einen Kaufvertrag geschlossen. Da G weder nach § 54 HGB noch in anderer Weise bevollmächtigt war und für den Ankauf auch keine Rechtsscheinvollmacht nach § 56 HGB besteht[263], liegen die Voraussetzungen des § 179 I vor. Allerdings setzt die Haftung aus § 179 einen wirksamen Vertrag voraus. Es fragt sich deshalb, ob sich G von ihrer Erklärung lösen kann. Bei der Anfechtung, für die es hier im Übrigen keine Anhaltspunkte gibt, ist anerkannt, dass diese auch dem nach § 179 I Verpflichteten möglich sein muss, wenn der Vertretene anfechten könnte, da kein Grund ersichtlich ist, den Vertragspartner besser zu stellen, als wenn er nicht mit einem falsus procurator kontrahiert hätte[264]. Entsprechendes soll nach Auffassung des Bundesgerichtshofs

---

257 Übersicht bei Hk-BGB/*Schulte-Nölke*, § 312 BGB; zum Übergang des europäischen Gesetzgebers von der Mindest- zur Vollharmonisierung am Beispiel des Verbraucherdarlehens *Gsell/Schellhase*, JZ 2009, 20 ff.
258 Zu ihnen *Grigoleit*, NJW 2002, 1151; *Boente/Riehm*, Jura 2002, 222.
259 Überblick bei *Michalski*, Jura 1996, 169; *Martis*, MDR 1999, 198.
260 Vgl. zu beiden Vertriebsformen auch den Überblick bei *G. Kaiser*, Bürgerliches Recht, Rz. 430 ff.
261 Siehe auch *Habersack*, BKR 2001, 72.
262 BGHZ 109, 127, 133; BGH NJW 2001, 509; BGH ZGS 2010, 273.
263 Dazu bereits oben **Fall 9** (Rz. 74).
264 BGH NJW 2002, 1867.

auch im Rahmen des § 312 I gelten[265]. Allerdings müssten dann auch bei einem hypothetischen Vertragsschluss mit dem Vertretenen die Voraussetzungen des § 312 I in dessen Person gegeben sein. Daran fehlt es hier jedoch, weil U als Inhaber der Gärtnerei **Unternehmer** i. S. d. **§ 14** ist und somit nicht widerrufsberechtigt wäre. Daraus folgt, dass auch G kein Widerrufsrecht nach § 312 I zusteht[266] und mithin zur Zahlung aus § 179 I verpflichtet ist[267].

Dem Wortlaut nach können auch arbeitsrechtliche **Aufhebungsverträge** zwischen Unternehmer und Verbraucher § 312 I 1 Nr. 1 unterfallen und danach unwirksam sein, weil und sofern diese, wie häufig der Fall „an seinem Arbeitsplatz" abgeschlossen werden[268]. Die Rechtsprechung lehnt dies jedoch unter Hinweis auf Entstehungsgeschichte, Systematik und Sinn und Zweck der §§ 312 ff. ab[269], zumal es häufig an der für den Normzweck wesentlichen „Überrumpelungssituation" fehlt[270]. **202**

Problematisch ist, ob § 312 auch für **Bürgschaften** gilt[271], weil die Vorschrift eine entgeltliche Leistung voraussetzt. Der Bundesgerichtshof hat das zwischenzeitlich[272] auf deutliche Kritik im Schrifttum[273] hin zumindest für den Fall bejaht, dass der Kunde in der Erwartung bürgt, dass ihm oder einem bestimmten Dritten daraus irgendein Vorteil entsteht[274]. Während der Bundesgerichtshof Bürgschaften in seiner anfänglichen Rechtsprechung[275] nicht als entgeltliche Verträge ansah, ging der **EuGH** davon aus, dass Bürgschaften, die ein Verbraucher für den Kredit eines anderen Verbrauchers übernimmt, der Haustürgeschäfterichtlinie, die das Erfordernis eines entgeltlichen Vertrages nicht kennt, unterfallen[276]. Der Bundesgerichtshof sah sich hieran gebunden und bejaht seither ebenfalls den sachlichen Anwendungsbereich des § 312 I[277]. **203**

Des Weiteren kann bei Bürgschaften der **persönliche Anwendungsbereich** des § 312 I 1 Probleme bereiten. Hier sind zwei Anknüpfungspunkte denkbar: Einerseits könnte es darauf ankommen, ob der Bürge selbst Verbraucher ist, andererseits darauf, ob die Hauptverbindlichkeit, für die er sich verbürgt, § 312 I 1 unterfällt[278]. Entgegen der wohl h. L.[279] mussten nach Ansicht des Bundesgerichtshofs früher sowohl Bürge als auch Hauptschuldner Verbraucher sein und es mussten sowohl die Bürgschaft als auch die Hauptschuld in einer Haustürsituation begründet worden sein[280]. Durch dieses Erfor- **204**

---

265 BGH NJW-RR 1991, 1074 f.; *Oechsler*, Rz. 370.
266 Hierzu im Hinblick auf die Vertrauenshaftung von Verbrauchern auch *Oechsler*, Festschrift für Canaris, 2007, S. 925, 932.
267 Näher zur Haftung aus § 179 *Gottwald*, BGB-AT, Rz. 216 ff.
268 *S. Lorenz*, JZ 1997, 277; vgl. auch *Hansen*, ZGS 2003, 373.
269 BAG ZGS 2004, 232.
270 Vgl. ArbG Frankfurt (Oder) ZGS 2002, 418.
271 *Reinicke/Tiedtke*, ZIP 1998, 893; *Klein*, DZWiR 1996, 230.
272 BGH NJW 1993, 1595; dagegen *Wenzel*, NJW 1993, 2781.
273 *Klingsporn*, NJW 1991, 2229; *ders.*, WM 1993, 829; *Probst*, JR 1992, 133; *Schanbacher*, NJW 1991, 3263.
274 Weitergehend Münch.-Komm.-*Habersack*, 5. Auflage 2009, Vor § 765 Rz. 9.
275 BGHZ 113, 287; BGH NJW 1991, 2905.
276 **EuGH NJW 1998, 1295.**
277 BGH NJW 1998, 2356.
278 Näher dazu *Oechsler*, Rz. 371.
279 *Canaris*, AcP 200 (2000), 273, 353 f.
280 EuGH NJW 1998, 1295 f.; BGH NJW 1998, 2356.

dernis der **doppelten Verbrauchereigenschaft** und der **doppelten Haustürsituation** ist dem Bürgen der Schutz des § 312 I i. d. R. versagt, was in der Literatur überwiegend auf Kritik gestoßen ist[281]. Der Bundesgerichtshof hat diese Rechtsprechung inzwischen aufgegeben und macht das Bestehen des Widerrufsrechts nicht mehr von der Verbrauchereigenschaft des persönlichen Schuldners oder der darauf bezogenen Haustürsituation abhängig[282].

205 Europarechtlich determiniert und vor allem im Zusammenhang mit dem Erwerb von sog. „Schrottimmobilien"[283] diskutiert worden ist auch die Frage der **Zurechnung einer Haustürsituation**, wenn der Vertragspartner nicht selbst die Verhandlungen führt. Die Problematik ist vor allem deshalb bedeutsam, weil § 312 I nicht fordert, dass der Verbraucher die Willenserklärung selbst in einer Haustürsituation abgibt, sondern nur, dass er in einer solchen Situation zu deren Abgabe „bestimmt" worden ist, was keinen unmittelbaren zeitlichen Zusammenhang, sondern allein Kausalität der Haustürsituation voraussetzt, so dass der Vertrag auch in den Geschäftsräumen des Vertragspartners geschlossen werden kann, solange er nur kausal auf den Verhandlungen in der Haustürsituation beruht[284]. Sind in einem solchen Fall Verhandlungsführer und Vertragspartner verschiedene Personen, stellt sich die Frage, unter welchen Voraussetzungen sich der Vertragspartner die Haustürsituation zurechnen lassen muss. Während der Bundesgerichtshof hier bisher § 123 II analog anwendete und dementsprechend für den Fall, dass der Verhandlungsführer nicht im „Lager" des Vertragspartners steht[285], Kenntnis oder fahrlässige Unkenntnis des Vertragspartners von der Haustürsituation verlangte[286], rechnet der Bundesgerichtshof nunmehr die (objektiv vorliegende) Haustürsituation im Anschluss an die Rechtsprechung des EuGH[287] in richtlinienkonformer Auslegung des § 312 I stets zu[288].

206 Zu weiteren europarechtlichen Überlagerungen des Verbraucherwiderrufsrechts hat vor allem der Fall „Heininger"[289] geführt. Die damit verbundenen Probleme haben jedoch durch zwischenzeitliche Gesetzesänderungen an Examensrelevanz verloren und sollen daher nicht näher erörtert werden.

b) *Fernabsatzverträge*

207 Bei Fernabsatzgeschäften[290] ergibt sich die Schutzbedürftigkeit des Verbrauchers daraus, dass der Vertragsgegenstand schwer einsehbar, der Verbraucher gegenüber der Person des Vertragspartners häufig im Unklaren und demzufolge auch die Rechtsver-

---

281 Palandt/*Grüneberg*, § 312 Rz. 8 m. w. N.
282 BGH NJW 2006, 845.
283 Dazu *Schmidt-Räntsch*, MDR 2005, 6. Siehe auch *Oechsler*, Rz. 370, 468a. Historischer Abriss bei *Bergmann*, Jura 2010, 426.
284 BGH NJW-RR 2005, 180.
285 Ansonsten ist er schon nicht Dritter i. S. d. § 123 II, vgl. *Petersen*, Jura 2004, 306, 307.
286 BGH NJW-RR 2005, 635, 636 m. w. N.
287 EuGH NJW 2005, 3555 („Crailsheimer Volksbank").
288 BGH NJW 2006, 497.
289 EuGH NJW 2002, 281; dazu *Habersack/Mayer*, WM 2002, 253; *Piekenbrock/Schulze*, WM 2002, 521; *Schmidt-Kessel*, ZGS 2002, 311; BGH ZIP 2002, 1075; allgemein zum europäischen Hintergrund des deutschen Verbraucherschutzes *Coester-Waltjen*, Jura 2004, 609.
290 Dazu *Wendehorst*, DStR 2000, 1311; *S. Lorenz*, JuS 2000, 833; *Riehm*, Jura 2000, 505.

folgung erschwert ist[291]. Daher steht dem Verbraucher nach § 312d I ein gesetzliches Widerrufsrecht (§ 355) bzw. ein Rückgaberecht i. S. d. § 356 zu. Der Verkäufer hat nicht nur die Kosten für die Rücksendung zu tragen (§ 357 II 2), sondern in richtlinienkonformer Auslegung der §§ 346 I, 312d, 355 auch die Kosten der Hinsendung der Ware[292], für die es an einer ausdrücklichen Kostentragungsregelung im deutschen Recht fehlt[293]. Fernabsatzverträge sind in § 312b I legaldefiniert; zu beachten ist das Ausschließlichkeitserfordernis, so dass vor allem Geschäfte über Internet oder Online-Dienste in Betracht kommen[294]. Daher schließen auch Haustürwiderruf und Fernabsatzwiderruf einander aus[295]. Kein Widerrufsrecht besteht trotz des Vorliegens eines Fernabsatzvertrags in den Fällen des § 312d IV. Bei **Internetauktionen** eines gewerblichen Anbieters ist das Widerrufsrecht hingegen nicht nach § 312d IV ausgeschlossen, weil es sich dabei in Ermangelung eines Zuschlags nicht um eine Versteigerung i. S. d. § 156 handelt[296].

Aus Sicht des Allgemeinen Schuldrechts sind beim Fernabsatzgeschäft und im elektronischen Geschäftsverkehr vor allem die besonderen **Informationspflichten** der §§ 312c, 312e relevant, die dem Zwecke größtmöglicher Transparenz dienen. Es handelt sich dabei um gesetzlich konkretisierte **Schutzpflichten** i. S. d. § 241 II, die das vorvertragliche Pflichtenprogramm ergänzen und deren Verletzung einen Anspruch aus § 280 I auslösen kann[297]. Die Verletzung vorvertraglicher Pflichten im **E-Commerce** (vgl. § 312e III 1)[298] kann einen Anspruch aus §§ 311 II, 241 II, 280 I nach sich ziehen[299]. Ein Rücktritt nach § 324 dürfte dagegen durch die grundsätzliche Widerrufbarkeit aus Gründen der Spezialität gesperrt sein, und zwar selbst dann, wenn der Widerruf wegen §§ 312d III, IV, 355 IV ausgeschlossen ist.

3. Durchgriffsmöglichkeiten

Das Allgemeine Schuldrecht enthält zwei prüfungsrelevante Durchgriffstatbestände. Dabei handelt es sich zum einen um die allgemeine Problematik des Widerrufsdurchgriffs nach § 358[300], zum anderen um den Einwendungsdurchgriff, der an sich ein Spezialproblem des Darlehensrechts darstellt, aufgrund seines äußeren systematischen Standorts hier gleichwohl mit behandelt werden soll.

208

---

291 *Grigoleit*, NJW 2002, 1151.
292 BGH NJW 2010, 2651.
293 BGH NJW 2009, 66; aus dem Schrifttum *Jansen/Latta*, JuS 2007, 550, 553; *Pfeiffer*, ZGS 2008, 48, 50.
294 Zum Vertragsschluss im Internet und sonstigen Berührungen mit dem Allgemeinen Teil des BGB vgl. *Petersen*, Jura 2002, 387.
295 Näher *Oechsler*, Rz. 382.
296 BGH ZGS 2005, 30; dazu *Ruzik*, ZGS 2005, 14; *Bernhard*, ZGS 2005, 226; vgl. auch *Wackerbarth/ van der Hoff*, ZGS 2005, 216.
297 *Grigoleit*, NJW 2002, 1151, 1155.
298 Dazu *Oechsler*, Rz. 388 ff.
299 Hk-BGB/*Schulte-Nölke*, § 312e Rz. 12.
300 Lesenswert dazu *Grunewald*, JuS 2010, 93, 94.

a) *Widerrufsdurchgriff*

209 Der Widerrufsdurchgriff dient der Optimierung des Verbraucherschutzes bei der Aufspaltung von verbundenen Verträgen (**B-Geschäft**). Diese liegen nach § 358 III dann vor, wenn bei einem Vertrag über die Lieferung einer Ware oder die Erbringung einer anderen Leistung und einem Verbraucherdarlehensvertrag (§ 491) das Darlehen ganz oder teilweise der Finanzierung des anderen Vertrages als wirtschaftlicher Grund[301] dient und beide Verträge eine **wirtschaftliche Einheit** i. S. d. § 358 III 2 bilden. Zu beachten ist dabei § 358 III 3 über die Bestimmung der wirtschaftlichen Einheit beim finanzierten Erwerb eines Grundstücks, der eine Ausnahme zu dem beim Immobiliardarlehensvertrag geltenden § 491 III vorsieht. Dabei tendiert die Rechtsprechung namentlich des II. Senats des Bundesgerichtshofs[302], zu einer methodologisch überaus bedenklichen Ausweitung des Durchgriffs[303]. Für einen allgemeinen **Rückforderungsdurchgriff** auf Rückzahlung schon entrichteter Darlehensraten ist jedoch kein Raum[304], weil der Verbraucher auch bei einem einheitlichen Vertrag nicht gegen die Insolvenz seines Vertragspartners durch einen zweiten Schuldner gesichert wäre[305].

210 Im Ausgangspunkt ist freilich das **Trennungsprinzip** zu berücksichtigen, wonach Darlehensvertrag und finanziertes Geschäft grundsätzlich rechtlich selbstständig sind[306]. Es wird allerdings zum Schutz des Verbrauchers unter bestimmten Voraussetzungen durchbrochen. Die Rechtsprechung verlangt für die Bestimmung der wirtschaftlichen Einheit, dass beim Verbraucher subjektiv[307] der Eindruck erweckt werden muss, beide Vertragspartner stünden ihm gemeinsam als Vertragspartner gegenüber[308]. Ist dies der Fall und hat der Verbraucher seine auf den Abschluss eines Vertrags über die Lieferung einer Ware oder die Erbringung einer anderen Leistung gerichtete Willenserklärung wirksam widerrufen, so ist er nach § 358 I auch an seine auf den Abschluss des mit diesem Vertrag verbundenen **Verbraucherdarlehensvertrags** gerichtete Willenserklärung nicht mehr gebunden.

211 Ist umgekehrt der Verbraucherdarlehensvertrag nach § 495 I widerrufbar, so **erstreckt § 358 II** den Widerruf auf den verbundenen Vertrag über die Lieferung der Ware oder die Erbringung der Leistung. Der Widerrufsdurchgriff ist also zum Schutz des Verbrauchers in **beide Richtungen** möglich, und zwar unabhängig davon, ob für den jeweiligen verbundenen Vertrag als solchen ein Widerrufsrecht besteht.

212 Ist das Darlehen dem Unternehmer bei Wirksamwerden des Widerrufs bereits – sei es auch nur teilweise[309] – zugeflossen, tritt nach § 358 IV 3 der Darlehensgeber im Verhältnis zum Verbraucher hinsichtlich der Rechtsfolgen des Widerrufs in die Rechte

---

301 Vgl. Hk-BGB/*Schulze*, § 358 Rz. 6.
302 BGHZ 156, 46; 159, 280; 159, 294, 307.
303 Vgl. *Wolf/Großerichter*, WM 2004, 1993.
304 BGH NJW 2010, 596, 600.
305 Instruktiv *Gsell*, in: Staudinger/Eckpfeiler (2011), Verbraucherschutz, L 87.
306 Münch.-Komm.-*Habersack*, 5. Auflage 2007, § 358 Rz. 27; *Oechsler*, Rz. 459.
307 A. A. *Martis*, MDR 1999, 65: wirtschaftliche Einheit ausschließlich objektiv zu bestimmen.
308 BGHZ 91, 341; 95, 354; OLG Köln ZIP 1995, 22.
309 Das soll für die Anwendung des § 358 IV 3 genügen; vgl. Hk-BGB/*Schulze*, § 358 Rz. 12.

und Pflichten des Unternehmers ein, so dass sich der Verbraucher nur noch mit jenem und nicht mehr mit diesem auseinanderzusetzen braucht. Das ist jedoch **kein Schuldbeitritt**[310]; es gehen vielmehr die sich aus dem Abwicklungsverhältnis ergebenden Rechte und Pflichten auf den Darlehensgeber über. Der Darlehensgeber hat dem Verbraucher alle Teilzahlungen, einschließlich einer etwaigen Anzahlung an den Unternehmer, nach §§ 358 IV 1, 357, 346 ff. zuzüglich der auf das Darlehen geleisteten Zins- und Tilgungsleistungen herauszugeben[311]. Das gilt jedoch **nicht für das valutierte Darlehen**[312]. Insoweit steht dem Kreditgeber gegen den Unternehmer des finanzierten Geschäfts, vorbehaltlich anderweitiger vertraglicher Ansprüche, eine **Durchgriffskondiktion** gemäß § 812 I 1 Fall 2 zu[313].

b) *Einwendungsdurchgriff*

Eine weitere Möglichkeit des Durchgriffs findet sich in § 359. Der darin geregelte Einwendungsdurchgriff sei hier exemplarisch behandelt, weil er von beachtlicher Prüfungsrelevanz ist. Es handelt sich dabei zugleich um eine Ausnahme vom Grundsatz der Relativität des Schuldverhältnisses, weil **Einwendungen ex iure tertii** beachtlich werden. Daraus folgt zugleich, dass dem von Teilen der Rechtsprechung[314] erwogenen **„allgemeinen" Einwendungsdurchgriff** für Fallgestaltungen, in denen die Voraussetzungen der gesetzlich normierten Einwendungsdurchgriffstatbestände nicht vorliegen, eine Absage zu erteilen ist[315].

213

> Was darunter zu verstehen ist, zeigt abschließend unser **Fall 20**: K kauft bei V ein Kfz für private Zwecke und unterschreibt zugleich einen Darlehensvertrag mit der B-Bank, den V beim Abschluss des Kaufvertrages aus der Schublade zieht, wie er es für derartige Fälle mit der B vereinbart hat. B bezahlt den Kaufpreis an V. Obwohl der Wagen mangelhaft ist, verweigert V, der inzwischen insolvent geworden ist, beharrlich jegliche Abhilfe. K stellt daraufhin die Ratenzahlung gegenüber der B ein. Diese verlangt bei Fälligkeit des Darlehens von K Rückzahlung. K beruft sich auf die Mangelhaftigkeit des Wagens; B entgegnete, das gehe sie nichts an.

B könnte gegen K einen Anspruch auf Rückzahlung des Darlehens aus § 488 I 2 haben. Ein entsprechender Darlehensvertrag ist zwischen der B, vertreten durch V (§ 164 I 1), und K zustande gekommen. Die Mangelhaftigkeit des Kfz berührt die Wirksamkeit des Darlehensvertrags nicht. Der Rückzahlungsanspruch ist somit entstanden und auch fällig.

214

---

310 Vgl. BGHZ 131, 66, 72.
311 Umgekehrt schuldet der Verbraucher dem Darlehensgeber Herausgabe des vom Unternehmer Erlangten; vgl. Hk-BGB/*Schulze*, § 358 Rz. 13.
312 BGHZ 91, 17 f.
313 BGHZ 133, 254; vgl. zu weiteren Problemfällen des Durchgriffs Anw.-Komm.-*von Sachsen Gessaphe*, § 812 Rz. 127 ff.
314 OLG Köln WM 1994, 197; 2002, 118, 122; OLG Braunschweig WM 1998, 1223, 1226; LG München BKR 2002, 230, 233.
315 Münch.-Komm.-*Habersack*, 5. Auflage 2007, § 359 Rz. 20.

215 K könnte jedoch ein **Leistungsverweigerungsrecht** aus § 359 zustehen. Dann müssten ihm als Verbraucher (vgl. § 13) gegenüber dem Unternehmer V (vgl. § 14) Einwendungen aus einem verbundenen Vertrag zustehen. Zu prüfen ist also, ob es sich bei dem Kauf des Kfz unter den gegebenen Umständen um ein verbundenes Geschäft i. S. d. § 358 III gehandelt hat. Voraussetzung dafür ist, dass das Darlehen ganz oder teilweise der Finanzierung eines anderen Vertrags, hier des Kaufvertrags mit V, dient und beide Verträge eine **wirtschaftliche Einheit** bilden. Letzteres ist nach § 358 III 2 insbesondere dann anzunehmen, wenn im Falle der Finanzierung durch einen Dritten, hier der B-Bank, sich der Darlehensgeber beim Abschluss des Darlehensvertrags der Mitwirkung des Unternehmers bedient. Das war hier der Fall: Da die B dem V im Voraus ihr Einverständnis dafür erteilte, dass dieser sogar ihre Darlehensformulare bereithielt und zur Unterschrift vorlegte, kann davon ausgegangen werden, dass sich die B als Darlehensgeber der Mitwirkung des Unternehmers V bediente, so dass eine wirtschaftliche Einheit vorliegt. Kauf- und Darlehensvertrag sind also miteinander verbunden i. S. d. § 358 III.

216 Zu prüfen bleibt, welche **Einwendung** K gegenüber V konkret hat, die ihn gegenüber dem Unternehmer, mit dem er den verbundenen Vertrag geschlossen hat, zur Verweigerung der Leistung berechtigen würde. Infolge der Mangelhaftigkeit des Kfz kann K hier nach § 437 Nr. 1 von V Nacherfüllung i. S. d. § 439 verlangen. Nach fehlgeschlagener Nacherfüllung hätte er gegenüber V ein Leistungsverweigerungsrecht nach § 320. Dem Leistungsverweigerungsrecht des K könnte allerdings § 359 S. 3 entgegenstehen, wonach die Rückzahlung des Darlehens erst verweigert werden kann, wenn der Verbraucher Nacherfüllung (§ 439) verlangen kann und diese fehlgeschlagen ist. Als fehlgeschlagen gilt die Nacherfüllung gemäß **§ 440 S. 2** grundsätzlich erst nach dem erfolglosen zweiten Versuch. Dabei handelt es sich indes nur um eine **Richtgröße**[316], wie auch § 440 S. 2 a. E. zeigt. Daher können die Voraussetzungen des Fehlschlagens auch hier vorliegen. Da V weder die Beseitigung des Mangels noch Lieferung einer neuen Sache gewährt, sondern sich stattdessen beharrlich geweigert hat, Abhilfe zu schaffen, ist § 359 S. 3 dahingehend erweiternd auszulegen, dass der Käufer nicht nur im Fall der fehlgeschlagenen, sondern auch der verweigerten Nachbesserung die Darlehensrückzahlung gegenüber der Bank verweigern kann.

III. Wegfall der Geschäftsgrundlage

217 Die Grundsätze über den Wegfall der Geschäftsgrundlage[317] kommen hier nur in zweiter Linie in Betracht[318]. Sie führen nicht zu einem Erlöschen der Schuld, sondern nach § 313 I vorrangig zur **Vertragsanpassung**, die im Übrigen nicht aus culpa in contrahendo verlangt werden kann[319]. Ausnahmsweise kann sich aus dem Wegfall der Ge-

---

316 Hk-BGB/*Saenger*, § 440 Rz. 2.
317 Näher zur Störung der Geschäftsgrundlage anhand von Beispielsfällen *Rösler*, JuS 2004, 1058 ff.; 2005, 27 ff., 120 ff. Zu den verfahrensrechtlichen Problemen *Massing/Rösler*, ZGS 2008, 374 ff.
318 *Hey*, in: Beiträge für Claus-Wilhelm Canaris zum 65. Geburtstag, 2002, S. 21 ff.
319 BGH NJW 2006, 3139.

schäftsgrundlage ein Rücktrittsrecht des Benachteiligten ergeben. Das normiert § 313 III für den Fall, dass eine Anpassung des Vertrags nicht möglich oder einem Teil nicht zumutbar ist.

1. Geschäftsgrundlage nach bisherigem Recht und Abgrenzung zum Allgemeinen Teil

Geschäftsgrundlage ist nach herkömmlicher Dogmatik ein Umstand, den mindestens eine Vertragspartei beim Vertragsschluss zugrunde gelegt *hat* (= **reales** Element), ohne den sie den Vertrag nicht oder nicht mit diesem Inhalt abgeschlossen *hätte* (= **hypothetisches** Element) und auf dessen Berücksichtigung sich die andere Vertragspartei *redlicherweise* hätte einlassen müssen (= **normatives** Element). In der **Fallbearbeitung** liegen die beiden ersten Elemente häufig unproblematisch vor, und die Aufgabe des Bearbeiters besteht darin zu bewerten, ob sich der andere Teil redlicherweise auf die Berücksichtigung des Umstands hätte einlassen müssen. Dafür kommt es darauf an, wessen **Risikobereich** der jeweilige Umstand zuzuordnen ist[320].

218

a) Beiderseitiger Motivirrtum

Umstritten ist, ob der beiderseitige Motivirrtum einen Anwendungsfall der Lehre von der Geschäftsgrundlage darstellt. Dies wird bei einem beiderseitigen Eigenschaftsirrtum nach § 119 II von einem Teil der Lehre unter Hinweis darauf angenommen, dass es in derartigen Fällen zufällig sei, wer zuerst anfechte und so dem anderen Teil den **Vertrauensschaden** gemäß **§ 122** zu ersetzen habe[321]. Dem wird entgegengehalten, dass der Anfechtende sich regelmäßig auch einen Vorteil von der Anfechtung verspreche und diesen mit der Ersatzpflicht des negativen Interesses zu bezahlen habe[322]. Dieses Argument gründet letztlich auf dem Prinzip der **Privatautonomie**[323]. Allerdings steht es nach § 313 II einer Veränderung der Umstände gleich, wenn sich wesentliche Vorstellungen, die zur Grundlage des Vertrags geworden sind, als falsch herausstellen.

219

b) Kalkulationsirrtum

Zur Geschäftsgrundlage kann aber der sog. Kalkulationsirrtum gehören[324]. Das ist insbesondere beim **offenen Kalkulationsirrtum** denkbar, bei dem die Kalkulation zum Gegenstand der Vertragsverhandlungen gemacht wurde und das verlangte Entgelt als Ergebnis der Kalkulation dargestellt worden ist. In einem solchen Fall nahm die frühere Rechtsprechung einen beachtlichen Irrtum i. S. d. § 119 I an. Das hat der Bundesgerichtshof inzwischen abgelehnt[325]. In der Tat decken sich hier Wille und Erklärung[326], so dass für eine Anfechtung kein Raum ist[327]. In letzter Konsequenz kommt daher beim Kalkulationsirrtum die Lehre von der Geschäftsgrundlage in Betracht. Der Unter-

220

---

320 Vgl. BGH NJW-RR 2006, 1037.
321 *Larenz/Wolf*, Allgemeiner Teil des deutschen Bürgerlichen Rechts, 9. Auflage 2004, § 38 Rz. 5.
322 *Flume*, Allgemeiner Teil des Bürgerlichen Rechts, Band II, § 24, 4, S. 488.
323 *Medicus/Petersen*, Bürgerliches Recht, Rz. 162.
324 Zum Kalkulationsirrtum *Gottwald*, BGB-AT, Rz. 156; *Waas*, JuS 2001, 14.
325 BGH NJW 1998, 3192.
326 Zu diesbezüglichen Auslegungsfragen *Petersen*, Jura 2004, 536 ff.
327 *Medicus*, Allgemeiner Teil, Rz. 757 ff.

§ 4 *Die Lösung vom Schuldvertrag*

schied zur Anwendung des § 119 I besteht darin, dass bei Annahme einer Geschäftsgrundlagenstörung ein etwaiger Rechenfehler nur im Falle der Unzumutbarkeit des errechneten Ergebnisses beachtlich ist. Allerdings ist im Zusammenhang mit einem Kalkulationsirrtum stets auch an eine **culpa in contrahendo** mit der Folge eines Anspruchs aus §§ 280 I, 311 II zu denken. Es kann nämlich eine Pflicht des Vertragspartners bestehen, den Erklärenden auf einen erkannten Kalkulationsirrtum hinzuweisen. Andererseits kann eine schuldhafte Pflichtverletzung auch darin bestehen, dass der Erklärungsempfänger schuldhaft falsche Angaben gemacht hat. Weist der Anbietende den anderen Teil nach Zugang des Antrags aber vor dessen Annahme selbst auf den ihm unterlaufenen Kalkulationsirrtum hin, so liegt mangels Geschäfts kein Wegfall der Geschäftsgrundlage vor, und auch die culpa in contrahendo hilft nicht weiter. Allerdings kann sich in diesem Fall die Annahme als rechtsmissbräuchlich (§ 242) erweisen, wobei neben der Kenntnis bzw. der treuwidrigen Kenntnisvereitelung wie im Rahmen des § 313 dem Kriterium der Zumutbarkeit maßgebliche Bedeutung zukommt[328].

2. Die gesetzliche Regelung

221 § 313 I hat die soeben genannten drei Elemente weitgehend übernommen, wenn es dort heißt[329]: „Haben sich Umstände, die zur Grundlage des Vertrages geworden sind, nach Vertragsschluss schwerwiegend verändert (= **tatsächliches** Element) und hätten die Parteien den Vertrag nicht oder mit anderem Inhalt geschlossen, wenn sie diese Veränderung vorausgesehen hätten (= **hypothetisches** Element), so kann Anpassung des Vertrags verlangt werden, soweit einem Teil unter Berücksichtigung aller Umstände des Einzelfalles, insbesondere der vertraglichen oder gesetzlichen Risikoverteilung (= **normatives** Element), das Festhalten am unveränderten Vertrag nicht zugemutet werden kann. Auch unter Geltung des § 313 I[330] sollte dem Examenskandidaten die **Oertmann'sche Formel** – nicht zuletzt im Hinblick auf die mündliche Prüfung[331] – zumindest ein Begriff sein: „Geschäftsgrundlage ist die beim Geschäftsschluss zutage tretende und vom etwaigen Gegner in ihrer Bedeutung erkannte und *nicht beanstandete* Vorstellung eines Beteiligten oder die gemeinsame Vorstellung der mehreren Beteiligten vom Sein oder Eintritt gewisser Umstände, auf deren Grundlage der Geschäftswille sich aufbaut"[332].

> Die Problematik der Geschäftsgrundlage sei an folgendem **Fall 21** dargestellt: Die vermögenslose F hat sich für ihren Ehemann in beträchtlicher Höhe, aber noch nicht in sittenwidriger Weise, verbürgt. Nach Scheidung der Ehe verlangt die Bank, welche die Bürgschaft von F vor allem zur Vermeidung von Vermögensverlagerungen durch ihren Mann an sie gefordert hatte, von ihr Zahlung.

---

328 Vgl. BGH NJW 1998, 3192, 3194.
329 Instruktiv hierzu auch im Hinblick auf die Falllösungstechnik *Riesenhuber/Domröse*, JuS 2006, 208.
330 Siehe aus der Rechtsprechung nur BGH NJW-RR 2006, 1037.
331 Vgl. *Petersen*, Die mündliche Prüfung im ersten juristischen Staatsexamen, 2005, S. 7 ff.
332 *Oertmann*, Die Geschäftsgrundlage, 1921, S. 7; Hervorhebung auch dort.

Ein entsprechender Anspruch kann sich nur aus einem **Bürgschaftsvertrag** gemäß **222**
§ 765 I ergeben. Ein solcher ist zustande gekommen[333]. Eine Nichtigkeit etwa nach
§ 138 I[334] unter dem Gesichtspunkt des **Institutionsmissbrauchs**[335] scheidet hier aus[336].
Aus dem Allgemeinen Schuldrecht kommt jedoch § 311b II als Nichtigkeitsgrund in
Betracht. Zwar hat sich F nicht verpflichtet, ihr künftiges Vermögen oder einen Bruchteil dessen zu übertragen, doch könnte sich die Eingehung der hohen Bürgschaftsverbindlichkeit wirtschaftlich für sie so darstellen, dass eine **entsprechende Anwendung des § 311b II** angezeigt wäre. Das haben Teile der Rechtsprechung zeitweise in
der Tat angenommen. Die ganz h. M. im Schrifttum ist dem jedoch entgegengetreten[337].

Fraglich ist demnach nur, ob durch die **Scheidung** die Geschäftsgrundlage für den **223**
Bürgschaftsvertrag entfallen ist. Das bemisst sich nach § 313 I. Die F hatte den Fortbestand der Ehe bei Vertragsschluss stillschweigend zugrunde gelegt. Durch die Scheidung haben sich mithin Umstände, die zur Grundlage des Vertrags geworden sind,
nach Vertragsschluss schwerwiegend geändert. Ohne Rücksicht darauf hätte sie den
Vertrag nicht abgeschlossen.

Zu prüfen ist jedoch, ob der F das Festhalten am Vertrag unter Berücksichtigung aller **224**
Umstände des Einzelfalls, insbesondere der vertraglichen oder gesetzlichen **Risikoverteilung**, wie § 313 I verlangt, nicht zugemutet werden kann. Es kommt mithin darauf
an, ob sich die Bank darauf redlicherweise hätte einlassen müssen, dass die Bürgschaftsverpflichtung nur im Hinblick auf den Fortbestand der Ehe bestehen bleiben
sollte. Dafür ist entscheidend, in wessen Risikobereich die **Ehescheidung** fällt. Eine
vertragliche oder gesetzliche Risikozuordnung lässt sich zwar nicht mit Bestimmtheit
ausmachen, weil weder der Vertrag noch das Gesetz hierfür eine Regelung bereithält.
Jedoch ergibt sich im Wege der (ergänzenden Vertrags-)Auslegung, dass der Fortbestand der Ehe die Eheleute privat betrifft und somit grundsätzlich[338] der Vertragspartei, hier also der F und nicht der Bank, die Folgen der Realisierung dieses Risikos
zuzuweisen sind. Demnach ist die Geschäftsgrundlage nicht durch die Scheidung entfallen, so dass F zahlen muss.

---

333 Näher zu den hier beiseitegelassenen Einzelheiten *Emmerich*, JuS 2000, 494 f.; *Gottwald*, BGB-AT, Rz. 144.
334 § 138 II scheidet von vornherein aus, weil sich die Vorschrift nur auf **synallagmatische** Verträge, also nicht etwa auf die Bürgschaft, bezieht.
335 Näher dazu *Larenz/Canaris*, Schuldrecht II/2, § 60 II 3 b.
336 Der BGH (BGHZ 128, 230; 132, 328) hat des Weiteren ein stillschweigendes **pactum de non petendo** in Betracht gezogen, das zu einer Stundung führen und solange bestehen soll, bis der vermögenslose Bürge zu Geld gekommen ist.
337 Zutreffend *Medicus*, ZIP 1989, 817, m. w .N.
338 So auch der BGH (BGHZ 128, 230; 132, 328), der dessen ungeachtet in beiden Fällen einen Wegfall der Geschäftsgrundlage angenommen hat; a. A. *Petersen*, FamRZ 1998, 1215 ff.; instruktiv *Medicus*, JuS 1999, 833.

3. Leistungserschwerungen, wirtschaftliche und faktische Unmöglichkeit

225 Die Leistungserbringung kann auf unvorhergesehene Schwierigkeiten stoßen. Das wirft die Frage auf, wie auf solche Leistungserschwerungen zu reagieren ist und wie sie dogmatisch einzuordnen sind[339]. Für derartige Konstellationen hat sich der Begriff der wirtschaftlichen Unmöglichkeit bzw. **Unerschwinglichkeit** eingebürgert, die jedenfalls keine Unmöglichkeit im strengen Sinne darstellt, weil die Leistung nach wie vor möglich wäre und nur die Leistungsanstrengungen einen ungeheuren Aufwand mit sich bringen würden.

a) Wirtschaftliche Unmöglichkeit

226 Von wirtschaftlicher Unmöglichkeit spricht man, wenn die Leistungserbringung „dem Schuldner nur unter Opfern und Aufwendungen möglich ist, die auf sich zu nehmen er nach Treu und Glauben nicht mehr verpflichtet ist"[340]. Entscheidend ist hier also der Aufwand des Schuldners. Es besteht mittlerweile Einigkeit darüber und sollte auch und gerade nach der Schuldrechtsreform als gesicherter Bestand der Dogmatik angesehen werden können[341], dass die sog. wirtschaftliche Unmöglichkeit dogmatisch als Unterfall der **Geschäftsgrundlage** anzusehen ist[342].

227 Entgegen der insoweit missverständlichen Terminologie unterfällt die wirtschaftliche Unmöglichkeit also nicht dem § 275, auch nicht dessen Absatz 2[343], sondern der in § 313 normierten Lehre von der Geschäftsgrundlage[344]. Erst recht gilt dies für die sog. „Leistungsverweigerung aus Gewissensgründen", bei der die Rechtsfolge des § 275 im Übrigen unpassend wäre[345], während diejenige der Geschäftsgrundlagenstörung – vorrangig Vertragsanpassung – hier besser geeignet ist[346].

> Die Zuordnung derartiger Fälle zur Lehre von der Geschäftsgrundlage zeigt unser **Fall 22**, der einem bekannten Schulfall nachgebildet ist: Die weltberühmte Sängerin S hat sich dem Opernhaus O Jahre im Voraus gegenüber verpflichtet, an einem bestimmten Tag die Rolle der „Carmen" zu singen. Am Tag der Aufführung ist ihr Kind K lebensbedrohlich erkrankt. Sie meint, ein Auftreten sei ihr nicht zumutbar; sie erkläre sich aber gerne bereit, in der nächsten Spielzeit, was unstreitig möglich und bisher auch noch nicht anderweitig verplant ist, die Carmen für dieselbe Gage zu singen. O lässt mitteilen, die S sei körperlich gesund und habe gefälligst aufzutreten; andernfalls werde man „den Abend platzen lassen" und ihr sämtlichen Schaden in Rechnung stellen. Muss S auftreten, und was hat sie zu befürchten?
>
> **Abwandlung:** Ändert sich etwas an der rechtlichen Beurteilung, wenn S ein ärztliches Attest vorlegt, das ihr die Arbeitsunfähigkeit bescheinigt? Kann sie dann Zahlung ihrer Gage verlangen, auch wenn sie nicht aufgetreten ist?

---

339 Vgl. dazu *Schlüter*, ZGS 2003, 346.
340 *Larenz*, Schuldrecht I, § 21 I e, S. 319.
341 *Canaris*, Zur Bedeutung der Kategorie der „Unmöglichkeit" für das Recht der Leistungsstörungen, in: Schulze/Schulte-Nölke (Hrsg.), Schuldrechtsreform, 2001, S. 46 f.
342 Palandt/*Grüneberg*, § 275 Rz. 21; *Medicus/Lorenz*, Schuldrecht I, Allgemeiner Teil, Rz. 424.
343 *Looschelders*, JuS 2010, 849, 854.
344 Siehe dazu auch das Beispiel von *Canaris*, Schuldrechtsmodernisierung 2002, S. XII.
345 A. A. *Otto*, Jura 2002, 1, 4 f.
346 *Canaris*, JZ 2001, 499, 501, der bei der Leistungsverweigerung aus Gewissensgründen § 242 für einschlägig hält.

O könnte gegen S einen Anspruch auf den vertraglich vereinbarten Auftritt haben (§§ 241 I, 311 I). Wie dieser Vertrag exakt zu qualifizieren ist, ob es sich also um einen Dienst-, Werk- oder atypischen Vertrag handelt, kann dahinstehen, weil es hier nur um den **Primäranspruch** geht. Dieser besteht dem Grunde nach. Die Frage ist nur, ob er infolge Unmöglichkeit oder anderweitiger Unzumutbarkeit weggefallen ist. Ein Fall der Unmöglichkeit – hier kommt überhaupt nur § 275 II in Betracht[347] – liegt jedoch nicht vor. Der dort bezeichnete Aufwand könnte hier allenfalls emotionaler Art sein, doch meint § 275 II derartige Fälle[348], wie auch solche der Unzumutbarkeit, gerade nicht[349]. Im Übrigen wäre es der S physisch durchaus möglich aufzutreten, so dass sie trotz ihrer seelischen Belastung an sich durchaus imstande wäre.

228

In Betracht kommt aber ein **Leistungsverweigerungsrecht** unter dem Gesichtspunkt der Unzumutbarkeit, § 275 III[350]. Fraglich ist jedoch, ob § 275 III einschlägig ist, oder ob es sich um einen Anwendungsfall der Lehre von der Geschäftsgrundlage handelt[351]. Für Letzteres könnte sprechen, dass die konkreten Umstände als solche bei Vertragsschluss nicht vorhersehbar waren und S sich bei Kenntnis der Gegebenheiten nicht verpflichtet hätte, gerade zu diesem Zeitpunkt der schweren Krankheit aufzutreten, so dass es treuwidrig (§ 242) wäre, von S gerade an diesem Tag den Auftritt zu verlangen. Als Rechtsfolge sähe § 313 die vorrangige **Vertragsanpassung** vor. Diese könnte im vorliegenden Fall darin bestehen, dass S, wie angeboten, in der nächsten Spielzeit auftritt und die Rolle singt, weil und sofern dies, wie hier, technisch und praktisch möglich ist. Zu berücksichtigen ist jedoch, dass Unmöglichkeit i. S. d. § 275 den Regeln über den Wegfall der Geschäftsgrundlage vorgeht[352]. Schon aus diesem Grund ist zweifelhaft, ob hier § 313 die richtige Lösung weist.

229

Die Amtliche Begründung hält dagegen in einem solchen Fall **§ 275 III** für einschlägig[353]. Folgt man dem[354], steht der Sängerin nach § 275 III die Einrede der Unzumutbarkeit zu[355]. Dem Anspruch des O auf einen Auftritt zum jetzigen Zeitpunkt steht also das auf § 275 III gründende Leistungsverweigerungsrecht der S entgegen. Das bedeutet, dass auch kein Schadensersatzanspruch des O gegen sie in Betracht kommt. Ein solcher könnte sich nämlich nur aus § 283 I 1 ergeben, wonach der Gläubiger unter den Voraussetzungen des § 280 I Schadensersatz statt der Leistung verlangen kann, wenn der Schuldner, wie hier, nach § 275 III nicht zu leisten braucht. Indes liegen die Voraussetzungen des § 280 I nicht vor, weil damit auch auf dessen zweiten Satz verwiesen ist und S den Umstand, aufgrund dessen sie nicht auftreten muss, nicht zu vertreten hat. Folglich kann sie auch der Drohung des O gelassen entgegen sehen, weil ein Abbruch

230

---

347 Näher unten Rz. 261 ff.
348 Allgemein zu § 275 II *Bernhard*, Jura 2006, 801.
349 Dazu aus der Rechtsprechung BGH ZGS 2005, 348; 404; BAG BB 2005, 440; aus dem Schrifttum *Löhnig*, ZGS 2005, 459.
350 Hierzu (insbesondere aus arbeitsrechtlicher Sicht) *Scholl*, Jura 2006, 283.
351 Vgl. auch *Oechsler*, Rz. 62, 64 ff.
352 *Schultz*, in: H. P. Westermann (Hrsg.), Das Schuldrecht 2002, S. 37, unter Verweis auf die Amtliche Begründung und mit weiteren Hinweisen zur Abgrenzung.
353 BT-Drs. 14/6040, S. 131; *Otto*, Jura 2002, 1, 4.
354 So insbesondere *Dauner-Lieb*, in: Das Neue Schuldrecht, § 2 Rz. 71.
355 Vgl. *Canaris*, Schuldrechtsmodernisierung 2002, S. XIII.

der Vorstellung ohne Nachforschungen nach Ersatz etc. auf eigenes Risiko des O erfolgen würde.

231 **Abwandlung:** Legt S ein ärztliches Attest vor, das ihr die Arbeitsunfähigkeit aus den genannten Gründen bescheinigt, ändert sich der dogmatische Anknüpfungspunkt. In diesem Fall liegt Unmöglichkeit i. S. d. § 275 I vor. Einschlägig ist Absatz 1 und nicht § 275 II, der das Gläubigerinteresse betrifft, weil es hier um die **Opfergrenze** des Schuldners geht[356]. Abgesehen davon ist ein Arbeitsunfähiger auch dann nicht zur Dienstleistung verpflichtet, wenn das Interesse des anderen Teils noch so groß ist, so dass hier für die nach § 275 II gebotene Verhältnismäßigkeitsprüfung von vornherein kein Raum ist[357].

232 Was schließlich den Anspruch auf Zahlung der Gage betrifft, entfällt dieser in beiden Konstellationen nach § 326 I 1, ohne dass der Frage nachgegangen werden muss, woraus sich der Anspruch genau ergibt, da die S nach § 275 III bzw. § 275 I nicht zu leisten braucht[358]. Eine Ausnahme vom Untergang der Gegenleistungspflicht, wie sie etwa in § 326 I 2 normiert ist, liegt ersichtlich nicht vor.

b) Faktische Unmöglichkeit

233 Von der wirtschaftlichen Unmöglichkeit zu unterscheiden[359] ist die faktische bzw. **praktische** Unmöglichkeit, auch wenn der Unterschied mitunter fließend erscheint und die Grenzziehung nicht immer einfach ist. Diese soll vorliegen, wenn die Leistungserbringung „jedem Menschen so erhebliche und im Grunde unüberwindliche Schwierigkeiten bereitete, dass kein vernünftiger Mensch ohne besonderen Grund auch nur auf die Idee käme, den Versuch einer Leistungserbringung zu wagen"[360].

234 Paradigmatisch ist der Fall, dass der geschuldete Ring[361] in einen See fällt und seine Bergung nur unter unverhältnismäßigem Aufwand möglich wäre[362]. Hier würde der zu betreibende Aufwand ersichtlich in einem groben Missverhältnis zum Leistungsinteresse des Gläubigers stehen, wie es § 275 II voraussetzt[363]. Andere halten in diesem Fall § 275 I für einschlägig[364]. Die Notwendigkeit der **Unterscheidung** zwischen wirtschaftlicher und faktischer Unmöglichkeit resultiert also daraus, dass diese dem § 275 unterfällt, wohingegen jene ein Fall der Geschäftsgrundlagenstörung ist. Die Einzelheiten hierzu gehören zur Behandlung der Unmöglichkeit[365].

---

356 Einzelheiten zu § 275 II im nächsten Teil in § 5 unter Rz. 261 ff.
357 *Canaris*, JZ 2001, 499, 504.
358 Näheres dazu im Abschnitt über die Leistungsstörungen im nächsten Teil, insbesondere Rz. 279 ff.
359 Instruktiv dazu *M. Stürner*, Jura 2010, 721.
360 *Emmerich*, Das Recht der Leistungsstörungen, § 2 III 5.
361 Teilweise wird dieser auf *Heck* (Grundriß des Schuldrechts, 1929, § 28, 5) zurückgehende Schulfall auch als Paradigma der wirtschaftlichen Unmöglichkeit angesehen; vgl. *Canaris*, JZ 2001, 499, 501.
362 Vgl. bereits *Heck*, Grundriß des Schuldrechts, § 28, 5, S. 89; *U. Huber*, Leistungsstörungen I, 1999, S. 118 ff.; *ders.*, Festschrift für Gaul, 1997, S. 217, 243 f.
363 Vgl. auch die Gesetzesbegründung; BT-Drs. 14/6040 vom 13. 5. 2001. Siehe auch *Meier*, Jura 2002, 118, 120 f., mit instruktiven Abwandlungen.
364 So vor der Reform Staudinger/*Löwisch*, 2001, § 275 Rz. 9, und hernach *Otto*, Jura 2002, 1, 3 („bei entsprechender Wassertiefe").
365 Dazu unten Rz. 253 ff.

c) Hinweise zum Aufbau

Die Formulierung des § 275 II und III wirft ein aufbautechnisches Problem auf: Im Gegensatz zu § 275 I, wonach der Anspruch auf die Leistung ausgeschlossen ist, heißt es in den Folgeabsätzen, dass der Schuldner die Leistung verweigern kann[366]. In der **Fallbearbeitung** führt das zu der Frage, ob der Anspruch in den Fällen der Absätze 2 und 3 gleichfalls erloschen ist[367] oder ob er lediglich nicht durchsetzbar ist[368]. In diesem Zusammenhang ist zu beachten, dass nach § 326 I 1 der Anspruch auf die Gegenleistung *entfällt*, wenn der Schuldner nach § 275 I bis III nicht zu leisten braucht. Mit dieser Wendung („nicht zu leisten braucht") kann man oft auch in der Fallbearbeitung der vorliegenden Aufbaufrage begegnen. Schwierig wird es indes, wenn mehrere Leistungsverweigerungsrechte bzw. Erlöschensgründe in Betracht kommen, so dass der Bearbeiter Farbe bekennen muss.

235

Exemplarisch sei dies anhand des zuletzt behandelten Zusammentreffens mit § 313 dargestellt, der grundsätzlich nach der Unmöglichkeit zu prüfen ist[369]. Ist nämlich eine Anpassung nach den Grundsätzen des Wegfalls der Geschäftsgrundlage nicht möglich, kann der Schuldner nach § 313 III 1 vom Vertrag zurücktreten, was zum Erlöschen der Leistungspflicht führt. Versteht man jedoch § 275 II und III dahingehend, dass der Anspruch lediglich nicht **durchsetzbar** ist, wären diese Vorschriften eigentlich im Anschluss an § 313 zu prüfen, was, wie gesagt, die grundsätzlich angezeigte Reihenfolge durchbrechen würde. Will man somit die Absätze 2 und 3 des § 275 nicht als **Erlöschenstatbestände** ansehen, so könnte man immerhin im Rahmen der Anwendbarkeit des § 313 inzident prüfen, ob nicht die Voraussetzungen der Absätze 2 und 3 vorliegen, welche die Anwendbarkeit ausschließen würde.

236

IV. Kündigung von Dauerschuldverhältnissen

Von den Dauerschuldverhältnissen war bereits oben bei der Einteilung der Schuldverhältnisse kurz die Rede[370]. Die Lösung vom Dauerschuldverhältnis erfolgt durch Kündigung, **§ 313 III 2**. Die Voraussetzungen und Modalitäten der Kündigung hat § 314 in einer eigenen Regelung zusammengefasst[371]. So schreibt **§ 314 I** den Grundsatz fest, dass Dauerschuldverhältnisse durch Kündigung aus wichtigem Grund ohne Einhaltung einer Frist gekündigt werden können (vgl. auch § 626). Es handelt sich dabei um eine Generalklausel für die **außerordentliche Kündigung** von Dauerschuldverhältnissen[372].

237

Auch der Zumutbarkeitsmaßstab, den Satz 2 aufstellt, ist der Sache nach nicht neu. Beachtung verdient § 314 II für den Fall, dass der wichtige Grund in einer Vertrags-

238

---

366 *Riesenhuber/Domröse*, JuS 2006, 208.
367 In diese Richtung *Canaris*, JZ 2001, 499, 509 Fußnote 100.
368 So wohl *Otto*, Jura 2002, 1, 4.
369 Vgl. etwa *Dauner-Lieb/Arnold/Dötsch/Kitz*, Fälle zum Neuen Schuldrecht, Fall 25, S. 53 f.
370 Vgl. oben Rz. 59.
371 Einzelheiten bei *Arnold*, in: Das Neue Schuldrecht, § 3 Rz. 74 ff.
372 *Otto*, Jura 2002, 1, 11.

pflichtverletzung besteht. Dann bedarf es zur Kündigung entweder – insoweit ähnlich wie im Arbeitsrecht – einer erfolglosen Abmahnung oder des Ablaufs einer zur Abhilfe bestimmten Frist, sofern nicht ein Fall des § 323 II vorliegt. § 314 III beschränkt die Rechtsausübung, denn einen längst vergangenen Umstand zum Kündigungsgrund zu machen, ist seit jeher rechtsmissbräuchlich. Schließlich bestimmt § 314 IV, dass die Kündigung das Recht zum Schadensersatz nicht ausschließt und zieht damit wertungsmäßig gleich mit § 325. In seinem Geltungsbereich dürfte § 314 den Rücktritt nach § 323 verdrängen. Dagegen sind die Sonderregelungen der §§ 490, 723, 626, 569 für die Kündigung von Darlehensvertrag, Gesellschaft, Dienstvertrag und Wohnraummiete **Spezialregelungen** gegenüber § 314.

Dritter Teil
Leistungsstörungen

Ausgangspunkt für das Verständnis des Leistungsstörungsrechts am praktisch und prüfungsmäßig wichtigsten Fall des Kaufvertrags ist die Pflicht des Verkäufers zur Verschaffung einer mangelfreien Sache (§ 433 I 2)[1]. Dieses Bekenntnis zur **Erfüllungstheorie** war für die Anbindung des Gewährleistungsrechts an das allgemeine Leistungsstörungsrecht erforderlich. Daneben zeigt sich, dass der Blick auf die begehrte Rechtsfolge bedeutsamer – und daher in der Prüfungsreihenfolge vorrangig – ist[2], als die konkrete Art der Leistungsstörung. So ist auf der Rechtsfolgenseite für die Anwendung des § 280 I 1 wichtig, dass sich allein aus dieser Vorschrift kein Anspruch auf Ersatz des Verzögerungsschadens (vgl. § 280 II) sowie kein Anspruch auf Schadensersatz statt der Leistung (vgl. § 280 III) ergibt. Die §§ 281 ff. können entweder als eigenständige **Anspruchsgrundlage** oder zusammen mit § 280 I 1 in Verbindung mit Absatz 2 oder 3 zitiert werden[3]. 239

Die Schlüsselvorschrift ist also § 280 I 1, nach welcher der Gläubiger Schadensersatz verlangen kann, wenn der Schuldner eine Pflicht aus dem Schuldverhältnis verletzt[4]. Diese Regelung soll deshalb an den Anfang gestellt werden, weil sie die zentrale Anspruchsgrundlage des Leistungsstörungsrechts[5] für alle diejenigen Fälle[6] darstellt, in denen das anspruchsbegründende Verhalten des Schuldners nach[7] der Entstehung des Schuldverhältnisses liegt[8]. § 280 erfasst jede Verletzung der Leistungspflichten, also die **verspätete Leistung**, die **Nichtleistung** (Unmöglichkeit) und die **Schlechtleistung**. Daneben ist § 280 I 1 auch die richtige Anspruchsgrundlage bei der Verletzung von nicht leistungsbezogenen Nebenpflichten (**Schutzpflichten**). Für die Fälle der früheren culpa in contrahendo ist zwar ebenfalls § 280 I 1 einschlägig, doch ist dort § 311 II zusätzlich zu zitieren. 240

> In die Problematik von Vertragsverletzung und Unmöglichkeit führt unser **Fall 23** ein, der zugleich eine schwierige Zurechnungsfrage im Hinblick auf § 278 aufwirft: Bei einer Feier des eingetragenen Fußballvereins V kommt es anlässlich der Diskussion über Handlungen des Vereinsvorsitzenden zu Auseinandersetzungen unter den Vereinsmitgliedern, bei denen Gläser zu Bruch gehen, die G dem Verein geliehen hat. Kann G von V Schadensersatz für die Gläser verlangen?

---

1 Dazu oben Rz. 31.
2 Vgl. auch *Grigoleit/Riehm*, AcP 203 (2003), 727, 761, („schadensphänomenologische Abgrenzung").
3 *Canaris*, Karlsruher Forum 2002, S. 35; Münch.-Komm.-*Ernst*, 5. Auflage 2007, § 280 Rz. 4.
4 Dazu eingehend *Wilhelm*, JZ 2004, 1055; Vorschläge zum Prüfungsaufbau bei *Reichenbach*, Jura 2003, 512, 515 f., 518 ff.
5 Siehe auch das Schema zu § 280 und den Folgevorschriften bei *Münch*, Jura 2002, 361, 369.
6 *Otto*, Jura 2002, 1, 3, spricht darüber hinaus von einem „Auffangtatbestand".
7 Die Rechtsfolgen von vor der Entstehung des Schuldverhältnisses liegenden Verstößen bemessen sich nach den §§ 311 II, 311a; vgl. dazu bereits oben **Fall 5** (Rz. 39) zu § 311 II sowie unten Rz. 312 ff. zu § 311a.
8 *Canaris*, JZ 2001, 499, 511 mit Fußnote 122.

241 1. G könnte gegen V einen Anspruch aus § 280 I 1 haben. Das setzt die Verletzung einer Pflicht aus einem Schuldverhältnis voraus. Zwischen V und G bestand ein Leihvertrag und mithin ein Schuldverhältnis. Durch die Zerstörung der Gläser wurde einerseits eine das Leistungsinteresse betreffende Leistungspflicht, nämlich die Rückgabepflicht aus § 604 I, verletzt. Zugleich schützt der Anspruch auf Rückgabe auch das Integritätsinteresse des Verleihers. Mithin handelt es sich um eine **doppeltrelevante Nebenpflicht**[9]. Daher kann dahinstehen, ob es sich um einen Fall der Unmöglichkeit (dann: §§ 283 S. 1, 280 I 1, III) handelt – die Rückgabeverpflichtung ist durch die Zerstörung unmöglich geworden – oder um einen Fall der Schutzpflichtverletzung. Hierfür spricht, dass nicht die **Rückgabepflicht** im eigentlichen Sinne, sondern eine **Schutzpflicht** (§ 241 II) verletzt worden ist. Denn § 280 I 1 regelt nicht nur den Schadensersatz wegen Unmöglichkeit, sondern auch wegen Verletzungen nicht leistungsbezogener Nebenpflichten.

242 Der Anspruch ist jedoch ausgeschlossen, wenn der Verein die Pflichtverletzung nicht zu vertreten hat, § 280 I 2. Der Verein selbst kann als juristische Person (vgl. § 21) nicht schuldhaft handeln. Es fragt sich somit, ob dem Verein das Verschulden seiner Mitglieder, das zur Zerstörung der Gläser führte, zurechenbar ist. Zu denken ist zunächst an eine **Zurechnung** nach § 31. Ob dieser auch im Rahmen bestehender Vertragsverhältnisse anwendbar ist, ist umstritten. Ein Teil der Lehre nimmt dies mit der Begründung an, dass **§ 31** eine umfassende Einstandspflicht des Vereins für das Handeln seiner Organe begründe[10]. Anders als bei § 278 gehe es um die Haftung für eigenes Verschulden[11]. Von anderer Seite wird darauf hingewiesen, dass beim Handeln von Organen im Rahmen von Schuldverhältnissen nicht § 31, sondern nur **§ 278**[12] anwendbar sei, der auch für das Handeln von **gesetzlichen Vertretern**, wie hier denen des Vereins (§ 26 I 2 Hs. 2), gilt[13]. Die Frage kann hier dahinstehen, weil auch dann, wenn man einen Vorrang des § 31 annehmen wollte, kein Verschulden eines Vereinsorgans feststellbar ist.

243 Zu prüfen bleibt, ob dem Verein das Handeln der Mitglieder nach § 278 S. 1 zurechenbar ist. Dann müssten diese im Hinblick auf die Rückgabepflicht (§ 604 I) als **Erfüllungsgehilfen** anzusehen sein und in Erfüllung einer Verbindlichkeit gehandelt haben[14]. Zur Rückgabepflicht gehört auch die Pflicht zum sorgsamen Umgang mit dem Leihgegenstand. Hier könnten die Mitglieder in die Verhaltens- und **Obhutspflichten** des entleihenden Vereins eingeschaltet sein, für die § 278 S. 1 ebenfalls gilt. Die Mitglieder waren mit Wissen und Wollen des Vereins in die Obhutspflichten eingeschaltet[15]. Diese haben die Vereinsmitglieder durch ihre Auseinandersetzungen im Rahmen der Feier zumindest fahrlässig (§ 276 I) verletzt. Dass der oder die Schädiger

---

9 Zu ihr bereits oben Rz. 54.
10 Palandt/*Ellenberger*, § 31 Rz. 2 und Palandt/*Grüneberg*, § 278 Rz. 6.
11 Soergel/*Hadding*, 13. Auflage 2000, § 31 Rz. 4.
12 Zu dessen Reichweite auch BGH NJW 2005, 365: Übernahmebestätigung im Leasingrecht.
13 *Medicus*, Allgemeiner Teil, Rz. 1135; *Petersen*, Jura 2002, 683, 684 f.
14 Dies ist nicht der Fall, wenn der Erfüllungsgehilfe lediglich „bei Gelegenheit" der Erfüllung handelt (Schulbeispiel: Handwerksgeselle stiehlt Gegenstände aus der Wohnung des Auftraggebers), vgl. zur Abgrenzung BGH NJW-RR 2005, 756.
15 Vgl. auch die ähnlichen Fälle bei Palandt/*Grüneberg*, § 278 Rz. 20 f.

nicht feststellbar sind, schadet nicht, da insoweit alle Mitglieder Erfüllungsgehilfen sind, so dass deren Verschulden dem V nach § 278 S. 1 i. V. m. § 280 I 2 zuzurechnen ist und dieser dafür dem G nach § 280 I einzustehen hat. V muss dem G mithin den Wert der Gläser (vgl. § 251 I) ersetzen.

2. In Betracht kommt auch ein Anspruch aus §§ 989, 990 I 1. Im Rahmen eines etwaigen gesetzlichen Schuldverhältnisses könnte dann ebenfalls nach § 278 S. 1 zugerechnet werden[16]. Jedoch setzt ein solcher Anspruch das Bestehen einer Vindikationslage voraus. Der Verein hat die Gläser jedoch entliehen (§ 598)[17], so dass insoweit ein Recht zum Besitz besteht[18].

244

3. Deliktische Ansprüche bestehen nicht: § 823 I i. V. m. § 31 scheidet aus, weil es an einem Verschulden eines Vereinsorgans fehlt. Einer Haftung aus § 831 I 1 steht entgegen, dass die Mitglieder mangels Weisungsgebundenheit oder sozialer Abhängigkeit keine Verrichtungsgehilfen des Vereins sind.

245

Hinweise zur Fallbearbeitung: Der Fall gibt Anlass, eine grundsätzliche Abgrenzungsfrage kurz anzusprechen. So schwer die Abgrenzung zwischen **Erfüllungs-** und **Verrichtungsgehilfe** im Einzelfall sein kann, muss sich der Kandidat stets Rechenschaft darüber ablegen, ob und wofür er sie in der Fallbearbeitung konkret braucht. Je nachdem ist nämlich die Frage danach oft schon falsch gestellt und offenbart dann ein verfehltes Denken vom Tatbestand her, das die *Rechtsfolge* außer Acht lässt. Man muss sich den Unterschied daher **funktionell** klar machen: § 278 ist eine **Zurechnungsnorm**, während § 831 eine eigene deliktsrechtliche (!) Anspruchsgrundlage darstellt[19]. Von daher schließen sich § 278 und § 831 nicht unbedingt aus. Vor allem ist praktisch keine Stelle in der konkreten Fallbearbeitung denkbar, an der beide gegeneinander abgegrenzt werden müssten. Der häufig zu lesende Obersatz: „Fraglich ist, ob E Erfüllungs- oder Verrichtungsgehilfe ist", ist daher schon aus diesem Grund unrichtig, weil dies nie die Frage sein kann. Die Eigenschaft als Erfüllungsgehilfe oder Verrichtungsgehilfe betrifft unterschiedliche Ebenen, nämlich den aus einer Sonderverbindung resultierenden Anspruch einerseits – und innerhalb dessen auch nur das Merkmal des Vertretenmüssens – sowie den deliktischen Anspruch andererseits. Die Unterscheidung spielt deshalb, wenn überhaupt, im Rahmen der gutachtlichen Vorüberlegungen eine Rolle.

246

Diese unterschiedliche Herkunft – § 278 im Bereich der **Sonderverbindung**, § 831 als Norm des Deliktsrechts – soll einmal mehr zum Anlass genommen werden darauf hinzuweisen, dass über § 278 das Verschulden im Rahmen des § 823 nicht zugerechnet werden darf. Das gesetzliche Schuldverhältnis entsteht hier erst durch die Verletzung

247

---

16 Dazu sogleich Rz. 247.
17 Der Leihvertrag stellt ungeachtet der Pflicht zur jederzeitigen Rückgabe nach § 604 III ein Recht zum Besitz dar; vgl. Münch.-Komm.-*Baldus*, 5. Auflage 2009, § 986 Rz. 15; vgl. auch bereits oben **Fall 2** (Rz. 10).
18 Zur überwiegend abgelehnten Figur des nicht-so-berechtigten Besitzers *Habersack*, Sachenrecht, Rz. 106; *Medicus/Petersen*, Bürgerliches Recht, Rz. 582.
19 Und zwar für vermutetes eigenes (Auswahl- und Überwachungs-)Verschulden; näher *Buck-Heeb*, Rz. 317; *Medicus/Lorenz*, Schuldrecht I, Allgemeiner Teil, Rz. 381; *Looschelders*, Schuldrecht Besonderer Teil, Rz. 1320 ff.

eines absolut geschützten Rechtsguts, besteht aber vorher noch nicht. Erst nach Entstehung eines vertraglichen bzw. vertragsähnlichen oder gesetzlichen Schuldverhältnisses kommt innerhalb dessen die Zurechnung nach § 278 in Betracht. Aus diesem Grund beantwortet sich die umstrittene Frage der **Bösgläubigkeit** des Besitzdieners bei der Erlangung des Besitzes im Rahmen des § 989 auch nicht nach § 278, sondern **analog § 166 bzw. § 831**[20]. Steht dagegen fest, dass ein Eigentümer-Besitzer-Verhältnis vorliegt, kann beim nach § 990 erforderlichen Verschulden nach § 278 S. 1 zugerechnet werden, da nunmehr ein gesetzliches Schuldverhältnis in Gestalt des Eigentümer-Besitzer-Verhältnisses vorliegt[21].

§ 5 Die Unmöglichkeit

248 Von der Unmöglichkeit war bereits verschiedentlich die Rede. So wurde etwa die Frage aufgeworfen, ob im Fall des § 283, der auf die Voraussetzungen des § 280 I 1 verweist, die Pflichtverletzung in der Herbeiführung der Umstände, die zur Leistungsbefreiung führen oder schlicht in der Tatsache liegt, dass die Leistung nicht erbracht wird[1]. Darauf wird zurückzukommen sein[2].

249 Dem reformierten Schuldrecht ist gerade am Beispiel der Unmöglichkeit, insbesondere der Leistungsverweigerungsrechte nach § 275 II, III vorgeworfen worden, es schränke den ehernen Grundsatz der **Privatautonomie** ein und gefährde die Vertragstreue[3]. Indes kann wohl nicht gesagt werden, dass das Schuldrecht mit tragenden Strukturprinzipien des Privatrechts bricht[4]. Es verhilft diesen im Gegenteil sogar in vielerlei Hinsicht noch besser zur Durchsetzung und bedeutet an keiner Stelle einen Systembruch[5]. Allerdings muss man sich über die möglichen Schwierigkeiten im Klaren sein, die im Verhältnis zwischen Unmöglichkeit und insbesondere dem Schadensersatz statt der Leistung entstehen können[6].

250 Bevor auf die Einzelheiten der Unmöglichkeit eingegangen wird, sei eine Streitfrage behandelt, die unter dem Stichwort der **eigenmächtigen Selbstvornahme** diskutiert wird[7]. Lässt der Käufer einer mangelhaften Sache diese ohne vorheriges Nacherfüllungsverlangen bzw. vor Ablauf einer angemessenen Nachfrist in Eigenregie reparieren[8], kann er die Reparaturkosten regelmäßig nicht vom Verkäufer verlangen. Da es sich insoweit um einen Fall der vom Gläubiger zu vertretenden Unmöglichkeit han-

---

20 Zu diesem Problem näher *Petersen*, Jura 2002, 255, 258.
21 Vgl. nur *Habersack*, Sachenrecht, Rz. 109.

1 Vgl. oben Rz. 29.
2 Unten Rz. 307.
3 *Picker*, JZ 2003, 1035.
4 Näher zum Ganzen *U. Huber*, AcP 210 (2010), 319, 350 ff.
5 Eingehend *Canaris*, JZ 2004, 214.
6 Instruktiv zu ihnen *Looschelders*, JuS 2010, 849.
7 Zur Nacherfüllung vgl. oben Rz. 117 f.
8 Die bloße Beschaffung eines Ersatzteils stellt keine Ersatzvornahme dar, BVerfG ZGS 2006, 470.

delt[9], verliert der Käufer jegliches Recht auf Rücktritt (vgl. § 326 V i. V. m. § 323 VI), Minderung (vgl. § 441 I 1) und – da es am Vertretenmüssen fehlt – Schadensersatz[10], hat aber nach einer im Schrifttum vertretenen Auffassung gemäß § 326 II 2 i. V. m. §§ 326 IV, 346 Anspruch auf Ersatz der ersparten Nacherfüllungsaufwendungen[11]. Die Gegenmeinung bestreitet den Kostenersatz bei eigenmächtiger Selbstvornahme[12] gemäß oder entsprechend § 326 II 2. Dem hat sich auch der Bundesgerichtshof angeschlossen und vor allem auf den abschließenden Charakter der §§ 437 ff. und den Willen des Gesetzgebers hingewiesen, der bewusst ein Selbstvornahmerecht des Käufers ausgeschlossen und damit das Recht des Verkäufers zur zweiten Andienung gestärkt habe[13].

In Betracht kommen des Weiteren Ansprüche aus GoA bzw. Bereicherungsrecht. Der Bundesgerichtshof hält auch diese – entsprechend seiner früheren Rechtsprechung zum Werkvertragsrecht[14] – durch die speziellen §§ 437 ff. für ausgeschlossen[15]. Bejaht man dagegen die Anwendbarkeit, muss man die Voraussetzungen beider Ansprüche prüfen. Die GoA scheitert zunächst nicht schon am Erfordernis eines objektiv fremden Geschäfts, da die Nacherfüllung von Rechts wegen dem Verkäufer zugewiesen ist und somit zumindest ein auch-fremdes Geschäft vorliegt[16]. Allerdings dürfte es regelmäßig an dem erforderlichen Fremdgeschäftsführungswillen fehlen[17]. Ferner scheidet ein Anspruch aus berechtigter GoA (§§ 683 S. 1, 670, 677) in jedem Fall deshalb aus, weil die eigenmächtige Mängelbeseitigung weder dem wirklichen oder mutmaßlichen Willen des Verkäufers noch dessen objektivem Interesse entspricht[18]. Der Anspruch aus §§ 683 S. 1, 670, 677 würde zudem gegenüber § 326 II 2, der nur tatsächlich ersparte Aufwendungen erfasst, zu weit gehen, weil nach §§ 683 S. 1, 670, 677 alle dem Käufer durch die Selbstvornahme entstandenen Aufwendungen zu ersetzen wären. In Betracht käme daher allenfalls ein Anspruch aus unberechtigter GoA (§§ 684, 818)[19]. **251**

Schwieriger verhält es sich beim Bereicherungsanspruch, weil der Verkäufer bzw. Werkunternehmer die Befreiung von seiner Verbindlichkeit zur Nacherfüllung erlangt hat, die durch die Selbsterfüllung nach § 275, wenn auch nicht durch Leistung, so doch **252**

---

9 Str., Staudinger/*Matusche-Beckmann*, 2004, § 439 Rz. 25; Münch.-Komm.-*H. P. Westermann*, 5. Auflage 2008, § 439 Rz. 10; Bamberger/Roth/*Faust*, § 437 Rz. 36; *Lorenz*, NJW 2003, 1417, 1418; a. A. *Dauner-Lieb/Arnold*, ZGS 2005, 10, 11; *Erman/Grunewald*, § 437 Rz. 3; *Oechsler*, NJW 2004, 1825, 1826; *Schroeter*, JR 2004, 442; offen gelassen vom BGH NJW 2005, 1348, 1349.
10 *Dauner-Lieb/Dötsch*, ZGS 2003, 250.
11 *S. Lorenz*, NJW 2002, 2497, 2499; für eine analoge Anwendung *Braun*, ZGS 2004, 423, 428; dagegen *Dauner-Lieb/Dötsch*, ZGS 2003, 250; siehe auch *Oechsler*, NJW 2004, 1825; *Ebert*, NJW 2004, 1761; *Braun*, ZGS 2004, 328.
12 *Dauner-Lieb/Dötsch*, ZGS 2005, 109; *Bydlinski*, ZGS 2005, 129; *Schröter*, JR 2004, 441; Anw.-Komm.-*Büdenbender*, § 437 Rz. 14; *Katzenstein*, ZGS 2004, 300 ff.
13 BGH NJW 2005, 1348; 2005, 3211, 3212; *Arnold*, ZIP 2005, 2421; *Ulrici*, Jura 2005, 612; *Sutschet*, JZ 2005, 574; dagegen *Herresthal/Riehm*, NJW 2005, 1457.
14 BGH NJW 1968, 43; BGHZ 92, 123, 125; 96, 221, 223.
15 BGH NJW 2005, 1348, 1350; 2005, 3211, 3212; kritisch *Lamprecht*, ZGS 2005, 266, 274.
16 Vgl. *Oechsler*, NJW 2004, 1825, 1826.
17 Freilich wird dieser vom BGH selbst beim auch-fremden Geschäft widerleglich vermutet, BGH NJW 1987, 187; 1999, 858, 860; NJW-RR 2004, 81, 82; zur Gegenansicht *Falk*, JuS 2003, 833 m. w. N.
18 *Oechsler*, aaO.
19 Bejahend *Oechsler*, aaO.; dagegen *S. Lorenz*, NJW 2003, 1419; *Katzenstein*, ZGS 2004, 144, 147, 151.

in sonstiger Weise (§ 812 I 1 Fall 2) erloschen ist. Ein Rechtsgrund besteht auch nicht in Gestalt des § 275, der das ersatzlose Erlöschen der Forderung bewirkt[20], aber als schlichte **Befreiungsnorm** nichts über die Rechtsgrundlosigkeit aussagt[21]. Tatbestandlich liegt also ein Bereicherungsanspruch zwar vor, doch schuldet der Verkäufer nicht die vollständigen Selbstbeseitigungskosten, da es sich für ihn um eine aufgedrängte Bereicherung handelt[22], bei welcher der in Kenntnis seiner fehlenden Verpflichtung insoweit bösgläubige Käufer als Bereicherungsgläubiger nur Ersatz ersparter Aufwendungen und nicht der tatsächlich angefallenen Kosten verlangen kann[23]. Das entspricht auch der **Abschöpfungsfunktion** des Bereicherungsrechts[24] und wird durch den Vergleich mit der Drittleistung (§ 267) ohne Veranlassung des Verkäufers bestätigt, im Falle derer ein Anspruch aus Rückgriffskondiktion gegen den Verkäufer prinzipiell möglich wäre[25].

Hinweis für die Fallbearbeitung: Die soeben diskutierte Frage stellt sich nur bei erforderlicher Fristsetzung. Wenn eine solche im zu begutachtenden Fall gemäß §§ 323 II, 440, 281 II entbehrlich ist, sind die Rechte auf Schadensersatz, Minderung oder Rücktritt entstanden, ohne dass die Selbstvornahme hierfür eine Rolle spielt[26].

I. Arten der Unmöglichkeit

253 § 275 erfasst alle Fälle der Unmöglichkeit[27]. Das schließt die Fälle der echten Unmöglichkeit ebenso ein wie die faktische[28] (§ 275 II) und „moralische" (§ 275 III) Unmöglichkeit[29]. Während die Absätze 2 und 3 Einreden darstellen, erfasst § 275 I die echte Unmöglichkeit, die ipso iure zum Ausschluss des Leistungsanspruchs führt. Daher ist in der **Fallbearbeitung** mit § 275 I zu beginnen[30]. Dabei handelt es sich um eine fundamentale dogmatische Unterscheidung[31], deren Verständnis und konsequente Durchhaltung auch in der Fallbearbeitung von zentraler Bedeutung ist, weil die Trennung nach Absätzen in § 275 auch einer Vermengung der Sachfragen vorbeugt.

§ 275 I gilt nicht nur für die objektive Unmöglichkeit („jedermann"), sondern auch für die subjektive Unmöglichkeit (**Unvermögen**). Das ergibt sich aus den Worten „dem Schuldner". Das Unvermögen darf also nicht etwa dem § 275 II subsumiert werden (Grundlagenfehler)[32]. Daneben erfasst § 275 I die anfängliche ebenso wie die nachträgliche Unmöglichkeit.

---

20 So aber *Gursky*, JZ 1992, 312, 314.
21 *U. Huber*, Leistungsstörungen II, § 49 I, S. 516.
22 Zu ihr *Medicus/Petersen*, Bürgerliches Recht, Rz. 899; *Larenz/Canaris*, Schuldrecht II/2, § 72 IV.
23 *Katzenstein*, ZGS 2004, 145, 149; *Oechsler*, NJW 2004, 1825, 1826; LG Bielefeld ZGS 2005, 79. Für einen Bereicherungsanspruch des Käufers Erman/*Grunewald*, § 437 Rz. 3; *Gsell*, ZIP 2005, 922, 925 ff.; a. A. *Dauner-Lieb*, ZGS 2005, 169, 170; *Arnold*, MDR 2005, 661, 662.
24 *Katzenstein*, ZGS 2005, 305.
25 *Oechsler*, LMK 2005, 81.
26 *Medicus/Lorenz*, Schuldrecht II, Besonderer Teil, Rz. 139.
27 *Canaris*, JZ 2001, 499.
28 Dazu bereits oben Rz. 225.
29 Vgl. zum Begriff *Brox/Walker*, Allgemeines Schuldrecht, § 22 Rz. 23.
30 Zu daraus resultierenden Aufbauproblemen oben Rz. 235.
31 *Canaris*, in: Schulze/Schulte-Nölke (Hrsg.), Schuldrechtsreform, 2001, S. 43, 46.
32 Vgl. *Canaris*, JZ 2001, 499 mit Fußnote 9.

1. Die anfängliche Unmöglichkeit

Die Schlüsselvorschrift der anfänglichen Unmöglichkeit ist § 311a I, der klarstellt[33], dass es der Wirksamkeit eines Vertrages nicht entgegensteht, dass der Schuldner nach § 275 nicht zu leisten braucht und das Leistungshindernis schon bei Vertragsschluss vorliegt. Wichtig ist in diesem Zusammenhang, dass das Gesetz auch im Falle des anfänglichen Unvermögens bewusst das Verschuldensprinzip zugrunde legt. Damit wird dem Grundsatz entsprochen, dass das **Verschuldensprinzip** im Leistungsstörungsrecht die Regel und das **Garantieprinzip** folglich die Ausnahme ist[34]. Insofern versteht sich, dass der Gesetzgeber damit dem früher vielfach diskutierten[35] und insbesondere von der Rechtsprechung favorisierten[36] Garantiegedanken eine Absage erteilt hat[37]. Das kommt in § 311a II 2 zum Ausdruck, wonach die Schadensersatzpflicht für anfängliches Unvermögen nur dann nicht besteht, wenn der Schuldner das Leistungshindernis bei Vertragsschluss nicht kannte und seine Unkenntnis auch nicht zu vertreten hat[38]. Den Schuldner trifft mithin eine vorvertragliche Pflicht zur Vergewisserung seiner **Leistungsfähigkeit** im Hinblick auf Umstände, die in seinem eigenen Einflussbereich liegen.

254

Der Grund liegt vor allem darin, dass kein hinreichender Grund ersichtlich ist, warum im Falle der Unmöglichkeit vor Vertragsschluss ein anderes Haftungsregime gelten sollte, als wenn etwa der verkaufte Gegenstand kurz nach Abschluss des Vertrages untergeht[39]. Das weitverbreitete Argument, dass der Vertrag selbst ein **Garantieversprechen** beinhalte, ist jedenfalls kein tauglicher Grund, weil er das voraussetzt, was gerade die Frage ist[40]. Diese gesetzgeberische Grundentscheidung versteht sich nicht von selbst[41]. Die Wirksamkeit nach § 311a I widerspricht im Übrigen nicht § 275, sondern stellt vor allem klar, dass ein Vertrag ohne primäre Leistungspflicht entsteht[42].

255

2. Impossibilium nulla est obligatio

Dagegen ist die gesetzgeberische Klarstellung des Inhalts, dass Verträge nichtig sind, die eine generell unsinnige Leistung zum Inhalt haben, entbehrlich. Ein diesbezüglicher Anspruch wäre ohnehin meist unbezifferbar oder es stände ihm die Einwendung des Mitverschuldens entgegen[43]. In diesem Zusammenhang ist auch noch einem weit

256

---

33 Zu „unsinnigen" oder verbotswidrigen Leistungsversprechen *Windel*, ZGS 2004, 466.
34 *Canaris*, DB 2001, 1815, 1819.
35 Siehe nur *U. Huber*, Leistungsstörungen I, S. 530 ff.
36 So bereits RGZ 69, 355, 357; 81, 59, 63; aus neuerer Zeit siehe etwa BGH NJW 1997, 938, 939; BGH BB 1997, 1383, 1384.
37 BGH NJW 2007, 3777, 3780.
38 Näher Münch.-Komm.-*Ernst*, 5. Auflage 2007, § 311a Rz. 15; *Tropf*, Festschrift für Wenzel, 2005, S. 443, 452.
39 Vgl. *Canaris*, JZ 2001, 499, 506; zur Unmöglichkeit beim Werkvertrag *Wertenbruch*, ZGS 2003, 53.
40 Vgl. *Schwarze*, Jura 2002, 73, 80. Bedenkenswert in diesem Zusammenhang schon *Oertmann*, AcP 140 (1935), 129 ff., der davon ausging, die Frage sei „keinesfalls nur mit Hilfe der formalen Logik zu beantworten"; hiergegen *U. Huber*, Leistungsstörungen I, S. 532 Fußnote 27.
41 Eingehend *U. Huber*, ZIP 2000, 21, 49.
42 *Canaris*, JZ 2001, 499, 506; siehe bereits oben Rz. 40.
43 Vgl. *Canaris*, JZ 2001, 499, 505 f., mit dem – auch für die Klausurbearbeitung wichtigen – Hinweis, dass bei entsprechenden subjektiven Vorstellungen der Parteien immer auch an den Nichtigkeitsgrund des § 117 zu denken ist.

verbreiteten Missverständnis zu dem Rechtssatz **impossibilium nulla est obligatio** entgegenzuwirken. Dieser Satz bedeutet nicht mehr, als dass der Primäranspruch auf Erfüllung ausscheidet und nicht zwangsläufig, dass aus diesem Grund auch ein Schadensersatz statt der Leistung entfällt[44].

> Zur Einführung in die Problematik des anfänglichen Unvermögens und seiner möglichen Haftungsfolgen diene unser **Fall 24**: A verkauft dem B eine Sache, die er vor Monaten verliehen hatte. Er wusste beim Vertragsschluss nicht, dass der Entleiher sie bereits an C veräußert hatte. B verlangt Übereignung von A, zumindest aber Schadensersatz statt der Leistung. Dieser erklärt sich außerstande. Zudem sei der Vertrag „kraftlos" geworden. Er habe sich seit langem um Rückerhalt beim Entleiher bemüht; er müsse allerdings zugeben, dass ihm die immer neuen Ausflüchte merkwürdig vorgekommen seien. Hilfsweise erklärt A, er fechte den Kaufvertrag an, weil die Veräußerung an C „ein wesentlicher Aspekt der Sache" sei.

257 1. Der Anspruch des B gegen A aus Kaufvertrag gemäß § 433 I 1 auf Übereignung der Sache ist mit dem Abschluss des Kaufvertrags begründet. Möglicherweise ist der Kaufvertrag aber infolge der von A erklärten Anfechtung nach § 142 I nichtig. Als Anfechtungsgrund kommt der Irrtum über eine verkehrswesentliche Eigenschaft gemäß **§ 119 II** in Betracht, den A der Sache nach meint, wenn er von einem „wesentlichen Aspekt der Sache" spricht. Dann müsste die Tatsache, dass die verkaufte Sache einem Dritten gehört, als verkehrswesentliche Eigenschaft qualifiziert werden können[45]. Das ist nicht schon deshalb ausgeschlossen, weil die Eigentumslage nicht notwendigerweise dauerhaft ist[46]. Zweifelhaft ist freilich, ob das Merkmal, wie gefordert wird[47], in der Sache selbst angelegt ist oder von ihr ausgeht. Aber selbst wenn man, was grundsätzlich möglich wäre, davon ausgeht, dass es sich dabei um eine verkehrswesentliche Eigenschaft handelt, scheitert eine Anfechtung an einem anderen Gesichtspunkt. Es ist nämlich anerkannt, dass eine Anfechtung des Verkäufers nach § 119 II ausgeschlossen ist, wenn sie dem Verkäufer nur dazu dienen kann, sich der Sachmängelhaftung oder Schadensersatzansprüchen zu entziehen[48]. So liegt es hier, denn die Anfechtung des A kann nur zum Ziel haben, Schadensersatzansprüchen aus dem Weg zu gehen[49]. Folglich ist eine Anfechtung nach § 119 II ausgeschlossen.

258 Jedoch könnte der Anspruch auf Übereignung infolge der Weiterveräußerung der Sache an C aufgrund dadurch eingetretener subjektiver Unmöglichkeit (§ 275 I) ausgeschlossen sein. Der Wirksamkeit des Vertrages steht die Weiterveräußerung an C nicht entgegen. Denn auch wenn dieser infolge gutgläubigen Erwerbs (§§ 929, 932)

---

44 So bereits *Rabel*, Festschrift für Becker, 1907, S. 171 f. Näher dazu *Canaris*, DB 2001, 1815, 1817, gegen *Altmeppen*, DB 2001, 1399, 1400 f.
45 Vgl. dazu *Gottwald*, BGB-AT, Rz. 155.
46 *Canaris*, JZ 2001, 499, 506 Fußnote 69.
47 BGHZ 70, 47 f.; *Larenz/Wolf*, Allgemeiner Teil, 9. Auflage 2004, § 36 Rz. 49; a. A. *Flume*, Allgemeiner Teil des Bürgerlichen Rechts, Band II, § 24 2 d.
48 St. Rspr.; siehe nur BGH NJW 1988, 2597, 2598 m. w. N.
49 Dabei wird nicht übersehen, dass A auch bei einer Anfechtung nach § 119 II Schadensersatz nach § 122 schulden würde, allerdings nur auf Ersatz des negativen Interesses gerichtet, wohingegen der an die Stelle des Primäranspruchs tretende Anspruch aus § 311a II auf das positive Interesse („Schadensersatz statt der Leistung") gerichtet ist; dazu sogleich unter Rz. 312 ff.

schon beim Vertragsschluss zwischen A und B Eigentümer war und dem A folglich die Übereignung von Anfang an nach § 275 I unmöglich war, ist der Vertrag gleichwohl nach § 311a I wirksam. Dessen ungeachtet ist dem A die Eigentumsverschaffung nach § 275 I unmöglich, so dass B gegen ihn keinen Anspruch aus § 433 I auf Eigentumsverschaffung hat.

2. B könnte aber einen an die Stelle des Primäranspruchs getretenen Anspruch auf Schadensersatz statt der Leistung oder wahlweise auf Aufwendungsersatz (§ 284) gemäß § 311a II 1[50] gegen A haben[51]. § 276 I 1 bestimmt, dass der Schuldner die Leistungsstörung auch dann zu vertreten haben kann, wenn er das **Beschaffungsrisiko** übernommen hat[52]. Dies betrifft nicht nur die Gattungsschuld[53], sondern verallgemeinert das Beschaffungsrisiko auch auf die Stückschuld. Dafür fehlt es jedoch an weiteren Anhaltspunkten im Sachverhalt. Im Übrigen handelt es sich hier um eine Stückschuld, während die in § 276 I 1 zum Ausdruck kommende Möglichkeit der Risiko- und **Garantiehaftung**[54] ihr hauptsächliches Anwendungsfeld bei der Gattungsschuld hat.

259

Da A sein Leistungshindernis nicht positiv kannte, stellt sich die Frage, ob er seine Unkenntnis zu vertreten hatte (§ 311a II 1 a. E.). Es verbleibt die allgemeine Möglichkeit, dass A das Leistungshindernis, den Eigentumsverlust infolge gutgläubigen Erwerbs durch C, fahrlässig nicht kannte, § 311a II i. V. m. § 276 II. Ein Außer-Acht-Lassen der im Verkehr erforderlichen Sorgfalt, wie es **§ 276 II** normiert, könnte darin liegen, dass er eine verliehene Sache an B veräußert hat, die der Entleiher ihm offenbar nach wiederholtem Herausgabeverlangen (vgl. § 604) nicht zurückgab, so dass die Annahme nahe lag, dass dieser sie selbst nicht mehr hatte. Das ist hier anzunehmen: A hätte sich unter den gegebenen Umständen vor der Veräußerung des verliehenen Gegenstandes vergewissern müssen, ob er nach wie vor verfügungsbefugt war. Auch wenn er mit der konkreten Möglichkeit eines gutgläubigen Erwerbs zu seinen Lasten nicht rechnen musste, hätte er immerhin die Möglichkeit in Betracht ziehen müssen, dass der Entleiher angesichts seiner mehrmaligen Ausflüchte zur Rückgabe außerstande sei, etwa weil der Gegenstand bei ihm untergegangen war. Folglich hat A hier seine Unkenntnis des Leistungshindernisses zu vertreten, so dass er dem B nach § 311a II **Schadensersatz statt der Leistung** schuldet.

260

II. Die Leistungserschwerung

Dass die sog. wirtschaftliche Unmöglichkeit kein Fall des § 275 II ist, wurde bereits im Rahmen der Erörterung der Geschäftsgrundlage festgestellt[55]. Dagegen unterfällt die faktische bzw. praktische Unmöglichkeit dem Absatz 2 des § 275[56]. Dieser enthält ein

261

---

50 Zu ihm Kohler, Jura 2006, 241.
51 Siehe auch OLG Karlsruhe ZGS 2004, 477 (Verkauf einer abhanden gekommenen Sache); dazu Scheuren-Brandes, ZGS 2005, 295.
52 Vgl. dazu Leenen, Festschrift für Schirmer, 2006, S. 369, 373 ff.
53 Näher Canaris, Festschrift für Wiegand, 2005, S. 179.
54 Vgl. auch Ehmann/Sutschet, JZ 2004, 62.
55 Oben Rz. 225 ff.
56 Dazu Looschelders, JuS 2010, 849, 850 f.

Leistungsverweigerungsrecht und damit eine Einrede. Der Grund für die Einrede-Lösung besteht darin, dass dem Schuldner die Möglichkeit erhalten bleiben soll, sich den Anspruch auf die Gegenleistung durch überobligationsmäßige Anstrengungen zu verdienen und sich Sekundäransprüchen des Gläubigers zu entziehen. Daraus folgt zunächst, dass der Schuldner sich nicht auf § 275 II berufen muss, er im Gegenteil leisten darf; die Möglichkeit und Befugnis zu einer **überobligationsmäßigen Leistungsanstrengung** wird ihm also nicht genommen[57]. Nichtsdestoweniger geht es auch in § 275 II um einen Fall der Unmöglichkeit. Systematisch lässt sich diese dogmatische Einordnung in das Unmöglichkeitsrecht daran ersehen, dass § 275 IV für alle vorangehenden Absätze gleichermaßen gilt und die Rechtsfolgen der Unmöglichkeit präzisiert[58].

262 In der **Fallbearbeitung** kann sich der dogmatische Unterschied zwischen Einwendung und Einrede dadurch realisieren, dass Letztere bekanntlich geltend gemacht werden muss, während Erstere von Amts wegen zu berücksichtigen ist[59]. Insofern kann sich die Frage stellen, wie zu verfahren ist, wenn der Schuldner nicht ausdrücklich zu erkennen gibt, dass er die Leistung verweigert. Man wird hier im Hinweis des Schuldners auf das Leistungshindernis die konkludente Erhebung der Einrede erblicken können[60].

1. Maßgeblichkeit des Gläubigerinteresses

263 Auf dieser dogmatischen Grundlage können die einzelnen Voraussetzungen des § 275 II behandelt werden[61]. Der entscheidende Unterschied im Bezugspunkt und im Vergleich zur bereits behandelten wirtschaftlichen Unmöglichkeit liegt darin[62], dass bei der wirtschaftlichen Unmöglichkeit auf den Aufwand des Schuldners abzustellen ist, während dieser bei § 275 II zum **Leistungsinteresse des Gläubigers** ins Verhältnis gesetzt wird[63]. Das ergibt sich aus dem Wortlaut des § 275 II, der das Leistungsverweigerungsrecht des Schuldners[64] davon abhängig macht, dass die Leistung einen Aufwand erfordert, der unter Beachtung des Inhalts des Schuldverhältnisses und der Gebote von Treu und Glauben in einem groben Missverhältnis *zu dem Leistungsinteresse des Gläubigers* steht. Es geht also gerade nicht um Fälle der Unzumutbarkeit der Leistungserbringung oder der wirtschaftlichen Unmöglichkeit[65].

264 Aus dieser Konzentration auf das Gläubigerinteresse am Primäranspruch ergibt sich, dass man auch und gerade in der **Fallbearbeitung** nicht der Versuchung erliegen darf, die persönlichen Verhältnisse des Schuldners in die Erörterung des Missverhältnisses i. S. d. § 275 II einzubeziehen, da es nur auf den Aufwand ankommt, den die Leistung erfordert.

---

57 *Canaris*, JZ 2001, 499, 504.
58 Vgl. *Canaris*, JZ 2001, 499, 504; zu den Rechtsfolgen im Einzelnen siehe unten § 6.
59 Zum Unterschied zwischen Einrede und Einwendung instruktiv *Medicus*, Allgemeiner Teil, Rz. 91 ff.
60 So bereits *Canaris*, JZ 2001, 499, 504.
61 Zu ihnen *Looschelders*, JuS 2010, 849, 850 f.
62 Zu ihr oben Rz. 226 ff.
63 *Canaris*, JZ 2001, 499, 501.
64 Es handelt sich also um keinen automatischen Ausschluss des Leistungsanspruchs.
65 Siehe dazu oben Rz. 228 ff. zur Geschäftsgrundlagenstörung, der allein derartige Fälle zuzuordnen sind.

2. Grobes Missverhältnis

Zu beachten ist ferner, dass die Worte vom „groben Missverhältnis" zwischen dem Leistungsaufwand des Schuldners, also etwa den Beschaffungskosten für den Leistungsgegenstand, und dem Leistungsinteresse des Gläubigers in § 275 II zwei Prüfungspunkte beinhalten[66]. Zunächst ist also festzustellen, ob ein Missverhältnis zum Leistungsinteresse des Gläubigers vorliegt. Erst dann kommt es darauf an, ob dieses „grob" ist. Ein solches ist anzunehmen, wenn das festgestellte Missverhältnis „ein besonders krasses, nach Treu und Glauben völlig unträgbares Maß erreicht"[67]. Diese zweite Voraussetzung darf nicht leichthin angenommen werden, weil die Rechtsfolge für den Gläubiger, der bei vom Schuldner nicht zu vertretender Unmöglichkeit schließlich seinen **Anspruch ersatzlos verliert**, einschneidend ist. Umgekehrt erlischt der Anspruch auf die Gegenleistung nach § 326 I 1.

265

3. Der Inhalt des Schuldverhältnisses als Maßstab

Zentraler Maßstab für den Aufwand des Schuldners ist der Inhalt des Schuldverhältnisses. Abgesehen von der allfälligen Vertragsauslegung ist hierfür der Charakter der Schuld – Stück- oder Gattungsschuld – von Bedeutung. Während nämlich bei der Gattungsschuld die Lieferung anderer Sachen aus der Gattung in der Regel ohne größere Probleme möglich und dem Schuldner daher auch grundsätzlich zumutbar ist, sieht es bei der Stückschuld anders aus, wenn der **Leistungsgegenstand gestohlen** wurde. In diesem Fall liegt Unmöglichkeit i. S. d. § 275 I vor, da der Schuldner nicht leisten kann. Etwas anderes gilt nur, wenn der Dieb dem Schuldner bekannt und die Wiedererlangung der Sache für ihn ohne größeren **Wiederbeschaffungsaufwand** möglich ist[68]. Ist dies der Fall, greift § 275 II nicht ein, weil es an der Unzumutbarkeit fehlen würde. In dem entgegengesetzten Fall, dass der Dieb zwar bekannt ist, aber die theoretisch mögliche Wiederbeschaffung einen nicht zu verlangenden praktischen Aufwand erfordern würde, liegt ein Fall des § 275 II hingegen vor[69].

266

Im Übrigen nimmt noch eine weitere zentrale Regelung den Inhalt des Schuldverhältnisses zum Maßstab. Die Rede ist von **§ 276 I 1**, nach dem der Schuldner Vorsatz und Fahrlässigkeit zu vertreten hat, wenn eine strengere oder mildere Haftung weder bestimmt ist noch aus dem sonstigen Inhalt des Schuldverhältnisses, insbesondere der Übernahme einer **Garantie** (vgl. § 443) oder eines Beschaffungsrisikos oder aus der Natur der Schuld, zu entnehmen ist. Die Vorschrift, die nicht nur für die Gattungsschuld gilt, verallgemeinert das **Beschaffungsrisiko**, indem sie zu erkennen gibt, dass der Schuldner die Leistungsstörung auch dann zu vertreten hat, wenn er dieses Risiko übernommen hat[70]. Umgekehrt besteht die Haftung nur im Rahmen des übernommenen Beschaffungsrisikos und begründet keine Einstandspflicht für sonstige Störungen.

267

---

66 Siehe dazu auch *Oechsler*, Rz. 69.
67 *Canaris*, JZ 2001, 499, 502.
68 BGHZ 141, 179, 181; vgl. auch *Medicus/Lorenz*, Schuldrecht I, Allgemeiner Teil, Rz. 417.
69 BT-Drs. 14/6040, S. 129.
70 Siehe dazu bereits unseren **Fall 24** (Rz. 256).

§ 5 Die Unmöglichkeit

> Dass in Extremfällen nach wie vor Ausnahmen denkbar sind, zeigt sich anhand der klassischen **Mühlenbrand-Entscheidung**, die unserem **Fall 25** zugrunde liegt[71]: Geschuldet war das Saatmehl „Eichenlaub", das freilich nur in einer ganz bestimmten Mühle, noch dazu nach einem Geheimverfahren, hergestellt wurde. Kann G, der als Bäcker aus diesem Saatmehl besonders gefragte und wohlschmeckende Backwaren herstellt, von S, der dieses Saatmehl versprochen hatte, nach Abbrennen der Mühle weiteres Saatmehl dieser Art verlangen, wenn ungewiss ist, ob es auf dem Markt überhaupt noch weitere Bestände vom Saatmehl „Eichenlaub" gibt? G bringt vor, dass ihm ohne das Saatmehl „Eichenlaub" ein Schaden in Höhe von 3000 € wegen abgesprungener Großkunden entstehe, die nur Backwaren aus dem Saatmehl „Eichenlaub" von ihm wollten, und fordert dafür Ersatz.
>
> **Abwandlung:** Angenommen S findet jemanden, der noch einen Restposten des Saatmehls „Eichenlaub" in der geschuldeten Menge verkauft. Der Verkäufer verlangt dafür aber 3100 €, obwohl der objektive Wert bei 300 € liegt. G sagt zu S, er „müsse in den sauren Apfel beißen". S hält dies für „völlig unverhältnismäßig und treuwidrig".

268 I. 1. G könnte gegen S einen Anspruch auf Lieferung des versprochenen Saatmehls der vereinbarten Art aus Kaufvertrag gemäß § 433 I haben. Durch den Abschluss des Kaufvertrags ist der Anspruch entstanden. Er könnte nach § 275 I infolge Unmöglichkeit ausgeschlossen sein. Das setzt voraus, dass die Leistung für den Schuldner oder für jedermann unmöglich ist. Davon kann man jedoch nicht ohne weiteres ausgehen, weil durchaus möglich ist, dass auf dem Markt noch alte Bestände des geschuldeten Mehls vorhanden sind. Ein Fall des **§ 275 I** liegt mithin nicht vor.

269 Dem S könnte aber ein **Leistungsverweigerungsrecht** nach § 275 II zustehen, weil und sofern die Leistung einen Aufwand erfordert, der unter Beachtung des Inhalts des Schuldverhältnisses und dem Gebot von Treu und Glauben in einem groben Missverhältnis zum Leistungsinteresse des Gläubigers steht. Für den danach zu untersuchenden Inhalt des Schuldverhältnisses ist grundsätzlich bedeutsam, ob es sich um eine Stück- oder Gattungsschuld handelt, da bei letzterer die Anforderungen nach der Wertung des § 243[72] höher liegen können. Hier handelt es sich beim geschuldeten Mehl zwar um eine Gattungsschuld[73], so dass an sich verlangt werden kann, dass der Schuldner weitere Leistungsanstrengungen unternimmt. Die Besonderheit der Schuld liegt jedoch darin, dass die Mühle, die das geschuldete Mehl nach dem Inhalt des Schuldverhältnisses allein herstellen konnte, abgebrannt ist, so dass kein weiteres Mehl mehr auf die geschuldete Weise produziert werden kann. Was noch etwaige, auf dem Markt vorhandene Bestände betrifft, ähnelt die Lage der sog. **Vorratsschuld**[74], bei der Unmöglichkeit eintritt[75], wenn bei einer Gattungsschuld vereinbarungsgemäß nur aus einem bestimmten Vorrat geleistet werden musste und demgemäß wie bei der Stückschuld[76] schon dann Unmöglichkeit eintritt, wenn der Vorrat erschöpft ist[77], ohne dass

---

71 **RGZ 57, 116 ff.**
72 *Canaris*, JZ 2001, 499, 502, der ebenfalls im Mühlenbrandfall von RGZ 57, 166 einen Extremfall verwirklicht sieht, der eine Ausnahme von diesem Grundsatz rechtfertigt.
73 Lehrreich zur Abgrenzung von Stück- und Gattungsschuld *Meier*, Jura 2002, 118, 119.
74 Zu ihr auch *Faust*, ZGS 2004, 252, 255; *Tiedtke/Schmitt*, JuS 2005, 583.
75 *U. Huber*, Leistungsstörungen II, § 59 I 3 a.
76 Vgl. auch *Canaris*, JZ 2001, 499, 518; *Ballerstedt*, Festschrift für Nipperdey, 1955, S. 264 ff.
77 Instruktiv *Meier*, Jura 2002, 187, 192.

der Schuldner einen neuen Bestand der gleichen Ware ausmachen und aus ihm leisten müsste[78]. Hier liegt freilich keine Vorratsschuld im strengen Sinne vor; eher könnte man von einer **„produktionsbezogenen" Gattungsschuld** sprechen[79], bei der sich der Schuldner zur Leistung aus einer bestimmten Produktion, hier aus derjenigen der abgebrannten Mühle, verpflichtet. Auch im vorliegenden Fall könnte möglicherweise objektiv noch geleistet werden, doch ist der Aufwand immens und würde außer Verhältnis zum Leistungsinteresse des Gläubigers stehen[80]. Denn dass der Gläubiger das Saatmehl für besonders nachgefragte Backwaren benötigt, rechtfertigt keine so weitreichende Nachforschung, wie sie voraussichtlich erforderlich wäre, um Restbestände des Saatmehls „Eichenlaub" auszumachen. Daher steht dem Schuldner ein Leistungsverweigerungsrecht nach § 275 II zu[81].

2. G könnte aber von S einen Anspruch auf Schadensersatz aus § 283 S. 1 i. V. m. § 280 I 1, III auf Zahlung der 3000 € haben. Da der Schuldner hier nach § 275 II nicht zu leisten braucht, sind nach § 283 S. 1 die Regelungen des § 280 I anwendbar. Allerdings müsste S dafür eine Pflicht aus dem Schuldverhältnis verletzt haben. Selbst wenn man davon ausgeht, dass die Pflichtverletzung in der bloßen Nichtleistung liegt[82], fehlt hier jedenfalls das Verschulden (§ 280 I 2), da S keine Schuld an dem Brand trifft. Auch die nach § 276 I in Betracht kommende Übernahme eines **Beschaffungsrisikos** scheidet hier aus, weil eine solche nicht in jedem Versprechen einer Gattungsschuld gesehen werden kann.

270

II. In der **Abwandlung** ist zu prüfen, ob dem S ein Leistungsverweigerungsrecht nach § 275 II zusteht. Immerhin übersteigt der Preis für das Saatmehl den objektiven Wert um mehr als das Zehnfache. Auf dieses Missverhältnis kommt es jedoch für § 275 II gerade nicht an. Entscheidend ist nur das Verhältnis des Aufwands zum Leistungsinteresse des Gläubigers. Da dieses aber bei 3000 € liegt, der Aufwand sich dagegen „nur" auf 3100 € beläuft, liegt wohl schon kein Missverhältnis vor. Zumindest wäre es nicht grob, weil die Abweichung nicht so krass ist, dass sie ein völlig untragbares Maß erreicht. Die Frage der Treuwidrigkeit („und der Gebote von Treu und Glauben", § 275 II) stellt sich demnach nicht mehr.

271

Allerdings ist für die Bestimmung der dem Schuldner zuzumutenden Anstrengungen nach **§ 275 II 2** zu berücksichtigen, ob der Schuldner das Leistungshindernis zu vertreten hat[83]. Was der Schuldner zu vertreten hat, bemisst sich grundsätzlich nach § 276 I 1, wo – wie soeben dargestellt – ebenfalls vom **Inhalt des Schuldverhältnisses**, gegebenenfalls einer Garantie oder anderweitigen Risikoübernahme, die Rede ist. Doch kommt es darauf für den vorliegenden Zusammenhang nicht an, weil § 275 II 2 vom Vertreten des Leistungshindernisses spricht. Dass aber die Mühle abgebrannt und S daher außer-

272

---

78 Näher zur Vorratsschuld *Medicus/Petersen*, Bürgerliches Recht, Rz. 256.
79 *Canaris*, JZ 2001, 499, 518; *U. Huber*, Leistungsstörungen I, § 24 IV sowie Leistungsstörungen II, § 59 I 3 b.
80 Instruktiv auch *Dauner-Lieb*, Fälle zum Neuen Schuldrecht, Fall 114, S. 229.
81 Ebenso *Looschelders*, JuS 2010, 849, 853.
82 Siehe allerdings zu der problematischen Frage, worin die Pflichtverletzung bei § 283 liegt, unten Rz. 306 ff. sowie oben andeutungsweise unter Rz. 29.
83 Näher dazu *Meier*, Jura 2002, 118, 130; vgl. auch *Schwarze*, Jura 2002, 73, 76 f.

§ 5 *Die Unmöglichkeit*

stande ist zu liefern, hat er nicht zu vertreten. Einen wichtigen Abwägungsgesichtspunkt für die dem Schuldner zumutbaren Anstrengungen bildet nach § 275 II 2 das Vertretenmüssen, das im Zusammenspiel mit den übrigen Umständen in Rechnung zu stellen ist[84]. Dem Schuldner, der das Leistungshindernis nicht zu vertreten hat, sind tendenziell geringere Anstrengungen zumutbar[85], nach einer weiter – aber im Hinblick auf das vertraglich abgegebene Leistungsversprechen wohl zu weit – gehenden Auffassung sogar nur sehr geringe[86]. Wenn der Schuldner das Leistungshindernis zu vertreten hat, sollen ihm entsprechend höhere Anstrengungen zumutbar sein[87]. Allerdings betrifft der eng auszulegende[88] § 275 II per se schon die Grenzregion des zumutbaren Aufwandes.

273 Damit stellt sich die Frage, wie die Wendung „ist auch zu berücksichtigen" in § 275 II 2 zu verstehen ist. Man könnte daraus folgern, dass nur im Fall des Vertretenmüssens eine Pflicht zur Eingehung eines unlukrativen Deckungsgeschäfts besteht, während es in allen anderen Fällen vom Schuldner nicht verlangt werden könnte[89]. Jedoch ist dieser Umkehrschluss nicht durchschlagend. Insbesondere das Wörtchen „auch" trägt diesen Schluss nicht. Denn damit ist nur gemeint, dass es neben den schon in § 275 II 1 genannten Umständen auch auf das Vertretenmüssen des Leistungshindernisses ankommt, dieses aber nicht den alleinigen Gesichtspunkt darstellt. Können im Fall der versehentlichen (vgl. § 276 I 1) Veräußerung des Leistungsgegenstandes unzweifelhaft auch höhere Aufwendungen für den Rückerwerb erforderlich sein, folgt daraus nicht im Gegenschluss, dass dem Schuldner hier keine Leistungsanstrengungen zum Freiwerden von dem **Primäranspruch** abverlangt werden könnten[90]. Der Schuldner muss also zumindest den Schaden in Höhe von 3000 € bezahlen, mag dieser auch, verglichen mit dem objektiven Wert, überzogen sein. Die Frage ist, ob er noch mehr, hier: 3100 €, zahlen muss. Auch das ist jedoch zu bejahen. Denn immerhin hat er die Leistung versprochen, die er nicht erfüllen kann, so dass das Leistungshindernis eher seiner Sphäre zuzuordnen ist.

274 Die Funktion des § 275 II 2 dürfte also in der vorliegenden Konstellation nicht zuletzt darin liegen, dass ein vergleichsweise geringer Mehrbetrag – denn nur auf diesen und nicht auf den objektiven Wert kommt es nach dem maßgeblichen **Gläubigerinteresse** an – von hier 100 € noch tolerabel ist, obwohl die Opfergrenze tendenziell niedriger ist, als wenn er das Leistungshindernis zu vertreten gehabt hätte. S muss demnach in den sauren Apfel beißen und sich anderweitig zum Preis von 3100 € eindecken, weil ihm kein Leistungsverweigerungsrecht zusteht.

---

84 Dazu *Looschelders*, JuS 2010, 849, 853 unter Berufung auf BGHZ 163, 234, 246.
85 Münch.-Komm.-*Ernst*, 5. Auflage 2007, § 275 Rz. 102.
86 *Picker*, JZ 2003, 1035, 1044; *Lobinger*, Die Grenzen rechtsgeschäftlicher Leistungspflichten, 2004, S. 258.
87 *Schwarze*, Recht der Leistungsstörungen, § 5 Rz. 15; *Brox/Walker*, Allgemeines Schuldrecht, § 22 Rz. 19.
88 BGH NJW 2009, 1660, 1662.
89 In diese Richtung offenbar *Huber*, in: Ernst/Zimmermann (Hrsg.), Zivilrechtswissenschaft und Schuldrechtsreform, 2001, S. 49, 75.
90 *Canaris*, JZ 2001, 499, 503.

Umstritten ist im Zusammenhang mit der Stück-, Gattungs- und Vorratsschuld, was beim Kauf einer mangelhaften Sache gilt. Das wird im Hinblick auf die Nacherfüllung uneinheitlich beurteilt[91]. Vereinfacht lässt sich Folgendes sagen: Haben die Parteien zwar einen **Stückkauf** vereinbart und ist die Kaufsache durch eine andere ohne Einbuße ersetzbar (**„funktioneller Gattungskauf"**)[92], kommt gleichwohl die Nacherfüllung durch Lieferung einer anderen Sache, also eine Ersatzlieferung, grundsätzlich in Betracht[93]. Geht es jedoch um ein **Unikat**, das geschuldet ist und mangelhaft geliefert wird, oder eine unvertretbare Sache[94], so liegt Unmöglichkeit (§ 275 I) vor[95]. Entscheidend ist also letztlich, ob die Auslegung ergibt, dass die Sache durch eine gleichwertige und gleichartige ersetzbar ist[96]. Ist dies nicht der Fall – wie in aller Regel beim Gebrauchtwagenkauf nach persönlicher Besichtigung[97] –, so steht dem Käufer aufgrund anfänglicher irreparabler Schlechtleistung ein Rückzahlungsanspruch aus §§ 437 Nr. 2 Alt. 1, 326 V, 326 I 2, 323 I, 346 I zu[98].

275

4. Exkurs: Die Übernahme einer Garantie

Der zuletzt behandelte Fall lädt zu einem Exkurs zu § 276 ein. Das Vertretenmüssen bemisst sich nach § 276 I 1[99], im Rahmen dessen wiederum der Inhalt des Schuldverhältnisses eine Rolle spielt. Je nach weiteren Angaben im Sachverhalt kann in einem Fall der dargestellten Art eine Garantie (§ 443) oder ein bestimmtes Beschaffungsrisiko übernommen worden sein, wie es § 276 I vorsieht. Während von der Übernahme des Beschaffungsrisikos schon verschiedentlich die Rede war[100], bedarf die Übernahme einer Garantie[101], deren Reichweite im Wege der **Auslegung** zu bestimmen ist[102], noch einer kurzen Betrachtung[103]. Der Verkäufer muss die Gewähr für das Vorhandensein der vereinbarten Beschaffenheit übernehmen und erkennen lassen, dass er für die Folgen des Fehlens einstehen wird[104].

276

Die Übernahme einer Garantie stellt ein weiteres Beispiel für die Rückbindung zentraler Grundsätze in das Allgemeine Schuldrecht dar[105]. Neben der – auch stillschweigend

277

---

91 Instruktiv *Heinemann/Pickartz*, ZGS 2003, 149; vgl. auch *H. Ebel*, JA 2004, 566; *Heinrich*, ZGS 2003, 253.
92 *Oetker/Maultsch*, Vertragliche Schuldverhältnisse, 2002, S. 83.
93 *Canaris*, JZ 2003, 1154; *Oechsler*, NJW 2004, 1825; *Spickhoff*, BB 2003, 589, 590; *Pammler*, NJW 2003, 1992; a. A. *Faust*, ZGS 2004, 252; *U. Huber*, Festschrift für Schlechtriem, 2003, S. 521, 523 Fußnote 9; *Lettl*, JuS 2002, 866, 869; *Tiedtke/Schmitt*, JuS 2005, 583, 587.
94 *Kamanabrou*, ZGS 2004, 57, 59.
95 *H. P. Westermann*, NJW 2002, 241, 248; *von Westphalen*, in: Henssler/von Westphalen, § 439 Rz. 5; siehe auch *Ackermann*, JZ 2002, 378.
96 BGH NJW 2006, 2839 (dazu *Gsell*, JuS 2007, 97); ähnlich BGH NJW 2005, 2852, 2854.
97 BGH ebenda; ebenso OLG Schleswig NJW-RR 2005, 1579, 1581; OLG Hamm NJW-RR 2005, 1220, 1221.
98 *H. Roth*, NJW 2006, 2953; vgl. auch *Kitz*, ZGS 2006, 419.
99 *Altmeppen*, DB 2001, 1131; gegen ihn *Canaris*, DB 2001, 1815; dagegen wiederum *Altmeppen*, DB 2001, 1821.
100 Zuletzt in **Fall 24** (Rz. 259) sowie in **Fall 21** (Rz. 221).
101 Vgl. zur Garantie beim Unternehmenskauf *Dauner-Lieb/Thiessen*, ZIP 2002, 108.
102 *Huber/Faust*, Schuldrechtsmodernisierung, § 3 Rz. 21.
103 Zur Garantieübernahme am praktischen Beispiel siehe oben unseren **Fall 24** (Rz. 256).
104 BGHZ 170, 86.
105 Siehe dazu *Medicus*, in: Das neue Schuldrecht, § 3 Rz. 141.

möglichen – Garantie für die **Leistungsfähigkeit** ist die **Beschaffenheitsgarantie** von Bedeutung[106]. Diese wird in § 443 I von der **Haltbarkeitsgarantie** unterschieden[107]. Liegt eine Beschaffenheitsgarantie vor, so kann der Gläubiger vom Schuldner selbst dann Schadensersatz aus §§ 437 Nr. 3, 311a II verlangen, wenn dieser nicht wusste und nicht einmal wissen konnte, dass die zugesicherte Eigenschaft fehlt, da der Schuldner die Unkenntnis infolge seiner Garantieübernahme i. S. d. § 276 I 1 zu vertreten hat[108]. Mit einer Beschaffenheitsgarantie übernimmt der Schuldner also die verschuldensunabhängige[109] Einstandspflicht für das Vorhandensein der jeweiligen **zugesicherten Eigenschaft**. Im Kaufrecht führt die Beschaffenheitsgarantie insbesondere dazu, dass der Käufer nach § 442 I 2 seine Rechte wegen eines Mangels selbst dann geltend machen kann, wenn er den Mangel infolge grober Fahrlässigkeit nicht erkannt hat. Der Verkäufer kann sich dann nach § 444 auch nicht auf einen Haftungsausschluss berufen[110], wobei zu beachten ist, dass die Klausel „ohne Garantie" regelmäßig noch keinen Haftungsausschluss bedeutet, sondern klarstellt, dass der Verkäufer eine **Eigenschaftszusicherung** ablehnt[111].

III. Unverhältnismäßigkeitseinrede im Leistungsstörungs- und Kaufrecht

277a Hiermit ist bereits die Grenze zum Kaufrecht überschritten, die freilich nach der Systematik des reformierten Schuldrechts ohnehin fließend ist. Insbesondere das Verhältnis der §§ 275 II, III zur Unverhältnismäßigkeitseinrede des § 439 III ist klausurrelevant.

> Dass es dabei zu aufbautechnisch anspruchsvollen Prüfungen kommen kann, weil die Probleme auf der Ebene der Gegenrechte angesiedelt sind, zeigt abschließend **Fall 25a**, der der Entscheidung des **OLG Celle, ZGS 2006, 429** nachgebildet ist: K kaufte bei V ein neues Wohnmobil mit Tageszulassung zum Verkehrswert von 30 000 €, dessen Motor allerdings defekt war, so dass K das Fahrzeug nur wenige Kilometer problemlos nutzen konnte. K verlangt die Lieferung eines Neufahrzeugs in einer Frist von einem Monat. Nach erfolglosem Fristablauf, während der V nichts von sich hören lässt, erklärt K den Rücktritt und verlangt Rückzahlung des Kaufpreises. Offen bleibt, ob dem Fahrzeug selbst nach fachgerechter Reparatur ein merkantiler Minderwert anhaften würde. Gleichwohl wendet V ein, für ein gattungsgleiches Neufahrzeug müsse er 33 000 € aufwenden; das sei „in jeder Hinsicht unverhältnismäßig".

K könnte gegen V einen Anspruch auf Rückzahlung des Kaufpreises aus §§ 437 Nr. 2, 323 I, 346 I haben. Da das Wohnmobil im Zeitpunkt des Gefahrübergangs aufgrund des defekten Motors nicht frei von Sachmängeln war und sich jedenfalls für die ge-

---

106 Aus der Rechtsprechung OLG Koblenz ZGS 2004, 317; dazu *Muthers*, ZGS 2004, 289.
107 Zu ihr *Fahl/Giedinghagen*, ZGS 2004, 344; siehe auch *Saenger/Veltmann*, ZGS 2005, 450. Die Einzelheiten dazu gehören in das kaufrechtliche Mängelgewährleistungsrecht; instruktiv hierzu *Zimmer/Eckhold*, Jura 2002, 145, 148; vgl. auch *Schulte-Nölke*, ZGS 2003, 184; *Schinkels*, ZGS 2003, 310.
108 *Canaris*, DB 2001, 1815.
109 *Huber/Faust*, Schuldrechtsmodernisierung, § 3 Rz. 21.
110 Vgl. auch *Faust*, ZGS 2002, 271; *Eidenmüller*, ZGS 2002, 290, 296.
111 Hk-BGB/*Saenger*, § 444 Rz. 3.

wöhnliche Verwendung nicht eignete (§§ 434 I 2 Nr. 2, 433 I 2), konnte K unter den Voraussetzungen des § 323 I vom Vertrag zurücktreten. Das setzt voraus, dass K eine angemessene Frist zur Nacherfüllung gesetzt hat. Hier hat K eine angemessene Frist zur Nachlieferung binnen eines Monats gesetzt. Die Fristsetzung zur Nachlieferung entfaltet jedoch nur dann rechtliche Wirkung, wenn K im Zeitpunkt der Fristsetzung ein fälliger und einredefreier Anspruch auf die geforderte Ersatzlieferung zugestanden hätte. Wäre der Anspruch auf Nachlieferung dagegen ausgeschlossen und würde stattdessen nur ein Anspruch auf Nachbesserung bestehen, könnte K nach Ablauf der Nachlieferungsfrist nicht zurücktreten, sondern müsste eine weitere Frist zur Nachbesserung setzen. Wären sowohl die Nachlieferung als auch die Nachbesserung ausgeschlossen, könnte K schließlich ohne Fristsetzung vom Vertrag zurücktreten (§§ 326 V, 440 S. 1).

Der Anspruch auf Lieferung einer mangelfreien Sache, die K gewählt hatte, war nach § 439 I entstanden. Er könnte jedoch nach § 275 I ausgeschlossen sein. Der Kauf eines Neuwagens mit Tageszulassung ist ein Stückkauf. Die Ersatzlieferung ist hierbei jedoch nicht generell ausgeschlossen, weil und sofern die verkaufte Sache entsprechend der (hypothetischen) Parteivereinbarung (§§ 133, 157) durch eine neue bzw. neuwertige ersetzbar ist[112]. Zwar liegt Unmöglichkeit regelmäßig beim Gebrauchtwagenkauf vor, wenn zuvor eine Besichtigung stattgefunden hat[113], doch handelt es sich hier um den Kauf eines Neuwagens. Daher war die Leistung eines gattungsgleichen Modells mit denselben vereinbarten Qualitätsmerkmalen[114] möglich und die Ersatzlieferung als Leistung i. S. d. § 275 I dem V als Schuldner des Nacherfüllungsanspruchs nicht unmöglich.

277b

Dem Nachlieferungsanspruch könnte § 275 II entgegenstehen, der nach überwiegender Ansicht wegen des systematischen Zusammenhangs mit § 275 I zum Entfallen der Verpflichtung zur Nacherfüllung führen kann[115], während ein Teil der Lehre entsprechend der sprachlichen Fassung („kann die Leistung verweigern") davon ausgeht, dass er einredebehaftet fortbesteht[116]. Auch nach § 275 II, der nach § 439 III anwendbar ist („unbeschadet des § 275 II"), steht V kein Leistungsverweigerungsrecht zu, zumal die Anforderungen an die Begründung der Einrede hier gegenüber § 439 III, bei dem der Verkäufer immerhin „angeleistet" hat[117], tendenziell sogar noch höher sind als im Falle der Nichtleistung[118], für die § 275 II BGB vor allem gilt[119]. Absolute Unverhältnismäßigkeit[120] im Sinne des § 275 II BGB liegt demnach vor, wenn ihr Ausmaß eine

---

112 *Canaris*, JZ 2003, 831, 833.
113 BGHZ 168, 64.
114 Zu diesem Erfordernis *Oechsler*, Rz. 140.
115 *Looschelders*, Schuldrecht Allgemeiner Teil, Rz. 500; Jauernig/*Stadler*, § 275 Rz. 32; Bamberger/Roth/*Unberath*, § 275 Rz. 52: Schuldbefreiungsgrund.
116 Münch.-Komm.-*Emmerich*, 5. Auflage 2007, § 275 Rz. 96. Mit dieser Begründung wäre eine Prüfung im Anschluss an die Erörterung des § 439 III ebenso vertretbar.
117 So einprägsam *Oechsler*, Rz. 141.
118 Skeptisch unter Hinweis auf die Verbrauchsgüterkaufrichtlinie *Herresthal*, in: Langenbucher, Europarechtliche Bezüge des Privatrechts, 2005, § 2 Rz. 163.
119 BT-Drs. 14/6040, S. 232; a. A. (kein sachlicher Unterschied) Bamberger/Roth/*Faust*, § 439 Rz. 55.
120 Zu diesem Begriff im Verhältnis zu § 439 III Bamberger/Roth/*Faust*, § 439 Rz. 40.

§ 5 *Die Unmöglichkeit*

wertungsmäßige Gleichstellung mit der Unmöglichkeit nahe legt[121]. Für einen Aufwand des V, der in einem groben Missverhältnis im Sinne des § 275 II BGB stand, ist jedoch nichts ersichtlich.

277c Zu prüfen ist, ob dem Anspruch auf Nachlieferung das Leistungsverweigerungsrecht des V gemäß § 439 III entgegensteht. Danach kann er die gewählte Art der Nacherfüllung, hier also die Lieferung einer mangelfreien Sache (§ 439 I) verweigern, wenn sie nur mit unverhältnismäßigen Kosten verbunden ist, § 439 III 1. Angesichts der Unsicherheit, ob trotz fachgerechter Reparatur des Motors ein merkantiler Minderwert am Fahrzeug verbleibt, kann gemäß § 439 III 2 a. E. auf die andere Art der Nacherfüllung, also die Beseitigung des Mangels (§ 439 I), nicht ohne erhebliche Nachteile für den Käufer zurückgegriffen werden. Dabei kommt es nicht darauf an, dass tatsächlich ein Minderwert verbleibt; dann läge sogar Unmöglichkeit der Nachbesserung gemäß § 275 I nahe, auf die § 439 III ohnehin nicht passt[122]. Bereits die Ungewissheit, ob der Mangel durch Nachbesserung restlos beseitigt werden kann, begründet einen erheblichen Nachteil im Sinne des § 439 III 2 a. E. Damit scheidet die so genannte relative Unverhältnismäßigkeit der Nachlieferung aus. Nach § 439 III 3 Hs. 2 verbleibt absolute Unverhältnismäßigkeit, so dass nunmehr noch die Möglichkeit der Nachlieferung isoliert am Maßstab des § 439 III 1 zu messen ist[123]. Fraglich ist, wie es hinsichtlich der unverhältnismäßigen Kosten im Hinblick auf den Wert der Sache in mangelfreiem Zustand aussieht. Auszugehen ist vom Wert der Sache in mangelfreiem Zustand (Verkehrswert von 30 000 €) im Verhältnis zu den Kosten der Ersatzbeschaffung. Diese umfassen den vom Verkäufer aufzuwendenden Preis für die Ersatzsache, hier 33 000 €, und den Wertverlust der zurückgenommenen Sache[124]. Da es sich bei dem Fahrzeug um eine Tageszulassung handelt, war die durch die Erstzulassung eingetretene Wertminderung bereits bei Abschluss des Kaufvertrages begründet und belastet den Verkäufer bei der Nachlieferung nicht mehr (sonst § 346 II 1 Nr. 3). Nach diesem Maßstab betragen hier die Kosten der Wiederbeschaffung einer typengleichen Sache 110 % des gezahlten Kaufpreises. In Anlehnung an die Rechtsprechung zu den erforderlichen Aufwendungen bei § 251 II[125] wird eine Grenze von 130 % von einem Teil der Lehre als äußerste Grenze erachtet[126]. Andere setzen die Grenze bei einem Kostenaufwand von 125 %[127], 150 %[128] oder sogar 200 %[129]. Da es im **Kaufrecht** um das **Äquivalenzinteresse** geht, während im Schadensrecht, also auch bei § 251 II das Integritätsinter-

---

[121] *Canaris*, JZ 2004, 214, 220. Siehe auch oben Rz. 261 ff.
[122] *Maultzsch*, ZGS 2003, 411, 415; *Oechsler*, Rz. 141.
[123] Ob das Leistungsverweigerungsrecht des Verkäufers bei absoluter Unverhältnismäßigkeit mit der Verbrauchsgüterkaufrichtlinie vereinbar ist, ist umstritten; BGH JZ 2009, 310, hat die Frage dem EuGH (Az.: C-65/09) vorgelegt; dazu *Unberath/Cziupka*, JZ 2009, 313; *Looschelders*, JA 2009, 384; *Gärtner/Schön*, ZGS 2009, 109; *Medicus/Petersen*, Bürgerliches Recht, Rz. 291a ff. Für eine Vereinbarkeit mit der Richtlinie siehe den Schlussantrag des Generalanwalts, ZGS 2010, 361.
[124] Münch.-Komm.-*H. P. Westermann*, 5. Auflage 2007, § 439 Rz. 22.
[125] BGHZ 116, 364, 368.
[126] *H. P. Westermann*, in: Schulze/Schulte-Nölke, S. 109, 125.
[127] *Henssler/von Westphalen*, Praxis der Schuldrechtsreform, 2. Auflage 2003, § 439 Rz. 27.
[128] *Bitter/Meidt*, ZIP 2001, 2114, 2121; *Kirsten*, ZGS 2006, 66, 71.
[129] *Feuersänger*, MDR 2004, 922, 924.

esse im Vordergrund steht[130], bildet die 130 %-Rechtsprechung zu § 251 II allenfalls einen Anknüpfungspunkt. Das kann hier jedoch letztlich dahinstehen, da die hier vorliegende lediglich zehnprozentige Überschreitung nach allen Ansichten noch verhältnismäßig ist, so dass eine absolute Unverhältnismäßigkeit schon aus diesem Grund nicht besteht.

Überdies ist das Bestehen der Einrede aus § 439 III auch nach dem zeitlichen Ablauf zweifelhaft. Der historische Gesetzgeber hat sich zu der Frage, bis wann die Einrede der Unverhältnismäßigkeit erhoben werden kann, nicht geäußert. Zwar hat sich V darauf berufen, wie dies zur Geltendmachung einer Einrede erforderlich ist, jedoch erst nach Ablauf der Frist. Es ist jedoch fraglich, ob er dafür bis zum Zeitpunkt der letzten mündlichen Verhandlung Zeit hat oder ob er sich nicht vielmehr während der laufenden Nachfrist oder spätestens bis zur Rücktrittserklärung auf das Leistungsverweigerungsrecht berufen muss. Das Oberlandesgericht Celle nimmt mit folgender Begründung letzteres an: Schon der Wortlaut, der die Nacherfüllung und damit die fortbestehende Nacherfüllbarkeit voraussetzt, spreche für eine fristgebundene Erhebung der Einrede. Schließlich sei durch die vor Erhebung der Einrede liegende Rücktrittserklärung (§ 349) das Schuldverhältnis in ein Rückabwicklungsverhältnis umgestaltet worden, womit die Nacherfüllung aus Gründen der Gesetzessystematik nicht mehr möglich wäre[131]. Auch die bei Unverhältnismäßigkeit grundsätzlich mögliche „andere Art der Nacherfüllung", von der § 439 III 2 spricht, sei mit der Erklärung des Rücktritts ausgeschlossen[132]. Daher bestehe auch das Leistungsverweigerungsrecht nur solange, wie der Rücktritt noch nicht erklärt worden ist. V könnte sich demnach nicht mehr auf das Leistungsverweigerungsrecht berufen, selbst wenn die Voraussetzungen des § 439 III entgegen dem oben zur Unverhältnismäßigkeit Gesagten vorgelegen hätten[133].

277d

Somit bestand der Nacherfüllungsanspruch in der gewählten Form bis zur Rücktrittserklärung einredefrei. K kann folglich von V Rückzahlung des Kaufpreises in Höhe von 30 000 € Zug um Zug gegen Rückgewähr des defekten Fahrzeugs verlangen (§§ 439 IV, 346 I). Da K damit praktisch noch nicht gefahren ist und sonach keine anrechenbaren Nutzungen i. S. d. §§ 346 I, 100 gezogen hat, besteht der Anspruch unvermindert.

---

130 *U. Huber*, Festschrift für Schlechtriem, 2003, S. 521, 540.
131 OLG Celle ZGS 2006, 429. Dieses Argument ist nicht stichhaltig, weil beispielsweise beim Verzug schon das Bestehen der Einrede den Verzugseintritt nach h.M. hindert; vgl. *Medicus/Petersen*, Bürgerliches Recht, Rz. 219a. Allenfalls auf der Grundlage der Verbrauchsgüterkaufrichtlinie ließe sich hier anders entscheiden (so *S. Lorenz*, NJW 2007, 1, 5; siehe andererseits *Herresthal*, Jura 2008, 561).
132 OLG Celle ZGS 2006, 430.
133 Nach dem Schlussantrag des Generalanwalts (ZGS 2010, 361, 366 ff.; siehe auch die Anm. von *Greiner*, ZGS 2010, 353) steht die Verbrauchsgüterkaufrichtlinie dem Leistungsverweigerungsrecht der absoluten Unverhältnismäßigkeit in § 439 III 3 Hs. 2 nicht entgegen. Zwar stellte sich nach Ansicht des Generalanwalts in dem Verfahren (Az.: C-65/09) diese Frage nicht mehr. Seines Erachtens schränkt die Ablehnung der absoluten Unverhältnismäßigkeit das differenzierte System der Abhilfen zu stark ein und berücksichtigt die Interessen des Verkäufers nicht angemessen.

§ 6 Folgen der Unmöglichkeit

278 Von den Folgen der Unmöglichkeit war vereinzelt schon die Rede[1]. Das ist bei einer mit praktischen Fällen angereicherten Darstellung unvermeidlich, weil bei synallagmatischen Verträgen immer auch die Auswirkungen auf die Gegenleistung zu prüfen sind. Diese sollen im Folgenden behandelt werden. Danach werden die Schadensersatzpflichten behandelt.

I. Unmöglichkeitsfolgen bei gegenseitigen Verträgen

Der Gläubiger verliert im Falle der Unmöglichkeit seinen Leistungsanspruch. Auf der anderen Seite verliert der Schuldner zwar nach § 326 I 1 seinen Anspruch auf die Gegenleistung. Allerdings ist dies nur bei gegenseitigen Verträgen der Fall. Bei **nichtsynallagmatischen** Schuldverhältnissen hilft dies dem Gläubiger also nicht, so dass er etwa bei der Schenkung oder beim Vermächtnis[2] seinen Anspruch ersatzlos verliert[3]. An die Stelle des Primäranspruchs können jedoch gleichwohl Sekundäransprüche treten.

1. Der Anspruch auf die Gegenleistung bei synallagmatischen Verpflichtungen

279 Abweichend von einseitig verpflichtenden Schuldverträgen stellt sich die Lage im **Synallagma** anders dar. Nach § 326 I entfällt der Anspruch auf die Gegenleistung, wenn der Schuldner nach § 275, also infolge Unmöglichkeit, nicht zu leisten braucht. Der Wortlaut („kann verweigern") stellt klar, dass es sich im Fall des § 275 II und III jeweils um eine Einrede handelt, die der Schuldner erheben muss und infolge derer es nach § 326 I 1 zum Wegfall des Anspruchs auf die Gegenleistung kommt. Die Erhebung der **peremptorischen Einrede** aus § 275 II und III führt also zum Untergang des Anspruchs auf die Gegenleistung[4].

280 Zu beachten ist in diesem Zusammenhang § **326 V**, der Unmöglichkeit voraussetzt. Die Vorschrift gewährt dem Gläubiger ein Rücktrittsrecht[5] auch bei Unmöglichkeit, und zwar unabhängig vom Vertretenmüssen des Schuldners. Ist der Gläubiger sich der Unmöglichkeit sicher, so bedarf es des Rücktritts nicht; dies würde ihn sogar um die Möglichkeit bringen, das stellvertretende commodum nach § 285 zu verlangen[6]. Daneben kommt § 326 V, auf den in §§ 437 Nr. 2, 635 Nr. 3 verwiesen wird, bei der **(qualitativen) Teilunmöglichkeit** in Betracht, bei der die Gegenleistungspflicht nach § 326 I 2 ausnahmsweise nicht automatisch entfällt (vgl. auch § 323 V)[7].

---

1 So etwa oben im **Fall 22** (Rz. 227).
2 Hierbei ist immer auch an die Drittschadensliquidation zu denken; siehe den entsprechenden **Fall 46** (Rz. 482 ff.).
3 *Canaris*, JZ 2001, 499, 503.
4 Siehe aber zum Aufbau und zur Formulierung in der Fallbearbeitung oben Rz. 235.
5 Über §§ 437 Nr. 2, 441 kommt auch die Minderung als Möglichkeit in Betracht; *Dauner-Lieb*, in: Das Neue Schuldrecht, § 2 Rz. 81.
6 *Meier*, Jura 2002, 118, 122 f.
7 *Schwarze*, Jura 2002, 73, 82, mit Beispielsfall.

a) Anspruchserhaltung in besonderen Fällen

Eine prüfungsrelevante Ausnahme vom Grundsatz des § 326 I findet sich in dessen zweitem Absatz. Die Vorschrift lässt sich als **Anspruchserhaltungsnorm** qualifizieren. § 326 II ist Ausdruck eines elementaren Gerechtigkeitsgedankens, wonach dem Schuldner der Anspruch auf die Gegenleistung erhalten bleibt, wenn der Gläubiger entweder für den die Unmöglichkeit begründenden Umstand allein oder weit überwiegend verantwortlich ist oder die Leistung zu einem Zeitpunkt unmöglich wird, während sich der Gläubiger im Annahmeverzug befindet und der Schuldner die Unmöglichkeit nicht zu vertreten hat. § 326 II regelt also die **Gegenleistungs-(Preis-)gefahr** im Gläubigerverzug[8].

281

Zu beachten ist, dass in der ersten Alternative nicht vom Vertretenmüssen die Rede ist, sondern auf die Verantwortlichkeit abzustellen ist, was dem Maßstab des § 254 nahe kommt[9]. Der Gesetzgeber hat bewusst nicht von „Vertretenmüssen" gesprochen, weil dies eine Pflicht voraussetzt. Eine solche liegt jedoch nicht vor. Gleichwohl gilt auch hier der Maßstab des § 276[10]. Allerdings ist das Wörtchen „weit" zu berücksichtigen d. h. eine bloß überwiegende Verantwortlichkeit führt noch nicht zur Rechtsfolge des § 326 II. Der tiefere systematische Grund für das Wort „weit" liegt aber noch in etwas anderem: Es soll nämlich sichergestellt werden, dass das umstrittene Problem der von beiden Parteien zu vertretenden Unmöglichkeit[11] nicht geregelt ist.

282

b) Gegenleistung insbesondere beim Gläubigerverzug

Mindestens ebenso wichtig wie die genannte erste Variante dürfte in der **Fallbearbeitung** die zweite Möglichkeit des § 326 II 1 sein, weil sich hier inzident der klar zu bestimmende Gläubigerverzug prüfen lässt.

283

> Dies soll sogleich am Beispiel unseres kleinen **Falles 26** verdeutlicht werden: K bestellt beim Autohändler V einen roten VW-Golf für 30 000 €, den dieser ihm vereinbarungsgemäß am kommenden Samstagvormittag vorbeibringen soll. K vergisst den Termin und kommt erst gegen 14 Uhr nach Hause. V hatte zwischen 10 und 13 Uhr vor der Haustür des K im Golf gewartet. Er kommt währenddessen mit einem Passanten ins Gespräch, und es gelingt dem geschäftstüchtigen V, diesem einen gleichartigen VW-Golf mit derselben Gewinnspanne von 6000 € zu verkaufen. Von diesem Geschäftsabschluss berauscht, verursacht er infolge leichter Unachtsamkeit, dass der mitgebrachte VW Golf gegen halb zwei Uhr gestohlen wird. V verlangt gleichwohl Kaufpreiszahlung. K weigert sich; wenn überhaupt schulde er im Hinblick auf das zwischenzeitlich abgeschlossene Geschäft mit dem Passanten nur 24 000 €. Stimmt das?

V könnte gegen K einen Anspruch auf Kaufpreiszahlung in Höhe von 30 000 € aus Kaufvertrag gemäß § 433 II haben. Ein wirksamer Kaufvertrag zwischen K und V besteht. Der Zahlungsanspruch könnte jedoch nach § 326 I 1 entfallen sein. Das setzt voraus, dass der Schuldner V nach § 275 nicht zu leisten braucht. Hier könnte ein Fall

284

---

8 *Coester-Waltjen*, Jura 2007, 110, 111; *Canaris*, JuS 2007, 794.
9 *Canaris*, JZ 2001, 499, 511.
10 Vgl. nur Erman/*H. P. Westermann*, § 323 Rz. 30.
11 Dazu unten Rz. 323 ff.

§ 6 *Folgen der Unmöglichkeit*

des § 275 I vorliegen. Voraussetzung dafür ist, dass die Leistung für den Schuldner unmöglich ist. Da zunächst eine Gattungsschuld vereinbart war, hängt die Entscheidung davon ab, ob die Gattungsschuld nach § **243 II** zur Stückschuld geworden ist. Das ist der Fall, wenn sich die Schuld inzwischen auf den konkret gestohlenen Wagen **konzentriert** hat, da V andernfalls einen vergleichbaren Wagen liefern könnte, vgl. § 243 I. V müsste dazu das „seinerseits Erforderliche" getan haben. Was dies im konkreten Fall ist, hängt vom Charakter der Schuld ab, ob also eine Hol-, Schick- oder Bringschuld vereinbart wurde, und ist im Einzelfall durch Auslegung zu ermitteln. Hier war vereinbart, dass V den Wagen zum Gläubiger K bringen und dort tatsächlich anbieten sollte. Damit lag eine **Bringschuld** vor. Was der Schuldner bei der Bringschuld als das „seinerseits Erforderliche" unternehmen muss, um die Konkretisierung herbeizuführen, wird unterschiedlich beurteilt. Eine ältere Auffassung nimmt an, der Schuldner müsse die Ware dem Gläubiger übergeben[12]. Andere gehen davon aus, der Schuldner müsse dem Gläubiger die Ware am Erfolgsort in Annahmeverzug begründender Weise anbieten[13]. Vorzugswürdig ist eine dritte Ansicht, nach welcher der Schuldner die Ware dem Gläubiger tatsächlich am **Erfolgsort** anbieten muss[14]. Indem V den Wagen zu K gebracht und ihn somit dem Gläubiger tatsächlich am Erfolgsort angeboten hat, hat er das seinerseits Erforderliche i. S. d. § 243 II getan, so dass die Gattungs- zur Stückschuld wurde und mit dem Diebstahl des konkret geschuldeten Wagens Unmöglichkeit im Rechtssinne, vgl. § 275 I, eingetreten ist. Damit sieht es nach § 326 I 1 so aus, als entfalle zugleich der Anspruch auf die Gegenleistung, mithin der Zahlungsanspruch des V.

285 Etwas anderes könnte sich aber aus der **Anspruchserhaltungsnorm** des § 326 II 1 ergeben, die eine von § 326 I abweichende Regelung der Gegenleistungs- bzw. **Preisgefahr** beinhaltet. In Betracht kommt hier eine Verlagerung der Gegenleistungsgefahr aufgrund möglichen **Annahmeverzugs** des Gläubigers K. Er müsste sich also zum Zeitpunkt des Diebstahls im Annahmeverzug nach den §§ 293 ff. befunden haben. V hat dem K den Wagen tatsächlich angeboten, § **294**. Er war auch bis zum Diebstahl selbst imstande zu leisten, so dass kein Fall des § 297 vorliegt. Schließlich liegt kein Fall des § 299 vor, weil eine Leistungszeit bestimmt war. Da V verabredungsgemäß vormittags erschienen ist und K nach 13 Uhr immer noch nicht zugegen war, befand sich K während des Unmöglichkeit stiftenden Ereignisses im Annahmeverzug. Des Weiteren setzt § 326 II 1 voraus, dass es sich bei dem Diebstahl um einen „vom Schuldner nicht zu vertretenden Umstand" handelt. Es fragt sich daher, ob V den Diebstahl nicht zu vertreten hat, obwohl er leicht unachtsam und damit leicht fahrlässig gehandelt hat, weil er die im Verkehr erforderliche Sorgfalt außer Acht gelassen hat (vgl. § 276 II). Allerdings sieht § 276 I 1 ausdrücklich die Möglichkeit vor, dass eine mildere Haftung bestimmt ist. Eine solche Haftungsprivilegierung könnte sich vorliegend aus § **300 I** ergeben, der für den Fall des Gläubigerverzugs vorsieht, dass der Schuldner während

---

12 So *von Caemmerer*, JZ 1951, 740, 744; *U. Huber*, Festschrift für Ballerstedt, 1975, S. 327, 329 f.
13 Soergel/*Teichmann*, 12. Auflage 1990, § 243 Rz. 8; Münch.-Komm.-*Emmerich*, 5. Auflage 2007, § 243 Rz. 28; Palandt/*Grüneberg*, § 243 Rz. 5. Folgt man dem, so muss man bereits an dieser Stelle die Voraussetzungen des Gläubigerverzugs prüfen.
14 *Gernhuber*, Das Schuldverhältnis, S. 238 f.; Staudinger/*Schiemann*, 2005, § 243 Rz. 30 f.

dessen nur Vorsatz und grobe Fahrlässigkeit zu vertreten hat. Hier greift die Haftungsprivilegierung des § 300 I ein, so dass der Schuldner den Umstand, der die Unmöglichkeit begründete, nicht zu vertreten hatte. Da sich K im Annahmeverzug befand, trägt er nach § 326 II 1 die **Gegenleistungsgefahr** und schuldet daher die Kaufpreiszahlung. Das gleiche Ergebnis folgt daneben aus § 446 S. 3, der ebenfalls den Übergang der Gegenleistungsgefahr bei Annahmeverzug regelt und im Verhältnis zu § 326 II 1 Var. 2 lediglich eine Klarstellung trifft[15]. Implizit verweist § 446 S. 3 auf S. 1, so dass sich der Übergang der Gegenleistungsgefahr nur auf den zufälligen Untergang der Kaufsache bezieht. Da weder V den Diebstahl zu vertreten hatte (§ 300 I) noch K eine über den Annahmeverzug hinausgehende Verantwortlichkeit dafür traf, geschah der Diebstahl „zufällig" im Sinne von S. 1, so dass die Gegenleistungsgefahr nicht nur nach § 326 II 1 Var. 2, sondern auch nach § 446 S. 3 auf K übergegangen ist.

Möglicherweise muss sich V jedoch den zwischenzeitlich erwirtschafteten Gewinn von 6000 € nach § 326 II 2 anrechnen lassen, da er zeitgleich ein gutes Geschäft gemacht hat. Er müsste diesen Gewinn „infolge der Befreiung von der Leistung durch anderweitige Verwendung seiner Arbeitskraft erworben haben". Ob die danach geforderte Kausalität vorliegt, ist zweifelhaft. Denn V macht den Gewinn nicht infolge des Diebstahls, sondern während dessen. Das reicht aber nicht aus für § 326 II 2, so dass K vollen Kaufpreis schuldet. **286**

Anlässlich dieses Falles zeigt sich Folgendes: Bei der Sachschuld ist die **Konkretisierung** bzw. Konzentration wichtig für die Frage, ob und unter welchen Voraussetzungen die Gattungsschuld zur Stückschuld wird, d. h. die konkret untergegangene Sache auch bei der Gattungsschuld zur Unmöglichkeit im Rechtssinne führt. Einstiegsnorm für die Prüfung der Konkretisierung ist § 275 I. Was dann das „seinerseits Erforderliche" i. S. d. § 243 II ist, hängt insbesondere von der Art der vereinbarten Schuld – **Holschuld** (Leistungs- und Erfolgsort liegen beim Schuldner), **Schickschuld** (Leistungsort beim Schuldner; Erfolgsort beim Gläubiger) oder **Bringschuld** (Leistungs- und Erfolgsort beim Gläubiger)[16] – ab und ist im Einzelfall durch **Auslegung** zu ermitteln. Die Abgrenzung zwischen Bring- und Schickschuld kann – insbesondere beim praktisch wichtigen **Versandhandel** – Schwierigkeiten bereiten. Nach Ansicht des Bundesgerichtshofs liegt regelmäßig eine Schickschuld vor; Konkretisierung tritt mit der Übergabe an die Transportperson ein. Die Übernahme der Versendung durch den Verkäufer ändert dabei nach der Vermutung des § 269 I nichts am Erfüllungsort (arg. § 269 III)[17]. **287**

c) *Vergütung von Diensten bei Annahmeverzug und Unmöglichkeit*

Eine wichtige Sondervorschrift für den Dienstvertrag im Zusammenhang mit dem Annahmeverzug findet sich in **§ 615 S. 1**. Danach kann der Verpflichtete infolge des Verzugs des Dienstberechtigten die vereinbarte Vergütung trotz nicht geleisteter Dienste verlangen, ohne zur Nachleistung verpflichtet zu sein. Würde es nur bei den **288**

---

15 *Huber/Faust*, Schuldrechtsmodernisierung, § 12 Rz. 15; für einen Vorrang des § 446 S. 3 als speziellere Vorschrift: Staudinger/*Beckmann*, 2004, § 446 Rz. 23.
16 Näher *Canaris*, JuS 2007, 793, 794 f.
17 BGH NJW 2003, 3341; dazu *Oechsler*, LMK 2003, 204.

§ 6 *Folgen der Unmöglichkeit*

§§ 320 ff. bleiben, so bräuchte nämlich der Dienstberechtigte die Vergütung nur zu entrichten, wenn der Dienstverpflichtete auch die versprochenen Dienste leistet (**"ohne Arbeit kein Lohn"**). Davon macht § 615 für den Fall des Annahmeverzugs des Dienstberechtigten eine Ausnahme. Das wirft Fragen im Hinblick auf die Abgrenzung von Gläubigerverzug und Unmöglichkeit auf, weil auch § 326 II vom Annahmeverzug ausgeht[18].

> Das Verhältnis des § 615 zum zuletzt behandelten § 326 II 1 ist klärungsbedürftig und zeigt sich an unserem **Fall 27**[19]: Der Konzertveranstalter B schließt mit dem Beleuchtungstechniker A einen Dienstvertrag für die Tournee einer bekannten Musikgruppe ab. Der Tourneebeginn musste wegen Differenzen zwischen B und der Musikgruppe wiederholt verschoben werden und scheiterte schließlich endgültig, weil sich die Mitglieder der Musikgruppe inzwischen untereinander zerstritten hatten. A musste ein anlässlich der ersten Verschiebung zwischenzeitlich an ihn ergangenes Angebot eines anderen Veranstalters wegen seines Vertrags mit B ablehnen, da B auf dem Vertrag beharrte, obwohl er selbst nicht mehr an die Durchführung der Tournee glaubte. A verlangt von B nunmehr Vergütung.

289 Ein Vergütungsanspruch kann sich aus dem Dienstvertrag gemäß § 611 I ergeben. Da die Vergütung gemäß § 614 S. 1 erst nach der Leistung der Dienste zu entrichten ist, wozu es aber nicht gekommen war, fragt sich, ob der Vergütungsanspruch dem A in anderer Weise durch gesetzliche Bestimmungen erhalten wird. Als solche kommen § 615 S. 1 und § 326 II in Frage. Eine Anspruchserhaltung nach § 615 setzt indes voraus, dass dem Schuldner die Leistung noch möglich im Rechtssinne ist. Es dürfte also keine Unmöglichkeit vorliegen. Diese könnte aufgrund des **Fixschuldcharakters** der Dienstleistung gegeben sein. Jedoch wird die Leistung nicht einfach durch Zeitablauf unmöglich, sofern sie tatsächlich noch nachholbar ist. Andernfalls würde schon § 326 II, der die Unmöglichkeit als Tatbestandsmerkmal enthält, alle derartigen Fälle regeln und für § 615 praktisch kein eigener Anwendungsbereich verbleiben.

290 Führt also nicht schon der bloße Zeitablauf zur Unmöglichkeit, so könnte diese aber darin zu sehen sein, dass die Tournee durch das Zerwürfnis innerhalb der Musikgruppe inzwischen gescheitert ist. Somit konnte der mit dem Vertrag zwischen A und B verfolgte Zweck endgültig nicht mehr erreicht werden. Unter dem Gesichtspunkt des **Zweckfortfalls** lag somit Unmöglichkeit vor. Damit steht zugleich fest, dass § 615 S. 1 als Anspruchserhaltungsnorm nicht einschlägig ist, weil die Leistung des Schuldners A wegen des Zweckfortfalls unmöglich geworden ist.

291 Daher kommt nurmehr § 326 II 1 als **Anspruchserhaltungsnorm** für den Vergütungsanspruch in Frage. Dieser ist in seiner zweiten Variante nur einschlägig, wenn die Unmöglichkeit während des Gläubigerverzugs eingetreten ist. Indes lag bis zum endgültigen Zerwürfnis innerhalb der Musikgruppe noch kein Gläubigerverzug vor, weil die Tournee bis dahin noch stattfinden konnte. Der Vergütungsanspruch könnte aber

---

18 Zum Verhältnis von Gläubigerverzug und Unmöglichkeit *Canaris*, Liber amicorum für J. Prölss, 2009, S. 21.
19 BGH NJW 2002, 595; siehe auch *Grunewald*, Bürgerliches Recht, § 12 Rz. 12 mit Fußnote 11.

nach § 326 II 1 Var. 1 fortbestehen, weil und sofern B als Konzertveranstalter und Gläubiger der unmöglich gewordenen Leistung die Unmöglichkeit zu verantworten hatte. Das bemisst sich grundsätzlich nach § 276. Ein dem B nach § 278 zurechenbares Verschulden in Gestalt des Streits innerhalb der Musikgruppe liegt schon deshalb nicht vor, weil ihre Mitglieder keine Erfüllungsgehilfen des B sind.

§ 276 eröffnet jedoch auch die Möglichkeit der Übernahme einer **Garantie**, welche nach dem Inhalt des Schuldverhältnisses bestehen kann[20]. Konkret könnte B hier eine Garantie für die Tournee übernommen haben. Ob dies der Fall ist, muss im Wege der Auslegung (§§ 133, 157) ermittelt werden. Dass B den A am Vertrag festgehalten hatte, als die Tournee bereits gefährdet war und dem A ein lukratives Ersatzangebot eines anderen Veranstalters vorlag, kann als entscheidendes Indiz für die Übernahme einer solchen Garantie angesehen werden. Dies gilt nicht zuletzt im Hinblick darauf, dass B selbst nicht mehr an die Durchführung der Tournee glaubte. Wenn er den A dennoch am Vertrag festhielt, kann dies als Übernahme einer Garantie für die Durchführung der Tournee gewertet werden[21]. Daher hat B die Unmöglichkeit nach § 276 zu vertreten, so dass der Vergütungsanspruch des A nach § 326 II Var. 1 bestehen bleibt, zumal eine Anrechnung nach § 326 II 2 in Ermangelung entsprechender Anhaltspunkte nicht in Betracht kommt.

292

Unterscheide: Soeben war vom **Zweckfortfall** die Rede. Dabei handelt es sich um Leistungshindernisse in der Person des Gläubigers, die zur Unmöglichkeit im Rechtssinne führen. Der Leistungserfolg kann sich wegen **Wegfall des Leistungssubstrats** nicht mehr einstellen. Schulbeispiel ist das zu streichende Haus, das abbrennt[22]. Damit verwandt ist die **Zweckerreichung**, bei welcher der Leistungserfolg ohne Zutun des Schuldners eintritt, etwa indem der zu behandelnde Patient vor Eintreffen des Arztes von selbst gesund wird[23].

293

2. Gegenleistung und Geld

Aus Gründen der Klarstellung muss einem weit verbreiteten, auf einem Verständnisfehler beruhenden, Vorurteil zur Gegenleistung entgegengewirkt werden. Es wird nämlich gern angenommen, die „Gegenleistung ist immer das Geld". Das ist jedoch stark verkürzt. Die genannte Behauptung geht von der im Grundsatz richtigen Prämisse aus, die Leistung sei immer das, was unmöglich wird. Dabei wird jedoch nur an den Fall gedacht, dass die verkaufte Sache untergeht und es nur noch um die Frage geht, ob der Käufer sie gleichwohl zu bezahlen hat. Denkbar – und durchaus **examensrelevant** – ist aber auch die Konstellation, dass das vom Käufer für die Zahlung der Ware bereitgelegte Geld untergeht. In diesem Fall führt die Annahme, das Geld sei die Gegenleistung, hoffnungslos in die Irre, weil es sich genau umgekehrt verhält.

294

---

20 Dazu näher oben Rz. 276 ff.
21 So BGH NJW 2002, 595. Vgl. zur vertraglichen Risikoverteilung jüngst BGH WM 2011, 81.
22 Palandt/*Grüneberg*, § 275 Rz. 19.
23 Palandt/*Grüneberg*, § 275 Rz. 18.

§ 6 Folgen der Unmöglichkeit

> Die soeben dargestellte Konstellation sei anhand unseres **Falles 28** verdeutlicht: K kauft im Antiquitätengeschäft des V eine wertvolle Vase zum Preis von 4000 €. Da er kein Geld bei sich hat, kommt er mit V überein, zwischen 17 und 18 Uhr vorbeizukommen und die Vase dann gegen Barzahlung mitzunehmen. Als K während dieses Zeitraums mehrfach bei V vorstellig wird, findet sich dort jeweils nur das Schild „Bin vorübergehend abwesend, komme gleich wieder". Kurz nach 18 Uhr gibt K entmutigt auf. Den Briefumschlag, in dem sich die acht Fünfhunderteuroscheine für die Vase befinden, verliert er durch leichte Unachtsamkeit auf dem Rückweg. Kann V von K gleichwohl Zahlung von 4000 € verlangen?

295 1. Der durch den Vertragsschluss entstandene Zahlungsanspruch gemäß § 433 II könnte nach § 275 I entfallen sein. Grundsätzlich muss der Schuldner verschuldensunabhängig für seine **finanzielle Leistungsfähigkeit** einstehen[24]. Das Gesetz – auch das reformierte[25] – hat diese Frage nicht ausdrücklich geregelt oder auch nur klargestellt. Einen gewissen Anhaltspunkt kann man in § 276 sehen, wonach sich eine strengere Haftung auch aus der Natur der Schuld ergeben kann, was auch bei der Geldschuld passt. Das entscheidende Argument ergibt sich freilich aus der „Existenz des Insolvenzverfahrens als solcher"[26].

296 Die Leistungsgefahr, d. h. das Risiko noch einmal 4000 € auf den Weg bringen zu müssen, könnte jedoch unter zwei nacheinander zu prüfenden Gesichtspunkten auf den Gläubiger übergegangen sein. In Betracht kommt zum einen ein Übergang der Leistungsgefahr nach § 243 II, zum anderen ein Übergang der Leistungsgefahr nach **§ 300 II**[27]. Es fragt sich also zunächst, ob die **Leistungsgefahr** nach § 243 II im Hinblick auf die verlorenen Geldscheine auf den Gläubiger V übergegangen ist[28]. Der Verlust der Geldscheine kann nur dann zur Unmöglichkeit geführt haben, wenn Konkretisierung eingetreten ist, § 243 II. Die Geldschuld ist zwar keine Gattungsschuld im strengen Sinne, weil es Geld „mittlerer Art und Güte" (vgl. § 243 I) nicht gibt. Die Rechtsprechung wendet dessen ungeachtet § 243 II auch auf die Geldschuld entsprechend an[29]. Das „seinerseits Erforderliche" hängt vom Charakter der Schuld ab. Grundsätzlich kommt es insoweit auf die Auslegung an. Hier war eine Bringschuld vereinbart, so dass K dem V das Geld am Erfolgsort tatsächlich angeboten haben müsste[30]. Für die Geldschuld trifft jedoch § 270 I eine Sonderregelung zur **Gefahrtragung**. Konkretisierung tritt danach nur ein, wenn der Gläubiger die Geldsumme tatsächlich in Empfang genommen hat. Es handelt sich dabei um eine für den Schuldner ungünstige Ausnahme von § 243 II[31]. Allerdings war hier bezüglich des Geldes – an sich wegen

---

24 Eingehend *Medicus*, AcP 188 (1988), 508: „Geld muß man haben". Etwas anderes gilt freilich bei Geld*herausgabe*schulden, auf die § 275 I ohne weiteres Anwendung findet, BGH NJW 2006, 986.
25 Näher *Huber/Faust*, Schuldrechtsmodernisierung, § 3 Rz. 27.
26 *Canaris*, JZ 2001, 499, 519.
27 Vgl. *Medicus/Petersen*, Bürgerliches Recht, Rz. 261.
28 Vgl. *Kreß*, Lehrbuch des Allgemeinen Schuldrechts, § 12 III, S. 216: „Mit der Konkretisierung (…) tritt eine Änderung der Gefahrenlage ein".
29 BGHZ 7, 346, 354; 28, 123, 128; 83, 293, 300; ebenso *Roth*, JuS 1968, 106; vgl. *J. Hager*, Jura 1985, 214, 215 (ähnlicher Fall zum alten Recht).
30 Ausführlich zu den genauen Anforderungen des § 243 II bei der Bringschuld oben Fall 26, Rz. 284 m. w. N.
31 Zur Geldschuld *Herresthal*, ZGS 2007, 48.

§ 270 IV eine **Schickschuld**[32] – eine Bringschuld ausgemacht, weil vereinbart war, dass K das Geld im festgelegten Zeitraum bei V vorbeibringen sollte. Da jedoch bei der Geldschuld § 243 II wegen § 270 I weitgehend leer läuft und folglich die Leistungsgefahr grundsätzlich nicht vor Übergabe auf den Gläubiger übergehen kann, kommt nurmehr ein Übergang der Leistungsgefahr nach § 300 II in Betracht.

Die Schuld hat sich demnach auf die mitgebrachten Geldscheine beschränkt, wenn die **Leistungsgefahr** nach § 300 II, der ebenfalls entsprechend für die Geldschuld gilt[33], auf V übergegangen ist. Das setzt Annahmeverzug des V voraus. Dieser liegt hier nach §§ 294, 297 vor, da K die Geldleistung zur vereinbarten Zeit noch möglich war und er auch bei V erschienen ist. Auch ein Fall der den Annahmeverzug ausschließenden vorübergehenden Annahmeverhinderung i. S. d. § 299 ist nicht gegeben, weil die Leistungszeit durch die Vereinbarung bestimmt war. Durch den Verlust des Geldes war dem K sonach die Leistung der konkret geschuldeten Geldscheine unmöglich, so dass der Anspruch auf Leistung nach § 275 I ausgeschlossen ist. K ist mithin von seiner Leistungspflicht frei geworden, so dass er kein neues Geld zu beschaffen und V folglich keinen Zahlungsanspruch gegen ihn mehr hat. 297

2. In Betracht kommt ferner ein Anspruch des V aus §§ 280 I 1, III, 283 S. 1, weil der Schuldner K nach § 275 I nicht zu leisten braucht. Auch wenn darin von „Schadensersatz statt der Leistung" gesprochen wird, hier aber die Leistung konkret geschuldeter Geldscheine unmöglich wurde, würde die Rechtsfolge – Ersatz in Geld – auf dasselbe hinauslaufen. Die Voraussetzungen liegen aber nur vor, wenn K die Unmöglichkeit zu vertreten hätte, vgl. §§ 283, 280 I 2. Die Unmöglichkeit ist hier jedoch trotz § 276 I 1 wegen des in **§ 300 I** geregelten **Haftungsprivilegs** nicht zu vertreten, weil der Schuldner K während des Annahmeverzugs des V nur Vorsatz und grobe Fahrlässigkeit zu vertreten hat, hier dagegen nur leichte Unachtsamkeit, d. h. leichte Fahrlässigkeit im Sinne des § 276 II, vorliegt. K schuldet dem V daher auch keinen Schadensersatz in Geld wegen der verlorenen Geldscheine. 298

Beachte: Ist eine Sache untergegangen, entfällt regelmäßig der Anspruch auf Übereignung der geschuldeten Sache aus Kaufvertrag gemäß § 433 I 1 nach § 275 I und der Zahlungsanspruch aus § 433 II unter den Voraussetzungen des § 326 I, sofern nicht zugleich ein Fall des § 326 II vorliegt. Ist dagegen wie im soeben behandelten Fall Geld „untergegangen", so kann ausnahmsweise, nämlich im Fall der **Konkretisierung**, der Zahlungsanspruch (vgl. § 433 II) nach § 275 untergegangen sein. 299

Merke: Das Gesetz spricht in vielen Vorschriften begriffsneutral von „Gefahr", so dass sich die Frage stellt, ob im Einzelfall die Leistungsgefahr oder die Gegenleistungsgefahr (Preisgefahr) gemeint ist[34]. Die Leistungsgefahr bezeichnet das Risiko, seine Leistungsanstrengungen wiederholen zu müssen, während die Gegenleistungsgefahr beim Kaufvertrag etwa bedeutet, dass man den geschuldeten Kaufpreis zahlen muss, 300

---

32 A. A. *Herresthal*, ZGS 2008, 259: modifizierte Bringschuld. Siehe auch EuGH ZGS 2008, 230.
33 *Medicus/Petersen*, Bürgerliches Recht, Rz. 261.
34 Instruktiv *Coester-Waltjen*, Jura 2006, 829, zur Leistungsgefahr; *dies.*, Jura 2007, 110, zur Gegenleistungsgefahr.

ohne die Ware zu erhalten. In den zuletzt behandelten §§ 243 II, 270 I, 300 II ist mit Gefahr die **Leistungsgefahr** gemeint[35], während in den übrigen Fällen, insbesondere den §§ 446, 447, die Gegenleistungs- bzw. **Preisgefahr** geregelt ist. Speziell für den **Verbrauchsgüterkauf** ist allerdings § 474 II zu beachten, wonach § 447 ausgeschlossen ist und es mithin bei den Gefahrtragungsregeln der §§ 326, 446 bewendet[36]. Man kann sich das dadurch merken, dass das Gesetz den Begriff der Gegenleistung überhaupt erst in den §§ 320 ff. einführt, so dass vorher nur die Leistungsgefahr, hernach aber konsequent die Gegenleistungsgefahr gemeint ist. In den Sonderfällen der §§ 644, 645 spricht man in diesem Zusammenhang von der **Vergütungsgefahr**[37]. Allerdings ist dort für wiederholbare Werkleistungen neben der Preisgefahr zugleich auch die Leistungsgefahr geregelt, so dass der Unternehmer das untergegangene Werk nicht erneut auszuführen braucht, wenn der Besteller die Preisgefahr trägt[38].

3. Rechtsfolgen der Teilleistung

301 § 323 V 1 betrifft die Teilleistung, zu welcher der Schuldner nur ausnahmsweise – vgl. **§ 266** – berechtigt ist. Voraussetzung ist jedoch, dass die Leistung auf beiden Seiten teilbar ist; es muss also nicht nur die Leistung des Schuldners teilbar sein, sondern auch die des Gläubigers[39]. Da die Zuweniglieferung kaufrechtlich einem **Sachmangel** gleichsteht (§ 434 III), ist fraglich, ob § 323 V 1 bzw. § 281 I 2 mit ihren vergleichsweise hohen Hürden (kein Interesse an der Teilleistung) oder §§ 323 V 2, 281 I 3 gelten. Da das Leistungsstörungsrecht im Gegensatz zum Kauf- und Werkvertragsrecht (vgl. § 633 II 3) zwischen Teil- und Schlechtleistung unterscheidet, ist unklar, ob ohne Interessenfortfall i. S. d. §§ 323 V 1, 281 I 2 eine **vollständige Vertragsabwicklung** mit der Gewährung großen Schadensersatzes bzw. der Rücktritt vom ganzen Vertrag möglich ist. Das dürfte vom Gesetz nicht gewollt sein, da sich die Gleichstellung nach §§ 434 III, 633 II 3 auf die spezifischen Käufer- bzw. Bestellerrechte der §§ 437 ff., 634 ff. bezieht[40]. Das bedeutet, dass dem Käufer bzw. Besteller bei bloßer Teilleistung grundsätzlich nur der Teilrücktritt, der kleine Schadensersatz nach § 281 I 1 oder die Minderung (§§ 441, 638) offen steht. Rücktritt vom ganzen Vertrag (§ 323 V 1) bzw. Schadensersatz statt der ganzen Leistung (§ 281 I 2) kann der Käufer resp. Besteller demnach nur unter der Voraussetzung des **Interessenfortfalls** beanspruchen.

302 Nach § 326 I 1 Hs. 2 findet bezüglich der Gegenleistung § 441 III entsprechende Anwendung, es kommt also zu einer „ipso-iure-Minderung"[41]. Hat der Gläubiger bereits geleistet, so kann er das Geleistete nach § 326 IV i. V. m. §§ 346 ff. zurückverlan-

---

35 *Canaris*, JuS 2007, 793.
36 Siehe dazu BGH NJW 2003, 3341; siehe auch *Oechsler*, LMK 2003, 204, 205; *dens.* Rz. 265 ff.; zum Verbrauchsgüterkauf BGH NJW 2005, 1037; 1045; dazu auch *Reuter*, ZGS 2005, 88; *Schroter*, JuS 2006, 682. Zur Sachmängelhaftung und Gefahrtragung *Ernst*, Festschrift für U. Huber, 2006, S. 166.
37 Palandt/*Sprau*, § 645 Rz. 1. Speziell in § 644 I 3 ist die **Sachgefahr** geregelt.
38 *Medicus/Petersen*, Bürgerliches Recht, Rz. 278.
39 BGH ZGS 2010, 36; zutreffend *Looschelders*, JA 2010, 220, 222: teleologische Reduktion des § 323 V 1.
40 *Medicus/Lorenz*, Schuldrecht I, Allgemeiner Teil, Rz. 439 f, 484; *Grigoleit/Riehm*, ZGS 2002, 115, 117 ff. mit Fallbeispiel.
41 *Grigoleit/Riehm*, ZGS 2002, 115, 116.

gen⁴². Zweifelhaft ist, ob dies auch dann gilt, wenn der Schuldner die Unmöglichkeit nicht zu vertreten hat. Während dies vereinzelt bestritten wird⁴³, ist richtigerweise davon auszugehen, dass der Rücktritt hier wie sonst auch und im Übrigen im Einklang mit dem Wortlaut der Vorschrift **verschuldensunabhängig** möglich ist⁴⁴.

II. Schadensersatzansprüche und Ersatzansprüche infolge der Unmöglichkeit

Ist dem Schuldner die Leistung unmöglich, so zieht dies verschiedenartige Haftungsfolgen nach sich. Der Gläubiger kann unter den Voraussetzungen der §§ 280 I 1, III, 283 S. 1 bzw. § 311a II Schadensersatz statt der Leistung oder Ersatz seiner Aufwendungen (§ 284) verlangen⁴⁵. Erlangt der Schuldner infolge des Umstandes, auf Grund dessen er nach § 275 nicht zu leisten braucht, einen Ersatz oder einen Ersatzanspruch, so kann der Gläubiger nach § 285 Anspruch auf das Surrogat erheben⁴⁶. Auch wenn § 311a II nicht auf § 285 verweist, muss dieser zumindest entsprechend angewendet werden.

303

1. Schadensersatz statt der Leistung nach §§ 280 I, III, 283 S. 1

Die wohl wichtigste Folge der Unmöglichkeit besteht nach § 283 darin, dass der Gläubiger unter den Voraussetzungen des § 280 I – also insbesondere der Voraussetzung des Vertretenmüssens, § 280 I 2⁴⁷ – Schadensersatz statt der Leistung verlangen kann. „Statt der Leistung" bedeutet, dass der Gläubiger das **Äquivalent in Geld** verlangen kann⁴⁸. Die §§ 281 bis 283 betreffen also das **positive Interesse**⁴⁹. Allerdings wirft dies zahlreiche Fragen auf.

304

a) Einfacher Schadensersatz und Schadensersatz statt der Leistung

Zunächst ist klärungsbedürftig, wie sich einfacher Schadensersatz und Schadensersatz statt der Leistung zueinander verhalten. Die Schadensersatzpflicht nach § 280 I 1 tritt neben die Leistungspflicht. Demgegenüber geht es beim Schadensersatz **statt** der Leistung, der nach § 280 III nur unter zusätzlichen Voraussetzungen verlangt werden kann, mit den Worten der Amtlichen Begründung, um „die Situation, dass der Anspruch auf Schadensersatz an die Stelle des Anspruchs auf die Leistung tritt"⁵⁰. Im Unterschied zum **Schadensersatz neben der Leistung**, bei dem derjenige Schaden zu ersetzen ist, der durch Leistungserbringung zum spätestmöglichen Zeitpunkt nicht behoben

305

---

42 Instruktiv für die Fallbearbeitung hierzu *Meier*, Jura 2002, 118, 124; siehe zur Auslegung des § 346 IV auch *Kiehnle*, Jura 2010, 481.
43 *U. Huber*, in: Ernst/Zimmermann (Hrsg.), Zivilrechtswissenschaft und Schuldrechtsreform, 2001, S. 49, 142, 171 f.
44 *Canaris*, JZ 2001, 499, 509.
45 Zum Anspruch des Käufers auf Ersatz mangelbedingt nutzloser Aufwendungen *Klinck*, Jura 2006, 481.
46 Aus der Rechtsprechung BGH ZGS 2006, 391; dazu *Wackerbarth*, ZGS 2006, 369.
47 Dazu sogleich noch näher unter Rz. 309.
48 *Canaris*, JZ 2001, 499, 512.
49 *Canaris*, DB 2001, 1815, 1816 f.
50 BT-Drs. 14/6040, S. 136.

§ 6 *Folgen der Unmöglichkeit*

wäre[51] und mithin schon beim Wegfall der Leistungspflicht vorlag[52], unterfällt dem **Schadensersatz statt der Leistung** der aus dem endgültigen Ausbleiben der Leistung sich ergebende Schaden (Äquivalenzinteresse)[53]. Die Abgrenzung erfolgt also weniger rechtsguts- als vielmehr **rechtsfolgenbezogen**[54]. Der Schuldner hat den Gläubiger beim Schadensersatz statt der Leistung nach den §§ 249 ff. so zu stellen, als hätte er im letztmöglichen Zeitpunkt **ordnungsgemäß erfüllt**.

b) Der problematische Verweis auf die Pflichtverletzung

306 Die Verweisung in § 283 S. 1 enthält aber noch ein rechtstechnisches Problem mit materiell-rechtlichem Erklärungsbedarf[55]. Wenn es in § 283 nämlich heißt, dass der Gläubiger **unter den Voraussetzungen des § 280 I** Schadensersatz verlangen kann, so wird damit auch auf die in § 280 I 1 vorausgesetzte Pflichtverletzung Bezug genommen.

aa) Unmöglichkeit und Pflichtverletzung

307 Es ist jedoch schwer zu bestimmen, worin die Pflichtverletzung noch bestehen soll, wenn die Pflicht bereits nach § 275 entfallen ist, wird doch die Unmöglichkeit schon in § 283 verlangt („braucht der Schuldner ..."). Die Pflichtverletzung kann unter zwei verschiedenen Gesichtspunkten begründet werden[56]. Denkbar ist zum einen, dass die Pflichtverletzung darin besteht, dass der Schuldner **Umstände herbeigeführt** hat, die zu seiner Leistungsbefreiung führen. Unter Zugrundelegung dieser Sichtweise läge eine Pflichtverletzung etwa dann nicht vor, wenn der Schuldner die geschuldete Sache ordnungsgemäß verwahrt und sie gleichwohl gestohlen wird oder wenn sie infolge höherer Gewalt untergeht.

308 Zum andern wird vertreten, dass die Pflichtverletzung schlicht darin zu sehen ist, dass die geschuldete Leistung nicht erbracht wird[57]. Dem hat sich auch die Regierungsbegründung angeschlossen, in der es lapidar heißt, dass die Pflichtverletzung im Falle der Unmöglichkeit „ganz einfach" darin bestehe, dass die geschuldete **Leistung nicht erbracht** wird[58]. Das passt immerhin zu der eingangs[59] zitierten Definition der Pflichtverletzung, wonach Pflichtverletzung jedes Verhalten – Tun oder Unterlassen – ist, das dem aus dem Schuldverhältnis resultierenden Pflichtenprogramm entgegengesetzt ist oder von ihm abweicht. Eine derartige Abweichung des wirklich Erbrachten vom rechtlich Geschuldeten[60] kann hier nämlich angenommen werden. Zuzugeben ist freilich, dass das Gesetz andererseits klar zum Ausdruck bringt, dass der Schuldner nach

---

51 *Tiedtke/Schmidt*, BB 2005, 615, 617; *Medicus*, JuS 2003, 521, 528; Bamberger/Roth/*Faust*, § 437 Rz. 57, dort auch weiterführend zu diesem Zeitpunkt. Instruktiv *Faust*, JuS 2008, 933, 935.
52 *Medicus*, JuS 2003, 521, 528; *Canaris*, Karlsruher Forum 2002, S. 34.
53 *Medicus/Lorenz*, Schuldrecht I, Allgemeiner Teil, Rz. 352; Münch.-Komm.-*Ernst*, 5. Auflage 2007, § 280 Rz. 66; skeptisch Erman/*Grunewald*, § 437 Rz. 15 ff.
54 *S. Lorenz*, NJW 2005, 1889, 1891: „notwendig ist ein *zeitlich dynamisches Kriterium*"; Hervorhebung auch dort.
55 *Looschelders*, JuS 2010, 849, 855.
56 Dazu bereits oben Rz. 29.
57 In diese Richtung *Canaris*, JZ 2001, 499, 512.
58 Regierungsbegründung, BT-Drs. 14/6040, S. 135.
59 Oben Rz. 25.
60 Vgl. *Münch*, Jura 2002, 361, 363 f.

§ 275 von seiner **Primärleistung** frei wird, so dass man darüber streiten kann, ob es dann noch rechtlich geschuldet ist[61]. Zumindest erfasst § 281 angesichts seines Wortlauts („fällige Leistung") den Fall der Unmöglichkeit nicht. Indem aber § 283 die Geltung des § 280 I auch für den Fall der Unmöglichkeit anordnet, stellt er klar, dass die Pflichtverletzung gleichwohl die Nichtleistung ist.

bb) Hinweise für die Fallbearbeitung

Hier stellt sich eine aufbautechnisch delikate Frage, die in der Fallbearbeitung nicht als solche – schon gar nicht als „Meinungsstreit" – aufgeworfen werden sollte. Will man nicht im Rahmen der Prüfung der Pflichtverletzung schon alle Umstände abhandeln, die zur Leistungsbefreiung des Schuldners führen, so empfiehlt es sich, im Rahmen des Verweises auf § 280 I 1, der natürlich angesprochen und geprüft werden muss, nur festzustellen, dass die Pflichtverletzung darin besteht, dass die geschuldete Leistung nicht erbracht wird. Sind die Umstände, infolge derer dies geschah, problematisch und womöglich durch Unachtsamkeit des Schuldners veranlasst, so können diese im Rahmen des § 280 I 2, auf den § 283 ebenfalls Bezug nimmt, erörtert und dort unter § 276 I 1 subsumiert werden. 309

c) Folgerungen

Nach § 283 S. 1 kann der Gläubiger unter den Voraussetzungen des § 280 I 1 Schadensersatz verlangen, wenn der Schuldner nach § 275 nicht zu leisten braucht. Da die Rechtsfolgen der anfänglichen Unmöglichkeit wie gesehen[62] in § 311a geregelt sind, betrifft § 283 folgerichtig die Fälle der nachträglichen Unmöglichkeit[63]. § 283 stellt also eine Spezialregelung für diejenigen Fälle dar, in denen der Schuldner die fällige Leistung **infolge Unmöglichkeit** nicht erbringt. Denn andernfalls könnte man meinen, dass § 281 I 1, der voraussetzt, dass der Schuldner die fällige Leistung nicht erbringt, auch die Unmöglichkeit betrifft[64]. Als **Anspruchsgrundlage** ist in derartigen Fällen **§ 280 I 1, III i. V. m. § 283 I 1** zu zitieren, wie sich aus dem Wortlaut des § 283 („unter den Voraussetzungen des § 280") ergibt. Da es sich bei § 275 II und III um eine Einrede handelt, muss sich der Schuldner zusätzlich auf die entsprechenden Umstände berufen, die ihn zur Leistungsverweigerung berechtigen. 310

§ 283 S. 2 verweist auf die Vorschriften des § 281 I 2 und 3 sowie dessen Absatz 5 für die Fälle der **Teilunmöglichkeit** und die Unmöglichkeit der Nacherfüllung bei der Schlechtleistung (§ 281 I 3)[65]. Entsprechendes gilt nach § 281 V für die Rückgewähr nach den §§ 346 ff. für den Fall, dass der Gläubiger den Schadensersatz statt der Leistung in Gestalt des großen Schadensersatzes wählt. Anfängliche und nachträgliche (Teil-)Unmöglichkeit werden insoweit also nach §§ 311a II 2, 283 S. 2 in ihren Rechtsfolgen gleichbehandelt. 311

---

61 Vgl. auch *Dauner-Lieb*, in: Das Neue Schuldrecht, § 2 Rz. 17.
62 Oben Rz. 254.
63 *Canaris*, JZ 2001, 499, 515; *Medicus/Lorenz*, Schuldrecht I, Allgemeiner Teil, Rz. 452.
64 Hk-BGB/*Schulze*, § 283 Rz. 1.
65 Siehe auch Rz. 301.

2. Schadensersatz statt der Leistung nach § 311a II

312 Auch § 311a ist für die Rechtsfolgen der Unmöglichkeit aufschlussreich[66]. Dies gilt freilich weniger für dessen Absatz 1, weil dieser insoweit nur klarstellende Bedeutung hat und sich daraus zumindest nicht unmittelbar ein eigener Anspruch ergibt[67], als vielmehr für dessen Absatz 2. Dieser stellt nämlich – für die Fallbearbeitung wichtig – eine **eigenständige Anspruchsgrundlage** dar[68], so dass es anders als im soeben behandelten Fall des § 283 nicht auf § 280 ankommt.

a) Dogmatische Einordnung

313 § 311a II ist daher auch kein Unterfall des allgemeinen Pflichtverletzungstatbestandes, was sich im Übrigen systematisch daraus ergibt, dass § 311a II an die Kenntnis bzw. nicht zu vertretende Unkenntnis anknüpft und nicht an die Pflichtverletzung (Nichtleistung)[69]. Die haftungsbegründende Pflichtverletzung besteht letztlich im **Bruch des Leistungsversprechens**[70]. Folgerichtig wird in § 311a II auch nicht auf § 280 Bezug genommen, weil § 311a I klarstellt, dass ein Vertrag ohne primäre Leistungspflicht bestehen kann. Denn § 280 I setzt die Verletzung einer Pflicht aus dem Schuldverhältnis voraus und ordnet „Ersatz des hierdurch entstehenden Schadens" an. Die Besonderheit des Schadensersatzanspruchs aus § 311a II besteht darin, dass der Verschuldensvorwurf nicht an die Pflichtverletzung anknüpft, sondern an zu vertretende Unkenntnis vom Eintritt der anfänglichen Unmöglichkeit, über die sich der Schuldner hätte vergewissern müssen. Man kann insofern von **Erkundigungspflichten** sprechen, die den Schuldner vor dem Vertragsschluss treffen[71]. Die Formulierung („es sei denn …") verrät, dass, wie in § 280 I 2, die Beweislast umgekehrt ist, so dass der Schuldner darlegen und gegebenenfalls beweisen muss, dass er die Unmöglichkeit nicht kannte und dies nicht zu vertreten hat[72].

314 Die dogmatische Besonderheit auf der **Rechtsfolgenseite** besteht darin, dass nach § 311a II gleichwohl, d. h. obwohl die Verletzung von vorvertraglichen Informationspflichten grundsätzlich nur einen Anspruch auf das negative Interesse nach sich zieht[73], Schadensersatz statt der Leistung und somit das **positive Interesse** ersetzt wird[74]. Diese gesetzgeberische Basiswertung rechtfertigt sich daraus, dass das Leistungsversprechen ungeachtet der Unmöglichkeit nach § 311a I nach wie vor wirksam ist. Der Haftungsgrund liegt also nicht in der falschen Information über das Leistungshindernis[75], sondern in der zu vertretenden **Unkenntnis**[76].

---

66 Vgl. *Hirsch*, Jura 2003, 289, 297 f.
67 Beachte aber auch das Zusammenspiel des § 311a I mit § 285; dazu sogleich unter Rz. 319.
68 *Meier*, Jura 2002, 187, 191; *J. Kohler*, Jura 2006, 241; skeptisch Palandt/*Grüneberg*, § 311a Rz. 2; dagegen überzeugend unter Hinweis auf § 311a II 2 PWW-*Medicus*, § 311a Rz. 8.
69 *Canaris*, JZ 2001, 499, 507 mit Fußnote 81.
70 *Canaris*, DB 2001, 1815, 1817 f.; dagegen *Altmeppen*, DB 2001, 1399, 1400.
71 So *Medicus*, in: Das neue Schuldrecht, § 3 Rz. 68.
72 *Meier*, Jura, 2002, 187, 188.
73 Eingehend zur vorvertraglichen Informationshaftung die gleichnamige Monographie von *Grigoleit* (1997).
74 *Canaris*, DB 2001, 1815, 1817.
75 *Altmeppen*, DB 2001, 1399, 1400.
76 Vgl. *Larenz*, Schuldrecht I, § 8 II: Unzulänglichkeiten des eigenen Geschäftskreises.

Die mit der Gewährung des positiven Interesses notwendigerweise einhergehenden **315**
Bezifferungsschwierigkeiten eines solchen Schadens werden in der Fallbearbeitung
keine Probleme bereiten, weil der Sachverhalt insoweit unstreitig sein wird und gegebenenfalls entsprechende Angaben bereithält. Wichtig ist nur die Kenntnis der gesetzlichen **Wertung**, dass nämlich positives Interesse bei verschuldeter vorvertraglicher Informationspflichtverletzung gewährt wird.

b) Vertrauensschaden bei nicht zu vertretender Unkenntnis der anfänglichen Unmöglichkeit?

Hat der Schuldner seine Unkenntnis von der anfänglichen Unmöglichkeit nicht zu **316**
vertreten, soll der Gläubiger nach dem Gesetz nichts, also nicht einmal den Ersatz
seiner Aufwendungen verlangen können. Ersatz des Vertrauensschadens wird demgegenüber von einem Teil der Lehre[77] in **Analogie zu § 122** gefordert und mit der Begründung angenommen, dass andernfalls – nämlich wenn man es insoweit bei § 311a II
belassen würde – ein bloßer Motivirrtum zur ersatzlosen Befreiung von der vertraglich
übernommenen Leistungspflicht führen würde[78]. Da ein solcher Irrtum aber einem
Eigenschaftsirrtum i. S. d. § 119 II entspreche, bei dem sich der Verpflichtete gleichfalls
nur um den Preis des Ersatzes des Vertrauensschadens nach § 122 von der Verpflichtung befreien könne, wird dasselbe aus Gründen der Wertungsgerechtigkeit auch in
der hier diskutierten Konstellation der nicht zu vertretenden Unkenntnis von der
Unmöglichkeit befürwortet[79]. Gegen den Weg über § 122 wird allerdings vorgebracht,
dass damit gleichsam eine „Gefährdungshaftung auf das negative Interesse" geschaffen würde[80]. Des Weiteren wird eingewendet, dass die Formulierung des § 311a II
dafür spreche, dass der Schuldner nur haften solle, wenn er das Scheitern des Vertrags
zu vertreten habe und dass es widersprüchlich sei, dem Schuldner beim Motivirrtum
den Schutz des § 119 zu versagen, ihm aber andererseits die Schadensersatzpflicht des
§ 122 aufzuerlegen[81]. Schließlich fehle es an einer Lücke[82], zumal der vom Vertrauensschaden analog § 122 mit umfasste Aufwendungsersatz nach §§ 311a II 1, 284 nur im
Falle der Kenntnis bzw. des Kennenmüssens verlangt werden könne[83]. Auch sei die
Risikoverteilung beider Fälle nicht zu vergleichen[84]. Im Übrigen sei bei einem neuen
Gesetz eine Analogie für ein bereits bekanntes Problem zweifelhaft[85].

---

77 *Canaris*, JZ 2001, 499, 507 f.
78 A. A. *Otto*, Jura 2002, 1, 5.
79 *Canaris*, JZ 2001, 499, 508, a. A. *J. Kohler*, Jura 2006, 241, 247 f.
80 So *Ehmann/Sutschet*, § 5 a. E., S. 126.
81 Palandt/*Grüneberg*, § 311a Rz. 15; allgemein zu dieser Frage auch *Schultz*, in: H. P. Westermann (Hrsg.), Das Schuldrecht 2002, S. 78 ff.
82 *Fikentscher/Heinemann*, Schuldrecht, Rz. 417, die zu bedenken geben, dass damit für die anfängliche Unmöglichkeit eine Garantiehaftung auf das negative Interesse statuiert würde.
83 *Eidenmüller*, ZGS 2002, 290, 293; Anw.-Komm.-*Dauner-Lieb*, § 311a Rz. 30.
84 *Schlechtriem/Schmidt-Kessel*, Schuldrecht. Allgemeiner Teil, Rz. 580.
85 *Wilhelm*, JZ 2001, 864; *Otto*, Jura 2002, 5; *Ehmann/Sutschet*, S. 126 Fußnote 213.

c) Ersatz von Aufwendungen

317 Das führt uns zur Verweisung des § 311a II 1 auf § 284[86]. Auch in diesem Punkt werden anfängliche und nachträgliche Unmöglichkeit in ihren Rechtsfolgen gleichgestellt. Nach § 284 kann der Gläubiger anstelle[87] des Schadensersatzes statt der Leistung Ersatz der Aufwendungen verlangen[88], die er im Vertrauen auf den Erhalt der Leistung gemacht hat und billigerweise machen durfte[89], es sei denn, der mit der Aufwendung verfolgte Zweck wäre auch ohne die Pflichtverletzung nicht erreicht worden[90]. Der Klarstellung halber ist darauf hinzuweisen, dass der Aufwendungsersatz nach § 284 ausweislich des Gesetzeswortlauts in einem Alternativverhältnis zum Schadensersatz *statt der Leistung* steht, nicht jedoch zum Schadensersatz überhaupt[91]. Der Berechtigte soll also lediglich keine doppelte Kompensation in Gestalt des Schadensersatzes statt der Leistung und zusätzlich des Aufwendungsersatzes erhalten[92]. Aufwendungen sind **freiwillige Vermögensopfer**, die der Gläubiger im Hinblick auf den Erhalt der vereinbarungsgemäßen Leistung getätigt hat[93]. **Vergeblich** sind Aufwendungen auf die Kaufsache regelmäßig dann, wenn der Käufer die Kaufsache nicht bestimmungsgemäß nutzen kann oder die gekaufte Sache aufgrund ihrer Mangelhaftigkeit zurückgibt, wobei es nach Ansicht des Bundesgerichtshofs auf eine anderweitige Verwendbarkeit grundsätzlich nicht ankommen soll[94].

Aufwendungen scheinen nicht vorzuliegen, wenn der Gläubiger durch ein Austauschgeschäft mit einem Dritten einen Gegenwert erhält. Wer z. B. für ein anderweitig gekauftes Bild einen maßgeschneiderten Rahmen anfertigen lässt[95], hätte demnach bei unterstellter Gleichwertigkeit von Rahmen und Werklohn nichts geopfert[96]. Gleichwohl liegt es nahe, dass § 284 gerade solche Fälle erfassen wollte[97]. Uneinheitlich wird auch beurteilt, ob der **Einsatz eigener Arbeitskraft** ersatzfähig ist. Teilweise wurde dies unter Hinweis auf den Zweck abgelehnt[98]. Eine vermittelnde Meinung wendet § 1835 III entsprechend an[99]. Um den Laien gegenüber dem Fachmann nicht grundlos zu benachteiligen[100], wird die eigene Arbeitskraft von den meisten für unterschiedslos ersatzfähig gehalten[101]. Handelt es sich um **Schäden**, also unfreiwillige Vermögens-

---

86 Zum Verhältnis zu § 325 *Arnold*, ZGS 2003, 427, 431.
87 Dazu skeptisch *Fikentscher/Heinemann*, Schuldrecht, Rz. 440.
88 Instruktiver Überblick über die einschlägigen Probleme bei *Tröger*, ZGS 2005, 462.
89 Zu § 284 im Mietrecht siehe *Oechsler*, NZM 2004, 647.
90 Instruktiv *Grigoleit*, ZGS 2002, 122.
91 BGHZ 163, 381, Rz. 16; Hervorhebung auch dort; siehe hierzu auch *Ellers*, Jura 2006, 201, 204 f.
92 BGH NJW 2005, 2848, 2850; *Oechsler*, Rz. 256; Staudinger/*Otto*, 2009, § 284 Rz. 1; weitergehend *Gsell*, NJW 2006, 126; *Tröger*, ZIP 2005, 2243.
93 *Stoll*, JZ 2001, 589, 596; *Altmeppen*, DB 2001, 1399, 1404.
94 BGHZ 163, 381, Rz. 19; kritisch insofern *Ellers*, Jura 2006, 201, 206 f., unter Hinweis auf § 254.
95 Nach *Leonhard*, AcP 199 (1999), 660, 679.
96 *Gsell* (in: Das neue Schuldrecht in der Praxis, S. 345) macht allerdings auf das schadensrechtliche Bereicherungsverbot aufmerksam; dazu unten Rz. 551 ff.
97 Vgl. auch *Canaris*, JZ 2001, 499, 505 ff.
98 So noch Palandt/*Heinrichs*, 63. Auflage 2004, § 284 Rz. 6.
99 *Huber/Faust*, § 4 Rz. 12; siehe *Medicus/Petersen*, Bürgerliches Recht, Rz. 430.
100 *Reim*, NJW 2003, 3662, 3664.
101 Anw.-Komm.-*Dauner-Lieb*, § 284 Rz. 9; *Schulze/Ebers*, JuS 2004, 267, 272.

opfer, die der Gläubiger im Vertrauen auf die Gegenleistung erlitten hat, so können auch diese ausnahmsweise ersatzfähig sein (vgl. auch § 110 HGB), wenn nicht § 284 a. E. entgegensteht und sofern damit das Verschuldenserfordernis (§§ 281, 280 I 2) gewahrt wird[102].

d) Rechtsfolgen der anfänglichen Teilunmöglichkeit

Beschränkt sich die Unmöglichkeit nur auf einen Teil der Leistung, finden nach § 311a II 2 die Vorschriften des § 281 I 3 und V entsprechende Anwendung[103]. Danach kann der Gläubiger Schadensersatz statt der ganzen Leistung nur verlangen, wenn dies sein Interesse an der geschuldeten Leistung fordert. In diesem Fall ist der Schuldner zur Rückforderung des Geleisteten nach den §§ 346 bis 348 berechtigt, sobald der Schuldner nicht mehr zu leisten braucht, §§ 311a II 3, 281 V.

318

3. Herausgabe des Surrogats

Als weitere Folge der Unmöglichkeit kommt für den Gläubiger die Möglichkeit in Betracht, das sog. **stellvertretende commodum** zu verlangen[104]. Dieses ist in § 285 normiert. Der Gläubiger kann danach Herausgabe des gegebenenfalls als Ersatz Empfangenen oder die Abtretung eines etwaigen Ersatzanspruchs verlangen, und zwar unabhängig vom Vertretenmüssen des Schuldners.

319

a) Dogmatische Einordnung

Es handelt sich um einen sog. **verhaltenen Anspruch**, der nur entsteht, wenn es der Gläubiger verlangt[105]. In Betracht kommen insbesondere Ansprüche gegen Versicherungen. Neben der Unmöglichkeit berechtigt auch die Leistungserschwerung als solche nach § 285 zur Herausgabe des als Ersatz Empfangenen oder zur Abtretung des Ersatzanspruchs. Unter § 285 fällt auch das sog. **commodum ex negotiatione**, also der Erlös und gegebenenfalls Gewinn[106] aus einem Geschäft, das der Schuldner mit der Sache rechtsgeschäftlich, vor allem durch Verkauf, tatsächlich erwirtschaftet[107]. Allerdings muss der Gegenstand, dessen Leistung unmöglich ist, mit dem Gegenstand, für den der Schuldner Ersatz erlangt hat, identisch sein[108], so dass etwa ein Eigentumssurrogat nur dann herauszugeben ist, wenn der Schuldner auch die Eigentumsverschaffung und nicht lediglich die Besitzübertragung schuldete[109]. Allerdings ist die Regelung als Vorschrift des Allgemeinen Schuldrechts auf alle schuldrechtlichen Ansprüche[110],

---

102 *Oechsler*, Rz. 257, mit instruktivem Beispiel.
103 Näher *Grigoleit*, ZGS 2002, 115.
104 Dazu *Medicus/Lorenz*, Schuldrecht I, Allgemeiner Teil, Rz. 430; siehe auch *Lehmann/Zschache*, JuS 2006, 502.
105 Palandt/*Grüneberg*, § 285 Rz. 9.
106 RGZ 138, 48.
107 BGHZ 46, 264; 75, 206; BGH NJW 1983, 930.
108 BGHZ 25, 9.
109 *Jochem*, MDR 1975, 179.
110 BGHZ 75, 206.

nicht aber auf den **dinglichen Anspruch** aus § 985 anwendbar[111], zumal die §§ 989, 990 eine Sonderregelung für diesen Fall bereitstellen[112].

b) Verhältnis des § 285 zu § 311a I

320 Eine wichtige Ausprägung des Surrogationsanspruchs kann in seinem Verhältnis zu § 311a I liegen. Denn wie bereits dargestellt, kann es infolge der Klarstellung, dass der Vertrag trotz Unmöglichkeit wirksam bleibt, zu einem Vertrag ohne primäre Leistungspflicht kommen. Dieser kann dann als Grundlage für einen **Surrogationsanspruch** dienen[113]. Auch wenn Ersatzansprüche nach § 311a II die praktisch häufigere Folge eines solchen Vertrags ohne primäre Leistungspflicht darstellen werden, sollte die Möglichkeit des § 285 in diesem Zusammenhang nicht außer Betracht gelassen werden. Verlangt der Gläubiger im Falle der anfänglichen Unmöglichkeit das stellvertretende commodum, so ist er freilich zur Gegenleistung verpflichtet, so dass in diesem Fall auch Leistungspflichten bestehen.

c) Rechtsfolgen

321 Verlangt der Gläubiger nach § 285 Herausgabe des für den geschuldeten Gegenstand erlangten Ersatzes oder Abtretung des Herausgabeanspruchs, so bleibt er nach **§ 326 III** zur Gegenleistung verpflichtet. Übersteigt das commodum den Wert der Gegenleistung, bleibt die Gegenleistungspflicht voll bestehen[114]. Sie mindert sich jedoch nach Maßgabe **§ 441 III** insoweit, als der Wert des Ersatzes oder des Ersatzanspruchs hinter dem Wert der geschuldeten Leistung zurückbleibt (§ 326 III 2). Hier wird also wieder der Maßstab des § 441 III aufgegriffen, der bereits in § 326 I 1 Hs. 2 vom Gesetz gewählt wird[115].

d) Minderungsmöglichkeit beim Schadensersatz statt der Leistung

322 Kann der Gläubiger statt der Leistung Schadensersatz verlangen, so mindert sich dieser nach § 285 II, um den Wert des erlangten Ersatzes oder Ersatzanspruchs, wenn der Gläubiger von dem in Absatz 1 bestimmten Recht Gebrauch macht. Das ist eine besondere Ausprägung des kleinen Schadensersatzes statt der Leistung. Streitig ist, ob die Anrechnung von Gesetzes wegen, die § 285 II als gesetzliche Ausprägung der **Vorteilsausgleichung** enthält[116], auch dann eintritt, wenn sich herausstellt, dass der abgetretene Ersatzanspruch nicht durchsetzbar ist[117]. Dagegen spricht, dass die Vorschrift nur einem ungerechtfertigten Gewinn des Gläubigers entgegenwirken, nicht aber dem Gläubiger das Bonitätsrisiko des Drittschuldners aufbürden soll[118].

---

111 RGZ 115, 33; 157, 44; auch nicht analog; vgl. *Merle*, AcP 183 (1983), 84; instruktiv zum Ganzen *Schwerdtner*, Jura 1985, 611. Näher zur Anwendbarkeit der Vorschriften des Allgemeinen Schuldrechts auf dingliche Ansprüche *Habersack*, Sachenrecht, Rz. 70 ff.
112 Zu der Frage, ob § 281 auf den Vindikationsanspruch anwendbar ist (mit der Folge, dass der Eigentümer seinen Anspruch aus § 985 gegen einen Dritten, der im Besitz der Sache ist, über § 281 einseitig in einen Anspruch auf Schadensersatz statt der Leistung umwandeln kann) ablehnend *Gursky*, Jura 2004, 433; *Katzenstein*, AcP 207 (2007), 96, 135.
113 *Canaris*, JZ 2001, 499, 506.
114 Beispiele bei *Meier*, Jura 2002, 118, 126.
115 Vgl. oben Rz. 301 ff.
116 Zur Vorteilsausgleichung näher unten Rz. 517.
117 Näher dazu Staudinger/*Löwisch/Caspers*, 2009, § 285 Rz. 57.
118 Palandt/*Grüneberg*, § 285 Rz. 11.

4. Beiderseits zu vertretende Unmöglichkeit

Es war bereits die Rede davon, dass das Problem der beiderseits zu vertretenden Unmöglichkeit[119] durch die Schuldrechtsreform nicht geregelt wurde und dies auch gar nicht beabsichtigt war[120]. Das wurde im Gesetzeswortlaut des § 326 II dadurch sichergestellt, dass nur der Fall geregelt wurde, dass der Gläubiger für den Umstand, aufgrund dessen der Schuldner nach § 275 nicht zu leisten braucht, allein oder weit überwiegend verantwortlich ist[121]. Im Fall der beiderseits zu vertretenden Unmöglichkeit sind jedoch beide zu gleichen oder wenigstens ähnlichen Teilen dafür verantwortlich.

323

> Die beiderseits zu vertretende Unmöglichkeit illustriert unser **Fall 29**, welcher der Entscheidung **RGZ 94, 140** nachgebildet ist: V veräußert dem K einen Pkw, den K zu einem bestimmten Zeitpunkt abholen und bezahlen soll. K unterlässt dies, weil er meint, der Vertrag sei nicht zustande gekommen, was freilich nicht zutrifft. V wähnt sich seinerseits im Recht und lässt es infolge grober Fahrlässigkeit geschehen, dass der nicht abgeholte Wagen an seinem Platz zerstört wird. Kann er gleichwohl Kaufpreiszahlung verlangen oder schuldet er selbst Schadensersatz?

1. V könnte gegen K einen Anspruch auf Kaufpreiszahlung aus Kaufvertrag gemäß § 433 II haben. Mit dem Abschluss eines entsprechenden Kaufvertrages ist ein solcher Anspruch dem Grunde nach entstanden. Der Anspruch könnte aber nach **§ 326 I** erloschen sein. Voraussetzung dafür ist, dass der Schuldner (V) infolge Unmöglichkeit nicht zu leisten braucht. Hier liegt echte Unmöglichkeit gemäß § 275 I vor, da die Kaufsache, eine Stückschuld, zerstört ist. Nach dem Wortlaut des § 326 I scheint der Anspruch auf Kaufpreiszahlung ausgeschlossen zu sein.

324

Möglicherweise greift jedoch § 326 II als **Anspruchserhaltungsnorm** ein, infolge derer V der Zahlungsanspruch aus § 433 II erhalten bliebe, weil auch der Gläubiger (K) hier den Untergang der Sache mitverursacht hat. Voraussetzung dafür ist, dass der Gläubiger für den Umstand, aufgrund dessen der Schuldner nach § 275 I nicht zu leisten braucht, allein oder **weit überwiegend** verantwortlich ist. Allerdings lässt sich nicht sagen, dass der Gläubiger allein oder weit überwiegend verantwortlich ist[122]. Es könnte aber die zweite Alternative vorliegen, dass K inzwischen in Annahmeverzug geraten ist und der Schuldner die Unmöglichkeit nicht zu vertreten hat. Die Voraussetzungen des Gläubigerverzugs (§§ 293 ff.) liegen hier vor, weil ein bestimmter Termin ausgemacht war (§ 296) und der Gläubiger K zu diesem Tag nicht zahlungsbereit (§ 297) gewesen ist. Problematisch ist, ob der Schuldner die Unmöglichkeit nicht zu vertreten hat. Zwar reduziert sich der Haftungsmaßstab des Schuldners V hier nach § 300 I auf Vorsatz und

325

---

119 *Faust*, JuS 2001, 133; *Canaris*, Festschrift für E. Lorenz, 2004, S. 147.
120 *Schwarze*, Jura 2002, 73, 82; vgl. auch *Fikentscher/Heinemann*, Schuldrecht, Rz. 425.
121 Vgl. *Medicus/Lorenz*, Schuldrecht I, Allgemeiner Teil, Rz. 448.
122 Auf § 326 II stützen den Gegenanspruch *Emmerich*, Das Recht der Leistungsstörungen, 5. Auflage 2003, § 14 II a. E.; *Stoppel*, Jura 2003, 224, 227 (aber methodologisch nicht angängig; vgl. *Canaris*, Festschrift für E. Lorenz, 2004, S. 147, Fußnote 38); a. A. *Rauscher*, ZGS 2002, 333, 336; *Looschelders*, Schuldrecht Allgemeiner Teil, Rz. 730 f.; *Bamberger/Roth/Grothe*, § 326 Rz. 24 f., die § 280 III i. V. m. § 281 bzw. § 283 direkt oder analog als Anspruchsgrundlage heranziehen (dagegen *Canaris*, Festschrift für E. Lorenz, 2004, S. 147, 160).

§ 6 *Folgen der Unmöglichkeit*

grobe Fahrlässigkeit. Allerdings hat V den Untergang des Wagens selbst unter diesem Blickwinkel zu vertreten, weil er grob fahrlässig handelte. Damit liegen die Voraussetzungen der Anspruchserhaltungsnorm des § 326 II im oben genannten Sinne nicht vor. Der Anspruch auf Kaufpreiszahlung wäre mithin ausgeschlossen.

326 Der Anspruchsausschluss zu Lasten des V erscheint indes unbillig, da wie gesehen auch K ein **Verschuldensvorwurf** trifft. Schließlich hat er durch das vertragswidrige Zuwarten mit der vereinbarten Abholung und der geschuldeten Kaufpreiszahlung den Untergang der Kaufsache zumindest mit veranlasst. Hätte er den Wagen zur vereinbarten Zeit abgeholt, so wäre es zu der Zerstörung des Autos eben nicht gekommen. Somit fragt sich, wie dieser Fall zu behandeln ist.

327 Damit ist das in der Literatur[123] und Rechtsprechung[124] ausgiebig und kontrovers diskutierte Problem der beiderseits zu vertretenden Unmöglichkeit aufgeworfen[125]. Ein Teil der Lehre lässt es bei dem bisher gefundenen Ergebnis und damit der Anwendung des § 326 I bewenden[126]. Der Käufer hat nach dieser Ansicht aber einen Schadensersatzanspruch aus §§ 280 I 1, III, 283 S. 1. Dem Verkäufer wird demgegenüber ein Schadensersatzanspruch aus §§ 280 I 1, 241 II und gegebenenfalls § 823 I zugebilligt. Beide Schadensersatzansprüche sind sodann nach § 254 I zu mindern.

328 Nach anderer Ansicht ist hingegen auch bei nicht überwiegendem Verschulden des Gläubigers die Anspruchserhaltungsnorm des § 326 II entsprechend anwendbar. Dem Verkäufer wird damit der Sache nach statt des Anspruchs aus §§ 280 I 1, 241 II der ursprüngliche Kaufpreiszahlungsanspruch zugestanden. Das läuft auf die **kumulative Anwendung** der § 326 II und §§ 280 I 1, III, 283 S. 1 hinaus[127], da sich der Anspruch des Käufers aus den letztgenannten Vorschriften ergibt. Er wäre aber nach § 254 zu kürzen. Nach dieser Ansicht wäre der Zahlungsanspruch des V also um dasjenige zu mindern, was dem **Mitverschuldensanteil** in Gestalt der Sorglosigkeit im Umgang mit dem Wagen entspricht.

Auch wird vertreten, den Vertrag entsprechend den Mitverschuldensanteilen aufzuspalten[128]. Der eine Teil des Vertrages wird so behandelt, als läge nur Verschulden des Käufers vor, der andere Teil, als gäbe es nur Verschulden des Verkäufers.

329 Die Rechtsprechung[129] stellt eine umfassende Gewichtung des Verschuldens an und kürzt den Anspruch anschließend ebenfalls nach § 254[130]. Hält sich das Verschulden,

---

123 Vgl. vor allem *Teubner*, Gegenseitige Vertragsuntreue, 1975.
124 Siehe nur RG JW 1910, 936; RGZ 71, 188; 94, 140; OLG Frankfurt NJW-RR 1995, 435.
125 Wie schwierig die Aufbauprobleme des Falles bis hierher sind, illustriert jedoch, dass die Rechtsprechung bisweilen (vgl. etwa OLG Oldenburg NJW 1975, 1788) bereits die Ausgangsvorschrift – und das heißt für den Studenten nicht zuletzt die Anspruchsgrundlage – nach den Verschuldensanteilen wählt.
126 *Gruber*, JuS 2002, 1066, 1068; Palandt/*Grüneberg*, § 283 Rz. 4, § 326 Rz. 15.
127 *Teubner*, Gegenseitige Vertragsuntreue, 1975, S. 61 ff.
128 *Faust*, JuS 2001, 133; ihm folgend *Stoppel*, Jura 2004, 224 ff.
129 Nachweise bereits oben Rz. 327.
130 *Canaris*, Festschrift für E. Lorenz, 2004, S. 147, 149 ff., 179, stellt demgegenüber das Modell einer „anteiligen Gesamtschadenslösung" vor.

wie hier wohl der Fall, gleichsam die Waage[131], so kann man im Einklang mit der Rechtsprechung über § 326 I zu dem Ergebnis gelangen, dass V nichts von K verlangen kann. Allerdings ist gegen diese Lösung neuerdings eingewandt worden, dass sie just mit § 326 I im Grundsätzlichen unvereinbar sei, da der Anspruch auf die Gegenleistung danach auch dann untergeht, wenn der andere Teil die Unmöglichkeit zu vertreten hat, wie sich auch aus einem Umkehrschluss des § 326 II ergebe[132].

Eine andere Sicht der Dinge hat *U. Huber* vorgetragen[133]. Im Wesentlichen stützt er **330** freilich die Ansicht der Rechtsprechung, jedoch nicht ohne sie, vor allem im Hinblick auf die Behandlung des § 254, zu präzisieren und dadurch z. T. auf eine neue Grundlage zu stellen. Als Besonderheit nimmt er abweichend von der Rechtsprechung freilich an, dass das Mitverschulden dann keine Rolle spielen dürfe, wenn sich der Gläubiger im Annahmeverzug befindet und der Schuldner die Unmöglichkeit anschließend grob fahrlässig herbeiführt. **§ 300 I** sei dann **abschließend**, so dass der Schuldner nach dieser Vorschrift zwar für die einfache Fahrlässigkeit befreit sei, nicht jedoch von der „Vernachlässigung elementarer Vorsichtsmaßnahmen"[134]. Ausgehend davon könnte man dann auch im vorliegenden Fall argumentieren, dass es auf das Mitverschulden nicht mehr ankomme. Für diese Lösung spricht, dass sie die gesetzlichen Wertungen in Gestalt etwa des § 300 I zu Ende denkt und nicht nach Billigkeitsgesichtspunkten judiziert[135]. Auch der Einwand des „Alles oder nichts" verfängt nicht, da es bei einer Haftungsprivilegierung stets um alles oder nichts geht. Das bedeutet für den vorliegenden Fall, dass V seinen Zahlungsanspruch verliert.

2. Konsequenterweise schuldet V dem K nach dieser Ansicht Schadensersatz aus **331** §§ 280 I 1, III, 283 S. 1[136], weil V eine Pflicht aus dem Schuldverhältnis verletzt hat, indem er es zuließ, dass der nicht abgeholte Wagen zerstört wurde. Er hat dies auch zu vertreten (§ 280 I 2), weil er zwar wegen § 300 I nicht für leichte Fahrlässigkeit einzustehen hatte, hier aber grob fahrlässig handelte[137].

---

131 Zu anderen Fällen der Quotelung siehe die Beispiele bei *Meier*, Jura 2002, 118, 128.
132 *Canaris*, Festschrift für E. Lorenz, 2004, S. 147, 158 f.
133 *U. Huber*, Leistungsstörungen II, § 57, S. 738-768.
134 *U. Huber*, aaO., S. 762 ff.
135 Gleiches gilt im Übrigen für die „anteilige Gesamtschadenslösung" von *Canaris*, Festschrift für E. Lorenz, 2004, S. 147.
136 *Canaris*, Festschrift für E. Lorenz, 2004, S. 147, 161, der die Anspruchsgrundlage freilich allein in § 280 I sieht, wobei die verletzte Schutzpflicht (§ 241 II) in der Beeinträchtigung der „Leistungskapazität" liegen soll (vgl. *Hadding*, AcP 168 [1968], 150 ff.).
137 Siehe auch BGH NJW 2007, 3488.

§ 7 Verzögerung der Leistung

332 Von besonderer Prüfungsrelevanz sind diejenigen Anspruchsgrundlagen, die im weitesten Sinne Ansprüche wegen nicht rechtzeitiger Leistung gewähren[1]. Es geht also um Leistungsverzögerungen. Ausgehend von der Terminologie des § 280 I 1 besteht die Pflichtverletzung hier darin, dass die Leistung nicht **rechtzeitig** erbracht wird[2]. Hier stellen sich mannigfache Konkurrenzprobleme. Im Mittelpunkt der Problematik steht der Verzug als besondere Form der Leistungsverzögerung.

333 Die entscheidende **Weichenstellung** für das Verständnis der Verzugsregeln enthält § 280 II, wonach der Gläubiger Schadensersatz wegen Verzögerung der Leistung nur unter den zusätzlichen Voraussetzungen des § 286 verlangen kann. Der äußere systematische Standort dieser Regelung zwischen der allgemeinen Anspruchsgrundlage des § 280 I und dem Verweis in § 280 III erklärt sich daraus, dass auch bei der Geltendmachung des Verzögerungsschadens das Verhalten des Schuldners nach der Entstehung des Schuldverhältnisses liegt[3]. Daraus rechtfertigt sich die systematische Stellung unmittelbar nach § 280 I, was angesichts der Verweisung auf den vergleichsweise – nämlich verglichen mit der Verweisung des § 280 III auf die unmittelbar nachfolgenden §§ 281 ff. – weiter entfernten § 286 erklärungsbedürftig anmutet[4].

I. Die Ansprüche im Vergleich und Überblick

1. Schadensersatz wegen Verzögerung der Leistung

334 Obwohl auch die unpünktliche Leistung durchaus die Verletzung einer Pflicht aus dem Schuldverhältnis darstellt[5], kann der Gläubiger Schadensersatz wegen Verzögerung der Leistung nicht allein nach § 280 I 1, sondern nur unter der zusätzlichen Voraussetzung des § 286 – grundsätzlich Mahnung – verlangen[6]. Als **spezifischen Verzögerungsschaden** bezeichnet man denjenigen Schaden, der neben den fortbestehenden Leistungsanspruch (Primäranspruch) treten könnte[7]. Darunter fallen auch die Kosten einer Ersatzbeschaffung für die Dauer des Verzugs[8]. Die genannten Vorschriften (§§ 280 I 1, II, 286 I 1) sind demgemäß als **Anspruchsgrundlage** zu zitieren[9]. Der Verzögerungsschaden bleibt auch dann bestehen, wenn dem Gläubiger nachträglich ein Schadensersatzanspruch statt der Leistung entsteht[10]. Umstritten ist das Verhältnis dieser beiden

---

1 Zu den Rechtsfolgen der Leistungsverzögerung auch *Mattheus*, JuS 2002, 209, 216.
2 *Canaris*, ZIP 2003, 321; *Derleder/Zänker*, NJW 2003, 2222; *Krause*, Jura 2002, 217; *Eberl-Borges*, AcP 203 (2003), 633.
3 Instruktiv zum Verzug *Krause*, Jura 2002, 299.
4 Vgl. *Canaris*, JZ 2001, 499, 511 mit Fußnote 123.
5 Siehe dazu auch unten Rz. 359 zur sog. verzugsbegründenden Erstmahnung.
6 Zum Vergleich der Anspruchsgrundlagen auch *Krause*, Jura 2002, 299; eingehend *Canaris*, ZIP 2003, 321.
7 Es handelt sich daher um einen Unterfall des Schadensersatzes neben der Leistung, *Medicus/Lorenz*, Schuldrecht I, Allgemeiner Teil, Rz. 354.
8 *Dauner-Lieb*, in: Das Neue Schuldrecht, § 2 Rz. 40, nennt etwa die Ersatzmiete eines Hauses oder einer Maschine.
9 *Schulte-Nölke*, in: Das Neue Schuldrecht, § 4 Rz. 3.
10 Vgl. Palandt/*Grüneberg*, § 286 Rz. 41, vgl. auch BGH NJW 1975, 1740.

Schadensersatzansprüche. Entweder sind beide Ansprüche nebeneinander geltend zu machen[11] oder der Verzögerungsschaden wird als Rechnungsposten in den Anspruch auf Schadensersatz statt der Leistung einbezogen[12]. Die erstgenannte Ansicht entspricht der oben genannten Definition[13], wonach dem Schadensersatz statt der Leistung nur diejenigen Schäden zugehören, die bei ordnungsgemäßer Leistung im spätestmöglichen Zeitpunkt (und nicht bei Fälligkeit) nicht eingetreten wären.

2. Schadensersatz statt der Leistung

Nach § 281 I 1 kann der Gläubiger unter den Voraussetzungen des § 280 I Schadensersatz statt der Leistung[14] verlangen, soweit der Schuldner die fällige Leistung nicht oder nicht wie geschuldet erbringt, wenn ihm der Gläubiger eine angemessene Frist zur Leistung oder zur Nacherfüllung bestimmt hat[15] und die Frist erfolglos abgelaufen ist[16]. Im Unterschied zu §§ 280 I, II, 286 werden nach §§ 280 I, III, 281 auch die Mehrkosten eines **Deckungsgeschäfts** ersetzt[17]. Unterscheidungskriterium hinsichtlich des spezifischen Verzögerungsschadens ist die Frage, ob die Primärleistung funktional ersetzt wird[18]. Überschneidungen zwischen Schadensersatz statt der Leistung und wegen Verzögerung kommen nicht in Betracht[19]. 335

Ein **entgangener Veräußerungsgewinn** (§ 252) kann Zuordnungsschwierigkeiten bereiten: Unterfällt er § 286 I 1 oder § 281 I 1 mit der Folge, dass eine Fristsetzung erforderlich wäre? Hat sich die gewinnbringende Weiterveräußerung infolge der Leistungsverzögerung endgültig zerschlagen, so dürfte der entgangene Veräußerungsgewinn als spezifischer Verzögerungsschaden zu qualifizieren und mithin ohne weiteres nach § 280 I, II i. V. m. § 286 zu ersetzen sein[20]. Dieser kann dann neben dem **Nacherfüllungsanspruch** geltend gemacht werden. Solange dagegen noch die Möglichkeit besteht, dass auch nach erfolgreicher Nacherfüllung (§ 439) noch ein Veräußerungsgewinn realisiert werden kann, ist § 281 einschlägig und damit eine Fristsetzung erforderlich[21]. 336

---

11 *Canaris*, Karlsruher Forum 2002, S. 41 f.; Palandt/*Grüneberg*, § 281 Rz. 17; § 286 Rz. 41; Münch.-Komm.-*Ernst*, 5. Auflage 2007, § 280 Rz. 71; § 281 Rz. 110; *Grigoleit/Riehm*, AcP 203 (2003), 727, 750; der gleiche Schadensposten darf freilich nur einmal berücksichtigt werden, BGH NJW 1953, 337.
12 *Grunewald*, Bürgerliches Recht, § 10 Rz. 17; Bamberger/Roth/*Grüneberg*, § 281 Rz. 35; siehe auch schon RGZ 94, 206.
13 Unter Rz. 305.
14 Eingehend *U. Huber*, AcP 210 (2010), 319 ff. Siehe auch *Looschelders*, JuS 2010, 849, 855. Zur Abgrenzung von Schadensersatz statt der Leistung und Schadensersatz neben der Leistung siehe oben Rz. 305.
15 Zur Entbehrlichkeit der Nachfristsetzung beim relativen Fixgeschäft siehe oben Rz. 148.
16 Dazu *Grigoleit/Riehm*, AcP 203 (2003), 727; *Gsell*, Jb.J.ZivRWiss. 2001, 105; *Ady*, ZGS 2003, 13; *Knoche/Höller*, ZGS 2003, 26; *Hirsch*, Jura 2003, 289; *Katzenstein*, Jura 2004, 584, 587.
17 Eingehend *Faust*, Festschrift für U. Huber, 2006, S. 253 ff.
18 Vgl. auch *Dauner-Lieb*, in: Das Neue Schuldrecht, § 2 Rz. 40.
19 *Klöhn*, JZ 2010, 47, zu BGH JZ 2010, 44.
20 *U. Huber*, AcP 210 (2010), 319, 343, zumindest solange noch Erfüllung möglich – nachträglich eingetreten – ist. Erlischt der Leistungsanspruch nach § 281 IV, soll auch der zuvor entgangene Gewinn als Schadensersatz statt der Leistung zu ersetzen sein (so *U. Huber*, aaO., unter Verweis auf RGZ 105, 280 f.). Ebenso BGH JZ 2010, 44 (mit kritischer Anm. *Klöhn*); a.A. aber wohl die h.L.; vgl. *Medicus/Lorenz*, Schuldrecht I, Allgemeiner Teil, Rz. 353a.
21 *Dauner-Lieb*, in: Das Neue Schuldrecht, § 2 Rz. 42; *S. Lorenz/Stringari*, Festschrift für Georgiades, 2006, S. 252; a. A. *Grigoleit/Riehm*, AcP 203 (2003), 724, 741.

§ 7 *Verzögerung der Leistung*

337 Da die Nichterbringung der Leistung infolge Unmöglichkeit in § 283 speziell geregelt ist[22], betrifft der in § 281 I 1 vorausgesetzte Fall, dass der Schuldner die Leistung nicht erbringt, im Wesentlichen[23] den Schuldnerverzug. Der Wortlaut des § 281 I 1 setzt den Verzug allerdings nicht tatbestandlich voraus. Dies relativiert sich aber, wenn man bedenkt, dass die nach § 281 I 1 geforderte Fristsetzung im Regelfall eine **befristete Mahnung** enthält[24]. Die Fristsetzung selbst muss weder einen bestimmten Zeitraum noch einen Endtermin enthalten, wenn nur klar daraus hervorgeht, dass der Schuldner unverzüglich bzw. umgehend zu leisten hat[25].

3. Rechtsfolgenbetrachtung

338 Ersetzt wird nach § 281 I 1 entweder die Wertdifferenz zwischen der erbrachten und der geschuldeten Leistung, ohne dass der Berechtigte die Sache zurückgeben und den gesamten Wert liquidieren muss (**kleiner Schadensersatz**). Andererseits ist es durchaus möglich, im Rahmen des Schadensersatzes statt der Leistung die Sache zurückzugeben und deren vollen Wert ersetzt zu verlangen (**großer Schadensersatz**). Letzteres wird vom Gesetz auch als Schadensersatz statt der ganzen Leistung bezeichnet (vgl. § 281 V). Die Hinzufügung des Wortes „ganz" lässt erkennen, dass hier vom großen Schadensersatz die Rede ist[26]. Hat der Schuldner dagegen nur eine Teilleistung oder die Leistung nicht wie geschuldet bewirkt, so kann Schadensersatz statt der ganzen Leistung nur unter den zusätzlichen Voraussetzungen der Sätze 2 und 3 des § 281 I verlangt werden[27]. Diese Kombination von Rücktritt und Schadensersatz ist bei unerheblichen Mängeln ausgeschlossen (vgl. §§ 281 I 3, 323 V 2). Da das Gesetz für die **Leistungsverzögerung** keine weiteren Voraussetzungen normiert, kann der Gläubiger zwischen kleinem und großem Schadensersatz wählen.

4. Analoge Anwendung des § 284 bei Leistungsverzögerung?

339 Macht der Gläubiger Aufwendungen, deren Vergeblichkeit schon durch die Schlechtleistung oder Verzögerung feststeht, so scheidet deren Ersatzfähigkeit nach dem Wortlaut des § 284 an sich aus, da dieser die Schadensersatzpflicht statt der Leistung voraussetzt, die nach § 281 I 1 erst nach erfolglosem Ablauf der Nachfrist in Betracht kommt[28]. Einige befürworten in diesen Fällen die analoge Anwendung des § 284[29], da das Verstreichenlassen der Nachfrist sinnentleert anmutet[30]. Die wohl h. L. lehnt dies ab[31], da die Haftung nur bei endgültigem Ausbleiben der Leistung dem Willen des Gesetzge-

---

22 Dazu oben Rz. 304 ff.
23 Vgl. *Canaris*, JZ 2001, 499, 515.
24 Vgl. *U. Huber*, Leistungsstörungen II, S. 362.
25 BGH JZ 2010, 201 mit Anm. *Faust*.
26 Vgl. auch *Dauner-Lieb*, in: Das Neue Schuldrecht, § 2 Rz. 43.
27 Münch.-Komm.-*Ernst*, 5. Auflage 2007, § 281 Rz. 136 ff.
28 Siehe auch *Tröger*, ZGS 2005, 462, 463.
29 *Canaris*, Festschrift für Wiedemann, 2002, S. 29 ff.; Bamberger/Roth/*Faust*, § 437 Rz. 151.
30 *Gsell*, in: Dauner-Lieb/Konzen/K. Schmidt, Das neue Schuldrecht in der Praxis, 2003, S. 342.
31 Vgl. nur Erman/*H.P. Westermann*, § 284 Rz. 5; Anw.-Komm.-*Arnold*, § 284 Rz. 15 m. w. N.

bers entspreche[32]. Dementsprechend wendet der Bundesgerichtshof § 284 nur unter den Voraussetzungen der §§ 281 bis 283 an[33].

II. Voraussetzungen des Verzuges und Abgrenzung

Grundsätzlich gilt nach § 286 I 1, dass der Schuldner dadurch in Verzug kommt, dass er auf eine Mahnung des Gläubigers nicht leistet. Gleichgestellt sind nach S. 2 die Zustellung eines Mahnbescheids (§ 693 ZPO) sowie Klageerhebung (§ 253 ZPO), wobei freilich zu beachten ist, dass darin ein Anspruch auf Leistung geltend gemacht werden muss, so dass auch die **Widerklage** (§ 33 ZPO), die **Stufenklage** (§ 254 ZPO)[34] oder ein bloßer **Hilfsantrag**[35] ausreichen können, nicht aber eine **Feststellungsklage** (§ 256 ZPO) oder eine Klage auf künftige Leistung gemäß §§ 257 ff. ZPO[36]. 340

Voraussetzung für den Schuldnerverzug ist also zunächst eine Forderung aus einem Schuldverhältnis, § 286 I 1. Damit ist zugleich klar, dass kein Fall der Unmöglichkeit vorliegen darf, weil dann die Leistungspflicht nach § 275 I, II oder III ausgeschlossen ist und der Schuldner mithin nicht zu leisten braucht. Demgemäß endet der Verzug, wenn während des Verzugszeitraums die Leistungspflicht nach § 275 ausgeschlossen ist[37]. Daraus folgt, dass Unmöglichkeit immer vor Verzug zu prüfen ist. Dem Schuldner steht freilich je nach Vereinbarung nur ein bestimmter **Erfüllungszeitraum** zu, nach dessen Ablauf aus dem Verzug Unmöglichkeit wird[38]. Die Dauer des Erfüllungszeitraums bemisst sich nach Natur und Dauer des Schuldverhältnisses unter besonderer Berücksichtigung des konkreten Vertragszwecks. Die Unterscheidung zwischen vorübergehendem (Rechtsfolge: Verzug) und dauerndem Leistungshindernis (Rechtsfolge: Unmöglichkeit) beurteilt sich unter Berücksichtigung der Belange der Vertragspartner und des Vertragszwecks nach Treu und Glauben[39]. Wenn also während des Verzugs Unmöglichkeit eintritt, dann gilt Unmöglichkeitsrecht, weil der Verzug endet[40]. 341

Der Schuldner kommt nur in Verzug, wenn der Gläubiger gegen ihn einen fälligen (§ 271) und **durchsetzbaren** Anspruch hat. Durchsetzbar ist der Anspruch, wenn ihm keine Einrede entgegen gehalten werden kann. Die Forderung muss also **einredefrei** sein. Der Schuldner muss die Einrede nicht unbedingt erheben[41]; schon das Bestehen einer dauernden oder aufschiebenden Einrede (beachte **§ 320 I 1**!) schließt den Verzug aus[42]. Das gilt jedoch nicht für das Zurückbehaltungsrecht nach § 273, weil der Gläu- 342

---

32 Münch.-Komm.-*Ernst*, 5. Auflage 2007, § 284 Rz. 14; siehe auch *Ellers*, Der Ersatz vergeblicher Aufwendungen, 2005.
33 BGH NJW 2008, 2837, 2839 Tz. 23.
34 BGHZ 80, 269, 277.
35 RGZ 108, 279, 281; BGH NJW 1981, 1732.
36 *Schreiber*, Jura 1990, 193, 195.
37 *Schulte-Nölke*, in: Das Neue Schuldrecht, § 4 Rz. 8.
38 *Larenz*, Schuldrecht I, § 14 V, S. 199; § 21 II, S. 307: „Zeitraum, innerhalb dessen eine Erfüllung allenfalls noch möglich ist".
39 Palandt/*Grüneberg*, § 275 Rz. 10 ff; § 286 Rz. 12.
40 *Grunewald*, Bürgerliches Recht, § 10 Rz. 18.
41 A. A. *Gröschler*, AcP 201 (2001), 48, 74 ff.
42 BGHZ 48, 249, 250; Erman/*J. Hager*, § 286 Rz. 21 f.

§ 7 *Verzögerung der Leistung*

biger andernfalls keine Gelegenheit hätte, von seiner **Abwendungsbefugnis** nach § 273 III 1 Gebrauch zu machen[43]. Der Schuldner muss also ein etwaiges Zurückbehaltungsrecht ausüben, um nicht in Verzug zu kommen. Im Prozess muss der Schuldner ihm zustehende Einreden freilich erheben, weil er sich andernfalls behandeln lassen muss, als sei er in Verzug gekommen[44].

343 Der Schuldner kommt nur in Verzug, wenn er die Nichtleistung zu vertreten hat. Dies ergibt sich für den Anspruch auf Schadensersatz wegen Verzögerung der Leistung (§§ 280 I, II, 286) unproblematisch aus § 280 I 2. **§ 286 IV** stellt sicher, dass dies auch für die anderen Verzugsfolgen, wie die Haftungsverschärfung nach § 287 sowie den Anspruch auf Verzugszinsen (§ 288) gilt. Häufig genügt nach der inzidenten Prüfung des § 280 I mitsamt dessen Satz 2 ein Hinweis auf § 286 IV[45]. Mitunter ist aber gerade das Verschuldenserfordernis des Verzugs problematisch, so dass auf § 286 IV näher einzugehen ist[46]. Der Schuldner muss wie bisher darlegen und gegebenenfalls beweisen, dass ihn – abgesehen vom Sonderfall des § 619a[47] – kein Verschulden trifft[48].

344 Der Schuldner wird grundsätzlich[49] durch eine **Mahnung** in Verzug gesetzt. Dies ist eine einseitige geschäftsähnliche Handlung, auf welche die Vorschriften über Willenserklärungen entsprechend anwendbar sind[50]. Sie muss **eindeutig** sein und kann erst nach Fälligkeit erfolgen, wobei sie jedoch zugleich mit einer die Fälligkeit begründenden Handlung, etwa der Stellung einer Rechnung, verbunden werden kann[51]. Nach dem Grundsatz **fur semper in mora** liegt Verzug ohne weiteres vor, wenn der Schuldner die Herausgabe einer deliktisch erlangten Sache schuldet (vgl. auch § 848)[52]. Den Anforderungen, die an eine Mahnung zu stellen sind, entspricht auch die **Fristsetzung** i. S. d. §§ 281 I 1, 323 I, so dass diese immer auch zugleich als Mahnung angesehen werden kann[53].

345 § 286 I 2 stellt der Mahnung die Erhebung der Klage auf die Leistung und die Zustellung eines Mahnbescheids gleich. Teilweise wird die Ansicht vertreten, Mahnung oder Klageerhebung sei für die Verzugshaftung des **bösgläubigen Bereicherungsschuldners**[54] nicht erforderlich, weil § 819 mit seiner Verweisung auf § 818 IV die Rechtshängigkeit und damit auch das Vorliegen der Voraussetzungen des § 286 I 2 fingiere[55]. Das kann jedoch schon deshalb nicht angenommen werden, weil das einen Wertungswiderspruch zu § **990 I 2**, auf den § 292 verweist und in dem die Voraussetzungen des

---

43 BGH WM 1971, 1020, 1021; *Medicus/Lorenz*, Schuldrecht I, Allgemeiner Teil, Rz. 459.
44 Palandt/*Grüneberg*, § 286 Rz. 11.
45 Vgl. etwa unten **Fall 31** (Rz. 353).
46 Siehe dazu unten **Fall 30** (Rz. 346).
47 Zu ihm bereits oben Rz. 54 ff.
48 *Schulte-Nölke*, in: Das Neue Schuldrecht, § 4 Rz. 10.
49 Zur Ausnahme des § 286 III bei einer Entgeltforderung unten Rz. 357 ff.
50 BGHZ 47, 352, 357.
51 BGH NJW 2008, 50; *Medicus/Lorenz*, Schuldrecht I, Allgemeiner Teil, Rz. 460; *Schulte-Nölke*, in: Das Neue Schuldrecht, § 4 Rz. 12.
52 BGH NJW-RR 2008, 918; Palandt/*Grüneberg*, § 286 Rz. 25.
53 Palandt/*Grüneberg*, § 323 Rz. 9.
54 Zu ihm noch unten Rz. 367.
55 Erman/*H.P. Westermann*, § 819 Rz. 8.

§ 286 I 2 gerade nicht fingiert werden, zur Folge hätte[56]. Bei dieser Gelegenheit ist auf § 990 II zu verweisen, nach dem im Eigentümer-Besitzer-Verhältnis eine Haftung des bösgläubigen Besitzers wegen Verzugs unberührt, also weiterhin möglich, bleibt[57].

1. Verzug und Nacherfüllung

Eine wichtige systematische Problematik, die auch in der Fallbearbeitung von besonderer Bedeutung ist, stellt der Zusammenhang zwischen Verzug und Nacherfüllung dar, den das Gesetz selbst in § 281 I 1 hergestellt hat, indem der Anspruch auf Schadensersatz statt der Leistung u. a. an die Nachfristsetzung zur Nacherfüllung geknüpft wird[58]. Da die Nacherfüllung in § 439 geregelt ist, handelt es sich hierbei um eine der wichtigen und **prüfungsrelevanten Verbindungen** zwischen Allgemeinem und Besonderem Schuldrecht[59]. Praktisch wird dies vor allem bei der Frage, was passiert, wenn der Verkäufer mit seiner Nacherfüllungspflicht in Verzug kommt[60].

346

> **Fall 30:** V verkauft dem K eine mangelhafte Sache. K verlangt eine mangelfreie, was V auch zusagt. Als die Nachlieferung längere Zeit ausbleibt, setzt K dem V eine Frist, die dieser tatenlos verstreichen lässt. V bringt nunmehr vor, er habe – was zutrifft – nicht erkennen können, dass sein Zulieferer ihm eine mangelhafte Sache geschickt habe. K verlangt den Wert der mangelfreien Sache zuzüglich Ersatz des Schadens, den er beim zwischenzeitlichen Umgang mit der mangelhaften Sache an seinen sonstigen Rechtsgütern erlitten habe. Ändert sich etwas, wenn sich später herausstellt, dass die Mangelfreiheit des Gegenstandes gar nicht möglich war?

K könnte gegen V einen Anspruch auf **Schadensersatz statt der Leistung** nach §§ 437 Nr. 3, 280 I 1, III i. V. m. § 281 I 1 haben. V hat eine mangelhafte Sache geliefert (§ 434 I). Dabei handelt es sich um eine Pflichtverletzung i. S. d. § 280 I 1. Allerdings führt diese Pflichtverletzung nach §§ 437 Nr. 1, 439 I lediglich zu einer Nacherfüllungspflicht. Erst die Verletzung dieser Nacherfüllungspflicht führt zu einem Anspruch auf Schadensersatz statt der Leistung nach §§ 437 Nr. 3, 281 I 1. Hier liegt die für den Schadensersatzanspruch entscheidende Pflichtverletzung also im **Unterlassen der Nacherfüllung**[61]. K kann Schadensersatz statt der Leistung verlangen, wenn er dem Schuldner erfolglos eine angemessene Frist zur Nacherfüllung bestimmt hat. Hier hatten sich K und V bereits auf Nacherfüllung i. S. d. § 439 geeinigt. K hatte dem V auch eine ausreichende Frist gesetzt. Die grundsätzlich **vorrangige Nacherfüllung** hat vorliegend nicht stattgefunden.

347

---

56 *Larenz/Canaris*, Schuldrecht II/2, § 73 II 4 c.
57 Dazu *Habersack*, Sachenrecht, Rz. 72.
58 Siehe dazu auch *Oechsler*, Rz. 149 f. Zur Reichweite des Vorrangs der Nacherfüllung, insbesondere bei Mehrfachstörungen, *Dauner-Lieb*, Festschrift für Canaris, 2007, S. 143, 152 ff.
59 Zur Mängelleistung und verzögerter Nacherfüllung *Gsell*, Festschrift für Canaris, 2007, S. 337.
60 Vgl. dazu *Buck*, in: H. P. Westermann (Hrsg.), Das Schuldrecht 2002, S. 140 f.; *Petersen*, Jura 1998, 294.
61 *S. Lorenz*; NJW 2002, 2497. Zu dieser Frage bereits oben Rz. 31. Siehe auch *Gsell*, Festschrift für Canaris, 2007, S. 337.

348 Zu prüfen bleibt, ob ein Fall des § 280 I 2 vorliegt, auf den § 281 I ebenfalls verweist[62]. Dabei ist umstritten, ob sich das Vertretenmüssen auf die Lieferung der mangelhaften Sache oder auf die Nichterbringung der Nacherfüllung beziehen muss[63]. Der Streit kann allerdings unentschieden bleiben, wenn alle Auffassungen zum gleichen Ergebnis kommen. Zu klären ist damit zunächst, ob V die Lieferung der mangelhaften Sache zu vertreten hat. Hierauf zielt sein Einwand ab, er habe nicht erkennen können, dass ihm seinerseits die mangelhafte Sache geliefert worden sei. Was der Schuldner zu vertreten hat, bemisst sich nach § 276. Danach hat der Schuldner nicht nur Vorsatz und Fahrlässigkeit zu vertreten, sondern u. U. auch die **Übernahme eines Beschaffungsrisikos**[64]. Ein solches hat V hier übernommen, indem er sich zur Lieferung einer Gattungssache verpflichtet hat. Nach § 243 I hat er einen Gegenstand mittlerer Art und Güte zu liefern. Eine mangelhafte Sache entspricht diesem Maßstab nicht. Bei der Gattungsschuld kommt es weder auf einen irgendwie gearteten Vorwurf noch auf eine etwaige Kenntnis oder fahrlässige Unkenntnis des Mangels an, sondern nur darauf, dass sich die Risikoübernahme auch auf die Mangelfreiheit bezieht. Das ist aber bei der Gattungsschuld der Fall[65]. Da hier die Pflichtverletzung zudem in der unterlassenen Nacherfüllung liegt, hat V durch seine Weigerung diese sogar vorsätzlich begangen.

349 Unabhängig von der Frage, ob V nicht durch die anschließende Einigung mit K über die Nachlieferung mit seinem später vorgebrachten Einwand präkludiert ist, liegen hier also schon die Voraussetzungen des § 280 I 1 und kein Fall des Satzes 2 vor. Da auch alle übrigen Voraussetzungen des § 281 I 1 gegeben sind, kann K von V Schadensersatz statt der Leistung verlangen. Ersetzt wird danach der Wert der Sache in mangelfreiem Zustand.

350 Zu prüfen bleibt, ob K darüber hinaus Schadensersatz wegen Verletzung seiner übrigen Rechtsgüter wegen des Umgangs mit der mangelhaften Sache verlangen kann. Grundsätzlich kann Schadensersatz wegen Verletzung des **Leistungsinteresses** nach den §§ 281, 283 verlangt werden[66], während Schäden aus der Verletzung des Integritätsinteresses ohne vorherige Fristsetzung nach § 280 I 1 zu ersetzen sind[67].

351 Dem Schadensersatz nach den §§ 437 Nr. 3, 280 I 1 könnte hier der Einwand des V entgegenstehen, er habe die Mangelhaftigkeit nicht erkennen können und die Pflichtverletzung i. S. d. § 280 I 2 mithin nicht zu vertreten. Das hängt wiederum davon ab, was V zu vertreten hat. Allerdings geht es hier nicht mehr um das Beschaffungsrisiko allein, sondern um die Frage, ob die **Risikoübernahme** nach ihrem Schutzzweck auch die Verletzung des **Integritätsinteresses** betrifft. Davon ist jedoch nicht ohne weiteres auszugehen[68]. V haftet demnach nicht für den weitergehenden Schaden.

---

62 Instruktiv zu dieser Stelle der Fallbearbeitung *Otto*, Jura 2002, 1, 6.
63 Dazu ausführlich oben Rz. 51 f.
64 Vgl. *Altmeppen*, DB 2001, 1399 ff.; 1821 ff.; *Canaris*, DB 2001, 1815 ff.
65 Vgl. *Canaris*, DB 2001, 1815; a. A. Palandt/*Grüneberg*, § 276 Rz. 32.
66 Näher *Grigoleit/Riehm*, AcP 203 (2003), 727 ff.
67 Palandt/*Grüneberg*, § 280 Rz. 18; *Oechsler*, Rz. 243.
68 *Canaris*, DB 2001, 1815, 1816 Fußnote 4; instruktiv *Mankowski*, JuS 2006, 481, 482.

In der **Abwandlung** kann sich ein Anspruch des K nur aus § 437 Nr. 3 i. V. m. § 311a II **352** ergeben, da ein Fall der anfänglichen Unmöglichkeit bezüglich der geschuldeten Leistung vorlag. In diesem Fall kommt es auf die Unkenntnis des V an, weil er nach § 311a II nur haftet, wenn er das Leistungshindernis – Unmöglichkeit der konkret geschuldeten Sache ihrer Art nach – kannte bzw. seine Unkenntnis zu vertreten hätte, was hier nicht der Fall war. Zu beachten ist also, dass das Kriterium des Vertretenmüssens in § 311a II 1 eine andere Funktion hat als im Rahmen des § 280 I 2, weil der nicht zu vertretende Irrtum über die anfängliche Leistungsfähigkeit haftungsbefreiend wirkt[69]. Daneben kommt ebenfalls ein Anspruch aus § 280 I 1 wegen seiner Schäden an den sonstigen Rechtsgütern (**Integritätsinteresse**) in Betracht; § 241 II gilt nämlich auch bei einem Vertrag ohne primäre Leistungspflichten[70].

2. Mangelbedingter Betriebsausfallschaden

Die soeben behandelte Problematik ist dadurch gekennzeichnet, dass der Nacherfüllungspflichtige die Nachfrist verstreichen lässt und der Berechtigte infolgedessen einen Schaden erlitten hat. Vorstellbar ist aber auch der Fall, dass ein Schaden bereits während des Laufs einer angemessenen Frist zur Nacherfüllung entsteht. Was den **Minderwert** der gekauften Sache betrifft, so kann der Käufer nur dann sofortigen Ersatz verlangen, wenn ein Fall des § 281 II vorliegt oder die Nacherfüllung aus anderen Gründen[71] ausgeschlossen ist. In anderen Fällen kommt dagegen kein sofortiger Schadensersatzanspruch in Betracht, weil damit das Nacherfüllungsrecht des Verkäufers unterlaufen würde[72]. Schwierigkeiten bereiten aber Schäden an den **sonstigen Rechtsgütern** des Käufers. Diese Frage scheint das Gesetz nicht explizit zu beantworten[73]. **353**

> Das Problem zeigt sich in unserem **Fall 31**: V liefert dem K eine mangelhafte Maschine. K verlangt Nacherfüllung. V erklärt sich dazu bereit und liefert schnellstmöglich eine mangelfreie Maschine. K verlangt von ihm Ersatz für den unstreitig zwischenzeitlich angefallenen Produktionsausfall[74].

Problematisch ist in dieser Konstellation schon die Anspruchsgrundlage. Überwiegend wird für den Ersatz des hier relevanten **Betriebsausfallschadens** § 280 I 1 herangezogen und damit eine verzugsunabhängige Schadensersatzpflicht angenommen[75]. Begründet wird dies insbesondere damit, dass die Schlechtleistung und nicht die Verspätung die maßgebliche Pflichtverletzung darstellt[76]. Des Weiteren wird geltend gemacht, **354**

---

69 *Canaris*, DB 2001, 1815, 1818. Dass bei anfänglichen Leistungshindernissen grundsätzlich strengere Anforderungen gestellt werden können, ergibt sich – mit *Philipp Hecks* Worten – daraus, dass „die Kenntnis der Gegenwart in größerem Umfang gefordert werden kann, als die Voraussicht der Zukunft" (Grundriß des Schuldrechts, 1929, S. 142).
70 Siehe oben Rz. 40.
71 Dazu Rz. 117 ff.
72 *Büdenbender*, in: Das Neue Schuldrecht, § 8 Rz. 64.
73 Siehe aber sogleich unter Rz. 355 f.
74 Beispiel von *Büdenbender*, in: Das Neue Schuldrecht, § 8 Rz. 65; vgl. auch *Gruber*, ZGS 2003, 130.
75 *Canaris*, ZIP 2003, 321, 326; *Medicus*, JuS 2003, 521, 523 ff.
76 *Medicus/Lorenz*, Schuldrecht I, Allgemeiner Teil, Rz. 469; *Hellwege*, Die §§ 280 ff. BGB, 2004, S. 93; Münch.-Komm.-*Emmerich*, 5. Auflage 2007, Vor § 281 Rz. 24 f.

dass der Betriebsausfallschaden mitunter eintritt, bevor eine Mahnung überhaupt möglich ist[77]. Andererseits deutet der zwischenzeitliche Ausfallschaden auf ein Verzugsproblem hin. Insofern erklärt sich, dass die Literatur den Schaden in einem solchen Fall zum Teil als **Verzugsschaden** qualifiziert[78]. Immerhin handelt es sich letztlich um einen Verspätungsschaden[79]. Einem Teil der Lehre erscheint es wertungsmäßig bedenklich, dem Käufer ohne Mahnung weitergehenden Schadensersatz zuzubilligen[80]. K könnte nach dieser Ansicht gegen V einen Anspruch auf Ersatz des Verzugsschadens aus §§ 280 I 1, II, 286 I 1 haben. Voraussetzung dafür ist, dass sich V im Verzug befand. Verzug ist schuldhafte (§ 286 IV) Nichtleistung trotz Fälligkeit und Mahnung. Zwar hat V geleistet, er ist jedoch seiner Verkäuferpflicht nach § 433 I 2 nicht nachgekommen, indem er zunächst eine mangelhafte Sache geliefert hat. Obwohl der Nacherfüllungsanspruch mit Lieferung der mangelhaften Sache fällig (§ 271 I) war, hat V ihn nicht erfüllt. Der Verzug setzt des Weiteren eine Mahnung voraus[81]. Diese kann vorliegend in der Rüge der Mangelhaftigkeit gesehen werden, weil darin zugleich eine endgültige, unmissverständliche Aufforderung liegt, vertragsgemäß zu leisten. Dass in der Rüge der Mangelhaftigkeit zugleich eine Mahnung zu sehen ist, entspricht im Übrigen auch der Begründung des Regierungsentwurfs[82].

355   Der Schuldner kommt indes nur in Verzug, wenn er die Nichtleistung auch zu vertreten hat. Ob dies in der vorliegenden Konstellation der Fall ist, ist jedoch zweifelhaft. Ein Teil der Lehre nimmt an, dass der Verkäufer selbst bei korrekter Nacherfüllung ohne weiteres für zwischenzeitlich eingetretene Schäden wegen Verzugs nach §§ 280 I, II, 286 haftet[83]. Diese Ansicht ist in dieser Form jedoch verkürzt, weil sie das **Verschuldenserfordernis** des Verzugs unberücksichtigt lässt. Nach § 286 IV kommt der Schuldner nämlich nicht in Verzug, solange die Leistung infolge eines Umstandes unterbleibt, den er nicht zu vertreten hat[84].

356   Der Schuldner kommt danach nicht automatisch durch die Lieferung einer mangelhaften Sache in Verzug. Ohne weitere Anhaltspunkte kann nicht von einem Vertretenmüssen des Verkäufers ausgegangen werden, so dass er für zwischenzeitliche Schäden nicht ohne weiteres haftet. Nichts anderes ergibt sich aus § 287, wonach der Schuldner während des Verzugs jede Fahrlässigkeit zu vertreten hat (§ 287 S. 1) und wegen der Leistung auch für Zufall haftet (§ 287 S. 2). Denn diese Vorschriften setzen den Verzug voraus, der jedoch im Regelfall noch gar nicht vorliegt, weil und sofern es am Verschul-

---

77 *Fikentscher/Heinemann*, Schuldrecht, Rz. 506.
78 So *Dauner-Lieb*, in: Ernst/Zimmermann, Zivilrechtswissenschaft und Schuldrechtsreform, 2001, S. 305, 311; ihr folgend *Büdenbender*, in: Das Neue Schuldrecht, § 8 Rz. 66; vgl. auch *Schur*, ZGS 2002, 244; *Reichenberg*, Jura 2003, 519.
79 *Fliegner*, JR 2002, 322; *Arnold/Dötsch*, BB 2003, 2253; *Wieser*, JR 2002, 270.
80 *Brox/Walker*, Besonderes Schuldrecht, 34. Auflage 2010, § 4 Rz. 106.
81 *Grigoleit/Riehm*, JuS 2004, 745, (sowie *dies.* bereits in AcP 203 [2003], 727, 754) nehmen ebenfalls einen Verspätungsschaden an, verzichten aber auf das Mahnungserfordernis durch teleologische Reduktion des § 286.
82 Vgl. BT-Drs. 14/6040, S. 225. Lesenswert *Oechsler*, NJW 2004, 1825.
83 *Büdenbender*, in: Das Neue Schuldrecht, § 8 Rz. 67.
84 Siehe dazu aus aufbautechnischer Sicht bereits oben Rz. 51.

den (§ 286 IV) fehlt⁸⁵. Im Ergebnis nichts anderes ergibt sich, wenn man – wohl vorzugswürdig⁸⁶ – den Anspruch auf Ersatz des Betriebsausfallschadens mit § 280 I 1 begründet. Dieser herrschenden Lehre hat sich inzwischen auch der BGH angeschlossen⁸⁷.

3. Besondere Umstände des Verzugs

Auf dieser Grundlage können nun die besonderen Umstände⁸⁸, unter denen der Verzug eintritt, behandelt werden. Nach § 286 III, der nur für **Entgeltforderungen** gilt, kommt der Schuldner spätestens in Verzug, wenn er nicht innerhalb von 30 Tagen nach Fälligkeit und Zugang einer Rechnung oder gleichwertigen Zahlungsaufstellung leistet. Leistung in diesem Sinne bedeutet nach der Telecom-Entscheidung des EuGH⁸⁹, dass im Falle einer Banküberweisung die Gutschrift vorgenommen ist⁹⁰. Entgeltforderungen sind Geldforderungen, mit denen eine Leistung im Rahmen eines Leistungsaustauschs vergütet werden soll, also etwa Kaufpreis- oder Werklohnforderungen⁹¹. Rechnung ist jedenfalls die schriftliche⁹² Fixierung der Forderung⁹³, die erkennen lässt, welche Forderung in welcher Höhe als Entgelt für welche Leistung des Gläubigers beansprucht wird⁹⁴. Eine mündliche Aufforderung reicht regelmäßig nicht.⁹⁵ Ob darüber hinaus eine Aufgliederung in einzelne Posten erforderlich ist, wird unterschiedlich beurteilt⁹⁶. Von der Mahnung unterscheiden sich die Rechnung bzw. die gleichwertige Zahlungsaufstellung hinsichtlich der **Intensität** der Aufforderung⁹⁷. Stellt die Zahlungsaufstellung zugleich eine Mahnung dar, so tritt der Verzug ohne weiteres nach § 286 I ein, so dass III insoweit keine eigenständige Bedeutung zukommt⁹⁸.

357

Der Verzugseintritt gilt jedoch gegenüber einem Schuldner, der **Verbraucher** ist (vgl. § 13), nur, wenn auf diese Folgen in der Rechnung oder Zahlungsaufstellung besonders hingewiesen worden ist, § 286 III 1 Hs. 2⁹⁹. Darin liegt eine Privilegierung des Verbrauchers. Die Prüfung des Verzugseintritts kann im Einzelfall also eine inzidente Erörterung der Verbrauchereigenschaft des Schuldners erforderlich machen. Zu berücksichtigen ist, dass der Verzug auch nach einem Hinweis nach § 286 III 1 Hs. 2 noch durch eine normale Mahnung herbeigeführt werden kann¹⁰⁰. Besteht Unsicherheit über den Zeitpunkt des Verzugs, so kommt der Schuldner, der nicht Verbraucher ist,

358

---

85 Ausführlich zu diesem Problem *Mankoswki*, JuS 2006, 481, 486.
86 Anders noch *Petersen*, Jura 2002, 461, 462.
87 BGH NJW 2009, 2674.
88 Zu den allgemeinen Voraussetzungen bereits oben Rz. 340 f.
89 EuGH NJW 2008, 1935 f.
90 *Canaris*, Festschrift für Hopt, 2010, S. 49.
91 RGZ 163, 365; Hk-BGB/*Schulze*, § 286 Rz. 22.
92 Auch per E-Mail; zu der Frage, ob die Textform (§ 126b) genügt, bejahend Erman/*J. Hager*, § 286 Rz. 53.
93 Staudinger/*Löwisch/Feldmann*, 2009, § 286 Rz. 97.
94 *Schulte-Nölke*, in: Das Neue Schuldrecht, § 4 Rz. 24.
95 Münch.-Komm.-*Ernst*, 5. Auflage 2007, § 286 Rz. 82.
96 Dafür Palandt/*Grüneberg*, § 286 Rz. 28; dagegen *Schulte-Nölke*, in: Das Neue Schuldrecht, § 4 Rz. 24.
97 *Schulte-Nölke*, in: Das Neue Schuldrecht, § 4 Rz. 25.
98 BT-Drs, 14/6040, S. 147.
99 Dazu BGH NJW 2008, 50, mit Anm. *Gsell*.
100 *Schulte-Nölke*, in: Das Neue Schuldrecht, § 4 Rz. 31.

nach § 286 III 2 spätestens 30 Tage nach Fälligkeit und Empfang der Gegenleistung in Verzug. Es wird also vom Gesetz vermutet, dass die Rechnung zugleich mit dem Empfang der Gegenleistung zugegangen ist[101]; dass sie überhaupt zugegangen ist, wird allerdings nicht vermutet.

III. Sonderfragen

1. Verzugsbegründende Erstmahnung

359 Nicht ersatzfähig sind die Kosten für die sog. verzugsbegründende Erstmahnung. Sind dem Gläubiger also zur Mahnung Telefon- oder Telefaxkosten entstanden oder hat er gar einen Anwalt eingeschaltet, kann er insoweit keinen Ersatz unter dem Gesichtspunkt des Verzugs fordern. Denn Verzug setzt Nichtleistung trotz Fälligkeit und Mahnung voraus, so dass die Kosten der Erstmahnung selbst nicht ersatzfähig sind. Auch der in Teilen der Rechtsprechung unternommene Versuch[102], die Kosten für die verzugsbegründende Erstmahnung nach § 280 I zu ersetzen, hat sich mit Recht nicht durchgesetzt. Diese Ansicht hat mit § 271 argumentiert, wonach eine Forderung mit der Entstehung fällig wird; zahle der Schuldner dessen ungeachtet nicht, so verletze er eine Pflicht. Doch gibt es nach §§ 280 I, II, 286 Schadensersatz wegen Verzögerung der Leistung nur unter zusätzlichen Voraussetzungen. Sofortiger Schadensersatz nach § 280 I 1 würde daher der **Wertung** des **§ 280 II** zuwiderlaufen. Dem Schuldner wird somit eine erste kostenlose Erinnerung gesetzlich zugebilligt[103]. Freilich können die Parteien individualvertraglich die Ersatzfähigkeit der Mahnkosten vereinbaren[104].

360 Bei der Verwendung **Allgemeiner Geschäftsbedingungen** ist freilich **§ 309 Nr. 4 zu beachten**, wonach eine Bestimmung unwirksam ist, durch die der Verwender von der gesetzlichen Obliegenheit freigestellt wird, den anderen Vertragsteil zu mahnen oder ihm eine Frist für die Leistung zu setzen. Der Bundesgerichtshof hat eine Klausel nach § 309 Nr. 4 für unwirksam gehalten, in der es hieß: „Mahnkosten gehen zu Lasten des Käufers und werden mit 5 € zuzüglich Portoauslagen je Mahnschreiben berechnet." Da der Verwender hier genau die Rechtsfolge vorschreiben wollte, die das Gesetz ihm versagt, war die Klausel nichtig[105].

361 Noch nicht abschließend geklärt ist die Frage, ob sich aus der **europäischen Zahlungsverzugsrichtlinie**[106], die durch die Neuregelungen des Verzugsrechts umgesetzt wurde, Besonderheiten ergeben. Nach deren Art. 3 I lit. e sind vom säumigen Schuldner auch alle dadurch bedingten **Beitreibungskosten** zu ersetzen. Das würde insbesondere

---

101 *U. Huber*, JZ 2000, 1959; *Gsell*, ZIP 2000, 1861; *Krebs*, DB 2000, 1697, 1700; ähnlich auch Palandt/ *Grüneberg*, § 286 Rz. 30.
102 OLG Köln OLGZ 1972, 411, 414.
103 *Emmerich*, JuS 1972, 471, 472.
104 *Schreiber*, Jura 1988, 666.
105 BGH NJW 1985, 320.
106 Richtlinie 2000/35/EG des Europäischen Parlaments und des Rates vom 29. 6. 2000 zur Bekämpfung von Zahlungsverzug im Geschäftsverkehr (AblEG 2000 L 200/35).

für die Kosten eines Inkassobüros gelten[107]. Die konkreten Auswirkungen der Richtlinie – auch im Hinblick auf die soeben erörterten Kosten – sind einstweilen noch zweifelhaft.

2. Entbehrlichkeit der Mahnung

§ 286 II regelt die Fälle, in denen die Mahnung entbehrlich ist. Damit werden Ausnahmen kodifiziert, welche die Rechtsprechung seit jeher zulässt[108], wie etwa die **ernsthafte und endgültige Leistungsverweigerung (Nr. 3)**. Eine Leistungsverweigerung in diesem Sinne kann etwa darin liegen, dass der Schuldner hartnäckig die Nichtigkeit des Vertrages behauptet[109]. Stellt sich – auch infolge vorangehender gutachtlicher Prüfung – das Gegenteil heraus, so liegt Verzug auch ohne weitere Mahnung vor, sofern die Erfüllungsverweigerung nach Fälligkeit erklärt wurde[110]. Schließlich bedarf es einer Mahnung nach § 286 II Nr. 4 nicht, wenn aus besonderen Gründen unter Abwägung der beiderseitigen Interessen der sofortige Eintritt des Verzugs gerechtfertigt ist. Denkbar ist insbesondere die sog. **Selbstmahnung**, wenn etwa der Schuldner erklärt, er werde zu einem bestimmten Termin leisten und dies dann unterlässt[111].   362

> Das sei veranschaulicht an unserem **Fall 32**: Der Installateur I wird vom Briefmarkenhändler B wegen eines Wasserrohrbruchs angerufen; der Teppichboden sei bereits ganz feucht, er fürchte um seine Briefmarken. I sagt sofortige Hilfe zu, fährt stattdessen aber noch auf zwei weiteren Baustellen vorbei, die auf dem Weg liegen. Erst als B ihn eine Stunde später erneut anruft und fragt, wo er denn bleibe, macht sich I auf den Weg. Als er im Geschäft des B erscheint, ist bereits ein Schaden in Höhe von 1000 € entstanden. Dieser ist zur Hälfte darauf zurückzuführen, dass eine Viertelstunde nach dem ersten Anruf eine wertvolle alte Briefmarke durch den Luftzug zu Boden gefallen ist und infolge der Berührung mit dem Wasser wertlos wurde. Dafür hätten freilich bereits wenige Tropfen gereicht. Dem Verlangen des B hält I entgegen, er sei erst durch den zweiten Anruf in Verzug gekommen. Allenfalls schulde er 500 €.

Ein Anspruch des B könnte sich **aus § 280 I 1, II** i. V. m. **§ 286 I 1**[112], ergeben. Die danach erforderliche Verletzung einer Pflicht aus dem Werkvertrag (§ 631 I) ergibt sich daraus, dass I nicht unverzüglich zum Geschäft des B gekommen ist, obwohl ihm klar sein musste, dass jeder Aufschub zu weiteren Wasserschäden führen würde, so dass er die Pflichtverletzung auch zu vertreten hatte und mithin kein Fall des § 280 I 2 vorliegt. Nach § 280 II kann der Gläubiger freilich den hier allein in Betracht kommenden Schadensersatz wegen Verzögerung der Leistung (= schnellstmögliche Reparatur) nur unter der zusätzlichen Voraussetzung des § 286 verlangen. Erforderlich ist danach grundsätzlich eine **Mahnung**, § 286 I 1. Eine solche liegt hier jedoch ursprünglich nicht vor. Ausdrücklich gemahnt hat B den I erst durch den zweiten Anruf. In diesem Sinne   363

---

107 Dafür *Schmidt-Kessel*, NJW 2001, 97, 100, der jedoch eine Klärung durch den EuGH für erforderlich hält; einschränkend *Gsell*, ZIP 2000, 1861, 1867.
108 Vgl. nur RGZ 67, 313, 317; BGHZ 2, 310, 312; 65, 372, 377.
109 RGZ 119, 1, 5; 156, 113, 120; BGHZ 2, 310, 312; 65, 373, 377.
110 Dies ist freilich immer Voraussetzung; vgl. BGH NJW 1985, 486, 488.
111 *U. Huber*, Leistungsstörungen I, § 18 II 4; Palandt/*Grüneberg*, § 286 Rz. 25.
112 Vgl. *Otto*, Jura 2002, 1, 6.

§ 7 *Verzögerung der Leistung*

ist auch der Hinweis des I zu verstehen, der geltend macht, dass er erst durch den zweiten Anruf in Verzug geraten ist. Die Richtigkeit dieser rechtlichen Würdigung ist jedoch zweifelhaft, weil eine Mahnung nach **§ 286 II Nr. 4** entbehrlich gewesen sein könnte. Dann müssten besondere Gründe vorgelegen haben, infolge derer unter Abwägung der beiderseitigen Interessen der sofortige Eintritt des Verzugs gerechtfertigt wäre. Es muss sich also um eine ihrer Natur nach besonders eilige Leistung handeln[113]. Das kann bei einem Wasserrohrbruch angenommen werden. Denn die zu erbringende Leistung ist in diesem Fall – für den Schuldner I erkennbar – von besonderer **Dringlichkeit**[114]. Da I genau wusste, dass die Leistung in einem derartigen Fall keinen Aufschub duldete, geriet er nach der üblichen, hier nicht bezifferbaren Anfahrtszeit unmittelbar, d. h. ohne den folgenden mahnenden Anruf, in Verzug. Die Verzögerung hatte I, der zwischenzeitlich noch zwei Baustellen besucht hatte, zu vertreten, § 280 I 2[115]. Der geltend gemachte Schaden entstand auch durch diese Verzögerung, so dass es sich grundsätzlich um einen nach §§ 280 I, II, 286 I 1 zu ersetzenden **spezifischen Verzögerungsschaden** handelte.

364 Etwas anderes könnte sich hier nur daraus ergeben, dass der Schaden zur Hälfte durch die zufällig zu Boden gefallene Briefmarke entstanden ist. Indessen haftet I nach **§ 287 S. 2** wegen der Leistung auch für Zufall, so dass demnach auch der an der Briefmarke entstandene Schaden zu ersetzen wäre. Das bedeutet, dass die Haftung nicht lediglich auf die während des Verzugs eintretende Unmöglichkeit beschränkt ist, sondern auch Beschädigungen des **Leistungsgegenstands** vom Wortlaut erfasst werden[116]. Der Schuldner haftet also auch bei anderen Leistungsstörungen als der Unmöglichkeit für Zufall. Zu berücksichtigen ist allerdings, dass die beschädigte Briefmarke selbst nicht Leistungsgegenstand ist, der vielmehr in den Installationsarbeiten liegt. Dennoch wird für die Beschädigung nach § 287 S. 2 grundsätzlich gehaftet, weil sie zufällig entstand und sich in ihr gerade ein Risiko verwirklichte, dass mit dem Leistungsgegenstand – Behebung des Wasserschadens im Briefmarkengeschäft – im Zusammenhang stand.

365 Die Besonderheit besteht hier jedoch darin, dass der Boden zu dem Zeitpunkt bereits feucht war, als I infolge des ersten Anrufs in Verzug geriet. Da nur wenige Tropfen ausgereicht hätten, um die Briefmarke zu entwerten, wäre dieser Teil des Schadens auch eingetreten, wenn I unverzüglich gekommen wäre, weil der Boden auch dann bereits feucht gewesen wäre. Das hat nach **§ 287 S. 2 a. E.** zur Folge, dass I für die zufallsbedingte Beschädigung der Briefmarke gleichwohl nicht haftet. Er schuldet nach alledem nur Ersatz in Höhe von 500 €.

366 **Beachte:** Die verschuldensunabhängige Haftung nach § 287 S. 2 gilt nur für Leistungspflichten. Bezüglich der **Schutzpflichten** zugunsten der Rechtsgüter des Gläubigers (vgl. § 241 II) bleibt es bei der verschuldensabhängigen Haftung[117]. Auf diese ist freilich

---

113 BGH NJW 1963, 1823 f.
114 Siehe zu diesem Schulfall auch *Schreiber*, Jura 1990, 193, 196.
115 Zum Verhältnis von § 280 I 2 zu § 286 IV bereits oben Rz. 343.
116 Siehe zu § 287 S. 2 und insbesondere der prozessualen Problematik von rechtskräftigem Leistungsurteil und Schadensersatz statt der Leistung *Gsell*, JZ 2004, 110, 114.
117 *Schulte-Nölke*, in: Das Neue Schuldrecht, § 4 Rz. 41.

§ 287 S. 1 anwendbar. Außerdem ist zu berücksichtigen, dass die adäquat verursachten Verzugsfolgen schon von § 286 erfasst sind und somit nach § 280 I, II i. V. m. § 286 zu ersetzen sind, so dass es in diesen Fällen nicht auf § 287 S. 2 ankommt.

Des Weiteren ist § 287 S. 2 bedeutsam für die Verzugshaftung des verklagten **Bereicherungsschuldners**, welche die h. M. bejaht[118]. Der unverklagte, redliche Bereicherungsschuldner haftet dagegen unstreitig selbst nicht, wenn die Verzugsvoraussetzungen im Übrigen vorliegen, weil man andernfalls zu einer Schadensersatzpflicht unterhalb des Schwelle der §§ 818 IV, 819 gelangen würde[119]. 367

Schließlich ergibt sich aus **§ 288 I 1** ein Anspruch auf Verzugszinsen bei Geldschulden[120]. Es handelt sich dabei um eine **eigenständige Anspruchsgrundlage** und keinen Unterfall der §§ 280 I, II, 286, so dass dem Gläubiger beim Verzug des Schuldners mit einer Geldschuld nach § 288 I 1 die Verzinsung unabhängig vom Nachweis eines entsprechenden Schadens und der Kausalität zusteht[121]. Hier ist das Verschulden nach § 286 IV positiv festzustellen, wobei wegen der Negativformulierung („kommt nicht") wie bei § 280 I 2 eine Vermutung zu Lasten des Schuldners gilt. 368

---

118 *H. Lange*, JZ 1964, 640; skeptisch *Larenz/Canaris*, Schuldrecht II/2, § 73 II 4 b.
119 *Larenz/Canaris*, Schuldrecht II/2, § 73 II 4 a.
120 Nach der Rechtsprechung gilt dies nicht nur für den Geld*wert*anspruch, sondern auch für einen Geld*herausgabe*anspruch, z. B. aus § 667 Alt. 2, BGH NJW 2005, 3709.
121 *Schulte-Nölke*, in: Das Neue Schuldrecht, § 4 Rz. 37.

Vierter Teil
Schuldverhältnis und Dritter

369 Examensklausuren zeichnen sich in aller Regel dadurch aus, dass mehr als zwei Personen auftreten. Dadurch steigert sich der Schwierigkeitsgrad erheblich, weil nunmehr schwierige **Zurechnungs-**, **Regress-** und andere **Folgeprobleme** zu gewärtigen sind. Das gilt in besonderem Maße für das Allgemeine Schuldrecht, weil dort die prototypische Konstellation, wie sie auch im Grundkurs zur Bearbeitung ausgegeben werden könnte, nicht selten durch das Hinzutreten einer weiteren Person auf Examensniveau gehoben wird[1].

370 Aus diesem Grund fasst die vorliegende Darstellung die zentralen Probleme, die sich aus dem Hinzukommen eines Dritten ergeben, zusammen und behandelt damit so unterschiedliche Figuren wie Gesamtschuld, Abtretung und Vertrag mit Schutzwirkung zugunsten Dritter bewusst in einem Abschnitt. Damit soll zugleich der Blick des Bearbeiters für denkbare Folgeprobleme, die eine dritte Person mit sich bringt, geschärft werden.

§ 8 Die Abtretung

371 Die Abtretung ist in Examensklausuren von überragender Bedeutung[1]. Mit ihrer Hilfe können weitere Personen in den Fall einbezogen und somit zusätzliche Schwierigkeiten für den Bearbeiter geschaffen werden. Neben dieser Erwägung erfordern vor allem systematische Gesichtspunkte die ausführliche Behandlung der Abtretungsvorschriften. Denn ebenso wie verschiedene Vorschriften des Allgemeinen Teils – zu nennen sind etwa die §§ 135 bis 137 – sind die §§ 399 bis 413 in den Anfangssemestern nur zum Teil verständlich, weil sie ihre Wirkungen und Folgeprobleme oft erst in den anderen Büchern des BGB zeitigen und gerade im **Kreditsicherungsrecht** und **Handelsrecht** virulent werden.

I. Allgemeines

372 Die Abtretung ist eine Verfügung über die Forderung und als solche **abstrakt** vom zugrunde liegenden **Kausalgeschäft**[2]. Auch wenn das Kausalgeschäft unwirksam ist, kann die Abtretung gleichwohl wirksam sein. In diesem Fall ist die abgetretene Forde-

---

1 Instruktiv zu diesem Problemkreis und seinen Bezügen zum Besonderen Schuldrecht *Coester-Waltjen*, Jura 1999, 656; zur Person des Dritten in der Rechtsgeschäftslehre *Petersen*, Jura 2004, 306. Siehe auch *Kersting*, Die Dritthaftung für Informationen im Bürgerlichen Recht, 2007.

1 Siehe *Coester-Waltjen*, Jura 2004, 246.
2 Zur Abtretung als Grundtypus des Verfügungsgeschäfts *Habersack*, Sachenrecht, Rz. 19 ff.

rung nach § 812 I 1 Fall 1 kondizierbar. Etwas anderes kann sich ausnahmsweise (!) aus § 139 ergeben, wenn Abtretung und Grundgeschäft eine untrennbare Einheit bilden[3].

Die Abtretung erfolgt durch einen Vertrag des Inhabers der Forderung (Zedent) mit dem Erwerber (Zessionar). Da es bei der Forderung an einem entsprechenden **Rechtsscheinträger** fehlt, kommt – mit Ausnahme der Wirkung des § 405 Fall 1[4] – ein gutgläubiger Erwerb nicht in Betracht. Die Einigung muss also mit dem Berechtigten, d. h. dem Inhaber der Forderung, erfolgen, damit die Forderung von einem anderen erworben werden kann. Etwas anderes kann sich nur durch die Wirkungen des Erbscheins nach §§ 2366 f. ergeben. Keine Ausnahme stellt hingegen § **1138** bei der sog. „**forderungsentkleideten**" Hypothek dar: Die Gutglaubensvorschriften gelten dort ausweislich des insoweit unmissverständlichen Wortlauts *für die Hypothek* und lediglich hinsichtlich („in Ansehung") der Forderung, die folglich nicht gutgläubig erworben, sondern nur für den gutgläubigen Erwerb der Hypothek fingiert wird[5]. 373

Bei der Abtretung durch eine Bank gerät § **402** mit seiner Pflicht zur Auskunftserteilung und Urkundenauslieferung ins Blickfeld, wonach ausnahmsweise eine Anspruchsgrundlage aus einer Verfügung hervorgeht[6]. Ein Teil der Rechtsprechung nimmt nämlich an[7], dass damit ein Verstoß gegen das **Bankgeheimnis** einhergeht[8] und die Abtretung nach § 399 Alt. 2 mit dinglicher Wirkung nichtig sei, weil zum Diskretionsschutz des Bankkunden zumindest ein stillschweigender Abtretungsausschluss anzunehmen sei. Das ist mit dem Bundesgerichtshof[9] abzulehnen[10], zumal sich der Schuldnerschutz vorrangig nach den §§ 404 ff. bemisst[11] und als Rechtsfolge einer Verletzung des Bankgeheimnisses ein schuldrechtlicher Anspruch aus §§ 280 I 1, 241 II hinreichend ist[12]. 374

II. Der Schuldnerschutz

Da der Schuldner an der Abtretung selbst nicht mitwirkt, ja noch nicht einmal davon in Kenntnis gesetzt werden muss[13], darf sich seine Rechtsstellung durch die Abtretung nicht verschlechtern. Klausuren, die einen Schwerpunkt im Abtretungsrecht aufweisen, sind nicht selten auf der **Einwendungsebene** problematisch. Der Schuldner macht 375

---

3 BAG NJW 1967, 751.
4 Dazu unten in **Fall 34** (Rz. 384).
5 Näher zu § 1138 und dem examensträchtigen Folgeproblem der Trennung von Hypothek und Forderung *Petersen/Rothenfußer*, WM 2000, 657 ff.
6 *Medicus/Petersen*, Bürgerliches Recht, Rz. 25.
7 OLG Frankfurt WM 2004, 1386; anders aber OLG Celle WM 2004, 1384.
8 Vgl. auch *Petersen*, NJW 2003, 1570; *ders.*, BKR 2004, 47, zum Fall Kirch gegen Deutsche Bank/Breuer.
9 BGH NJW 2007, 2106.
10 Näher *Petersen*, Das Bankgeheimnis zwischen Individualschutz und Institutionsschutz, 2005, S. 38 ff.
11 *Rinze/Heda*, WM 2004, 1564; vgl. auch *Klüwer/Meister*, WM 2004, 1157, 1162; *Toth-Feher/Schick*, ZIP 2004, 491, 492; *Hofmann/Walter*, WM 2004, 1571.
12 *Freitag*, EWiR 2004, 742.
13 Anders ist es nach § 1280 nur bei der Verpfändung der Forderung; beachte in diesem Zusammenhang, dass die „Verpfändung einer Hypothek" in Wirklichkeit die Verpfändung einer hypothekarisch gesicherten Forderung darstellt. Zur Rechtsstellung des Schuldners *Haertlein*, JuS 2007, 1073.

§ 8 *Die Abtretung*

– oft in laienhaften Ausführungen versteckt – geltend, er habe schon gezahlt, wolle noch gegenüber dem alten Gläubiger aufrechnen oder dem neuen Gläubiger zumindest sonstige Einwendungen entgegenhalten. Damit stehen die §§ 404 ff. im Blickpunkt des Interesses.

1. Einwendungen des Schuldners

376 § 404 erhält dem Schuldner die Einwendungen und Einreden (etwa §§ 320 I 1, 273 I[14]), die er gegen den Altgläubiger hatte. Das führt zu einer **Veräußerungsbeständigkeit**[15], wenn etwa ein Vertrag angefochten wird, nachdem die daraus entspringende Forderung abgetreten wurde, so dass der Schuldner dem Zessionar den rückwirkenden Wegfall der Forderung nach § 404 entgegenhalten kann. Bei der Übereignung nach § 931 spielt § 404 insofern eine Rolle, als Einwendungen gegenüber dem Gegenstand der Abtretung betroffen sind[16]; insbesondere § 986 II[17] ergänzt hier § 404[18].

377 Im **Kreditsicherungsrecht** ist Folgendes zu beachten: § 404 führt bei der **Sicherungshypothek** dazu, dass der Schuldner seine Einwendungen gegen die Forderung – mit Wirkung gegen die Hypothek (§ 1137) – auch dem neuen Gläubiger entgegenhalten kann[19]. Bei der **Sicherungsgrundschuld**, auf die § 1137 nicht anwendbar ist, ist bezüglich der Einreden des Eigentümers gegenüber dem Zessionar danach zu unterscheiden, ob der Gläubiger Grundschuld und Forderung zusammen auf dieselbe Person oder isoliert auf verschiedene Personen überträgt. Im ersten Fall schützt den Eigentümer-Schuldner § 404 gegen die Inanspruchnahme aus der Forderung, so dass er dem Zessionar alle Einreden, die sich aus der Sicherungsabrede ergeben und die er gegen die Zedenten hatte, gegen die Forderung entgegenhalten kann[20]. Im zweiten Fall der **isolierten** Übertragung von Grundschuld oder Forderung werden diese getrennt, was zwar in aller Regel einen Verstoß gegen die **Sicherungsabrede** darstellt, doch keine für die Grundschuld dingliche Wirkung zeitigt, sondern nach **§ 399 Fall 2** lediglich schuldrechtliche Auswirkungen auf die Forderung hat[21].

> Wie § 404 beim Mobiliarpfandrecht wirkt, erläutert unser **Fall 33**: P hat dem G seine Uhr für eine offene Kaufpreisforderung verpfändet. G tritt die Forderung an Z ab. Dieser nimmt P aus der Forderung und dem Pfandrecht in Anspruch. P wendet ein, Z sei weder im Besitz der Pfandsache, geschweige denn Pfandgläubiger; den Kaufpreis schulde er nicht, weil er dem G eine Woche nach dem Kauf bestehende Mängel der Kaufsache angezeigt und Nachlieferung verlangt habe.

378 1. Was zunächst den Anspruch aus §§ 433 II, 398 S. 2 betrifft, so steht dem P gemäß § 404 die Einrede des nicht erfüllten Vertrags (§ 320) zu, weil er aufgrund der Man-

---

14 Vgl. Palandt/*Grüneberg*, § 404 Rz. 2; speziell für § 821: RGZ 86, 304.
15 *Medicus/Petersen*, Bürgerliches Recht, Rz. 760, dort auch mit Beispiel.
16 Vgl. *Habersack*, Sachenrecht, Rz. 90.
17 Zu dieser Vorschrift im Hinblick auf das Allgemeine Schuldrecht bereits oben Rz. 10 ff.
18 Näher *Habersack*, Sachenrecht, Rz. 90.
19 Vgl. *Coester-Waltjen*, Jura 1991, 186.
20 Hk-BGB/*Staudinger*, § 1191 Rz. 37.
21 Hk-BGB/*Staudinger*, § 1191 Rz. 38.

gelhaftigkeit der Sache (vgl. §§ 433 I 2, 434 I 1) nach § 437 Nr. 1 i. V. m. § 439 I Nachlieferung verlangen kann und G demgemäß noch nicht erfüllt hat. Ihm gegenüber stünde ihm also die **Einrede** aus § 320 I 1 zu, die er nach der Zession auch dem Z entgegenhalten kann, § 404[22].

2. Schwieriger verhält es sich gegenüber dem Vorgehen des Z aus dem Pfandrecht. Allerdings dringt P nicht mit dem Einwand durch, dass Z weder Besitzer noch Pfandgläubiger sei: Da das Faustpfandrecht der Forderung aufgrund seiner strengen Akzessorietät nach § 1250 I 1 folgt, erwirbt Z mit der Abtretung kraft Gesetzes (vgl. **§ 401**) auch das Pfandrecht und hat gegen G einen Anspruch auf Herausgabe der Uhr aus §§ 1227, 985, 1251. Jedoch kann P die Einrede des nicht erfüllten Vertrages (§ 320 I 1) wegen § 1211[23] auch dem Z nach § 404 entgegenhalten.

379

2. Aufrechnung gegenüber dem neuen Gläubiger

§ 406 betrifft die Aufrechnung gegenüber dem neuen Gläubiger und ist wegen dieses Zusammentreffens zweier Institute des Allgemeinen Schuldrechts besonders zu beachten[24]. **Unterscheide** zu § 406: Nur die Aufrechnungserklärung gegenüber dem *Neugläubiger* bemisst sich nach § 406, wohingegen die Aufrechnung gegenüber dem *Altgläubiger* ohne Kenntnis der erfolgten Abtretung ein Fall des § 407 ist bzw., nämlich wenn sie vor Abtretung erfolgt, zum Erlöschen (§ 389) führt und diese Einwendung dem neuen Gläubiger nach § 404 entgegengehalten werden kann[25]. Nach der Rechtsprechung ist § 406 bei Vereinbarung eines Abtretungsausschlusses zwischen Kaufleuten unanwendbar, so dass der Schuldner wegen des insoweit spezielleren § 354a I 2 HGB[26] auch dann mit einer Forderung gegen den bisherigen Gläubiger aufrechnen kann, wenn er Kenntnis von der Abtretung hat[27].

380

3. Leistung an den bisherigen Gläubiger

§ 407 ist die wichtigste Schuldnerschutzvorschrift. Aus der ratio legis folgt ein **Wahlrecht** des Schuldners, der wahlweise dem Zessionar die Wirksamkeit der Leistung oder Handlung entgegenhalten kann[28], dann freilich an die Ausübung des Wahlrechts gebunden ist[29]. Das bedeutet, dass der Schuldner, der vor Kenntnis von der Abtretung an den Altgläubiger gezahlt hat[30], entweder dem Neugläubiger die befreiende Wirkung seiner Zahlung entgegenhalten kann und diesen auf einen Anspruch gegen den Altgläubiger aus § 816 II verweist oder aber seine Leistung an den Altgläubiger ungeach-

381

---

22 Vgl. hierzu auch BGH NJW-RR 2004, 1135, 1136.
23 Zu ihm und den Einreden des Verpfänders *Habersack*, Sachenrecht, Rz. 196 ff.
24 Hierzu näher am (handelsrechtlichen) Fall unten Rz. 408. Siehe auch *Coester-Waltjen*, Jura 2004, 391; *Kiehnle*, ZGS 2008, 379.
25 Vgl. Jauernig/*Stürner*, § 406 Rz. 1.
26 Dazu noch unten Rz. 401; *Petersen*, Jura 2005, 680.
27 BGH NJW-RR 2005, 624.
28 BGHZ 52, 153; 102, 71.
29 Palandt/*Grüneberg*, § 407 Rz. 5.
30 Zur Abtretungskenntnis im Verhältnis zu § 767 ZPO siehe BGH NJW 2001, 231; dazu *Brand/Fett*, JuS 2002, 637, 638. Zur Kenntnis ferner *Huffer*, ZGS 2005, 256.

tet des § 407 nach § 812 I 1 als nicht geschuldet zurückfordert; allerdings muss er in diesem Fall an den **Neugläubiger** leisten. Diesen zweiten Weg wird der Schuldner vornehmlich dann einschlagen, wenn er seine Schuld gegenüber dem Neugläubiger im Wege der Aufrechnung mit einer Forderung abtragen kann, die ansonsten nur schwer durchsetzbar wäre[31].

382 § 407 schützt nicht nur den Schuldner, sondern auch den Bürgen (§ 768) sowie den nach **§ 268 III ablösungsberechtigten Dritten**, nicht aber den nach § 267 leistenden Dritten[32]. Die dem Schuldner schädliche Kenntnis bei der Leistung(shandlung!) kann durch eine Abtretungsanzeige des Zedenten hergestellt werden[33]. Weiß eine Hilfsperson des Schuldners von der Abtretung, so begründet dies dann Kenntnis im Sinne des § 166 I, wenn die Person im Hinblick auf die Erfüllung der Forderung Vertretungsmacht hat[34]. Beim gesetzlichen Forderungsübergang, für den § 407 nach § 412 gilt, sind an die Kenntnis keine zu hohen Anforderungen zu stellen, um den Schutzzweck der jeweiligen **cessio legis** nicht zu gefährden[35]. In diesen Zusammenhang gehört auch der sog. **aufgedrängte Rückgriff**, bei dem sich jemand durch Zahlung einer fremden Schuld nach § 267 zum Bereicherungsgläubiger macht, um gegen den Schuldner aus der Rückgriffskondiktion (§ 812 I 1 Fall 2) vorgehen zu können. Da der auf die Leistungskondiktion zugeschnittene § 814 in diesen Fällen nicht hilft, müssen zum Schutz des Schuldners analog §§ 404, 407 die abtretungsrechtlichen Schuldnerschutzvorschriften gegenüber der Rückgriffskondiktion des neuen Gläubigers eingreifen[36].

4. Wertpapierrechtliche Besonderheiten

383 Besonderheiten im Hinblick auf den Schuldnerschutz gelten bei den **qualifizierten Legitimationspapieren**, deren klausurrelevantesten Anwendungsfall das Sparbuch bildet. Da das Sparbuch i. S. d. § 952 II eine Urkunde über ein Recht darstellt, kraft derer eine Leistung – die Geldzahlung in Höhe der verbrieften Forderung – gefordert werden kann, ist der Gläubiger der Guthabenforderung zugleich Eigentümer des Sparbuchs (vgl. § 952 I), so dass das Eigentum am Sparbuch mit der Abtretung der verbrieften Forderung auf den Zessionar übergeht[37]. Das Recht am Papier folgt hier also dem Recht aus dem Papier[38].

384 Zahlt die Bank das Guthaben ohne Vorlage des Buchs gutgläubig an den vermeintlichen Gläubiger aus, so kann sie sich nicht auf § 407 berufen. Dieser ist beim Sparbuch aus Gründen des **Verkehrsschutzes** ausgeschaltet[39]. Die befreiende Wirkung kann sich beim Sparbuch nur aus **§ 808** I 1 ergeben[40]. Umstritten ist, ob die darin geregelte Libe-

---

31 *Medicus/Lorenz*, Schuldrecht I, Allgemeiner Teil, Rz. 779.
32 *Nörr/Scheyhing/Pöggeler*, Sukzessionen, § 7 I 2; Palandt/*Grüneberg*, § 407 Rz. 2.
33 RGZ 102, 387.
34 BGH NJW 1960, 1805.
35 BGH NJW 1984, 608.
36 *Medicus/Petersen*, Bürgerliches Recht, Rz. 952.
37 Vgl. unten **Fall 44** (Rz. 459 ff.).
38 Vgl. BGH WM 1972, 701; 1973, 39, 41.
39 *Hueck/Canaris*, Recht der Wertpapiere, 12. Auflage 1986, § 27 III 2.
40 Zu ihm *Hueck/Canaris*, aaO., sub I, III 1.

rationswirkung entsprechend dem Wortlaut auch dann eintritt, wenn der Schuldner infolge grober Fahrlässigkeit nicht erkennt, dass er an einen nichtberechtigten Inhaber des Sparbuchs auszahlt. Das wird von Teilen der Rechtsprechung[41] und Lehre[42] in Anlehnung an die Wertung des **Art. 40 III 1 WG** abgelehnt und spricht für eine teleologische Reduktion des § 808 I 1 bei grober Fahrlässigkeit des Schuldners[43].

> Die Bedeutung und Schwierigkeiten der Abtretungsvorschriften beim Sparbuch veranschaulicht unser **Fall 34**: A unterhält bei der B-Bank ein Sparkonto, wobei zwischen beiden vereinbart ist, dass A die Guthabenforderung nur vorbehaltlich der Zustimmung der B übertragen kann. Dessen ungeachtet tritt A die Guthabenforderung unter Vorlage des darüber ausgestellten Sparbuchs an C ab, der von der Vereinbarung zwischen A und B nichts wusste. Wer ist Eigentümer des Sparbuchs?

C könnte nach § 952 Eigentümer des Sparbuchs geworden sein. Da beim Sparbuch das Recht am Papier dem Recht aus dem Papier folgt, hängt die Beantwortung der Frage, wer Eigentümer des Buchs ist, davon ab, wer Inhaber der darin verbrieften Forderung ist. Zunächst war dies A. Dieser könnte jedoch die Guthabenforderung an C abgetreten haben. Die Wirksamkeit dieser Abtretung begegnet indes im Hinblick auf den vereinbarten **Zustimmungsvorbehalt** Bedenken. Der Abtretbarkeit könnte insbesondere § 399 **Fall 2** entgegenstehen, wonach eine Forderung nicht abgetreten werden kann, wenn die Abtretung durch Vereinbarung mit dem Schuldner ausgeschlossen ist. Hier war jedoch die Abtretung nicht ausgeschlossen, sondern es war lediglich zwischen A und B vereinbart, dass A die Forderung nur mit Zustimmung der B übertragen kann. Wenn aber § 399 Fall 2 den weiter als die bloße Zustimmungsbedürftigkeit reichenden Fall des vereinbarten Abtretungsausschlusses als Abtretungshindernis ausgestaltet, so folgt daraus **a maiore ad minus**, dass die Abtretbarkeit der Forderung von den Beteiligten auch von einer Zustimmung des Schuldners abhängig gemacht werden kann[44]. Da es aber an einer Zustimmung der B fehlte, war die Abtretung der Forderung an C unwirksam, so dass A weiterhin Inhaber der Guthabenforderung war.

385

Etwas anderes könnte sich jedoch aus § **405 Fall 2** ergeben, der auch beim vereinbarten Abtretungsausschluss eine Ausnahme für den Fall macht, dass der Schuldner eine Urkunde über die Forderung ausgestellt hat. Das ist hier durch die Verbriefung im Sparbuch geschehen und führt somit der Sache nach hinsichtlich der Forderung zu ähnlichen Wirkungen wie beim gutgläubigen Erwerb, der bei der Forderung grundsätzlich nicht vorgesehen ist[45]. Das bedeutet, dass sich der Schuldner B dem neuen Gläubiger C auf einen **Abtretungsausschluss** respektive den vereinbarten Zustimmungsvorbehalt nicht berufen kann, wenn die Forderung – wie hier – unter Vorlage der Urkunde, des Sparbuchs also, abgetreten wurde. Da dem C die Vereinbarung über den Zustimmungsvorbehalt nicht bekannt war und er somit den Sachverhalt i. S. d.

386

---

41 Vgl. nur OLG Köln VersR 1990, 1338, 1339; OLG Düsseldorf NJW 1987, 654; offen gelassen allerdings von BGHZ 28, 368, 371.
42 Münch.-Komm.-*Habersack*, 5. Auflage 2009, § 808 Rz. 29; Palandt/*Sprau*, § 808 Rz. 4.
43 So *Welter*, WM 1987, 1113, 1123.
44 BGHZ 102, 293, 300.
45 Siehe zur anderen Ausnahme des § 2367 Rz. 412.

§ 8 *Die Abtretung*

§ 405 a. E. weder kannte noch kennen musste (vgl. § 122 II), wurde er trotz des Zustimmungsvorbehalts Inhaber der Forderung. Mit der wirksamen Übertragung der Guthabenforderung wurde C daher auch Eigentümer des Sparbuchs, ohne dass eine Übergabe der Urkunde bei Abtretung erforderlich gewesen wäre[46].

387 **Beachte:** Die Prüfung einer Übereignung des Sparbuchs nach §§ 929 ff. ist im Grundsätzlichen verfehlt, weil sie überhaupt nicht möglich ist und sich der Eigentumserwerb nur nach der Abtretung der Forderung richtet. Deshalb darf die Prüfung des Herausgabeanspruchs nach § 985 beim Sparbuch auch nicht in eine „historische" Prüfung der §§ 929 ff. münden, sondern muss über § 952 zur Forderung und deren möglicher Übertragung führen. Hier zeigt sich besonders deutlich der bereits bei der Erörterung der Grundlagen behandelte Befund[47], dass in diesem Fall nur die Forderung Gegenstand von Verfügungen ist und dies die **Rektapapiere** von den **Orderpapieren** unterscheidet[48].

III. Schadensrechtliche Fragen der Zession

388 Bei Sekundäransprüchen stellt sich die Frage, auf wessen Person es für die Berechnung des Schadens ankommt[49]. Hierfür ist zwischen rechtgeschäftlicher Zession und Legalzession zu unterscheiden:

1. Rechtsgeschäftliche Zession

Bei der **rechtsgeschäftlichen Abtretung** stellt die Rechtsprechung[50] und h. M.[51] grundsätzlich auf die Person des Zessionars ab, weil sich die Zession als solche, d. h. vorbehaltlich der Inadäquanz des Geschehensablaufs, innerhalb der Umstände bewegt, mit denen der Schuldner rechnen muss[52]. Eine Ausnahme soll bei der **Sicherungszession** gelten, bei der nur dem Zedenten bis zur Verwertungsreife ein (Verzögerungs-)Schaden entstehen kann[53].

2. Cessio legis

389 Für den Fall, dass der Anspruch im Wege der Legalzession auf einen Dritten übergeht, wird im Grundsatz auf den Verletzten abgestellt, da die cessio legis nur den Gläubiger, nicht den Inhalt des Anspruchs ändern soll. Für den **Verzögerungsschaden** (§§ 280 I 1, II, 286 I 1) soll es aber ausnahmsweise auf den Zessionar ankommen[54].

---

46 Vgl. RGZ 89, 401 f.
47 Oben Rz. 22.
48 Näher zu dieser Unterscheidung *Hueck/Canaris*, Recht der Wertpapiere, 12. Auflage, 1986, S. 21 ff.
49 Zu den Grenzen der Naturalrestitution nach Abtretung siehe unten Rz. 523 ff.
50 BGHZ 72, 147, 150 f. (allerdings zu § 571).
51 Staudinger/*Medicus*, 12. Auflage 1983, § 249 Rz. 184; *Gernhuber*, Festschrift für Raiser, 1974, S. 57, 86. Modifizierend *Peters*, JZ 1977, 119: maßgeblich ist der Schaden des Zessionars, der ohne Abtretung beim Zedenten eingetreten wäre; zustimmend *Neuner*, JZ 1999, 126, 131.
52 A. A. *M. Junker*, AcP 195 (1995), 1, 2 ff.; *Neuner*, JZ 1999, 126, 131, unter Hinweis auf den Wortlaut des § 398 S. 2, wonach der Zessionar nur davon ausgehen kann, „an die Stelle des bisherigen Gläubigers" zu treten und mithin keine bessere Behandlung erwarten kann.
53 BGHZ 128, 371, 376; BGH NJW-RR 1997, 663 f.; Staudinger/*Medicus*, 12. Auflage 1983, § 249 Rz. 184.
54 Staudinger/*Medicus*, 12. Auflage 1983, § 249 Rz. 183.

IV. Die Bedeutung der Abtretungsvorschriften im Kreditsicherungsrecht

Besondere praktische Bedeutung haben die Abtretungsvorschriften im Kreditsicherungsrecht[55]. Dort sind sie sehr examensrelevant, weil sie ein gewisses Verständnis des gesetzlichen Regelungsmechanismusses voraussetzen.

390

1. Bestimmtheit und „Bestimmbarkeit"

In diesen Zusammenhang gehören die besonderen Ausprägungen des allgemeinen Bestimmtheitsgrundsatzes (**Spezialitätsgrundsatzes**), der auch für die Abtretung gilt. Aus dem Charakter der Abtretung als Verfügung (über die Forderung)[56] ergibt sich nämlich das Erfordernis der Einhaltung des Bestimmtheitsgrundsatzes.

391

Die danach erforderliche Klarheit des Abtretungsgegenstandes kann Probleme bereiten, wenn die Forderung noch nicht entstanden ist und somit Betrag und Schuldner noch nicht feststehen[57]. Die Forderung muss dann zumindest *bestimmbar* sein. Bestimmbar ist die Forderung, wenn ein Kenner der Zession imstande ist zu sehen, welche Forderungen in concreto dazugehören. Demgemäß ist auch die Abtretung künftiger Forderungen (**Vorausabtretung**) zulässig, die freilich erst mit der Entstehung der Forderung wirksam wird. Bei mehreren sich widersprechenden Verfügungen gilt entsprechend dem **Prioritätsprinzip** die frühere Abtretung[58].

2. Akzessorische Sicherungsrechte

Mit der abgetretenen Forderung gehen nach **§ 401** die dort genannten akzessorischen Sicherungsrechte auf den Zessionar über. Über den Wortlaut hinaus gilt § 401 entsprechend für die **Vormerkung**[59] wegen der Abhängigkeit von der zu sichernden Forderung sowie für die Rechte aus der sichernden Schuldmitübernahme[60]. Dagegen ist § 401 auf die **fiduziarischen Sicherungsrechte**[61], wie etwa Sicherungsgrundschuld und Sicherungseigentum unanwendbar, weil der in § 401 liegende Automatismus mit der Vertrauensstellung des Sicherungsnehmers, der aufgrund seiner **treuhänderisch** gebundenen Rechtsmacht mehr kann, als er im Innenverhältnis darf, unvereinbar wäre[62]. Der Grund dafür liegt letztlich darin, dass die akzessorischen Rechte nicht gesondert übertragen werden können, so dass sie entweder erlöschen oder auf den Zessionar übergehen müssen.

392

---

55 Siehe insoweit auch *Habersack*, Sachenrecht, Rz. 374, 377, 380 ff.
56 Dazu bereits oben Rz. 22.
57 Zur Kollision zwischen Globalzession und verlängertem Eigentumsvorbehalt siehe *Habersack*, Sachenrecht, Rz. 267 ff.
58 *Nörr/Scheyhing/Pöggeler*, Sukzessionen, S. 149 ff.
59 *Habersack*, Sachenrecht, Rz. 338, dort auch zum sehr examensrelevanten gutgläubigen Zweiterwerb der Vormerkung.
60 BGH NJW 2000, 575; skeptisch *Bartels*, JZ 2000, 608.
61 Zu ihnen *Habersack*, Sachenrecht, Rz. 209 ff., 233 ff., 398 ff.
62 *Medicus/Lorenz*, Schuldrecht I, Allgemeiner Teil, Rz. 765.

§ 8 Die Abtretung

> Das Zusammenwirken der §§ 401, 412 mit den akzessorischen Sicherungsrechten sei veranschaulicht an unserem **Fall 35**: F hat sich für eine Darlehensschuld des M über 100 000 € bei B verbürgt. Zugleich hat H für die Schuld des M eine Hypothek in Höhe von 50 000 € an seinem Grundstück bestellt. Kann F, die inzwischen 50 000 € an B gezahlt hat, in dieser Höhe gegen H Rückgriff nehmen?

393   F könnte einen Rückgriffsanspruch gegen H aus §§ 1147, 774 I 1, 412, 401 I haben. Der Anspruch auf Duldung der Zwangsvollstreckung[63] setzt voraus, dass F Inhaber der hypothekarisch gesicherten Forderung geworden ist. Dies könnte über § 774 I 1 geschehen sein, wonach die Forderung des Gläubigers bei Zahlung des Bürgen höhenmäßig auf diesen übergeht. Nach § 401 I geht damit auch die Hypothek auf F als neuen Gläubiger über. § 412 stellt klar, dass dies auch beim **gesetzlichen** Forderungsübergang eintritt. Danach sieht es so aus, als habe F die Hypothek in Höhe von 50 000 € und somit in voller Höhe erworben.

394   Dem könnte jedoch § **774 I 2** entgegenstehen, wonach der Übergang nicht zum Nachteil des Gläubigers geltend gemacht werden kann. Immerhin würde das dazu führen, dass die hälftige Zahlung der F den vollständigen Übergang der Hypothek bewirken würde, die damit zugleich der B entzogen wäre, obwohl noch eine Restforderung in Höhe von 50 000 € besteht. Hier stellt § 774 I 2 das Sicherungsinteresse des Gläubigers über das des Bürgen[64]. § 774 I 2 ist daher so zu verstehen, dass der Bürge lediglich eine nachrangige[65] Mitberechtigung an der akzessorischen Sicherung, hier der Hypothek, erwirbt[66]. Er kann also seine Rechte aus der Hypothek so lange nicht geltend machen, wie der Gläubiger Befriedigung sucht. Somit hat zwar F gemäß §§ 1147, 774 I 1, 401, 412 grundsätzlich einen Rückgriffsanspruch, den er jedoch einstweilen nicht geltend machen kann.

395   **Beachte:** Das viel diskutierte[67] Problem des **Wettlaufs der Sicherungsgeber** stellt sich also nicht, wenn die Hypothek als zusätzliches Sicherungsmittel nicht in gleicher Höhe besteht wie die Bürgschaft!

396   Zu **§ 412** ist ferner zu berücksichtigen, dass gegen die Hauptforderung bestehende Einwendungen dem Schuldner nach der **cessio legis** des § 774 nach §§ 412, 404 auch gegen den Bürgen bestehen bleiben. Der Hauptschuldner kann nach §§ 412, 406[68] auch gegenüber dem Bürgen mit Forderungen gegen den Gläubiger aufrechnen[69], soweit dies nicht im Einzelfall gegen Treu und Glauben verstößt[70]. **§ 413**, der die Übertragung anderer Rechte regelt, ist eher im Sachenrecht von Bedeutung[71], kann aber etwa im

---

[63] Dazu *Habersack*, Sachenrecht, Rz. 365.
[64] *Reinicke/Tiedke*, DB 1990, 1953; streitig ist nur, was in unserem Fall nicht vorliegt, wie bei mehreren gleichzeitig gesicherten Forderungen zu verfahren ist; hierzu BGHZ 92, 347; 110, 41.
[65] Palandt/*Sprau*, § 774 Rz. 12.
[66] Münch.-Komm.-*Habersack*, 5. Auflage 2009, § 774 Rz. 11.
[67] Vgl. *Medicus/Petersen*, Bürgerliches Recht, Rz. 939 ff.
[68] Dazu auch *Habersack*, Sachenrecht, Rz. 380.
[69] RGZ 59, 209; a. A. *Tiedke*, DB 1970, 1721.
[70] Palandt/*Sprau*, § 774 Rz. 10.
[71] Siehe insoweit *Habersack*, Sachenrecht, Rz. 19, 21, 182.

Zusammenhang mit der Übertragung eines Miterbenanteils nach § 2033 I[72] sowie bei **Mitgliedschaften**[73] und **Immaterialgüterrechten** vorkommen.

Des Weiteren ist zu beachten, dass das Gesetz „Wiederholungen" des § 401 in den §§ 1153, 1250 vorsieht; das Pfandrecht folgt also etwa der Forderung kraft Gesetzes nach § 1250 I 1 i. V. m. § 401[74].   397

3. Unanwendbarkeit der §§ 406 ff. in besonderen Fällen

Besonders wichtig für das Verständnis der Abtretungsvorschriften ist, dass die §§ 406 ff. mitunter aus bestimmten Gründen nicht anwendbar sind.   398

> Eine solche Vorschrift enthält § 1156, deren Wirkung am **Fall 36** aufgezeigt werden soll: S bestellt dem G an seinem Grundstück eine Hypothek, die ein Darlehen i. H. v. 100 000 € sichern soll. G tritt die Forderung mit schriftlicher Abtretungserklärung an D unter Übergabe des Hypothekenbriefs ab, ohne dem S etwas davon zu sagen. S zahlt die 100 000 € nunmehr an G. Welche Ansprüche hat D gegen S?

In Betracht kommt zunächst ein Anspruch aus §§ 488 I 2, 398 S. 2, 1154 I 1. Zwischen G und S wurde ein Darlehensvertrag geschlossen und somit ein Anspruch aus § 488 I 2 begründet. D kann den Anspruch nur durch Abtretung der Forderung (§ 398 S. 1) erworben haben. Die Abtretung der **hypothekarisch gesicherten Forderung** war auch wirksam, weil sie in der Form des § 1154 erfolgte. Ein Anspruch des D gegen S aus §§ 488 I 2, 398 S. 1, 1154 I 1 war mithin entstanden. Durch die Zahlung des S an G ist jedoch der Anspruch nach § 362 I erloschen, weil und sofern D die Zahlung an G gegen sich gelten lassen musste. Dies ist hier nach § 407 I der Fall, weil S in Unkenntnis der Abtretung an den Altgläubiger geleistet hat. D kann mithin nicht mehr aus der Forderung gegen S vorgehen.   399

Möglicherweise hat er aber einen Anspruch aus § 1147 auf Duldung der **Zwangsvollstreckung**. Voraussetzung dafür ist, dass er Inhaber der hypothekarisch gesicherten Forderung geworden ist. Das ist nach dem Gesagten der Fall. Fraglich ist nur, welche Wirkung die Zahlung des S auf die Hypothek hat. Diese hätte sich nach § 1163 I 2 in eine **Eigentümergrundschuld** zugunsten des S verwandelt, wenn die Zahlung auch insoweit befreiende Wirkung gehabt hätte. Das ist indessen nicht der Fall, denn **§ 1156 S. 1** schließt die Anwendung des § 407 in Ansehung der Hypothek zum Schutz des Erwerbers einer Verkehrshypothek aus. D kann demnach gegen S aus der Hypothek in voller Höhe vorgehen.   400

---

72 *Medicus/Lorenz*, Schuldrecht I, Allgemeiner Teil, Rz. 771.
73 Grundlegend *Habersack*, Die Mitgliedschaft – subjektives und „sonstiges" Recht, 1996.
74 Vgl. Hk-BGB/*Schulte-Nölke*, § 1250 Rz. 1.

V. Handelsrechtliche Besonderheiten zu den Abtretungsvorschriften

401 Examensrelevant sind über das Bürgerliche Recht hinaus einige handelsrechtliche Vorschriften, die klausurträchtige Ausstrahlungswirkungen auf das Abtretungsrecht entfalten. Zu nennen sind die §§ 354a und 392 II HGB.

1. § 399 Fall 2 i. V. m. § 354a HGB

Eine klausurrelevante[75] Abweichung von § 399 Fall 2 stellt § 354a HGB dar[76]. Hintergrund der Vorschrift ist, dass nach der Rechtsprechung[77] rechtsgeschäftliche Abtretungsverbote i. S. d. § 399 Fall 2 die absolute Unwirksamkeit nach sich ziehen[78] und die entsprechenden Klauseln auch nicht gegen § 307 f. verstoßen sollen[79]. Die Regelung will die **Verkehrsfähigkeit** von Forderungen trotz Vereinbarung eines vertraglichen Abtretungsverbots[80] verbessern[81]. § 354a HGB präsentiert nunmehr „eine neuartige Kombination von absoluter Wirksamkeit der Zession und weitreichendem **Schuldnerschutz**"[82]. Letzteres zeigt sich daran, dass der Schuldner nach § 354a I 2 HGB wahlweise an den Zessionar oder den Zedenten[83] leisten kann[84], und zwar auch in Kenntnis der Zession[85]. Das gilt trotz § 406 auch für die Aufrechnung, die ebenfalls als Leistung i. S. d. § 354a HGB anzusehen ist[86]. Dieser Möglichkeit sind freilich Grenzen im Hinblick auf die rechtsmissbräuchliche Ausnutzung gesetzt[87]. Insoweit ist in der Fallbearbeitung auf entsprechende „Verdachtsmomente"[88] zu achten.

2. Der Sukzessionsschutz nach § 392 II HGB

402 Auch das Kommissionsrecht hält eine examensrelevante Besonderheit im Verhältnis zu den bürgerlich-rechtlichen Abtretungsvorschriften bereit: Nach § 392 II HGB gelten Forderungen aus einem Geschäft, das der Kommissionär abgeschlossen hat, *auch wenn sie nicht abgetreten sind,* im Verhältnis zwischen Kommittent und Kommissionär oder dessen Gläubigern als Forderungen des Kommittenten. Allerdings ist zu beachten, dass die mit dieser Vorschrift statuierte **relative**, nämlich bezogen auf den Kommittenten wirkende, **Unwirksamkeit** einer früheren Verfügung die zeitlich spätere Abtretung nach § 392 I HGB nicht hindert[89].

---

75 Siehe dazu den Fall bei *Habersack*, Sachenrecht, Rz. 265 f.
76 Dazu *Petersen*, Jura 2005, 680.
77 BGHZ 112, 387, 389.
78 Für relative Unwirksamkeit *Canaris*, Festschrift für Serick, 1992, S. 13 ff.
79 BGHZ 77, 274, 275 (dagegen *Hadding/van Look*, WM 1988 Sonderbeilage Nr. 7).
80 Dem Abtretungsverbot steht ein Zustimmungsvorbehalt des Gläubigers gleich, BGH NJW-RR 2005, 624.
81 *Canaris*, Handelsrecht, 24. Auflage 2006, § 26 Rz. 25.
82 *Canaris*, Handelsrecht, 24. Auflage 2006, § 26 Rz. 18.
83 Dieser ist dem Zessionar freilich dann nach § 816 II zur Herausgabe des Erlöses verpflichtet.
84 Dazu *Saar*, ZIP 1999, 988 ff.
85 Siehe nur *K. Schmidt*, NJW 1999, 401.
86 BGH NJW-RR 2005, 624; vgl. dazu bereits oben Rz. 380.
87 *Canaris*, Handelsrecht, 24. Auflage 2006, § 26 Rz. 25.
88 Beispiele (nach *Canaris*, aaO.): Willkürliche Belastung des Zedenten mit dem „Durchleitungsrisiko".
89 BGHZ 104, 123.

a) Einzelheiten

In allgemein schuldrechtlicher Hinsicht verdient ferner Erwähnung, dass der Schutz **403** des § 392 II HGB nicht zu Lasten des Drittkontrahenten, also dem Partner des Ausführungsgeschäfts, wirkt und dieser mithin uneingeschränkt aufrechnen oder ein Zurückbehaltungsrecht geltend machen kann[90]. Auf der Rechtsfolgenseite führt § 392 II HGB dazu, dass dem Kommittenten ein **Aussonderungsrecht (§ 47 InsO)** im Insolvenzverfahren über das Vermögen des Kommissionärs zusteht und ihm im Falle der Forderungspfändung durch einen Gläubiger des Kommissionärs die **Drittwiderspruchsklage nach § 771 ZPO** offen steht. Im Rahmen des § 816 I stellt sich im Zusammenhang mit § 392 II HGB die umstrittene Frage, wer bei der Veräußerung einer dem Kommittenten nicht gehörenden Sache als Verfügender i. S. d. § 816 I anzusehen ist, der Kommissionär, weil er die fragliche Verfügung vorgenommen hat, oder der Kommittent[91]. Richtigerweise besteht der Anspruch aus § 816 I 1 allein[92] gegen den Kommittenten, wie sich aus der **dinglichen Zuständigkeitsregelung** des § 392 II HGB ergibt[93].

b) Zusammenwirken mit den Abtretungsvorschriften

> Die Schwierigkeiten, die § 392 II HGB im Zusammenspiel mit den Vorschriften des Allgemeinen Schuldrechts bereitet, seien an unserem **Fall 37** aufgezeigt: Kaufmann S kauft bei Kommissionär K, der für Rechnung des G handelt, Waren im Wert von 10 000 €. K tritt die Kaufpreisforderung in Höhe von 3000 € zur Tilgung eigener Schulden an seine Hausbank ab. G verklagt K erfolgreich auf Abtretung seiner Ansprüche gegen S und verlangt von diesem Zahlung der 10 000 €. S wendet demgegenüber ein, dass er gegen K noch eine längst fällige Forderung in Höhe von 5000 € habe, mit der er nun gegen G aufrechne. Was kann G von S verlangen?

1. Ein Anspruch des G gegen S auf Kaufpreiszahlung (§ 433 II) setzt voraus, dass **404** dieser entstanden und auf G in voller Höhe übergegangen ist. Da K in eigenem Namen verkauft hat (vgl. § 383 HGB), treten die Rechtswirkungen, also auch der Zahlungsanspruch, nur im Verhältnis von K und S ein, ohne dass G einen unmittelbaren Zahlungsanspruch gegen S hätte (**mittelbare Stellvertretung**)[94].

Fraglich ist deshalb, wie der Anspruch auf Kaufpreiszahlung, der in der Person des K **405** entstanden ist, auf G übergegangen ist und in welcher Höhe er gegebenenfalls noch besteht. Die Übertragung der Forderung setzt einen **Abtretungsvertrag** voraus, an dem es zu fehlen scheint. In der Klageerhebung durch G kann jedoch ein Antrag auf Abtretung gesehen werden; die Annahmeerklärung wird mit der Rechtskraft des Urteils nach **§ 894 I ZPO** fingiert.

---

90 St. Rspr.; vgl. nur RGZ 121, 177 f.; BGH NJW 1969, 276.
91 Vgl. hierzu einerseits (Kommissionär als Verfügender) Palandt/*Sprau*, § 816 Rz. 11, sowie die Falllösung von *Nippe*, Jura 1994, 44; andererseits *Larenz/Canaris*, Schuldrecht II/2, § 69 II 1 e), S. 182 ff.
92 Manche (*G. Hager*, AcP 180 [1980], 258 f.; *Plambeck*, JuS 1987, 796 f.) votieren demgegenüber lediglich für einen zusätzlichen Anspruch gegen den Kommittenten.
93 *Canaris*, Handelsrecht, 24. Auflage 2006, § 30 Rz. 90 f., mit eingehender Begründung.
94 Zu ihr *Petersen*, Jura 2004, 309.

§ 8 *Die Abtretung*

406 2. Zu klären bleibt, in welcher Höhe der Anspruch auf G übergegangen ist. Der Geltendmachung in voller Höhe könnte zum einen die vorherige **Teilabtretung** durch K in Höhe von 3000 € an seine Hausbank und zum anderen die nach der Abtretung erklärte Aufrechnung des K entgegenstehen[95].

407 a) Was zunächst die Abtretung in Höhe von 3000 € betrifft, so könnte ihrer Wirksamkeit § 392 II HGB entgegenstehen. Zwar kann der Kommittent Forderungen aus dem **Ausführungsgeschäft** nach § 392 I HGB gegenüber dem Schuldner, hier also S, erst nach der Abtretung geltend machen. Etwas anderes gilt jedoch zum Schutz des Kommittenten nach § 392 II HGB. Dieser entfaltet eine **Abtretungsfiktion** und macht eine gleichwohl erfolgte Abtretung an einen außenstehenden Dritten (relativ) unwirksam. Deshalb war die Abtretung an die Hausbank relativ, nämlich dem G gegenüber, unwirksam, so dass die Kaufpreisforderung unbeschadet der Abtretung in voller Höhe besteht.

408 b) Sie könnte jedoch infolge der von S erklärten (§ 388 S. 1) Aufrechnung nach § 389 in Höhe von 5000 € erloschen sein. Zweifel begegnet dies im Hinblick auf die für die Aufrechnungslage erforderliche **Gegenseitigkeit**, da S zwar Schuldner des G, aber Gläubiger des K ist. Darüber könnte indes § **406** hinweghelfen, der dem Schuldner die Aufrechnungserklärung gegenüber dem neuen Gläubiger erhalten will, weil und sofern sie dem Schuldner zuvor zustand. Da S hier Schuldner und G neuer Gläubiger der Hauptforderung i. S. d. § 406 ist, S bei Erwerb der Gegenforderung von der Abtretung keine Kenntnis hatte und die Gegenforderung zudem längst fällig ist, liegen die Voraussetzungen des § 406 eigentlich vor[96], d. h. an sich könnte S trotz Abtretung der Hauptforderung von K an G mit seiner Gegenforderung gegen K aufrechnen.

409 Es fragt sich jedoch, ob sich auch insoweit aus der zugunsten des Kommittenten bestehenden Schutzvorschrift des § **392 II HGB** etwas anderes ergibt. Das sieht so aus, weil danach die Forderungen auch im Verhältnis zum Kommissionär oder zu dessen Gläubigern – hier zum S – als solche des Kommittenten gelten. Der Wortlaut spricht also dafür, dass § 392 II HGB dem G hilft und dem S mithin die Aufrechnung versagt wäre.

410 Indessen gilt § 392 II HGB nach seiner ratio legis nur für **vertragsfremde** Personen, nicht hingegen für den Vertragspartner des Ausführungsgeschäfts. Hier ist jedoch S gerade als Vertragspartner des Ausführungsgeschäfts betroffen und nicht als fremder Dritter, wie oben die Hausbank. Diesen Fall erfasst § 392 II HGB seinem Sinn und Zweck nach nicht. Soweit der Schuldner, wie hier, eine frühere **inkonnexe Forderung** geltend macht, lehnt die Rechtsprechung die Anwendung des § 392 II HGB mit Recht ab[97], weil der Vertragspartner nicht dadurch schlechter gestellt werden darf, dass er mit einem Kommissionär kontrahiert.

---

95 Die Rechtskraft des obsiegenden Urteils hilft dagegen nicht weiter, weil dieses nur zwischen G und K wirkt und kein Fall der Rechtskrafterstreckung vorliegt, so dass die Berechtigung des K in jedem Fall noch geprüft werden muss.
96 Zu § 406 bereits oben Rz. 380.
97 Nachweise oben bei Fn. 90 sowie ausführlich bei *Canaris*, Handelsrecht, 24. Auflage 2006, § 32 Rz. 35, mit weiteren Gründen.

3. § 392 II HGB steht mithin der Abtretung in Höhe von 3000 €, nicht jedoch der Aufrechnung in Höhe von 5000 € entgegen. Vielmehr bleibt die Aufrechnungslage nach der Abtretung erhalten. Infolge der wirksam erklärten **Aufrechnung** ist die Schuld in Höhe von 5000 € erloschen, so dass sie nur noch zur Hälfte (5000 €) besteht und von G gegenüber S geltend gemacht werden kann.

411

VI. Hinweise für die Fallbearbeitung

Zwei grundsätzliche Ratschläge für Abtretungsfälle sollen dem Examenskandidaten noch mit auf den Weg gegeben werden. Der erste betrifft materiellrechtliche Entsprechungen, die mit der Abtretung gedanklich verknüpft werden sollten. Der zweite versteht sich als genereller Gliederungsvorschlag.

412

1. Materiellrechtliche Entsprechungen

Eine deliktsrechtliche Entsprechung zum Rechtsgedanken des § 407 findet sich im oft übersehenen § 851, wonach die Zahlung des gutgläubigen Schädigers an den Besitzer einer beweglichen (!) Sache auch gegenüber dem Eigentümer befreiend wirkt[98]. Ähnlich verhält es sich bei § 893 Fall 1, nach dem die Gutglaubensvorschriften des § 892 entsprechende Anwendung finden, wenn an denjenigen, für den ein Recht im Grundbuch eingetragen ist, aufgrund dieses Rechts eine Leistung bewirkt wird. Im Erbrecht enthält § 2367 eine strukturell vergleichbare Vorschrift für die befreiende Leistung an den Scheinerben. Schließlich beruhen die §§ 808, 793 auf einem ähnlichen Rechtsgedanken. Alle diese Vorschriften sollten im Zusammenhang mit § 816 II gelernt und berücksichtigt werden, der alle Fälle regelt, in denen der Leistende befreit bleibt, obwohl er an einen Nichtberechtigten geleistet hat[99].

2. Aufbau- und Gliederungshinweis

Aus dem Charakter der Abtretung als **Verfügung** ergibt sich die Notwendigkeit einer entsprechenden Prüfung, d. h. die Abtretung ist wie jeder Vertrag auf Zustandekommen und Wirksamkeit zu überprüfen. Davon zu unterscheiden (und zweckmäßigerweise gliederungstechnisch abzusetzen!) ist die Berechtigung des Veräußerers, d. h. das Bestehen der jeweiligen Ansprüche selbst, die ihrerseits wiederum nach allgemeinen Regeln, also nach Entstehung und Erlöschen, zu untersuchen sind.

413

Dieser Prüfung vorgelagert ist jedoch noch eine andere Einteilung: In Abtretungsfällen ist nämlich – zumindest gedanklich – zweierlei zu unterscheiden: Ansprüche **aus eigenem Recht** und Ansprüche **aus abgetretenem Recht**. Mitunter ist nämlich nur allgemein nach *den Ansprüchen* eines Beteiligten gefragt; wenn in einem solchen Fall – womöglich nur in Bezug auf einzelne Forderungen – die Abtretung erklärt worden

414

---

98 Vgl. dazu auch *Habersack*, Sachenrecht, Rz. 113.
99 BGH NJW 1993, 1788; *Buck-Heeb*, Rz. 402; *Looschelders*, Schuldrecht Besonderer Teil, Rz. 1088 f.; Anw.-Komm.-*von Sachsen Gessaphe*, § 816 Rz. 33 ff., 38.

ist, ist die vorgeschlagene Trennung nach Ansprüchen aus eigenem und abgetretenem Recht nachgerade ein zwingendes Gebot der Klarheit, will man nicht von vornherein ein Durcheinander anrichten[100].

§ 9 Schuldübernahme, Schuldbeitritt und Vertragsübernahme

415 Das Gesetz regelt in §§ 414 ff. die privative, d. h. befreiende Schuldübernahme[1]. Nicht gesetzlich geregelt, aber in Prüfung und Praxis nicht minder wichtig, ist der Schuldbeitritt. Während bei der Abtretung die Person des Gläubigers betroffen ist, haben Schuldübernahme und Schuldbeitritt Auswirkungen auf die Person des Schuldners.

I. Die privative Schuldübernahme

1. Rechtsnatur und dogmatische Einordnung

§ 414 eröffnet die Möglichkeit, dass eine Schuld von einem Dritten durch einen **Übernahmevertrag** zwischen Gläubiger und Übernehmer in der Weise übernommen wird, dass der Dritte an die Stelle des bisherigen Schuldners tritt. Die befreiende Schuldübernahme erfolgt grundsätzlich **formfrei** (Ausnahme: die übernommene Verpflichtung ist formbedürftig, vgl. § 311b I) durch Vertrag des Übernehmenden mit dem Gläubiger[2]. Sie ist, wie § 417 II zeigt, **abstrakt** gegenüber dem ihr zugrunde liegenden Rechtsverhältnis zwischen Schuldner und Übernehmer. Die Schuldübernahme bedarf daher eines Rechtsgrundes, sei es in Gestalt einer Vereinbarung zwischen dem Übernehmer und dem Gläubiger oder einer Vereinbarung zwischen dem Übernehmer und dem Altschuldner. Fehlt ein solcher Rechtsgrund, so kann der Übernehmer seine Leistung, die in der Übernahme der Verpflichtung gegenüber dem Gläubiger besteht, nach § 812 I 1 Fall 1 kondizieren[3].

2. Mitwirkung und Zurückweisungsrecht des Schuldners

416 Wird die Schuldübernahme von dem Dritten mit dem Schuldner vereinbart, so hängt die Wirksamkeit der Schuldübernahme nach § 415 I 1 von der Genehmigung des Gläubigers ab. Demgegenüber wird von der wohl herrschenden Lehre angenommen, dass dem Schuldner im Falle des § 414 **entsprechend § 333** zumindest ein **Zurückweisungs-**

---

100 Zum praktischen Vorgehen siehe weiter unten (**Fall 42**, Rz. 440 ff.) das Beispiel der unechten Gesamtschuld im Fuldaer Dombrandfall.

1 Lehrreich und weiterführend dazu *Grigoleit/Herresthal*, Jura 2002, 393 ff.
2 Zu den Schuldübernahmetheorien und insbesondere der Anfechtbarkeit der Schuldübernahme *Rimmelspacher*, JR 1969, 201.
3 *Grigoleit/Herresthal*, Jura 2002, 393, 397; siehe zum Rechtsgrund im Rahmen der Leistungskondiktion Anw.-Komm.-*von Sachsen Gessaphe*, § 812 Rz. 33 ff.

recht zusteht[4]. Nach dieser Ansicht wird der Schuldübernahmevertrag mit der Ausübung des Zurückweisungsrechts ex tunc unwirksam. Die Vertreter dieser Ansicht verweisen auf § 397, nach dem die rechtsgeschäftliche Mitwirkung des Schuldners beim Erlass Voraussetzung für dessen Befreiung ist. Die Mindermeinung beruft sich dagegen auf den ihres Erachtens sachnäheren § 267 I 2, der auf eine Mitwirkung des Schuldners verzichtet, so dass dieser die Erfüllung seiner Verbindlichkeit durch einen Dritten auch nicht verhindern kann[5].

3. Einzelheiten und praktische Anwendung

Infolge der nach § 415 I 1 erforderlichen Genehmigung des Gläubigers, die auch schlüssig erfolgen kann, besteht die Möglichkeit eines Schwebezustandes[6]. Während dieses Zeitraums ist nach § 329 eine **Erfüllungsübernahme** anzunehmen[7]. Darunter versteht man die Verpflichtung, den Schuldner freizustellen, ohne dass der Gläubiger ein eigenes Recht erwirbt, weil dann wieder eine Schuldübernahme vorliegen würde[8]. Gleiches gilt – vorbehaltlich einer erkennbar abweichenden Risikoverteilung[9] – nach § 415 II und III, wenn die Genehmigung verweigert wird. Da der Gläubiger die Mitwirkung an der Schuldübernahme ablehnen kann, ist diese auch **keine prozessuale Rechtsnachfolge** i. S. d. §§ 265, 325, 727 ZPO. Als Sonderregelung der Hypothekenschuld ist § 416 zu beachten.

417

> Den Regelungsmechanismus der §§ 415 III, 416 soll unser kleiner **Fall 38** erläutern: S nimmt bei der B einen Kredit auf, für den er ihr an seinem Grundstück eine Hypothek bestellt. Ohne die B davon zu unterrichten, veräußert S das Grundstück an D, der „die Hypothek" unter Anrechnung auf den Kaufpreis übernimmt. B verlangt von S nach einem Jahr Zahlung. Wie ist die Rechtslage?

1. B könnte gegen S einen Anspruch aus § 488 I 2 haben, der dem Grunde nach besteht. Es fragt sich nur, ob dieser noch gegen S gerichtet ist oder die Schuldübernahme des D daran etwas ändert. Übernommen wurde laut Vertrag nur „die Hypothek" und nicht die Kaufpreisschuld. Dass im Grundstückskaufvertrag vereinbart wird, dass der Käufer die auf dem Grundstück lastende **Hypothek** in Anrechnung auf den Kaufvertrag übernehmen soll, ist in der Praxis nicht selten[10]. Eine derartige Vereinbarung enthält in aller Regel zugleich die Übernahme der persönlichen Schuld[11]. Die Schuld-

418

---

4 *Esser/E. Schmidt*, § 37 II 1a; *Hirsch*, JR 1960, 292; *Larenz*, Schuldrecht I, § 35 I a; a. A. nunmehr Erman/*Röthel*, § 414 Rz. 4.
5 *Grigoleit/Herresthal*, Jura 2002, 393, 395, mit guten Gründen und weiteren Nachweisen.
6 Siehe auch den instruktiven Katalog zu den **Interzessionsgeschäften** bei *Diederichsen/Wagner*, Die BGB-Klausur, 9. Auflage 1998, S. 8.
7 BGHZ 91, 221, 223 hat die Zahlung mittels Kreditkarte als Erfüllungsübernahme im Verhältnis von Kartenausgeber und -inhaber qualifiziert, doch ist dies streitig und wird von anderer Seite so beurteilt, dass der Kartenausgeber die Forderung gegen den Karteninhaber durch Forderungskauf vom Vertragsunternehmen erwirbt.
8 *Gernhuber*, Bürgerliches Recht, § 38 II 1, S. 356.
9 BGH NJW 1991, 1822.
10 BGH NJW 1991, 1822.
11 RG JW 1932, 1043; BGH LM § 415 Nr. 1, Anm. 2a.

übernahme setzt aber nach § 415 I 1 die Genehmigung des Gläubigers voraus. Die Genehmigung ist unter den Voraussetzungen des § **416 I 2** ausnahmsweise entbehrlich. Jedoch hat S die B davon nicht unterrichtet (vgl. § 416 I 1), so dass trotz Verstreichens von mehr als sechs Monaten (vgl. § 416 I 2) der Zahlungsanspruch nach wie vor gegen S gerichtet ist.

419 2. Zu fragen bleibt, was passiert, wenn S diesen Anspruch erfüllt. Dann ist der Anspruch aus § 488 I 2 erloschen, § 362 I. Es ist demnach zu prüfen, was S in diesem Fall von D verlangen kann. In Betracht kommt ein Anspruch aus dem Kaufvertrag[12] i. V. m. **§ 415 III 1**, wenn man annimmt, dass sich der **Freistellungsanspruch** des persönlichen Schuldners gegen den Erwerber aus §§ 415 III 1, 329 mit der Zahlung des Schuldners in einen Ersatzanspruch umwandelt[13]. S kann von D daher Ersatz verlangen. Zu klären bleibt, wie sich dies auf die Hypothek auswirkt. Nach **§ 1164** geht die Hypothek entgegen § 1163 II 1 kraft Gesetzes auf den persönlichen Schuldner, der den Gläubiger befriedigt, insoweit über, als er von dem Eigentümer oder einem Rechtsvorgänger Ersatz verlangen kann. S erwirbt demnach die Hypothek der B am Grundstück des D, wobei die Hypothek nunmehr den Ersatzanspruch sichert (**gesetzliche Forderungsauswechslung**)[14].

II. Der Schuldbeitritt

Die kumulative Schuldübernahme ist im BGB[15] nicht geregelt – die §§ 414 ff. betreffen nur die befreiende Schuldübernahme –, sie ist infolge der schuldrechtlichen **Typenfreiheit** (§§ 241 I 1, 311 I) aber ohne weiteres zulässig[16].

1. Schuldbeitritt und Bürgschaft

420 Die kumulative Schuldübernahme kann am besten aus ihrem Verhältnis zur Bürgschaft verstanden werden. Im Gegensatz zu dieser wird bei der Schuldübernahme eine selbstständige und nicht nur akzessorische Verbindlichkeit eingegangen. Ist die Abgrenzung im Einzelfall zweifelhaft, so ist im Wege der **Auslegung** (§§ 133, 157) zu ermitteln, ob eine eigene Schuld begründet (Schuldbeitritt) oder für eine fremde eingestanden (Bürgschaft) werden sollte. Für die Form des Schuldbeitritts ist bei **Verbraucherdarlehensverträgen** § 492 zu beachten[17]. § 766 ist dagegen trotz des mindestens gleich großen Risikos weder direkt noch analog anwendbar[18].

---

12 Ein Anspruch aus Geschäftsführung ohne Auftrag kommt nicht in Betracht, weil S im Außenverhältnis Schuldner der B ist und somit ein objektiv eigenes Geschäft vorliegt.
13 RGZ 131, 154, 158; *Medicus*, JuS 1971, 497, 501; anders *Habersack*, Sachenrecht, Rz. 378; *Schreiber*, Sachenrecht, 4. Auflage 2003, Rz. 485: Anspruch aus §§ 280 I 1, III, 283 S. 1 wegen Unmöglichkeit der Erfüllung des Freistellungsanspruchs durch den Erwerber.
14 Vgl. *Medicus*, JuS 1971, 497, 501.
15 Beachte aber im Handelsrecht die §§ 25 ff. HGB!
16 Siehe zum Schuldbeitritt eines Verbrauchers BGH ZIP 2004, 1303.
17 Näher dazu unten **Fall 40** (Rz. 428 ff.).
18 St. Rspr. seit RGZ 59, 233.

421 Von dem Grundsatz, dass der Schuldbeitritt infolge der Begründung einer selbstständigen nichtakzessorischen Haftung riskanter ist als die Bürgschaft, sind jedoch Ausnahmen denkbar, die gegebenenfalls wertungsmäßig korrigiert werden müssen.

> Das zeigt sich beim Zusammentreffen von Schuldbeitritt und Bürgschaft und sei an unserem **Fall 39** veranschaulicht, welcher der Entscheidung **BGHZ 46, 14 ff.** nachgebildet ist[19]: B hatte sich für eine Darlehensschuld des K bei der Teilzahlungsbank T verbürgt. Das Darlehen hatte K aufgenommen, um den Kauf eines Lastzugs von V zu finanzieren. Dieser hat sich zusammen mit K für die Rückzahlung des Darlehens der T gegenüber gesamtschuldnerisch verpflichtet. Als K das Darlehen nicht mehr bedienen konnte, zahlte B an T und verlangt von V, den er bis dahin nicht kannte, Rückgriff. Zu Recht?

422 1. Die Forderung gegen den im Wege des Schuldbeitritts **gesamtschuldnerisch** verpflichteten (vgl. § 427) V könnte nach § 774 I auf B übergegangen sein, sofern sich B nicht nur für K, sondern auch für V verbürgt hat. Ein dahingehender Wille kann aber nicht angenommen werden, weil man nicht ohne weiteres unterstellen kann, dass der Bürge für beide Gesamtschuldner haften wollte, zumal er V gar nicht kannte. Dieser Ausgangspunkt, den auch der Bundesgerichtshof in der zugrunde liegenden Entscheidung gewählt hat, wird zwar von Teilen des Schrifttums unter Hinweis darauf bestritten, dass sich die Bürgschaft nicht auf einen Gesamtschuldner, in unserem Fall den K, beschränken lasse, weil die Sicherheit für die abgelöste Forderung schlechthin gelte und demnach gemäß §§ **426 II, 412, 401** auf den Leistenden übergehe[20]. Diese Ansicht verdient jedoch keine Gefolgschaft, weil § **425** gerade die Möglichkeit eröffnet, dass sich die Gesamtschuld den einzelnen Schuldnern gegenüber unterschiedlich entwickelt[21]. Besteht sonach die Möglichkeit einer Bürgschaft für eine Einzelforderung an einem Gesamtschuldverhältnis und führt dies im vorliegenden Fall zu dem Auslegungsergebnis, dass sich B nur für K und nicht auch für V verbürgt hat, so wirkt auch die Zahlung des B nur wie eine Zahlung des K[22]. Das hat zur Folge, dass B mit der Zahlung an T nach § 774 I 1 nicht mehr erwirbt als den Anspruch der T gegen den K aus § 488 I 2.

423 B könnte die aus dem Schuldbeitritt resultierende Forderung der T gegen V aber als **Nebenrecht** i. S. d. § 401, der gemäß § 412 auch beim **gesetzlichen Forderungsübergang** nach § 774 I gelten würde, erlangt haben. Die Forderung wäre dann als Nebenrecht zusammen mit der Forderung des T gegen K aus § 488 I 2 auf B übergegangen (§§ 412, 401). Das wäre grundsätzlich denkbar, zumal ein Gesamtschuldner, der den Gläubiger befriedigt, nach der cessio legis des § 426 II die Forderung gegen den anderen erwirbt und diese Forderung den Ausgleichsanspruch sichert, der sich aus dem Innenverhältnis der Gesamtschuldner nach § 426 I 1 ergibt[23]. Insoweit besteht kein Grund, dieses Privileg nicht auch dem Bürgen zukommen zu lassen, so dass der Bürge, der sich für den

---

19 Dazu *Medicus/Petersen*, Bürgerliches Recht, Rz. 942.
20 *Esser/Eike Schmidt*, § 39 III 3 c.
21 *Reinicke/Tiedtke*, Kreditsicherung, 4. Auflage 2000, S. 94 f.
22 Zahlt K selbst, so greift freilich § 426 II.
23 Ungeachtet dessen sind die Absätze 1 (= eigene Anspruchsgrundlage) und 2 (Übergang einer selbstständigen Forderung) auseinander zu halten; näher zu § 426 im nächsten Paragraphen unter Rz. 433 ff.

§ 9 *Schuldübernahme, Schuldbeitritt und Vertragsübernahme*

ausgleichsberechtigten Gesamtschuldner verbürgt, nach Erfüllung seiner Schuld als **Nebenrecht** nach §§ 774 I 1, 412, 401 grundsätzlich auch die Forderung gegen den ausgleichsverpflichteten Gesamtschuldner – in unserem Fall den V – erwirbt.

424 Etwas anderes ergibt sich hier indes aus dem Umstand, dass K im Verhältnis zu V die Forderung der T allein zu erfüllen hat und ihm mithin kein **Ausgleichsanspruch** aus § 426 I 1 gegen V zusteht. Dann kann sie aber auch nicht nach § 426 II auf K übergegangen sein, sondern ist erloschen. Mit der Zahlung kann demnach nur diejenige Lage hergestellt sein, die bestünde, wenn K selbst gezahlt hätte. Daraus folgt, dass die Forderung des T gegen V kein Nebenrecht der Forderung gegen den Schuldner ist und sie somit auch nicht nach den §§ 401, 412, 774 auf B übergehen konnte. Ein Anspruch aus § 774 I 1 besteht also nicht.

425 2. Ein **Rückgriffsanspruch** könnte sich in Analogie zu § 426 I 1 ergeben. Dafür spricht folgende Erwägung: Im Falle einer gedachten Zahlung des durch Schuldbeitritt mit verpflichteten V an die T wäre sein Rückgriffsanspruch gegen K unproblematisch, nämlich in unmittelbarer Anwendung der §§ 426 II, 412, 401, durch die Bürgschaft gesichert, so dass V den B bei Zahlung in Anspruch nehmen könnte, nicht – wie gesehen – aber umgekehrt B den V. Damit würde jedoch ein **Wertungswiderspruch** drohen, denn das akzessorische Sicherungsmittel der Bürgschaft würde sich im Regressfall als **risikoreicher** erweisen als der eine selbstständige Haftung begründende Schuldbeitritt. Der Bürge für nur einen Gesamtschuldner stünde ohne nachvollziehbaren Grund schlechter als die übrigen Gesamtschuldner[24]. Stellt man jedoch in Rechnung, dass letztlich K den Kaufpreis allein zahlen soll und die Bürgschaft des B sowie der Schuldbeitritt des V nur **Sicherungsmittel** hierfür sind, so spricht dies für folgende Unterscheidung: Wenn B nach der Vereinbarung der Parteien deshalb bürgen sollte, weil er gegenüber V und K privilegiert werden sollte, ist entsprechend § 426 I 1 „etwas anderes vereinbart". Ist das hingegen nicht der Fall, so ist B dem V **entsprechend § 426 I 1** gleichzustellen, weil beide Sicherungsgeber bezogen auf das ganze Rechtsverhältnis nur die Verpflichtung des K gegen die T sichern sollten. Da im vorliegenden Fall keine Anhaltspunkte für die Privilegierung des Bürgen bestehen, dieser aber andererseits aufgrund der oben dargestellten Risikotragung nicht schlechter stehen darf als der Schuldbeitretende, ist allein die Gleichstellung mit V interessen- und wertungsgerecht. Das führt zu dem Ergebnis, dass B entsprechend § 426 I 1 hälftigen Regress bei V nehmen kann.

426 **Beachte:** Dieser schwierige Fall weist eine strukturelle Ähnlichkeit mit dem an anderer Stelle[25] behandelten Bürgenregress beim Zusammentreffen von Hypothek und Bürgschaft auf und verdeutlicht nochmals das Zusammenspiel der §§ 401, 412. Zugleich greift er vor auf die Vorschriften der §§ 425–427 zur Gesamtschuld, die uns im nächsten Abschnitt noch vertieft begegnen werden.

---

24 *Medicus/Petersen*, Bürgerliches Recht, Rz. 942.
25 Oben Rz. 390 ff. (**Fall 35**).

2. Schuldbeitritt und Verbraucherdarlehensvertrag

Da sich der Schuldbeitritt für den Beitretenden als äußerst riskantes Geschäft erweist, stellt sich die Frage, ob nicht die Vorschriften über den **Verbraucherdarlehensvertrag** zumindest teilweise auf ihn anwendbar sind. Auf den ersten Blick scheint es keinen Grund zu geben, warum die verbraucherschützenden Vorschriften angesichts der gleichen **Risikotragung** nicht selbstverständlich zu seinen Gunsten anwendbar sein sollen. Die Problematik ist jedoch vielschichtig und wird in den Einzelheiten durchaus kontrovers diskutiert. Vor allem die entsprechende Anwendung des **Schriftformerfordernisses** der Vorschriften über den Verbraucherdarlehensvertrag ist umstritten.

427

> Wie schwierig die angemessene Beurteilung der Interessenlage dabei ist, soll unser **Fall 40** veranschaulichen, der einer Entscheidung des BGH[26] nachgebildet ist: G hat sich für ein Darlehen, das einer GmbH, an der er zum Zwecke privater Vermögensverwaltung Anteile hält, von der B-Bank gewährt wurde, als Mitschuldner mit verpflichtet, ohne dass sich im Antragsformular der B Angaben über den effektiven Jahreszins gefunden hätten. B nimmt G in Anspruch; zu Recht?

B kann von G Zahlung verlangen, wenn sie gegen ihn einen Anspruch auf Rückzahlung des der GmbH gegebenen Darlehens (§ 488 I 2) hat. Ein derartiger Anspruch kann sich nur aus einem zwischen B und G vereinbarten **Schuldbeitritt** ergeben. Ausweislich der insoweit eindeutigen Vereinbarung kommt nur ein solcher und nicht etwa eine Bürgschaftsverpflichtung in Betracht[27]. Ein Anspruch aus Schuldbeitritt gemäß **§§ 241 I 1, 311 I** ist somit entstanden. Die Verpflichtung könnte aber mangels Angaben über den **effektiven Jahreszins** im Darlehensvertrag zwischen B und der GmbH in entsprechender Anwendung des § 494 I i. V. m. Art. 247 § 6 I Nr. 1 und § 3 I Nr. 3 EGBGB nichtig sein. Auch wenn der Schuldbeitritt selbst kein Darlehensvertrag ist und somit eine direkte Anwendung der Vorschriften über den Verbraucherdarlehensvertrag (§§ 491 ff.) ausscheidet, kann der Schuldbeitritt dem Verbraucherdarlehensvertrag gleichgestellt werden, wenn es sich bei dem Vertrag, dem beigetreten wird, um einen Verbraucherdarlehensvertrag handelt. Dass die GmbH das Darlehen zu gewerblichen Zwecken aufnahm, steht der entsprechenden Anwendung nicht entgegen, weil die persönlichen Verhältnisse des Beitretenden entscheiden[28]. Dieser hielt den GmbH-Anteil lediglich in **privater Vermögensverwaltung**, so dass er nicht gewerblich tätig und somit Verbraucher war[29]. Da sich der Schuldbeitritt für G mithin als eine der Rechts- und Interessenlage beim Verbraucherdarlehensvertrag vergleichbare Situation darstellt, sind die §§ 492 ff. auf ihn grundsätzlich anwendbar. Fraglich ist jedoch, ob das auch für die hier in Betracht kommenden besonderen Tatbestände des Art. 247 § 6 EGBGB mit der Nichtigkeitsfolge des § 494 I gilt. Für die allgemeinen Tatbestände der Schriftlichkeit hat der Bundesgerichtshof dies bereits entschieden und aner-

428

---

26 BGH ZIP 2000, 1523.
27 Die Abgrenzung kann in weniger klaren Fällen zweifelhaft sein; dazu bereits oben Rz. 421 ff. Dann ist im Wege der Auslegung (§§ 133, 157) zu ermitteln, ob eine eigene Schuld begründet (Schuldbeitritt) oder für eine fremde eingestanden (Bürgschaft) werden sollte.
28 BGHZ 133, 71, 76; 134, 94, 97.
29 Vgl. BGHZ 133, 220, 223.

kannt[30]. Zu prüfen bleibt, ob dies auch für den hier einschlägigen Fall des Fehlens von Angaben über den effektiven Jahreszins (Art. 247 § 6 I Nr. 1 i. V. m. § 3 I Nr. 3 EGBGB) gilt. Das hängt davon ab, ob diese Angabe bezüglich ihres individuellen **Schutzzwecks** zwingend oder verzichtbar ist. Die Frage ist umstritten. Zum Teil wird angenommen, dass derartige Angaben nur den Vergleich mit Bedingungen anderer Kreditgeber ermöglichen sollen und daher den Beitretenden nicht betreffen, so dass sie auch nicht die Nichtigkeitsfolge des § 494 I zu seinen Gunsten herbeiführen dürften[31]. Andere betonen auch hier den Gesichtspunkt der gleichen wirtschaftlichen **Risikotragung** und sprechen sich wegen desselben Schutzbedürfnisses für die entsprechende Anwendung aus[32]. Dieser Auffassung hat sich der Bundesgerichtshof im vorliegenden Fall angeschlossen[33]. Der Mitschuldner müsse erkennen können, auf was er sich genau – insbesondere hinsichtlich aller Konditionen, also auch bezüglich des effektiven Jahreszinses – einlässt. Gerade diese Angabe sei dem Gesetzgeber besonders wichtig gewesen, so dass Klarheit darüber bestehen müsse. Folgt man dem Bundesgerichtshof, war der Schuldbeitritt hier nach § 494 I nichtig. Eine **Heilung nach § 494 II** scheidet aus, weil die Kreditmittel nicht an den Beitretenden ausgezahlt wurden. G schuldet der Bank demnach nichts.

III. Die Vertragsübernahme

429 Von der Schuldübernahme ist die gesetzlich nicht geregelte, aber nach allgemeiner Ansicht[34] zulässige Vertragsübernahme zu unterscheiden. Damit ist die **rechtsgeschäftliche** Übertragung des Schuldverhältnisses im weitesten Sinne gemeint[35], die nicht lediglich eine Kombination aus Schuldübernahme und Abtretung darstellt, sondern ein einheitliches Rechtsgeschäft, das der Zustimmung aller Beteiligten bedarf[36]. Dies kann dadurch geschehen, dass der Übernahmevertrag als dreiseitiger Vertrag geschlossen wird; er kann aber auch als zweiseitiger Vertrag geschlossen und von dem Dritten genehmigt werden[37]. Gesetzliche Tatbestände eines Übergangs des Schuldverhältnisses finden sich im Miet- (§ 566) und Arbeitsrecht (§ 613a).

Im Wege der Vertragsübernahme können mit Zustimmung aller Beteiligten und in der Form des übernommenen Vertrages[38] beispielsweise Miet- und Pachtverträge, Sukzessivlieferungsverträge[39] oder Bierbezugsverträge[40] als einheitliches Rechtsgeschäft[41]

---

30 BGH NJW 1997, 3169.
31 *Ulmer/Timmann*, Festschrift für Rowedder, 1994, S. 503, 517, 520; *Habersack*, EWiR 1997, 237, 238; *Kurz*, DNotZ 1997, 552, 556; *Kabisch*, WM 1998, 353, 540.
32 So etwa *von Westphalen*, MDR 1997, 307, 309; *ders.*, DB 1998, 295, 298.
33 BGH ZIP 2000, 1523.
34 BGHZ 95, 88, 94.
35 Zur Einteilung der Schuldverhältnisse und insbesondere zum hier betroffenen Schuldverhältnis im weiteren Sinne siehe oben Rz. 20 ff.
36 BGH NJW-RR 2005, 958, 959.
37 BGH aaO.; siehe auch *Oechsler*, Rz. 454.
38 BGHZ 72, 396. Die bloße Zustimmung des Dritten zu einem zweiseitigen Vertrag zur Übernahme eines Mietvertrages bedarf dagegen nicht der Form des § 550, BGH NJW-RR 2005, 958, 959.
39 BGH WM 1973, 489.
40 BGH NJW-RR 1993, 562.
41 BAG DB 1973, 924.

übertragen werden. Dass der Erwerber mit der Vertragsübernahme zugleich auch die in der Vergangenheit begründeten Verbindlichkeiten übernehmen will, muss vereinbart und kann nicht ohne weiteres vermutet werden[42].

In der **Fallbearbeitung** sollten die Besonderheiten der Vertragsübernahme kurz herausgestellt werden, da sie gesetzlich nicht geregelt und als Übertragung eines ganzen Rechtsverhältnisses zumindest nicht selbstverständlich ist. Haben alle Mitwirkenden unproblematisch zugestimmt, kann jedoch von ihrer grundsätzlichen Zulässigkeit ausgegangen werden.

430

§ 10 Die Gesamtschuld

Die Gesamtschuld ist besonders examensrelevant, weil sie den Bearbeiter vor schwierige Regressfragen stellt. Zwei grundsätzliche **Klausurgestaltungen** sind anzutreffen: Entweder ergibt sich der gesamtschuldnerische Ausgleich als Folgeproblem gleichsam am Ende der Arbeit. Oder die Gesamtschuld steht von vornherein im Mittelpunkt. Darüber hinaus verweist das Gesetz selbst an bestimmten Stellen auf die Regelungen über die Gesamtschuld. Exemplarische Erwähnung verdienen **§ 840 I** für die Haftung mehrerer deliktischer Schädiger sowie **§ 2058**[1], wonach die Miterben gesamtschuldnerisch haften[2].

431

I. Anspruchsgrundlage und Voraussetzungen

Gerade bei der Gesamtschuld ist es für den Kandidaten wichtig, von der in Betracht kommenden Anspruchsgrundlage aus zu denken. Erst dann stellt sich die Frage nach den jeweiligen Voraussetzungen.

432

1. Die Anspruchsgrundlagen

Die entscheidende Vorschrift ist § 426, dessen erster Absatz eine **eigene Anspruchsgrundlage** darstellt. § 426 II setzt demgegenüber einen anderweitigen Anspruch voraus, der im Wege der cessio legis übergeht. Beide Absätze sind also unter allen Umständen **getrennt** voneinander zu prüfen und entsprechend genau zu zitieren!

a) Der Ausgleichsanspruch des § 426 I 1

Nach dieser Vorschrift kann ein Gesamtschuldner, der – aus welchen Gründen auch immer – über den Anteil seiner Schuld hinaus an den Gläubiger gezahlt hat, von dem bzw. den anderen Gesamtschuldner den Überschuss verlangen. Zugleich enthält § 426 I 1

433

---

42 *Medicus/Lorenz*, Schuldrecht I, Allgemeiner Teil, Rz. 800.

1 Siehe zur Gesamtschuld vertiefend *Coester-Waltjen*, Jura 1990, 469.
2 Siehe zum Verhältnis von Gesamtschuld und Leistungskondiktion den gleichnamigen Beitrag von *Medicus*, Festschrift für W. Lorenz, 2001, S. 229.

einen Anspruch auf anteilige Schuldbefreiung, der zwar erst fällig wird, wenn der Gläubiger die Leistung verlangen kann[3], aber schon vorher in Gestalt einer **Mitwirkungspflicht** der übrigen Gesamtschuldner an der Befriedigung des Gläubigers besteht[4]. Umgekehrt enthält § 430 einen Ausgleichsanspruch für denjenigen **Gesamtgläubiger**, der aus der Schuldnerleistung weniger als den ihm gebührenden Anteil bekommen hat.

b) Die cessio legis des § 426 II

434 Befriedigt ein Gesamtschuldner den Gläubiger, so erlischt die Forderung nicht gemäß § 362 I, sondern bleibt zum Zweck des Regresses erhalten[5]. Der Zahlende kann von dem Anderen über die cessio legis des § 426 II **anteilig Rückgriff** nehmen. Er muss sich jedoch nach §§ 412, 404 den vor dem Forderungsübergang verstrichenen Teil der Verjährungsfrist anrechnen lassen, weil er insoweit Rechtsnachfolger des Gläubigers ist[6]. Andererseits kommt er über §§ 401, 412 in den Genuss etwaiger Vorzugs- bzw. akzessorischer **Sicherungsrechte**. Nach §§ 404, 406 muss der Zahlende sich die jeweiligen **Gegenrechte** entgegenhalten lassen.

2. Die Gleichstufigkeit als zusätzliche Voraussetzung

435 Die beiden zentralen Voraussetzungen der Gesamtschuld sind Gleichstufigkeit bzw. Gleichrangigkeit der Schuldner und Identität des Gläubigerinteresses[7]. Dabei ergeben sich aus § 421 I 1 nur die **Mindestvoraussetzungen** der Gesamtschuld[8]. Anders gewendet: Das dort bezeichnete Merkmal der Identität des Gläubigerinteresses ist notwendige Bedingung der Gesamtschuld, aber als solche noch nicht hinreichend. Während früher häufig ein **„innerer Zusammenhang"** im Sinne einer rechtlichen **Zweckgemeinschaft** gefordert wurde, stellt man heute überwiegend auf die Gleichstufigkeit der Schuldner ab[9]. Eine trennscharfe und subsumtionsfähige Definition für die Gleichstufigkeit ist freilich auch noch nicht gefunden worden. Die Kriterien hierfür sind nämlich zumeist danach gebildet worden, welche Fälle man konkret erfasst wissen wollte.

436 In der **Fallbearbeitung** sollte gleichwohl die Gleichstufigkeit in den Mittelpunkt gestellt werden. Gleichstufigkeit liegt entsprechend[10] **§ 840** etwa dann vor, wenn ein Schädiger deliktisch und ein anderer aus Vertrag haftet. Nicht auf gleicher Stufe steht dagegen der das Entgelt fortzahlende Arbeitgeber (vgl. **§ 6 EntgeltFG**) mit dem Schädiger[11]. Schwierigkeiten bestehen beim Zusammentreffen von gewährleistungsrechtlicher Haftung des Werkunternehmers einerseits und Aufsichtspflichtverletzung eines Architekten andererseits, weil und sofern dieser Schadensersatz, jener dagegen nur

---

3 BGH NJW 1986, 978.
4 BGH ZIP 1996, 286, 289.
5 BGH NJW 1991, 98.
6 *Medicus/Petersen*, Bürgerliches Recht, Rz. 906.
7 Vgl. *Larenz*, Schuldrecht I, § 37 I.
8 *Medicus/Lorenz*, Schuldrecht I, Allgemeiner Teil, Rz. 844.
9 *Selb*, Mehrheit von Gläubigern und Schuldnern, § 5 II 7.
10 Beachte hierzu aber auch die analoge Anwendung des § 255, von dem bei der unechten Gesamtschuld unten (Rz. 440 ff.) noch näher die Rede sein wird.
11 *Medicus/Lorenz*, Schuldrecht I, Allgemeiner Teil, Rz. 844.

Mängelbeseitigung schuldet. Der Bundesgerichtshof hat in einem solchen Fall gleichwohl eine Ausgleichspflicht nach § 426 I i. V. m. § 254 angenommen[12]. Erforderlich ist demnach nurmehr, dass die Haftung aus demselben Mangel resultiert und die Leistung des einen (Gesamt-)Schuldners den anderen wenigstens partiell befreit[13].

3. Grundsatz der Einzelwirkung

Nach § 425 I wirken andere als die in §§ 422 ff. bezeichneten Tatsachen grundsätzlich nur für und gegen den Gesamtschuldner, in dessen Person sie eintreten. Die Gesamtschuld führt also nur zu einer **Tilgungsgemeinschaft**, lässt aber die Selbstständigkeit der Forderungen im Übrigen unberührt, so dass diese sich auch unterschiedlich entwickeln können[14]. 437

§ 425 II präzisiert den Grundsatz der Einzelwirkung für die Kündigung und andere rechtliche Gesichtspunkte, die nicht abschließend aufgezählt sind, so dass etwa auch die Abtretung der Forderung gegen einen Gesamtschuldner möglich ist[15]. Gerade die in § 425 II genannte Kündigung bereitet in der Fallbearbeitung Probleme, weil nur die **Fälligkeitskündigung**[16], nicht aber die Kündigung zur Beendigung eines Dauerschuldverhältnisses gemeint ist. 438

> Die damit verbundenen Schwierigkeiten seien an unserem **Fall 41** verdeutlicht: A mietet gemeinsam mit seiner Freundin B eine Wohnung im Haus des V. V besteht darauf, dass beide den Mietvertrag unterschreiben. Nachdem sich A und B zerstritten haben, zieht B aus. A verfällt dem Alkohol, verwahrlost und lässt die Wohnung verkommen. B befürchtet langfristig Ansprüche des Vermieters und fragt, wie sie aus dem Mietverhältnis herauskommen kann und ob sie solange Miete zahlen muss?

A und B sind nach **§ 427** Gesamtschuldner, weil sie sich gemeinschaftlich durch Vertrag zu einer teilbaren Leistung verpflichtet haben. Sie können dies grundsätzlich nur durch eine gemeinsame Kündigung abwenden. § 425 II meint nämlich nur die Fälligkeitskündigung und hilft daher hier nicht weiter. Es fragt sich daher, ob B gegen A einen Anspruch gerichtet auf die Mitwirkung an der Kündigung hat. Eine direkte Regelung findet sich im Gesetz jedoch nicht. Ein solcher Mitwirkungsanspruch könnte sich aus dem Recht der Gemeinschaft (§§ 741 ff.) oder Gesellschaft (§§ 705 ff.) ergeben, da A und B in nichtehelicher Lebensgemeinschaft zusammen wohnten. Da die Lebensgemeinschaft zwischen A und B nunmehr aufgelöst ist, kommen die gesellschafts- bzw. gemeinschaftsrechtlichen **Auseinandersetzungsvorschriften** grundsätzlich in Betracht. Für die Auseinandersetzung bzw. Lösung der Gesellschaft resp. Gemeinschaft halten §§ 733, 755 entsprechende Regelungen bereit. Dort wird die gemeinsame Schuldentilgung angeordnet; § 755 sieht dies gerade für den Fall der auch hier vorliegenden Gesamtschuld vor. Daraus folgt zwar nicht direkt eine Kündigungsmöglichkeit; 439

---

12 BGHZ 43, 227.
13 Vgl. *Medicus/Petersen*, Bürgerliches Recht, Rz. 926.
14 Palandt/*Grüneberg*, § 425 Rz. 1.
15 RG JW 1905, 428.
16 BGH NJW 1989, 2383.

dass diese indes bestehen muss und von den genannten Vorschriften nachgerade vorausgesetzt wird, ergibt sich daraus, dass ansonsten die Entstehung weiterer Verbindlichkeiten nicht verhindert werden könnte. B hat also **entsprechend §§ 733, 755** einen **Mitwirkungsanspruch** gegen A, der auf Mitwirkung an der Kündigung gerichtet und nur dadurch erfüllbar ist. Bis dahin ist B freilich nach §§ 535 II, 427 gesamtschuldnerisch mit A zur Mietzinszahlung verpflichtet. Dass sie die Wohnung nicht nutzt, ist nach § 537 I 1 unerheblich, weil sie durch einen in ihrer Person liegenden Umstand an der Ausübung des ihr zustehenden Gebrauchsrechts gehindert wird.

II. Unechte Gesamtschuld und Regressproblematik

440 Besondere Schwierigkeiten ergeben sich, wenn *keine echte Gesamtschuld* i. S. d. zuvor Gesagten besteht, etwa weil es an der Gleichstufigkeit fehlt. Dann stehen die Beteiligten als Schuldner nebeneinander. Paradigmatisch ist insoweit der berühmte **„Fuldaer Dombrandfall"**, dem wie vielen klassischen Zivilrechtsfällen ein denkbar einfacher Sachverhalt zugrunde lag[17].

> Da dieser Fall neben schwierigsten Rechtsfragen auch aufbautechnische Probleme bietet, soll er als **Fall 42** behandelt werden: In Fulda brannte der Dom, weil ein Feuerwerker (F) anlässlich einer Feierlichkeit leicht fahrlässig eine Holzlaterne des Doms entzündet und damit ein Feuer im Dachstuhl entfacht hatte. Der gegenüber der Kirche staatlicherseits baulastpflichtige B wird in Anspruch genommen und verlangt Ersatz seiner Aufwendungen von F.

441 Zu trennen ist zwischen Ansprüchen, die B gegen F aus **eigenem** Recht haben könnte, und solchen, die ihm aus **abgetretenem** Recht zustehen könnten[18].

442 1. a) Aus eigenem Recht kommt zunächst ein Anspruch auf Aufwendungsersatz aus berechtigter Geschäftsführung ohne Auftrag gemäß §§ 683, 670, 677 in Betracht[19]. Zweifelhaft ist aber, ob hier ein objektiv fremdes Geschäft vorliegt, was zur Folge hätte, dass dann der Fremdgeschäftsführungswille vermutet würde[20]. B ist hier nämlich einer eigenen Verpflichtung nachgekommen, zu der er als baulastpflichtiger Träger fiskalisch verpflichtet war. Man kann also nicht ohne weiteres sagen, dass B hier ein objektiv fremdes Geschäft geführt hat[21]. Allenfalls unter dem Gesichtspunkt des sog. „auch-fremden-Geschäfts" könnte man von einer berechtigten Geschäftsführung ohne Auftrag ausgehen. Die Rechtsprechung lässt dies im Gegensatz zu einigen Stimmen in der Literatur, die eine vollständige Unterordnung unter den Willen des Geschäftsherrn fordern[22], genügen[23]. Legt man die h. M. zugrunde, so gelangt man hier über das

---

17 Vgl. **RGZ 82, 206**. Instruktiv dazu *Wendlandt*, Jura 2004, 325.
18 Siehe dazu im Abschnitt über die Abtretung oben § 8. Dass hier noch keine Abtretung erklärt war und gleichwohl vom Bearbeiter in Betracht zu ziehen ist, macht die besondere Schwierigkeit des Falles aus.
19 Vgl. hierzu auch *Buck-Heeb*, Rz. 53; *Looschelders*, Schuldrecht Besonderer Teil, Rz. 840 ff.
20 BGHZ 40, 28, 31; 43, 188; BGH BB 1969, 194.
21 So jedoch das Reichsgericht; RGZ 82, 206 ff. Dagegen aber die heute ganz h. L.; vgl. *Selb*, Schadensbegriff und Regreßmethoden, S. 31; *ders.*, Mehrheiten von Gläubigern und Schuldnern, S. 162, 177 f.
22 *Schwark*, JuS 1984, 321 m. w. N.
23 BGHZ 63, 167; 110, 313.

„auch-fremde Geschäft"[24] zum Vorliegen des erforderlichen Fremdgeschäftsführungswillens.

Fraglich ist jedoch, ob die Geschäftsführung auch im Interesse des F erfolgte. Das setzt voraus, dass dieser von seiner Verbindlichkeit frei geworden ist. Zu prüfen ist mithin, ob F durch die Leistung des Baulastpflichtigen von seiner Verbindlichkeit befreit worden ist. Das ist dann der Fall, wenn dessen Leistung auch ihm gegenüber **Tilgungswirkung** entfaltet. Dies könnte über **§§ 267 I 1, 362 I** geschehen sein[25]. Der baulastpflichtige Fiskus hat hier jedoch nicht als Dritter i. S. d. § 267 geleistet, sondern wollte ausschließlich seiner eigenen Baulastpflicht entsprechen[26]. Die Regulierung durch B befreite den F also nicht, so dass die Geschäftsführung auch nicht „im Interesse" des F war. Ein Anspruch aus §§ 683, 670, 677 scheidet demnach aus[27]. Die Schadensersatzpflicht des F ist auch nicht nach § 275 I erloschen. Vielmehr gilt der speziellere § 249 II 1, wonach F nunmehr den zur Herstellung erforderlichen Geldbetrag schuldet[28]. **443**

b) B könnte aus eigenem Recht aber einen Anspruch aus § 812 I 1 Fall 1 gegen F haben[29]. Fraglich ist aber schon, ob F überhaupt „etwas erlangt" hat. Zu denken wäre an die Befreiung von einer Verbindlichkeit. Aber die Erfüllung der Baulastpflicht entfaltet nicht ohne weiteres eine den Schädiger befreiende Wirkung i. S. d. §§ 267, 362[30]. Zudem hat B das Vermögen des F nicht zweckgerichtet, d. h. solvendi causa, also zur Tilgung einer Verbindlichkeit des F gegenüber der Kirche, gemehrt. Eine Leistungskondiktion kommt demnach nicht in Betracht, weil die Verpflichtung bestehen blieb[31]. Auch für eine **Rückgriffskondiktion**, die ohnehin subsidiär gegenüber allen anderen Regresswegen ist[32], ist kein Platz. **444**

c) Fraglich ist, ob B gegen F aus § 426 I 1 vorgehen kann. Entsprechend § 254 als mögliche andere Bestimmung i. S. d. § 426 I 1 müsste dann F im Innenverhältnis den ganzen Schaden tragen, da nur er an der Verursachung mitgewirkt hat[33]. Voraussetzung dafür ist jedoch ein Gesamtschuldverhältnis. B und F haften hier jedoch nur nebeneinander, weil zwischen ihnen keine **Tilgungsgemeinschaft** (vgl. § 422 I 1) besteht. Zwar wäre B durch die Leistung des schadensnäheren F frei geworden, doch gilt dies gerade nicht umgekehrt. Die für das Bestehen einer Tilgungsgemeinschaft erforderliche **445**

---

24 Mit ausführlicher Begründung gegen die von ihm sog. „auch-gestion", also das auch-fremde Geschäft, im vorliegenden Fall *Selb*, Mehrheit von Gläubigern und Schuldnern, S. 177 ff.
25 Hierzu *Thiele*, AcP 167 (1967), 193, 222 f.
26 Auch an dieser Stelle könnte man schon erwägen, ob nicht wechselseitige Tilgungswirkung nach § 422 über das Vorliegen einer (unechten) Gesamtschuld vorliegt. Denn auch unter diesem Gesichtspunkt könnte die Leistung „im Interesse" (§ 677) sein.
27 A. A. RGZ 82, 206 ff.
28 *Wendlandt*, Jura 2004, 325, 331. Einzelheiten dazu beim Schadensrecht Rz. 503.
29 Näher zur sog. Rückgriffskondiktion gemäß § 812 I 1 Fall 2 BGB, an die gerade im Zusammenhang mit einer Drittleistung gemäß § 267 stets zu denken ist, *Larenz/Canaris*, Schuldrecht II/2, § 69 III 2; Anw.-Komm.-*von Sachsen Gessaphe*, § 812 Rz. 109 ff.
30 Zur Erfüllung durch Dritte auch *Beck*, Die Zuordnungsbestimmung im Rahmen der Leistung, 2008, S. 104 ff., 474 ff.
31 Auch insoweit a. A. RGZ 82, 206 ff.
32 *Medicus/Petersen*, Bürgerliches Recht, Rz. 910.
33 Diesen Weg geht *Ehmann*, Die Gesamtschuld, 1972, S. 95 f.; dagegen *Larenz*, Schuldrecht I, § 32 II, Fußnote 20.

Gleichstufigkeit liegt nämlich nur vor, wenn nicht von vornherein einer als Primärverpflichteter anzusehen ist und den Schaden allein zu tragen hat. Das ist insbesondere dann der Fall, wenn – wie etwa bei Versicherern – der andere grundsätzlich nur eine Vorschussleistung gibt[34]. So liegt es auch hier, weil der Baulastträger gleichsam nur vorübergehend einspringen, den Schaden jedoch nicht endgültig tragen soll. Es fehlt demnach an dem Erfordernis der **Gleichstufigkeit**. Zudem setzt eine Abwägung nach § 254 I voraus, dass jeder der in Betracht kommenden Gesamtschuldner für einen Verursachungsbeitrag einzustehen hat, woran es hier indessen fehlt[35]. Ein Anspruch aus eigenem Recht besteht also nicht.

446 2. Zu fragen bleibt daher, ob B gegen F gegebenenfalls einen Anspruch aus abgetretenem Recht geltend machen könnte. Ein entsprechender Anspruch der Kirche gegen F aus § 823 I besteht dem Grunde nach, weil F den Brand fahrlässig verursacht hat. An einem Schaden scheint es insoweit zwar zu fehlen, weil B zur Wiederherstellung verpflichtet war, doch darf dies dem F bei **normativer Betrachtung** nicht zugutekommen. Die Kirche hat also grundsätzlich einen Anspruch gegen F. Die eigentliche Schwierigkeit besteht jedoch darin zu begründen, wie dieser Anspruch auf B übergehen könnte. Nur wenn B also von der Kirche die Abtretung dieses Anspruchs verlangen könnte[36], stände ihm nach erfolgter Abtretung ein Anspruch aus abgetretenem Recht zu. Eine solche Verpflichtung zur Abtretung kommt unter zwei Gesichtspunkten in Frage:

447 Zum einen bietet sich eine **entsprechende Anwendung des § 255** an, der ersichtlich nicht unmittelbar anwendbar ist[37]. § 255 wird von den Vertretern dieser Ansicht[38] als Ausdruck und technische Ausformung eines allgemeinen Rechtsgedankens der Tragung entsprechender Liquidationsrisiken in derartigen Fällen verstanden.

448 Dem wird entgegengehalten, dass die Baulastpflicht kein Schaden i. S. d. § 255 sei und mithin nur eine Verpflichtung zur Abtretung aus **§ 242** angenommen werden könnte, aber unter dem Gesichtspunkt des zwischen Kirche und Fiskus in der Übernahme der Baulast liegenden besonderen Rechtsverhältnis auch anzunehmen ist[39]. Gleich welchem der beiden konstruktiven Begründungsversuche man sich anschließt[40], ist vorliegend von einer Pflicht zur Abtretung aus § 242 bzw. entsprechend § 255 auszugehen[41]. Der abzutretende Anspruch ergibt sich aus § 823 I (sowie gegebenenfalls § 823 II i. V. m. fahrlässiger Brandstiftung, § 306d StGB), so dass F dem B nach erfolgter Abtretung aus abgetretenem Recht zum Ersatz verpflichtet ist.

---

34 *Larenz*, Schuldrecht I, § 37 I, S. 634 f.
35 *Larenz*, aaO., § 32 II, Fußnote 20.
36 Im Originalfall existierten insoweit zwar entsprechende Abtretungsurkunden des bischöflichen Stuhls, doch fehlte der für eine wirksame Abtretung erforderliche Genehmigungsbeschluss des Domkapitels; vgl. Tatbestand und Gründe in RGZ 82, 206 ff.
37 Zu einer solchen Fallgestaltung unten **Fall 54** (Rz. 551).
38 So vor allem *Selb*, Mehrheit von Gläubigern und Schuldnern, S. 162.
39 *Larenz*, Schuldrecht I, § 32 II, Fußnote 21.
40 Noch etwas anders *Thiele*, JuS 1968, 154 f.
41 Zu denkbaren prozessualen Konsequenzen hierbei siehe *Westermann/Bydlinski/Weber*, BGB-Schuldrecht AT, § 18 Rz. 46 f.

Prüfungshinweis: Was den Fuldaer Dombrandfall neben den überaus anspruchsvollen rechtlichen Fragen so schwierig macht, ist also, dass neben Ansprüchen aus eigenem Recht – nur solche hat das Reichsgericht geprüft – auch solche aus abgetretenem Recht in Betracht kommen, obwohl es an einer Abtretung fehlt und die Verpflichtung hierzu erst erarbeitet sowie ihr Vollzug hinzugedacht werden muss. Vor allem darf das Gutachten nicht dadurch **widersprüchlich** werden, dass ein Anspruch aus eigenem Recht (etwa durch Annahme befreiender Wirkung beim Merkmal „im Interesse" im Rahmen der berechtigten Geschäftsführung ohne Auftrag) und **zugleich** ein Anspruch aus abgetretenem Recht bejaht wird. Wie so oft in schwierigen Klausuren muss der Bearbeiter das Ergebnis (= Verpflichtung zur Abtretung entsprechend § 255 oder aus § 242) im Voraus kennen, um ihm auf dieser Grundlage eine stringente äußere Form (= Gliederung in Ansprüche aus eigenem und abgetretenem Recht) zu geben. 449

Daneben illustriert der Fall, dass im Examen weniger das in den Anfangssemestern zumeist und notwendigerweise isoliert gelernte Allgemeine Schuldrecht zum Tragen kommt, sondern vielmehr die Übergänge und Querbezüge von Allgemeinem (§§ 267, 422 ff.) und Besonderem Schuldrecht, hier in Gestalt der gesetzlichen Schuldverhältnisse. 450

III. Die gestörte Gesamtschuld

Zu den examensträchtigsten Problemen der Gesamtschuld gehört die **Regressbehinderung**, die immer dann vorliegt, wenn einer der Gesamtschuldner privilegiert haftet und der gesamtschuldnerische Ausgleich dadurch „gestört" ist[42]. Die Störung kann durch eine gesetzliche (Bsp.: §§ 708, 1359, 1664 I, 300 I[43], § 4 LPartG)[44] oder vertragliche Haftungsprivilegierung (Bsp.: Haftungsausschluss) verursacht sein. Diese wirkt dann nur in der Person eines Gesamtschuldners und erschwert den Rückgriff des anderen. 451

In Betracht kommen vor allem drei verschiedene Lösungswege. Einerseits kann man zu Lasten des Drittschädigers mit der Begründung entscheiden, dass dieser auch dann allein haftet, wenn er nicht infolge einer Haftungsprivilegierung des anderen, sondern wegen dessen Deliktsunfähigkeit (vgl. §§ 827 f.) Alleinverantwortlicher im Rechtssinne gewesen wäre[45]. 452

Andererseits ist vor allem von der früheren Rechtsprechung angenommen worden, die Haftungsprivilegierung zu ignorieren, weil der Haftungsausschluss als **Vertrags zu Lasten eines Dritten** für unerträglich gehalten wurde[46]. Drittens schließlich wird vertreten, den Anspruch des Geschädigten gegen den nicht privilegierten Drittschädiger a priori um den Betrag zu kürzen, welchen der Dritte ohne Haftungsbeschränkung 453

---

42 Instruktiv *Luckey*, Jura 2002, 477; zum Verhältnis zu § 241a *Mitsch*, ZIP 2005, 1017.
43 *Brand*, ZGS 2010, 265, mit instruktivem Beispiel.
44 Praktisch wichtig sind auch die §§ 104 f. SGB VII; siehe dazu BGH NJW 2004, 951.
45 Vgl. *Medicus/Petersen*, Bürgerliches Recht, Rz. 932.
46 BGHZ 12, 213 für den vertraglichen Haftungsverzicht und BGHZ 35, 317 für die gesetzliche Beschränkung (§ 1359).

nach § 426 hätte verlangen können⁴⁷. Das wurde zwar zunächst nur für den vertraglichen Haftungsverzicht angenommen⁴⁸, doch spricht für die Gleichstellung, dass auch die §§ 1359⁴⁹, 1664 I, § 4 LPartG nur eine **gesetzliche Typisierung** dessen sind, was die Parteien ohnehin vereinbart hätten⁵⁰.

> Die damit einhergehenden Schwierigkeiten seien am **Fall 43**, einer Entscheidung des BGH⁵¹, verdeutlicht: Das von seinem leicht unsorgsamen Vater V beaufsichtigte Kind K wird auf dem Spielplatz der Stadt S durch deren Verschulden deliktisch verletzt. Welche Ansprüche hat K gegen S?

454   Ein vertraglicher Anspruch besteht mangels rechtsgeschäftlicher Sonderverbindung nicht. Ein Anspruch kann sich nur aus § 823 I ergeben, dessen Tatbestand nach dem Sachverhalt erfüllt ist. Fraglich ist zunächst, ob sich K ein Mitverschulden seines gesetzlichen Vertreters gemäß § 254 II 2 i. V. m. § 278 anspruchsmindernd anrechnen lassen muss. Anerkanntermaßen gilt § 254 II 2 entgegen seiner systematischen Stellung nicht nur für § 254 II, sondern auch im Rahmen der Anspruchsentstehung, ist also wie ein selbstständiger **dritter Absatz** zu lesen⁵². Streitig ist jedoch, ob § 254 II 2 eine **Rechtsgrundverweisung** darstellt und mithin eine Sonderverbindung zwischen Schädiger und Geschädigtem voraussetzt⁵³ oder als Rechtsfolgenverweisung zu verstehen ist⁵⁴. Folgt man der h. M., so scheidet hier eine Anspruchsminderung nach §§ 254 II 2, 278 mangels Sonderverbindung aus. Aber auch diejenigen, die § 254 II 2 als **Rechtsfolgenverweisung** verstehen⁵⁵, machen für die Eltern als gesetzliche Vertreter (§§ 1626 I 1, 1629 I 1) i. S. d. § 278 S. 1 eine Ausnahme, weil sich das Kind seine Eltern nicht aussuchen und somit im deliktischen Bereich auch keine Vorteile aus ihrer Mitwirkung ziehen kann. Eine Anrechnung nach §§ 254 II 2, 278 S. 1 scheidet also aus.

455   Der Anspruch könnte jedoch nach den Grundsätzen über die **gestörte Gesamtschuld** zu **kürzen** sein. Dies ergibt sich daraus, dass auch V dem K gegenüber grundsätzlich ersatzpflichtig wäre, nämlich nach **§ 1664** I (nach – zweifelhafter⁵⁶ – h. M. eigene Anspruchsgrundlage!) und womöglich auch § 823 I, doch steht dem Anspruch des K gegen V die Privilegierung des § 1664 I entgegen, da V immerhin die eigenübliche Sorgfalt angewendet hatte. Mithin kam es nicht zu einer Gesamtschuld, da V wegen § 1664 I nicht haftete. Die Rechtsprechung **fingiert** hier – anders als beim vertraglichen

---

47 *Fikentscher/Heinemann*, Schuldrecht, Rz. 780; lehrreiches Fallbeispiel bei *Heinemann/Ramsauer*, Jura 2004, 198.
48 Vgl. *H. Stoll*, FamRZ 1962, 64; weitergehend *Medicus/Petersen*, Bürgerliches Recht, Rz. 933.
49 Siehe dazu die examensträchtige Entscheidung des KG MDR 2002, 35, prüfungsgerecht aufbereitet von *Luckey*, Jura 2002, 477, 480 ff.
50 *Petersen*, Jura 1999, 399, 400.
51 **BGHZ 103, 338.**
52 St. Rspr. seit RGZ 62, 107.
53 So die Rspr; vgl. BGHZ 1, 249; 73, 192; 103, 342; und große Teile der Literatur; vgl. *J. Hager*, NJW 1989, 1640; *Henke*, JuS 1990, 30.
54 So *Lange*, Der Schadensersatz, § 10 XI 6.
55 Vgl. nur *Larenz*, Schuldrecht I, § 31 1 d.
56 *Petersen*, Jura 1999, 399; siehe auch *Coester-Waltjen*, Festschrift für Canaris, 2007, S. 131.

Haftungsausschluss⁵⁷ – auch kein Gesamtschuldverhältnis⁵⁸ und kommt zum Ergebnis, dass die Stadt den Schaden allein zu tragen hat, ohne gegen V Rückgriff nehmen zu können⁵⁹. Im Schrifttum wird demgegenüber vorgeschlagen, den Anspruch von vornherein um dasjenige zu kürzen, um das er durch den vertraglichen oder gesetzlichen Haftungsausschluss ohnehin abgewertet sei⁶⁰.

Beachte: Die Frage der gestörten Gesamtschuld stellt sich regelmäßig erst am Ende der Falllösung, wenn bereits feststeht, dass ein Gesamtschuldverhältnis eigentlich nicht besteht. Soweit das gefundene Ergebnis infolge der Regressbehinderung unbillig erscheint, ist die Frage nach einer **Anspruchskürzung** nach den Grundsätzen über die gestörte Gesamtschuld aufzuwerfen. 456

§ 11 Der echte Vertrag zugunsten Dritter

Durch den echten Vertrag zugunsten Dritter kann nach § 328 I ein eigener **primärer Leistungsanspruch** des Dritten ohne dessen Mitwirkung begründet werden. Zu unterscheiden ist das **Deckungsverhältnis** zwischen Schuldner („Versprechendem") und Gläubiger („Versprechensempfänger") vom (nicht notwendigerweise vertraglichen) **Valutaverhältnis** zwischen Gläubiger und Drittem, aus dem der **Rechtsgrund** für die Zuwendung an den Dritten herrührt¹. 457

I. Allgemeines

Beim echten Vertrag zugunsten Dritter ist nur der Dritte **empfangszuständig,** so dass auch nur ihm gegenüber erfüllt werden kann²; es ist also nur Leistung an den Dritten geschuldet, so dass alles andere Nichterfüllung darstellt. Versprechensempfänger und Dritter stehen demnach nicht in **Gesamtgläubigerschaft** zueinander³. Der Dritte steht zum Versprechenden in keinem Vertragsverhältnis⁴, sondern in einem vertragsähnlichen Vertrauensverhältnis, aus dem sich entsprechende **Sorgfaltspflichten** ergeben können⁵. Einwendungen aus dem Vertrag stehen im Gegenzug dem Versprechenden nach § 334 auch gegenüber dem Dritten zu⁶, so dass der Versprechende dem Dritten gegenüber etwa auch die Nichtigkeit des Deckungsverhältnisses nach §§ 334, 821 ent- 458

---

57 BGHZ 35, 213.
58 Anders freilich noch BGHZ 35, 317 für § 1359.
59 BGHZ 103, 338, 346.
60 *Medicus,* JZ 1967, 398 ff.; *Esser/Eike Schmidt,* Schuldrecht, § 39 II 2 b.

1 BGHZ 91, 290.
2 Zur Erfüllung und insbesondere der Empfangszuständigkeit näher oben Rz. 107.
3 *Larenz,* Schuldrecht I, § 17 I b.
4 BGHZ 54, 147.
5 Jauernig/*Stadler,* § 328 Rz. 11.
6 Siehe dazu unten **Fall 45** (Rz. 497 ff.) zum Vertrag mit Schutzwirkung zugunsten Dritter, bei dem § 334 entsprechend angewendet wird.

gegenhalten kann[7]. Zum andern erfolgt ein Direkt- und kein **Durchgangserwerb** über das Vermögen des Gläubigers. Das hat vor allem im Falle der Insolvenz des Gläubigers, insbesondere für die Lebensversicherung (vgl. § 330), Bedeutung: Ist der Nachlass des Versprechensempfängers überschuldet, so erlangen die bezugsberechtigten Erben den Anspruch auf Auszahlung direkt, ohne dass dieser in den Nachlass fällt[8].

II. Vertrag zugunsten Dritter auf den Todesfall

459 Speziell für den Vertrag zugunsten Dritter auf den Todesfall hält § 331 eine Sonderregelung bereit. Diese ist in ihrem Verhältnis zur erbrechtlichen Regelung der Schenkung von Todes wegen (§ **2301**) äußerst examensrelevant.

> Die umstrittene Funktion des § 331 sei verdeutlicht an unserem **Fall 44**: Die Großmutter G richtet ein Sparkonto auf den Namen ihres Enkels E ein, dem sie nichts davon erzählt, weil sie zu Lebzeiten selbst über das Konto verfügen will. Im Nachlass findet V, der gesetzliche Erbe und Vater des E, das Sparbuch und nimmt es an sich. Kann E das Sparbuch herausverlangen?

460 Ein Anspruch kann sich aus § 985 i. V. m. § 952 ergeben. Voraussetzung dafür ist, dass E Eigentümer des Sparbuchs ist. Er könnte dies nach § 952 geworden sein, wonach das Eigentum an der Urkunde dem Inhaber der verbrieften Forderung zusteht. Fraglich ist somit, ob E die Forderung gegen die Bank erworben hat. Dies könnte in Ermangelung einer Abtretung nur durch einen Vertrag zugunsten Dritter erfolgt sein, den G zu Lebzeiten mit der Bank zugunsten des E geschlossen hat. Dies ist hier nach §§ 328 I, 331 I geschehen. Der Vertrag ist wirksam, da der Sparvertrag auch als echter Vertrag zugunsten Dritter keiner besonderen Form bedarf und für das **Valutaverhältnis** geltende Formvorschriften grundsätzlich nicht im **Deckungsverhältnis** anzuwenden sind.[9] Damit hat E mit dem Tod der G (vgl. § 331) einen Anspruch gegen die Bank erworben. Diesem Recht aus dem Papier würde das Recht am Papier folgen (§ 952), so dass E ein Anspruch aus § 985 zustünde.

461 Dem steht jedoch die Einrede der **unzulässigen Rechtsausübung (§ 242)** entgegen, wenn der Erwerb des E nicht konditionsfest ist und V als Erbe mithin sofort wieder kondizieren könnte (dolo agit, qui petit, quod statim rediturus est). Dann müsste E die Forderung gegen die Bank nach § 812 I 1 Fall 1 sogleich wieder an den Erben V abtreten[10], was zur Folge hätte, dass E nach § 985 i. V. m. § 952 II die Herausgabe des Sparbuchs nicht verlangen könnte.

462 Als für die Konditionsbeständigkeit erforderlicher Rechtsgrund im **Valutaverhältnis** zwischen G und E kommt eine Schenkung (§ 516 I) in Betracht. Auch wenn ein entsprechender Vertrag zu Lebzeiten der G nicht zustande kam, könnte dies noch nach

---

7 Jauernig/*Stadler*, § 328 Rz. 9.
8 Näher *Petersen*, Von der Interessenjurisprudenz zur Wertungsjurisprudenz, 2001, S. 12 ff.
9 BGHZ 41, 95, 96; 46, 198, 201; Staudinger/*Jagmann*, 2004, § 331 Rn. 11; a. A. *Kipp/Coing*, Erbrecht, 14. Auflage 1990, § 81 V 2, S. 452 f.
10 Vgl. BGH NJW 1975, 382, 383; BGH WM 1976, 1130.

ihrem Tod erfolgt sein: Im Vertrag mit der Bank kann zugleich ein Schenkungsangebot der G gesehen werden, das die Bank nach dem Tod der G dem E übermitteln sollte und das E nach § 130 II noch wirksam zugehen konnte und von diesem unter Verzicht auf den Zugang der Annahmeerklärung (§ 151 S. 1) nach § 153 angenommen werden konnte[11]. Gewiss hätte V als Rechtsnachfolger der G das Angebot gegenüber E und den Auftrag gegenüber der Bank widerrufen können. Dann wäre von vornherein kein Schenkungsvertrag zustande gekommen. Ein solcher Widerruf ist hier jedoch nicht erklärt worden. Da V in die Rechtsstellung der G eintritt, kann er das Angebot im Übrigen nur insoweit widerrufen, wie es G konnte; nach der gewählten Vertragsgestaltung wäre hier wohl überdies von einem Erlöschen des Widerrufsrechts mit dem Tode der G auszugehen. Im Valutaverhältnis kam mithin ein **Schenkungsvertrag** zustande.

Problematisch ist, ob dieser wirksam ist (§ 125), weil hier keine Form, also weder die des § 518 I 1 noch die des § 2247 I und erst recht nicht die des § 2276 I 1, eingehalten ist[12]. Der Wirksamkeit des Schenkungsversprechens könnte insbesondere § 2301 I 1 entgegenstehen, wonach, da die Schenkung noch nicht i. S. d. § 2301 II vollzogen war, die erbrechtlichen Formvorschriften anwendbar wären. Die danach erforderliche **Überlebensbedingung**[13] liegt vor, da G zu Lebzeiten selbst ausschließlich über das Guthaben verfügen will, dieses auf der anderen Seite aber gerade dem E zukommen soll. Das setzt voraus, dass E die G überlebt, so dass nicht lediglich ein auf den Todesfall befristetes und damit nach §§ 516 I, 518 I 1 zu beurteilendes Versprechen vorliegt. Hier soll das Versprechen gerade nicht für den Fall gelten, dass beide gleichzeitig versterben; dann würde es an einer Überlebensbedingung fehlen[14]. Ob § 2301 I auf 2247 I oder den noch strengeren § 2276 I 1 verweist, ist umstritten[15], bedarf jedoch hier keiner Entscheidung, da ersichtlich nicht einmal die Form des § 2247 I eingehalten wurde. Etwas anderes kann sich nur ergeben, wenn § 331 für die vorliegende Konstellation § 2301 I 1 verdrängt[16]. Das nimmt der Bundesgerichtshof[17] gegen den Widerstand im Schrifttum[18] an. Folgt man dem Bundesgerichtshof, so steht der Wirksamkeit des Schenkungsvertrags wegen des vorrangigen § 331 I nicht § 2301 I 1 i. V. m. § 2247 I entgegen. Nach § 518 II ist es auch unschädlich, dass die gemäß § 518 I 1 erforderliche notarielle Beurkundung nicht vorgenommen wurde, so dass der Erwerb der Forderung im Valutaverhältnis nicht rechtsgrundlos und mithin **kondiktionsfest** war. E kann dann von V das Sparbuch nach §§ 985, 952 herausverlangen.

463

---

11 Grundlegend zu dieser Konstruktion RGZ 83, 223; instruktiv dazu *Otte*, Jura 1993, 643.
12 Der Formverstoß nach § 518 I ist freilich heilbar (§ 518 II), wohingegen dies bei §§ 2247, 2276 nicht der Fall ist. Daher kommt es auf die Frage an, ob die §§ 331, 518 oder §§ 2301, 2247 bzw. 2276 Anwendung finden.
13 Zu ihr *Oechsler*, Rz. 524.
14 Münch.-Komm.-*Musielak*, 5. Auflage 2010, § 2301 Rz. 11.
15 Vgl. *Medicus/Petersen*, Bürgerliches Recht, Rz. 393.
16 Näher dazu *Oechsler*, Rz. 427 ff.
17 BGH NJW 1975, 382; BGHZ 66, 8, 12 f.
18 *Canaris*, Bankvertragsrecht, 2. Auflage 1981, Rz. 210.

§ 12 Das Schuldverhältnis mit Schutzwirkung zugunsten Dritter

464 Nicht mit dem Vertrag zugunsten Dritter zu verwechseln ist der Vertrag mit Schutzwirkung zugunsten Dritter. Diese im Gesetz nicht vorgesehene, aber allenthalben anerkannte Figur, die ursprünglich auf einer richterlichen Rechtsfortbildung in Anlehnung an § 242 beruht[1], führt zu einem **eigenen vertraglichen Anspruch des Dritten** und ist deshalb in ihren Voraussetzungen besonders begründungsbedürftig. Die Möglichkeit eines eigenen Anspruchs des Dritten wird in § 311 III 1 vorausgesetzt, doch kann diese Vorschrift schwerlich als Regelung des Schuldverhältnisses mit Schutzwirkung zugunsten Dritter aufgefasst werden, zumal sie keine näheren Tatbestandsvoraussetzungen enthält. Es handelt sich bei § 311 III 1 also allenfalls um eine **positiv-rechtliche Fundierung** anerkannter Fallgruppen, die bislang von der Rechtsprechung unter Anwendung der besagten Grundsätze entwickelt wurden.

I. Voraussetzungen

465 Da das Schuldverhältnis mit Schutzwirkung zugunsten Dritter zu einer Risikovergrößerung beim Schuldner führt, kann die Einbeziehung in den Schutzbereich eines Vertrags nur unter ganz engen Voraussetzungen angenommen werden.

1. Bestehen eines Schuldverhältnisses

Voraussetzung ist in jedem Fall ein zwischen Schuldner und Gläubiger bestehendes Schuldverhältnis, nicht notwendigerweise ein Vertrag. So kann es in unserem weiter oben behandelten Ausgangsfall[2] keinen Unterschied machen, ob das Kind durch die umfallende Teppichrolle verletzt wird, bevor die Mutter den Kaufvertrag an der Kasse abschließt oder danach. Da gemäß § 311 II ein Schuldverhältnis mit Pflichten nach § 241 II auch schon durch Aufnahme von Vertragsverhandlungen entsteht, genügt auch dies als Grundlage eines Schuldverhältnisses zugunsten Dritter.

2. Einbeziehung des Dritten

466 Des Weiteren muss der Dritte in dieses Schuldverhältnis einbezogen worden sein. Dafür bedarf es zur Eindämmung des Risikos des Schuldners verschiedener Voraussetzungen. Da diese Voraussetzungen gesetzlich nicht geregelt sind und beinahe jede von ihnen eine eigene Geschichte hat, muss der Examenskandidat in diesem Punkt vergleichsweise viel wissen. Die vier Voraussetzungen gehören zum paraten **Examenswissen**; inwieweit der Bearbeiter anlässlich einer jeden von ihnen die Entwicklung, die sie in Rechtsprechung und Literatur erfahren haben, ausbreitet, ist eine Frage des Fingerspitzengefühls.

---

1 Münch.-Komm.-*Gottwald*, 5. Auflage 2007, § 328 Rz. 109 ff.; *Esser/E. Schmidt*, § 34 IV 2 a.
2 **Fall 10** (Rz. 83); entspricht **RGZ 78, 239 („Linoleumrolle")**.

a) Leistungsnähe

Leistungsnähe bedeutet, dass der Dritte mit den Gefahren einer Schlechtleistung durch den Schuldner **bestimmungsgemäß** genauso in Berührung kommt und ihr in gleicher Weise ausgesetzt ist wie der Gläubiger[3]. Ein lediglich zufälliger Kontakt reicht dagegen nicht aus. Häufiger Anwendungsfall (und zugleich paradigmatisch für die Grundsätze über das Schuldverhältnis mit Schutzwirkung zugunsten Dritter in der Klausur) sind Kinder, die zum Vertragsschluss mitgenommen worden sind oder, wie etwa beim Mietverhältnis, während der gesamten Vertragsdurchführung präsent sind, ohne selbst Vertragspartner zu sein.

467

b) Gläubigernähe

Die weiterhin erforderliche Gläubigernähe bezeichnet das Schutzinteresse des Gläubigers an der Person des Dritten. Früher hat die Rechtsprechung dies angenommen, wenn ein sog. **personenrechtlicher Einschlag** dergestalt vorlag, dass der Gläubiger für das **Wohl und Wehe** des Dritten einzustehen hat[4]. Diese Rechtsprechung, die nur Personenschäden erfasste, ist mittlerweile aufgegeben worden[5], sollte aber in der Fallbearbeitung zumindest kurz erwähnt werden. Heute lässt es der Bundesgerichtshof ausreichen, dass der Vertragsgläubiger an der sorgfältigen Ausführung der Leistung durch den Schuldner ein berechtigtes Interesse zugunsten des Dritten hat, insbesondere dass ihn eine **Fürsorgepflicht** (vgl. etwa § 1626 I 1) gegenüber dem Dritten trifft[6].

468

c) Erkennbarkeit

Sowohl die Leistungsnähe als auch die Gläubigernähe muss für den Schuldner nach Maßgabe der **§§ 133, 157** erkennbar sein. Dieses Kriterium dient vor allem dazu, unter normativen Gesichtspunkten die Haftung nicht ausufern zu lassen. Denn im Gegensatz zur Drittschadensliquidation zeichnet sich der Vertrag mit Schutzwirkung zugunsten Dritter dadurch aus, dass sich das **Haftungsrisiko** des Schuldners vergrößert, weil es sich neben dem Vertragspartner nunmehr auch auf einen am Vertrag selbst unmittelbar nicht beteiligten Dritten bezieht und diesem einen eigenen vertraglichen Anspruch einräumt.

469

d) Schutzbedürftigkeit

Als weitere Voraussetzung der Einbeziehung des Dritten wird seine besondere Schutzbedürftigkeit diskutiert[7]. An dieser fehle es, wenn der Dritte einen Anspruch wegen des Sachverhalts, aus dem er seinen Anspruch herleitet, gegen einen anderen Beteiligten habe[8]. Dann sei er auf diesen verwiesen. Das gilt jedoch nur, wenn dieser **Anspruch inhaltsgleich** ist[9] und dieselben Voraussetzungen hat[10]. Das ist immer dann der Fall,

470

---

3 Siehe dazu aber auch *Canaris*, ZIP 2004, 1781; *Medicus*, Festschrift für Beuthien, 2009, S. 45.
4 BGHZ 51, 91, 96; 56, 269, 273.
5 Vgl. nur BGH NJW 1995, 392 ff.
6 BGH NJW 1985, 489 ff.
7 BGH NJW 1978, 883; Münch.-Komm.-*Gottwald*, 5. Auflage 2007, § 328 Rz. 127.
8 BGHZ 70, 330.
9 Der BGH fordert, dass die Ansprüche insoweit „**rechtlich gleichwertig**" sind (BGH JZ 1997, 358, 361).
10 Münch.-Komm.-*Gottwald*, 5. Auflage 2007, § 328 Rz. 127.

wenn der Dritte einen eigenen **vertraglichen Anspruch** hat, und zwar – das ist wichtig – gleich gegen wen[11]. Der vertragliche Anspruch muss sich also nicht notwendigerweise gegen denjenigen richten, gegen den unter dem Gesichtspunkt des Vertrags mit Schutzwirkung zugunsten Dritter vorgegangen wird, sondern kann sich auch gegen den anderen Beteiligten richten.

471 Paradigmatisch ist insoweit die **Untermiete**: Der Untermieter ist nach der Rechtsprechung nicht in den Schutzbereich des Hauptmietvertrags einbezogen, so dass er keinen Direktanspruch gegen den (Haupt-)Vermieter aus der Garantiehaftung des **§ 536a** hat, weil er einen vertraglichen Anspruch gegen den (Haupt-)Mieter, d. h. seinen Vermieter, hat, vermöge dessen er nicht schutzwürdig ist. Dasselbe muss auch dann gelten, wenn der Untermieter sich auf einen **Haftungsausschluss** einlässt. Es kann nämlich nicht darauf ankommen, dass der Untermieter tatsächlich einen Anspruch gegen seinen Vermieter hat.

3. Hinweis für die Fallbearbeitung

472 Konsequenterweise müssten im Rahmen der Schutzbedürftigkeit **inzident** anderweitige Ansprüche des Dritten geprüft werden[12]. Diese Folgerung wird nicht immer gezogen. Der Examenskandidat muss sich jedoch klar machen, dass hier eine mögliche Einbruchstelle für Ansprüche aus einem anderen Rechtsverhältnis besteht[13]. Dass dies gewollt ist, kann sich insbesondere daraus ergeben, dass in der **Fallfrage** nur nach Ansprüchen des Dritten gegen den Vertragspartner desjenigen, in dessen Schutz er einbezogen ist, gefragt ist, obwohl der Sachverhalt Anzeichen enthält, dass auch die anderweitigen Rechtsverhältnisse gewürdigt werden sollen. In einer derartigen Aufgabe wäre zunächst ein Anspruch des Dritten aus dem Vertrag, in dessen Schutzbereich er mit einbezogen ist, zu untersuchen. Beim Unterpunkt der Schutzbedürftigkeit wäre sodann zu prüfen, ob dem Dritten eigene Ansprüche gegen denjenigen zustehen, dessen Schutz ihm zugutekommen soll. Besteht ein Anspruch, so wird es nach dem soeben[14] Gesagten entscheidend darauf ankommen, ob dieser Anspruch inhaltsgleich mit dem vorrangig zu prüfenden Direktanspruch des Dritten ist. Ergibt die Inzidentprüfung, dass dem Dritten gleichfalls ein vertraglicher Anspruch zusteht, so ist im Hinblick auf die Ausgangsfrage seine Schutzbedürftigkeit zu verneinen und folglich kein Anspruch aus einem Vertrag mit Schutzwirkung zugunsten Dritter gegeben.

---

11 So wörtlich BGH JZ 1997, 358, 360 (instruktiv dazu *Saar*, JuS 2000, 220) unter Verweis auf BGHZ 70, 327, 330.
12 Instruktiv hierzu der **Nietrierofenfall** (BGH NJW 1996, 2927 = JZ 1997, 358 mit Anm. *W. Lorenz*). Dort hatte der Dritte aufgrund eines bestehenden Werkvertrags Gewährleistungsansprüche aus §§ 633 f., die seiner Schutzwürdigkeit entgegenstanden. Freilich fehlte es dort schon am Erfordernis der Leistungsnähe, so dass es auf die besondere Schutzbedürftigkeit nicht entscheidend ankam.
13 So ließe sich etwa der in der vorigen Fußnote zitierte Fall dahingehend abwandeln, dass die Leistungsnähe unproblematisch, dafür aber die gewährleistungsrechtliche Seite anspruchsvoll wäre; diese wäre dann inzident zu erörtern, weil sie darüber entscheiden würde, ob dem Dritten ein Anspruch aus einem Vertrag mit Schutzwirkung zugunsten Dritter zusteht. Instruktive Fallabwandlung auch bei *Finn*, ZGS 2003, 189.
14 Unter Rz. 470.

II. Vertrag mit Schutzwirkung zugunsten Dritter bei gegenläufigen Interessen

Umstritten ist, ob der Vertrag mit Schutzwirkung zugunsten Dritter auch bei **gegenläufigen Interessen** das richtige Instrument ist[15]. 473

> Das sei verdeutlicht an unserem **Fall 45**[16]: K möchte von V ein bebautes Grundstück erwerben. Beide kommen überein, noch ein Wertgutachten des Architekten A einzuholen, das auch gegebenenfalls anfallende Reparaturarbeiten offenbaren soll. A wird von V mit der Erstellung des Gutachtens beauftragt und weiß, dass V das Gutachten den Verkaufsverhandlungen zugrunde legen will. V, dem bekannt ist, dass der Dachstuhl seines Hauses marode und sanierungsbedürftig ist, hält den A unter einem Vorwand von der Besichtigung ab. A erstellt ein durchweg positives Gutachten über den Zustand des Hauses, in dem er verschweigt, dass er den Dachstuhl gar nicht in Augenschein genommen hat. K kauft daraufhin das Grundstück und entdeckt kurze Zeit später die Mängel des Dachstuhls, für die er nun von A Schadensersatz verlangt.

1. Ein Anspruch aus der Verletzung eines stillschweigend geschlossenen Auskunftsvertrags scheidet mangels diesbezüglichen **Rechtsbindungswillens** aus[17]. Eine derart weitreichende Ausdehnung der Vertragshaftung auf Hilfspersonen würde voraussetzen, dass A für die Richtigkeit seiner Auskunft einstehen wollte. Dafür bedürfte es nach Ansicht des Bundesgerichtshofs weiterer Indizien[18]. 474

2. In Betracht kommt aber ein Anspruch aus § 280 I 1 i. V. m. den Grundsätzen über das Schuldverhältnis mit Schutzwirkung zugunsten Dritter. § 280 I 1 setzt die Verletzung einer Pflicht aus einem Schuldverhältnis voraus. Als solches kommt ein Vertrag mit Schutzwirkung zugunsten Dritter in Betracht. Die Möglichkeit eines eigenen Anspruchs des Dritten wird jetzt in **§ 311 III 1** vorausgesetzt. Somit sind die Voraussetzungen eines Schuldverhältnisses mit Schutzwirkung zugunsten Dritter zu prüfen. 475

a) Voraussetzung dafür ist zunächst, dass K in den Schutzbereich des **Gutachtervertrags** zwischen V und A einbezogen ist. Dann müssten die erforderliche Leistungsnähe, Gläubigernähe und Erkennbarkeit für den Dritten vorliegen. Der geschädigte Käufer ist der Gefahr einer Schlechterfüllung des Gutachtenvertrags zwischen Verkäufer und Architekten in gleicher Weise ausgesetzt gewesen wie der Vertragspartner; insofern hat die erforderliche Leistungsnähe vorgelegen. Schwieriger zu beurteilen ist dagegen die Frage, ob auch die sog. Gläubigernähe, d. h. das **Schutzinteresse des Gläubigers**, bestanden hat. Dafür ist zwar nicht mehr erforderlich, dass der Gläubiger für das Wohl und Wehe des Dritten verantwortlich ist, sondern nurmehr, dass der Gläubiger ein berechtigtes Interesse an der Unversehrtheit des Dritten hat oder ihn eine Fürsorgepflicht zu dessen Gunsten trifft. Das ist vorliegend zu bezweifeln, da V kein Interesse am Schutz des K hat, sondern ihre Interessen vielmehr sogar gegenläufig sind. Im 476

---
15 Vgl. auch *Schumacher/Lada*, ZGS 2002, 450.
16 Nach **BGH NJW 1995, 392**.
17 Vgl. *Müssig*, NJW 1989, 1697, 1700.
18 BGH NJW 1992, 2080, 2082.

Gegenteil mutet es „fast paradox"[19] an, im Wege eines Vertrags mit Schutzwirkung zugunsten Dritter den Schutz des Vertragsgegners eines anderen Vertrages herzuleiten. Eine gewichtige Meinung im Schrifttum hält den Vertrag mit Schutzwirkung zugunsten Dritter deshalb von vornherein für das falsche Institut und löst den Fall stattdessen über die Grundsätze der culpa in contrahendo (§§ 280 I, 311 II)[20]. Der Gutachtenersteller hafte, weil er gleichsam im Lager des Verkäufers stehe und an seiner Seite den Vertragsabschluss durch die unrichtige Gutachtenerstellung gefördert habe. Die Legitimation für die Haftung aus culpa in contrahendo besteht nach dieser Ansicht darin, dass auch hier besonderes Vertrauen in Anspruch genommen wird.

477 Dessen ungeachtet hält die Rechtsprechung[21] und ein Teil der Lehre[22] auch im Falle gegenläufiger Interessen den Vertrag zugunsten Dritter für das gegebene Instrument und bejaht insbesondere die erforderliche **Gläubigernähe**. Das lässt sich immerhin mit der Erwägung rechtfertigen, dass auch V vorliegend das Gutachten will. K war hier auch schutzwürdig[23]. Auch die Erkennbarkeit i. S. d. §§ 133, 157 liegt vor. Somit besteht das für § 280 I erforderliche Schuldverhältnis in Gestalt eines Vertrags mit Schutzwirkung zugunsten Dritter. Die **Pflichtverletzung** des A bestand darin, dass er es als Sachverständiger unterlassen hat, sich über die Beschaffenheit des Dachstuhls gutachtlich zu vergewissern. Als Gutachter hätte er sich auf die diesbezüglichen Versicherungen des V nicht ohne weiteres verlassen dürfen und hat es demnach an der verkehrserforderlichen Sorgfalt (§ 276 II) fehlen lassen. Der Anspruch auf Schadensersatz ist somit dem Grunde nach gegeben.

478 b) Dem Anspruch könnten jedoch möglicherweise **entsprechend § 334 Einwendungen** entgegengehalten werden. Diese Vorschrift gilt nämlich nach allgemeiner Meinung beim Vertrag mit Schutzwirkung zugunsten Dritter grundsätzlich entsprechend, weil der Vertragspartner mit der Einbeziehung des Dritten ein zusätzliches Risiko trägt und diesem gegenüber auch Gegenrechte, die ihm gegenüber seinem Vertragspartner zustehen, geltend machen können muss. Demzufolge könnte der in Anspruch genommene Architekt dem Dritten grundsätzlich auch den anspruchsausschließenden Einwand des **venire contra factum proprium (§ 242)**[24] mit der Begründung entgegenhalten, dass der Verkäufer widersprüchlich handeln würde, wenn er trotz eigener Kenntnis des geschädigten Dachstuhls und bewusst vereitelten Besichtigung dem Architekten die darauf gründende Mangelhaftigkeit des Gutachtens vorhalten will[25].

---

19 So *Canaris*, JZ 1995, 441, 443; vgl. auch *dens.*, ZHR 163 (1999), 206, 222 ff.
20 *Canaris*, JZ 1995, 441, 444 f.; *Schwab*, JuS 2002, 872, 876 f.; *Schumacher/Lada*, ZGS 2002, 450 ff. – Wer dieser (m. E. zutreffenden; vgl. *Petersen*, Von der Interessenjurisprudenz zur Wertungsjurisprudenz, 2001, S. 40 ff.) Ansicht folgt, muss den Anspruch beim Prüfungspunkt der Gläubigernähe abbrechen und sodann einen Anspruch aus §§ 280 I, 241 II, 311 III 2 prüfen.
21 BGHZ 127, 378, 380 f.; BGH NJW 2004, 3035, 3037.
22 Münch.-Komm.-*Gottwald*, 5. Auflage 2007, § 328 Rz. 124.
23 Dies ist nach dem oben Rz. 470 Gesagten freilich nicht unproblematisch, denn K dürfte nach dem Sachverhalt (ungeachtet eines etwaigen Gewährleistungsausschlusses: § 444) einen (quasi) vertraglichen Anspruch aus c. i. c. gegen V haben (*Faust*, AcP 210, 2010, 555, 569). Im vorliegenden Fall ging der BGH darauf jedoch gar nicht ein; vgl. *Zimmermann/Amelung*, Jura 1998, 313, 317.
24 Zusätzlich kommt der Einwand des Mitverschuldens (§ 254) in Betracht, an den in solchen Fällen immer auch zu denken ist.
25 BGH JZ 1995, 306, 307.

Die Beachtlichkeit dieser Einwendung setzt jedoch voraus, dass § 334 auch im konkreten Fall, der sich durch das Vorliegen gegenläufiger Interessen auszeichnet, anzuwenden ist[26]. Das hat der Bundesgerichtshof nicht zugelassen: Es sei davon auszugehen, dass § 334 im Entscheidungsfall von den Parteien **stillschweigend abbedungen** sei[27], so dass dem Anspruch des Käufers gegen den Architekten nichts entgegenstand. Die Annahme eines solchen stillschweigenden **Einwendungsverzichts**, auf den sich A bei vernünftiger Betrachtung niemals eingelassen hätte, ist aber „hochgradig gekünstelt"[28]. Nimmt man ihn jedoch im Einklang mit der Rechtsprechung an, so ist § 334 abbedungen und der Anspruch auf Schadensersatz aus § 280 I 1 i. V. m. den Grundsätzen über den Vertrag mit Schutzwirkung zugunsten Dritter mithin nicht ausgeschlossen.

479

§ 13 Die Drittschadensliquidation

Die Drittschadensliquidation unterscheidet sich vom Vertrag mit Schutzwirkung zugunsten Dritter vor allem durch die **zufällige Schadensverlagerung**, die dem Schädiger nicht ohne Grund zugutekommen soll[1].

480

I. Zufällige Schadensverlagerung

Als entscheidendes Merkmal der Drittschadensliquidation wird heute[2] die zufällige Schadensverlagerung angesehen. Das Haftungsrisiko wird also nicht vergrößert, sondern verschiebt sich nur. Es trifft den Schädiger mithin nicht unkalkulierbar, sondern nur dort, wo er ohnedies mit einer Einstandspflicht rechnen musste[3]. Gleichwohl kann nicht jede Fallkonstellation, die eine zufällige Schadensverlagerung aufzuweisen scheint, den Grundsätzen über die Drittschadensliquidation unterstellt werden[4]. Vielmehr sollte diese – auch in der Fallbearbeitung – folgenden **anerkannten Fallgruppen** vorbehalten bleiben.

---

26 Skeptisch diesbezüglich *Medicus*, JZ 1995, 308 f.: Die Regelung sei ausweislich der Stellung in den §§ 328 ff. auf Primärleistungen zugeschnitten, wohingegen es beim Vertrag mit Schutzwirkung zugunsten Dritter um Sekundäransprüche gehe.
27 Zumindest bei entgegengesetzten Interessen sei sie, wie auch der strukturell vergleichbare und systematisch naheliegende **§ 335** belege, außer Betracht zu lassen.
28 *Canaris*, JZ 1995, 441, 444.
1 BGH NJW 1968, 1931.
2 Früher (bis BGHZ 49, 350, 354) hat die Rechtsprechung nach Art des geschädigten Rechtsguts unterschieden und bei Sachschäden vorzugsweise Drittschadensliquidation angenommen und für Personenschäden die Grundsätze über den Vertrag mit Schutzwirkung zugunsten Dritter herangezogen.
3 Sobald der Schaden aber beim Gläubiger und beim Dritten eintreten kann und mithin eine Risikohäufung vorliegt, ist die Drittschadensliquidation ausgeschlossen; *Medicus/Petersen*, Bürgerliches Recht, Rz. 843.
4 Siehe aber auch *Oechsler*, Rz. 325, der im Falle der durch § 434 I 3 ausgelösten zufälligen Schadensverlagerung die Grundsätze der Drittschadensliquidation heranzieht.

§ 13 Die Drittschadensliquidation

1. Obligatorische Gefahrentlastung

481 Eine prüfungsrelevante Konstellation der Drittschadensliquidation begegnet in den Fällen obligatorischer Gefahrentlastung. Diese wird insbesondere durch besondere Gefahrtragungsregeln ausgelöst.

a) Versendungskauf

Den bekanntesten Anwendungsfall der Drittschadensliquidation stellt der Versendungskauf nach § 447[5] (beachte aber auch den Ausschluss des § 447 nach § 474 II für den **Verbrauchsgüterkauf**!) mit § 421 I 2 HGB dar, wonach der Empfänger die Ansprüche aus dem Frachtvertrag im eigenen Namen gegen den Frachtführer geltend machen kann, ohne dass es einer Abtretung bedarf[6]. § 421 I 2 HGB ist also ein gesetzlich geregelter Fall der Drittschadensliquidation[7]. Die klassische Konstellation des Versendungskaufs lässt sich demnach jetzt mit § 421 I 2 HGB lösen. Die Vorschrift ermöglicht eine Geltendmachung der Rechte gegen den Frachtführer durch den Empfänger auch schon vor der sonst nach § 285 geschuldeten Abtretung des Absenders. Zu beachten ist dabei, dass Empfänger und Absender den Anspruch nunmehr als **Gesamtgläubiger (§ 428)** alternativ geltend machen können[8], dass also auch dem Empfänger ein eigener Anspruch und nicht bloß eine gesetzliche **Einzugsermächtigung** zusteht[9].

b) Vermächtnis

482 Eine oft übersehene, aber wegen der **erbrechtlichen Berührung** examensrelevante Verschiebung der Gefahrtragung entsteht beim Untergang des zugedachten Vermächtnisgegenstandes.

> Dies sei an unserem **Fall 46** dargestellt: T hat in seinem Testament bestimmt, dass V eine wertvolle Vase bekommen soll. Nach dem Tod des T zerstört D die Vase im Hause des Erben E, bei dem sie sich noch befand. Wie ist die Rechtslage?

483 1. E könnte gegen D einen Anspruch aus § 823 I haben. Da E mit dem Tode des T kraft **Universalsukzession** (§ 1922 I) in dessen Rechtsstellung eingetreten ist, wurde er ungeachtet des Vermächtnisses (vgl. § 1939) auch Eigentümer der Vase. Dieses Eigentum hat D rechtswidrig und schuldhaft verletzt. Allerdings hat E keinen Schaden: Auch ohne das schädigende Ereignis hätte er die Vase nicht auf Dauer behalten dürfen, da er bereits mit dem Erbfall, d. h. vor der Beschädigung durch D, nach **§ 2147** mit dem Vermächtnis beschwert war.

484 2. Zu fragen bleibt, wie sich dies auf V auswirkt.

a) Gegen E hat V einen (schuldrechtlichen!) Anspruch aus **§ 2174**. Dieser ist mit dem Erbfall entstanden. Mit der Zerstörung des vermachten Gegenstandes ist er jedoch

---

5 Dazu nach der Reform auch *Meier*, Jura 2002, 118, 124; *Zimmer/Eckhold*, Jura 2002, 145, 153.
6 *Oechsler*, Rz. 313 ff.
7 *Canaris*, Handelsrecht, 24. Auflage 2006, § 31 Rz. 61; *Oechsler*, Rz. 319.
8 *Oechsler*, Rz. 319; *Oetker*, JuS 2001, 833, 840.
9 *Canaris*, Handelsrecht, 24. Auflage 2006, § 31 Rz. 61.

nach § 275 I untergegangen. Es besteht kein Anspruch auf Schadensersatz aus §§ 280 I 1, 283 S. 1, da kein Verschulden des E vorliegt.

b) Gegen D hat V keinen unmittelbaren Anspruch, da er in keiner vertraglichen Beziehung zu ihm stand und im Zeitpunkt der Zerstörung mangels Erfüllung des Vermächtnisses noch nicht Eigentümer der Vase war. Er hat somit zwar den Schaden, aber keinen Anspruch, während E einen Anspruch, aber keinen Schaden hat.

3. Da sich diese aus Sicht des Drittschädigers **zufällige Schadensverlagerung** als Anwendungskonsequenz der durch § 2147 bedingten besonderen Gefahrtragung ergibt, ist der Schaden des V nach den Grundsätzen der **Drittschadensliquidation** zum Anspruch des E zu ziehen. V kann sodann an Stelle seines Anspruchs aus § 2174 von E Abtretung dieses Anspruchs nach § 285 I gegen D verlangen. 485

2. Mittelbare Stellvertretung

Mittelbare Stellvertretung begegnet etwa bei der handelsrechtlichen **Kommission nach §§ 383 ff. HGB**, bei welcher der Kommissionär im eigenen Namen für fremde Rechnung, nämlich die des Kommittenten, mit Dritten Geschäfte abschließt[10]. Einem Anspruch auf Schadensersatz scheint der Dritte gelassen entgegensehen zu können, weil der Kommittent mangels vertraglicher Beziehung zum Dritten keinen Anspruch gegen diesen hat, während es dem Kommissionär am Schaden fehlt. Wegen dieser zufälligen Schadensverlagerung, die den Dritten nicht ohne Grund privilegieren darf, kann der Kommissionär den Schaden des Kommittenten im Wege der Drittschadensliquidation gegen den Dritten geltend machen[11]. 486

3. Treuhands- und Obhutsverhältnisse

Schließlich sind die Treuhands- und Obhutsverhältnisse als Fallgruppen der Drittschadensliquidation anerkannt, soweit nicht der Dritte eigene Ansprüche hat, welche die Drittschadensliquidation überflüssig machen. Letzteres kann sich insbesondere daraus ergeben, dass der geschädigte Treugeber bei der **Sicherungsübereignung** etwa ein Anwartschaftsrecht auf Rückfall des Eigentums oder zumindest den unmittelbaren Besitz an der Sache hat[12]. Soweit sich aus derartigen Rechtspositionen am Treugut eigene Ansprüche ergeben, erübrigt sich die Liquidation des Drittschadens. 487

Die Obhutsverhältnisse offenbaren die **Abgrenzungsschwierigkeiten** zwischen Drittschadensliquidation und Schuldverhältnis mit Schutzwirkung zugunsten Dritter[13]. Das letztgenannte Institut wird heute für eine Vielzahl von Obhutsverhältnissen für einschlägig gehalten. Die für die Drittschadensliquidation typische zufällige Schadensverlagerung liegt nämlich häufig nicht vor. Außerdem erweist sich die Drittschadens- 488

---

10 Zur Kommission bereits oben Rz. 402 ff.
11 *Canaris*, Handelsrecht, 24. Auflage 2006, § 30 Rz. 41. Für die Ausklammerung atypischer Schäden aus der Schadensberechnung plädiert *Steding*, JuS 1983, 29 f.
12 *Medicus/Lorenz*, Schuldrecht I, Allgemeiner Teil, Rz. 653.
13 Diese hat auch *M. Junker* (Die Vertretung im Vertrauen, 1991) mit seinem neuartigen Ansatz nicht abschließend zu beseitigen vermocht; vgl. *Hagen*, AcP 192 (1992), 568.

liquidation – insoweit ähnlich der Einbeziehung des Dritten beim Schuldverhältnis mit Schutzwirkung zugunsten Dritter – als nicht erforderlich, wenn der Dritte einen eigenen Anspruch gegen den Schädiger hat. Gleichwohl geht der Bundesgerichtshof auch in derartigen Fällen mitunter von einer Drittschadensliquidation aus[14].

489 Diese Abgrenzungsschwierigkeiten veranschaulicht der Fall von **RGZ 93, 39**, in dem V einen Kahn an M vermietet und D sich gegenüber M verpflichtet hatte, den Kahn durch einen engen Fluss zu schleppen. Beim Schleppen beschädigte D den Kahn. M trat etwaige Ersatzansprüche gegen D an V ab. V und D stritten darüber, wen die Beweislast für das Verschulden des D trifft. Das RG hat die Frage sinngemäß zwischen § 280 I 2 („Exkulpationsbeweis" durch D) und § 823 I („Inkulpationsbeweis" durch V) eingeordnet. Da V der Verschuldensbeweis nicht gelang, kam es nach Ansicht des Gerichts darauf an, ob M einen vertraglichen Ersatzanspruch gegen D hatte, den er wirksam an V abtreten konnte. Bei der Herleitung des Ersatzanspruchs des M gegen D stellte das Gericht darauf ab, dass ein **Obhutsverhältnis** vorlag und zog die Drittschadensliquidation zur Schadensregulierung heran. Danach konnte M den Schaden am Eigentum des V gegenüber D liquidieren. Zur Begründung führte das RG aus, M treffe gegenüber V eine vertragliche Obhutspflicht (Mietvertrag) und D treffe gegenüber M eine ebensolche Pflicht. Zudem sei D aber auch gegenüber V zur Obhut verpflichtet, da M dem D die Obhutspflicht sowohl in eigenem Interesse (Ladung) als auch im Interesse des V (Kahn) – also in Verknüpfung der beiden gleichlaufenden Interessen – auferlegt habe und D nach Lage des Falles damit rechnen musste, dass M den Kahn nur gemietet hatte. Das sind freilich genau die Voraussetzungen eines Vertrags mit Schutzwirkung zugunsten Dritter. Vor dem Hintergrund dieser Begründung hätte folglich ein eigener Anspruch des V gegen D aus Vertrag mit Schutzwirkung zugunsten Dritter, inzwischen normiert in §§ 280 I 1, 241 II, 311 III 1, näher gelegen. Wegen der Abtretung ist die Einordnung für das praktische Ergebnis freilich gleichgültig, da die Haftung des D in beiden Fällen nur dann ausgeschlossen war, wenn ihm der Exkulpationsbeweis gelang.

II. Schadensberechnung

490 Bei der Drittschadensliquidation wird der Schaden strukturell zum Anspruch gezogen. Streitig ist allerdings, auf wessen Person es für die Berechnung des Schadens ankommt. Teilweise wird vertreten, dass der Schaden sich grundsätzlich nicht aus Sicht des Dritten, sondern des Mittelsmannes bemisst[15]. Der beim Geschädigten zu erwartende Schaden würde danach die Obergrenze markieren[16]. Im Falle obligatorischer Gefahrentlastung wäre demnach außer der Gewinnspanne des Gläubigers der **Wiederbeschaffungswert** zu ersetzen[17]. Für den Fall der mittelbaren Stellvertretung ergebe sich

---

14 Vgl. BGH NJW 1985, 2411; skeptisch dazu *Medicus/Lorenz*, Schuldrecht I, Allgemeiner Teil, Rz. 654.
15 *Neuner*, JZ 1999, 126, 131.
16 So *Hagen*, Die Drittschadensliquidation im Wandel der Rechtsdogmatik, S. 191 f.; *Keuk*, Vermögensschaden und Interesse, S. 161.
17 *Ries*, JA 1982, 453, 456; a. A. *Lange*, Der Schadensersatz, 1990, S. 471.

dies daraus, weil der Hintermann diese nicht zuletzt deshalb wählt, um sich vor unmittelbaren Schadensersatz- und Erfüllungspflichten zu schützen[18]. Die Gegenmeinung wendet ein, dass der Schädiger mit einer Veränderung der die Schadenshöhe bestimmenden Umstände zu rechnen habe.

---

18 *Neuner*, JZ 1999, 126, 132; *Steding*, JuS 1983, 29, 31.

Fünfter Teil
Schadensrecht

491 Das Schadensrecht nimmt in der Fallbearbeitung eine gewichtige Rolle ein. Das hängt neben der besonderen praktischen Relevanz damit zusammen, dass sich schadensrechtliche Probleme ohne größere Umstände als Folgefragen von Ansprüchen auf Schadensersatz in nahezu jeden Fall leicht einbinden lassen[1].

§ 14 Die grundsätzlichen schadensrechtlichen Vorschriften

Aufbaumäßig zu trennen ist die Frage des ersatzfähigen Schadens vom konkreten Umfang des zu ersetzenden Schadens: erstere gehört streng genommen zum Tatbestand der Anspruchsnorm, während letztere die Rechtsfolgenseite betrifft. Ist also zweifelhaft, ob ein geltend gemachter Schadensposten überhaupt einen Schaden im Rechtssinne darstellt, so kann damit begonnen werden[1]. Es ist aber nicht unüblich, das Problem auf der Rechtsfolgenseite zu erörtern.

> Das zeigt unser einleitender **Fall 47**, der einer Entscheidung des BGH[2] nachgebildet ist: Der Spielbankangestellte S stiehlt der Spielbank G 60 000 €, kauft dafür Jetons und verspielt sie am selben Abend. G verlangt von S Schadensersatz in dieser Höhe. S wendet ein, es fehle schon an einem Schaden, weil am Ende doch, wie immer, alles die Bank gewonnen habe.

492 G könnte gegen S einen Anspruch unter mehreren Gesichtspunkten haben: In Betracht kommt zunächst § 280 I, weil die Entwendung des Geldes eine vorsätzliche Verletzung des Anstellungsvertrags darstellt. Des Weiteren ergibt sich ein Anspruch aus § 823 I, da der Diebstahl des Geldes gleichzeitig Eigentumsverletzung ist. Ferner ergibt sich der Anspruch aus § 823 II i. V. m. § 242 StGB sowie aus § 826. Eine nach § 249 I ersatzfähige Vermögenseinbuße scheint bei einem **Gesamtvermögensvergleich** nicht vorzuliegen, weil G das Geld zurück gewonnen hat. Jedoch hat der sich an den Diebstahl des Geldes anschließende Kauf der Jetons den **Passivsaldo** nicht ausgeglichen, da dem vermeintlichen Plus sogleich ein neues Minus der Bank in Gestalt der dem S zuwachsenden Gewinnchance entgegenstand. Dass sich die Chance letztlich nicht realisiert hat, ändert an der Beurteilung nichts, so dass in Höhe der entwendeten

---

1 Typische Probleme des Schadensrechts behandelt etwa *Homann*, JuS 2002, 554.

1 *Medicus/Petersen*, Bürgerliches Recht, Rz. 815 f.
2 **BGH NJW 1980, 2183.**

60 000 € ein Schaden entstanden ist. Die Bank muss sich auch nichts nach den Grundsätzen der Vorteilsausgleichung[3] anrechnen lassen, weil G kein Vorteil im Zusammenhang mit dem Schadensfall zugewachsen ist, da dem Vorteil eine **Gewinnchance** korrespondierte.

Bereicherungsrechtliche Ansprüche führen letztlich zum gleichen Problem: Bezüglich des gestohlenen Geldes liegt zwar der Tatbestand einer Eingriffskondiktion nach § 812 I 1 Fall 2 vor. Da S bösgläubig war, unterliegt er aber der verschärften Haftung nach §§ 819 I, 818 IV. Er haftet somit nach den allgemeinen Vorschriften (vgl. § 292) aus § 989 auf Schadensersatz, so dass sich auch hier die oben behandelte Frage des Schadens stellt. 493

Ähnliche Fragen stellen sich bei der **missglückten Sterilisation** (Anspruchsgrundlage: § 280 I 1), die BGHZ 76, 249 wie folgt beantwortet hat: Gewiss sei das **Kind selbst kein Schaden**, wie ein häufiger Topos in diesem Zusammenhang lautet, wohl aber die Belastung mit der den Eltern obliegenden **Unterhaltsverpflichtung** (§§ 1601 ff.) den Kindern gegenüber[4]. 494

Einen ersatzfähigen Schaden schließlich stellt auch die Belastung mit Ansprüchen dar, und zwar auch dann, wenn der Schuldner (**BGHZ 59, 148** hat dies für einen Verein entschieden) vermögenslos ist. Man spricht dann vom sog. **Haftungsinteresse**, das den fremden Schaden zum eigenen macht[5]. So kann etwa der in seinem Besitz Geschädigte vom Schädiger dasjenige ersetzt verlangen[6], was er selbst einem Dritten gegenüber infolge der Schädigung schuldet. 495

I. Natural- und Totalrestitution

In der Ausgangsvorschrift des § 249 I kommt der zentrale Grundsatz der **Naturalrestitution** zum Ausdruck, weil der wirtschaftliche Zustand herzustellen ist, der jetzt ohne das schädigende Ereignis bestehen würde. Es geht also nicht um Wiederherstellung des früheren Zustandes[7]. Die Naturalrestitution ist auf das Erhaltungs- bzw. **Integritätsinteresse** gerichtet. Diesem kommt der Vorrang vor dem **Wertinteresse** zu, das ausnahmsweise (vgl. § 251) an dessen Stelle tritt und den Geldersatz erfasst[8]. Der Grundsatz der **Totalrestitution**, der ebenfalls in § 249 I zum Ausdruck kommt, bedeutet, dass der volle Schaden zu ersetzen ist (**„Alles-oder-nichts-Prinzip"**). 496

---

3 Dazu unten näher Rz. 517 ff.
4 BGHZ 76, 249 ff. begründet dies mit einer stellvertretungsrechtlichen Parallele: Hat jemand durch Missbrauch der Vertretungsmacht eine wertvolle Sache unerwünscht erworben, so sei die Sache selbst kein Schaden, wohl aber der zu entrichtende Preis und Unterhaltungsaufwand.
5 *Medicus/Petersen*, Bürgerliches Recht, Rz. 837.
6 Zur schwierigen Berechnung beim Leasing im Falle der Zerstörung der geleasten Sache siehe BGHZ 116, 22 (dazu *Schnauder*, JuS 1992, 820).
7 RGZ 131, 178.
8 *Medicus*, JuS 1969, 449.

§ 14 Die grundsätzlichen schadensrechtlichen Vorschriften

> Den Grundsatz der Naturalrestitution und seine Grenzen illustriert unser **Fall 48**: S beschädigt fahrlässig ein Grundstück des G. Dieser lässt das Grundstück nicht wieder in Stand setzen, sondern verkauft und übereignet es an Z unter Abtretung seines Ersatzanspruchs gegen S. Z klagt gegen S und verlangt statt der Herstellung den dazu erforderlichen Geldbetrag. Ändert sich etwas, wenn nicht ein Grundstück, sondern ein Kraftfahrzeug beschädigt wurde?

497 Z hat gegen S einen Anspruch auf Schadensersatz aus § 823 I i. V. m. § 398 S. 2. Grundsätzlich erfolgt die Leistung des Schadensersatzes im Wege der Naturalrestitution. Nach § 249 II 1 kann der Geschädigte bei Beschädigung einer Sache den zur Herstellung erforderlichen Geldbetrag verlangen. Darauf ist das Begehren des Klägers Z gerichtet. Die hier beantragte Naturalrestitution nach § 249 II 1 scheidet jedoch aus, wenn die Wiederherstellung der beschädigten Sache nicht möglich ist. Dann kommt nur noch Entschädigung in Geld nach § 251 I in Frage. Diese Unterscheidung ist hier ausnahmsweise deshalb von Bedeutung, weil der Kläger nicht die Entschädigung in Geld (**Kompensation nach § 251**), sondern nur den statt der Herstellung erforderlichen Geldbetrag nach § 249 II 1 beantragt hatte, so dass das Gericht nach dem Grundsatz **ne ultra petita** (vgl. § 308 I 1 ZPO) auch nicht mehr zusprechen kann.

498 Fraglich ist also, ob ein Fall des § 251 I vorliegt, der die beantragte Naturalrestitution ausschließen würde. Die Naturalrestitution könnte im vorliegenden Fall mit der Veräußerung des Grundstücks nicht mehr möglich i. S. d. § 251 I sein. Mit der Veräußerung des beschädigten Grundstücks endet die **Rechtszuständigkeit** des Geschädigten, weil die veräußerte Sache nicht mehr zu seinen Rechtsgütern gehört. Da aber die Naturalrestitution dem Interesse des Geschädigten an der Integrität seiner Rechtsgüter dient, so scheint sie nach Veräußerung der Sache ausgeschlossen zu sein. Deshalb hat der Bundesgerichtshof früher angenommen[9], dass die Naturalrestitution nach § 249 II 1 ihrem Zweck nach nicht mehr erreicht werden kann, wenn der Eigentümer mit der Veräußerung der Sache zugleich auch den Anspruch auf Ersatz der Reparaturkosten abtritt, weil dann durch die Reparatur gerade nicht mehr die Rechtsgüter des Geschädigten hergestellt werden. § 249 II 1 erfordere nämlich, dass die Wiederherstellung des beschädigten Rechtsguts gerade beim **Geschädigten** möglich ist[10]. Unter Zugrundelegung der früheren Rechtsprechung des (V. Zivilsenats des) Bundesgerichtshofs käme also Naturalrestitution im vorliegenden Fall nicht mehr in Betracht, so dass nur § 251 I verbliebe und die danach mögliche Kompensation nach § 308 I 1 ZPO ausscheiden würde.

499 Demgegenüber geht der Bundesgerichtshof heute davon aus, dass die Naturalrestitution nach § 249 II 1 jedenfalls dann möglich ist, wenn – wie hier – die Abtretung zeitgleich mit der Eigentumsübertragung erfolgt[11]. Die Verfolgung des **Herstellungsinteresses** sei dann nach wie vor möglich, weil auch der Zessionar die Wiederherstellung der Sache verfolgen kann. Dass dies der Rechtsnachfolger sei, stehe nicht ent-

---

9 BGHZ 81, 385, 392.
10 BGHZ 81, 385, 392 ff.
11 BGH NJW 2001, 2250.

gegen, da auch im Falle der Universalsukzession der Gesamtrechtsnachfolger (etwa der Erbe) den in der Person seines Rechtsvorgängers (Erblassers) entstandenen und auf Herstellung (§ 249) gerichteten Ersatzanspruch geltend machen kann. Es gebe keinen Grund, Universal- und **Singularsukzession** insoweit unterschiedlich zu behandeln. Das bedeutet, dass der Zessionar hier ungeachtet der Rechtsnachfolge Naturalrestitution nach §§ 823 I, 249 II 1, 398 S. 2 verlangen kann.

Wäre die beschädigte Sache kein Grundstück, sondern ein **Kraftfahrzeug**, so würde die Rechtsprechung – insbesondere der dafür zuständige sechste Zivilsenat des Bundesgerichtshofs[12] – dagegen die **Dispositionsfreiheit** des Geschädigten in den Vordergrund stellen: Da der Geschädigte das nach § 249 II 1 erhaltene Geld nicht zur Reparatur des Kfz verwenden muss, sondern sich auch den Betrag zuerst auszahlen lassen und das Kfz später veräußern kann, muss es als Ausdruck seiner Dispositionsfreiheit auch möglich sein, die umgekehrte Reihenfolge zu wählen, indem die Sache zunächst veräußert und dann Geldersatz verlangt wird. Nach der Veräußerung eines geschädigten Kfz gewährt die Rechtsprechung des Bundesgerichtshofs dem Anspruchsinhaber also Geldersatz im Wege der Naturalrestitution nach § 249 II 1. Der Unterschied zwischen bebauten Grundstücken und Kraftfahrzeugen soll nach der Rechtsprechung darin liegen, dass diese nur im Wege einer – insoweit unvermeidlichen – Reparatur verwertet werden könnten, während beschädigte Gebäude auch abgetragen und neu errichtet werden könnten (Unterscheidung zweifelhaft). 500

II. Geldentschädigung

Auch die Zahlung der Herstellungskosten nach § 249 II 1 ist ein Fall der Naturalrestitution und schützt das **Erhaltungs-** und nicht lediglich das **Wertinteresse**[13], so dass die Reparaturkosten und nicht bloß die Wertminderung zu ersetzen sind. 501

1. Ersetzungsbefugnis nach § 249 II 1

Rechtstechnisch handelt es sich bei § 249 II 1 um eine **Ersetzungsbefugnis** des Gläubigers, die sich daraus erklärt, dass der Geschädigte die Herstellung nicht ausgerechnet dem Schädiger überantworten müssen soll. Sie gilt aber nur unter den dort genannten Voraussetzungen der Verletzung einer Person oder Beschädigung einer Sache. Erforderlich ist der Geldbetrag, der die Aufwendungen abdeckt, die ein verständiger, wirtschaftlich denkender Mensch in der Lage des Geschädigten für zweckmäßig und notwendig halten durfte[14]. Bei der Verletzung einer Person besteht der Schadensersatz vor allem in den Heilungskosten, zu denen auch die **Fahrtkosten naher Angehöriger** für Krankenhausbesuche zählen[15]. Dies ist also ein Folgeschaden des Geschädigten und

---

12 Vgl. nur BGHZ 66, 239; zu dieser Divergenz der unterschiedlichen Senate *C. Huber*, in: Das Neue Schuldrecht, 2002, § 16 Rz. 38 f.
13 Nach Ansicht des BGH (BGHZ 115, 364, 368) zählt dazu auch die Wiederbeschaffung eines gleichwertigen Gebrauchtwagens.
14 BGHZ 54, 85; 61, 349.
15 BGH NJW 1985, 2757; 1989, 766.

§ 14 *Die grundsätzlichen schadensrechtlichen Vorschriften*

kein eigener Schaden des Angehörigen (für den auch regelmäßig keine Anspruchsgrundlage ersichtlich wäre)[16]. Der von Mietwagenunternehmen zugrunde gelegte **Unfallersatztarif** ist in aller Regel deutlich höher. Der BGH stellt in letzter Zeit strengere Anforderungen im Hinblick auf die Erforderlichkeit i. S. d. § 249 II 1[17].

2. Geldersatz nach Fristsetzung

502 § 250 spielt praktisch keine nennenswerte Rolle, weil sich die Beteiligten zumeist einvernehmlich einigen[18]. Streng genommen setzt er eine Fristsetzung voraus, die nur bei endgültiger und ernsthafter Erfüllungsverweigerung entbehrlich ist[19]. Entsprechend der systematischen Stellung ist nach h. M. der nach § 249 II 1 erforderliche Geldbetrag zu ersetzen und nicht die Geldentschädigung nach § 251 zu leisten[20].

3. Geldersatz ohne Fristsetzung

503 Wichtiger für die Fallbearbeitung ist § 251. Geldersatz muss (I) bzw. kann (II; auch eine Ersetzungsbefugnis) danach vom Schädiger gewährt werden, wenn die Naturalrestitution unmöglich, unzulänglich (sog. **„technischer Totalschaden"**) oder unzumutbar (Hauptfall: **„wirtschaftlicher Totalschaden"**) wäre[21]. In diesem Zusammenhang stellt sich die Frage nach dem Verhältnis des § 251 zu § 275 II, III. Man wird insoweit von einem Vorrang des § 251 ausgehen müssen, da der Schädiger andernfalls frei würde und mithin auch keinen Geldersatz schulden würde.

504 Hat der Geschädigte die Unmöglichkeit mitverschuldet, so mindert sich sein Anspruch entsprechend (§ 254)[22]. Der Geschädigte hat auch die Differenz auszugleichen, die dadurch entsteht, dass eine gebrauchte Sache durch eine neue ersetzt oder durch den Einbau von Neuteilen repariert wird, weil und sofern dies zu einer Werterhöhung führt (**„Abzug neu für alt"**)[23]. Die Unverhältnismäßigkeitsgrenze i. S. d. § 251 II setzt die Praxis bei Mehrkosten von 30 % im Verhältnis zum Wiederbeschaffungswert[24], es sei denn, der Geschädigte habe ein besonderes (Affektions-[25])Interesse an der Reparatur des jeweiligen Gegenstandes. Das reine **Affektionsinteresse** (z. B. Liebhaberwert) ist nur zu ersetzen, wenn sich für den Liebhaberwert ein eigener Markt gebildet hat, wie

---

16 Siehe zur Abgrenzung von Gläubigerinteresse und Drittschaden *Medicus/Petersen*, Bürgerliches Recht, Rz. 834.
17 BGH NJW 2007, 3782 sowie ein gutes Dutzend weiterer Urteile; dazu *Wagner*, NJW 2007, 2149; *Herrler*, JuS 2007, 103; *Rehm*, JZ 2007, 786.
18 Palandt/*Grüneberg*, § 250 Rz. 1.
19 BGH NJW-RR 1990, 971.
20 BGHZ 11, 163; Siehe in diesem Zusammenhang zur analogen Anwendung des § 250 in bestimmten Fällen *Canaris*, AcP 200 (2000), 276, 316.
21 Instruktiv *Schinkels*, ZGS 2005, 333.
22 Münch.-Komm.-*Oetker*, 5. Auflage 2007, § 251 Rz. 8.
23 BGHZ 30, 33; siehe dazu auch *Wendehorst*, Ersatz und Ausgleich, S. 126 f.; *Gsell*, JuS 2006, 203.
24 BGHZ 115, 364, 375. Allerdings muss die Reparatur fachgerecht ausgeführt sein (BGH NJW 2005, 1108; instruktiv bereits *Medicus*, JuS 1973, 211) und der Geschädigte muss sein Integritätsinteresse dadurch zum Ausdruck bringen, dass er das Fahrzeug für einen längeren Zeitraum (ca. sechs Monate) weiterbenutzt (BGH NJW 2008, 437 und 439 für die Reparatur in Eigenregie und BGH NJW 2008, 2183 für die Reparatur in einer Fachwerkstatt). Zur Fälligkeit des Anspruchs vgl. BGHZ 178, 338.
25 Ein solches reicht; vgl. *Medicus*, JuS 1969, 449, 452.

es z. B. bei Oldtimern der Fall ist. Stellt sich die wirkliche Tragweite des Schadens erst bei der Reparatur heraus und war die Prognose dementsprechend fehlerhaft, so ist streitig, ob nach § 251 II der geringere Wiederbeschaffungswert[26] oder der zur Herstellung erforderliche volle Betrag geschuldet wird[27]. Die Rechtsprechung bürdet das **Prognoserisiko** dem Schädiger auf[28], zumal er dieses auch bei § 249 II 1 trägt[29]. Zu ersetzen ist nach § 251 auch der sog. **merkantile Minderwert**, der darin besteht, dass ein Unfallwagen stets weniger wert ist als ein unfallfreies Kraftfahrzeug[30].

Das Verlangen einer Geldleistung ist nicht zwangsläufig § 251 zu subsumieren (häufiger Fehler). Denn die Naturalrestitution nach § 249 II 1 erfolgt ebenfalls durch Geldleistung. 505

> Die schwierigen Fragen der Abgrenzung von § 249 und § 251 seien an unserem **Fall 49**, welcher **BGHZ 92, 85** nachgebildet ist, dargestellt: S hat ein Modellboot des G fahrlässig zerstört, das dieser in jahrelanger Arbeit mit Materialkosten i. H. v. 7000 € gebaut hat. Nach der Zerstörung waren nur noch wenige Einzelteile wiederverwendbar. G wollte damit an Wettbewerben für selbstgebaute Modellboote teilnehmen. Für ein gleichwertiges Boot müsste man 30 000 € zahlen. Auf diesen Betrag schätzt ein Sachverständiger den Tauschwert. G verlangt jedoch 90 000 €, da die Reparaturkosten so viel betragen würden.

G hat gegen S einen Anspruch auf Schadensersatz aus § 823 I, dessen Voraussetzungen unproblematisch gegeben sind. Fraglich ist nur, in welcher Höhe G Schadensersatz verlangen kann. Das bemisst sich nach den §§ 249 ff. Grundsätzlich schuldet S **Naturalrestitution** nach § 249 I. Nach § 249 II 1 könnte G an sich den zur Herstellung erforderlichen Geldbetrag verlangen. Damit sieht es so aus, als könnte G vollen Ersatz der Reparaturkosten in Höhe von 90 000 € verlangen. Dagegen spricht jedoch, dass nur noch wenige Einzelteile für die Wiederherstellung verwendbar sind. Damit ist fraglich, ob das Boot als solches überhaupt noch reparabel im Rechtssinne ist. Problematisch ist nämlich, dass es sich hier praktisch um ein **Unikat** handelt. Für die Anwendung des § 249 ist, wie der Bundesgerichtshof in der zugrunde liegenden Entscheidung hervorgehoben hat, entscheidend, dass es sich um ein zu Wettkampfzwecken gedachtes Boot handelt, das nach den Wettbewerbsbedingungen auch von G hergestellt sein muss. Eine Wiederherstellung von dritter Seite würde dem nicht genügen[31]. Das bedeutet, dass die **Herstellungsebene des § 249** verlassen wird, und nunmehr die **Ausgleichs-** bzw. **Kompensationsebene des § 251** in Betracht kommt. Danach wäre aber nur Wertersatz geschuldet. Das macht hier 30 000 €, also mehr[32] als der bloße Materialwert (7000 €), den das OLG Köln als Vorinstanz für maßgeblich gehalten hat. Der Bundesgerichtshof hat sich sodann noch mit dem möglichen Einwand auseinandergesetzt, dass das Boot 506

---

26 So RGZ 71, 212; etwas anders aber schon RGZ 99, 172.
27 Dafür: *Medicus*, JuS 1969, 449, 451; außer wenn sich der Geschädigte um eine Einigung mit dem Schädiger gar nicht erst bemüht hat.
28 BGHZ 115, 364, 370; BGH NJW 1972, 1800, 1801.
29 Palandt/*Grüneberg*, § 249 Rz. 13.
30 BGHZ 35, 396, 397.
31 BGHZ 92, 85, 88.
32 Er könnte freilich auch einmal weniger betragen; die Materialkosten bilden also nicht notwendigerweise die Untergrenze, wenn der tatsächliche Wert im Einzelfall einmal gleich Null ist.

womöglich nur einen ideellen Wert im Sinne des § 253 I habe und ein Ersatz von daher überhaupt zweifelhaft sein könnte[33]. Das Gericht hat diesen Einwand aber verworfen, da das Boot durchaus einen Vermögenswert gehabt habe, weil es einem „Vergleich mit ähnlichen Objekten, die einen Marktpreis haben", standhalte[34].

507 Ähnlich sieht es auch die Literatur: Teilweise wird der echte Tauschwert für maßgeblich gehalten[35], den man gegebenenfalls nach § 287 ZPO schätzen müsse. Hier betrug der Tauschwert nach Angaben des Sachverständigen 30 000 €, so dass diese zu ersetzen sind. Von anderer Seite[36] wird mit dem **Wortlaut** des § 251 I argumentiert: „Soweit" die Herstellung nicht möglich oder zur Entschädigung des Gläubigers nicht genügend ist, bedeutet, dass S den entsprechenden Geldbetrag zahlen muss, den man für ein käufliches Modell zahlen müsste. Ein käufliches Modell wäre zumindest Teilherstellung des Originalmodells und hier auch möglich. Damit würde letztlich wieder die Herstellungsebene des § 249 betreten, jedoch begrenzt („soweit") durch § 251 I, so dass ebenfalls 30 000 € zu zahlen sind.

III. Sonderfragen der Schadenszurechnung

508 Ersetzt werden auch Folgeschäden, die mit dem schädigenden Ereignis in einem adäquaten Ursachenzusammenhang stehen und in den Schutzbereich der verletzten Norm fallen.

1. Kosten der Rechtsverfolgung

Dazu gehören auch Kosten der Rechtsverfolgung und Rechtsverteidigung, insbesondere Anwaltskosten und Kosten für Sachverständigengutachten. Insoweit besteht ein unselbstständiger **materiell-rechtlicher Kostenerstattungsanspruch**[37]. Repariert der Geschädigte das Kraftfahrzeug selbst oder gar nicht, so kann er gleichwohl die im Reparaturgewerbe entstehenden Kosten liquidieren. Dazu gehörte früher auch die Umsatzsteuer (= Mehrwertsteuer)[38]. Das bedeutete, dass der Geschädigte die Umsatzsteuer selbst dann vom Schädiger verlangen konnte, wenn er die geschädigte Sache gar nicht reparieren ließ. Nach § 249 II 2 kann der Geschädigte nunmehr die **Umsatzsteuer** nur dann verlangen, wenn sie tatsächlich angefallen ist. Allerdings ist bei abstrakter Schadensberechnung nach den fiktiven Kosten der Ersatzbeschaffung eines gebrauchten Fahrzeugs im **Bruttowiederbeschaffungswert** regelmäßig ein nach § 249 II 2 nicht zu ersetzender Mehrwertsteueranteil von etwa zwei Prozent[39], die sog. **Händler-**

---

33 Zu § 253 im nächsten Paragraphen.
34 BGHZ 92, 85, 93.
35 *E. Schmidt*, JuS 1986, 517.
36 *Medicus*, JZ 1985, 42 ff.
37 *Becker-Eberhard*, Kostenerstattung bei der Verfolgung zivilrechtlicher Ansprüche, 1985, S. 92; mit guten Gründen skeptisch *Wendehorst*, Ersatz und Ausgleich, 1999, S. 107 und öfter. Vgl. auch BGH NJW 2005, 1112.
38 BGHZ 61, 56; BGH NJW 1989, 3009; *Medicus*, DAR 1982, 356; a. A. *Köhler*, 2. Festschrift für Larenz, 1983, S. 352.
39 Vgl. *Lang/Stahl/Suchomel*, NZV 2003, 441.

spanne[40], enthalten[41]. Im Falle eines wirtschaftlichen Totalschadens[42] hat der Eigentümer eines geschädigten Kfz nur dann einen Anspruch auf Ersatz der Umsatzsteuer, wenn diese tatsächlich angefallen ist und er entweder eine Ersatzbeschaffung vorgenommen oder das beschädigte Kfz ungeachtet der Unwirtschaftlichkeit der Maßnahme wirklich repariert hat[43].

2. Vorhaltekosten

Umstritten ist die Ersatzfähigkeit von **Vorhaltekosten**, die der Geschädigte vorab aufgewendet hat, um Schadensfälle abzuwenden. Paradigmatisch ist die Frage, ob der ertappte **Ladendieb** für die Überwachungskosten herangezogen werden kann. Hier ist zu unterscheiden: Die Rechtsprechung[44] und h. M.[45] halten die Kosten von Überwachungs- und Sicherungsmaßnahmen nicht für ersatzfähig. Etwas anderes soll aber für die Abwicklungskosten und die **Fangprämie** gelten, die der Ladeninhaber ausgelobt hat. Sie sind nach der Rechtsprechung bis zur Höhe von 25 € pauschal[46] und ansonsten begrenzt durch den Wert der gestohlenen Ware zu ersetzen[47]. Die **Bearbeitungskosten** liegen nach der Rechtsprechung außerhalb des Schutzzwecks der Schadensersatzpflicht. Insoweit regelt § 91 ZPO die erstattungsfähigen Kosten der Rechtsverfolgung nach Ansicht des Bundesgerichtshofs abschließend[48].

509

Der Bundesgerichtshof hat auch in anderen Fällen von dem Grundsatz, dass die Aufwendungen zur Schadensabwendung mit dem individuellen Schadensfall in Verbindung stehen müssen, eine Ausnahme gemacht, nämlich wenn der Geschädigte seiner **Schadensminderungsobliegenheit** (vgl. § 254 II) dadurch entsprochen hat, dass er vorab notwendige Maßnahmen getroffen hat („Bremer Straßenbahn"[49]).

510

3. Schockschäden und Herausforderungsfälle[50]

Schockschäden sind ersatzfähig, wenn ein naher Angehöriger[51] beim Tode oder der Verletzung eines anderen eine nach Art und Schwere deutlich über das Gewöhnliche hinausgehende Gesundheitsbeeinträchtigung erlebt, was Nahestehende als mittelbar

511

---

40 Hintergrund ist die Differenzbesteuerung nach § 25a UStG, die beim Erwerb von einem Privatmann anfällt; siehe dazu BGH ZGS 2004, 271; vgl. auch LG Rottweil DAR 2003, 422, 423.
41 OLG Köln ZGS 2004, 38; vgl. auch *Huber*, MDR 2003, 1205, 1207; *Peetz*, ZGS 2003, 293, 295.
42 Siehe dazu Rz. 503.
43 BGH ZGS 2004, 268.
44 BGHZ 75, 273.
45 *Esser/Schmidt*, § 32 III 2 b; a. A. Canaris, NJW 1974, 521, 525: Umlage auf den Dieb bis zum Wert der gestohlenen Ware (dagegen *Medicus/Petersen*, Bürgerliches Recht, Rz. 864).
46 BGHZ 75, 240 (50 DM); weiter AG Dülmen NJW-RR 2002, 91, 92 (100 DM).
47 *Deutsch*, JZ 1980, 102; *Schiemann*, Argumente und Prinzipien im Schadensrecht, S. 233; vgl. auch Münch.-Komm.-*Oetker*, 5. Auflage 2007, § 249 Rz. 196 f.; a. A. Münch.-Komm.-*Grunsky*, 3. Auflage 1994, Vor § 249 Rz. 76a.
48 BGHZ 75, 230.
49 BGHZ 32, 280. Bei der GEMA hat der BGH (BGHZ 59, 286) aufgrund ähnlicher Erwägungen einen Anspruch auf die doppelte Gebühr nach § 97 UrhG für ersatzfähig i. S. d. § 249 gehalten.
50 Instruktiv zu den Fällen der psychisch vermittelten Kausalität *Medicus*, JuS 2005, 289 ff.
51 Wohl auch der Partner einer nichtehelichen Lebensgemeinschaft; Palandt/*Grüneberg*, Vor § 249 Rz. 40.

Betroffene in derartigen Fällen erfahrungsgemäß erleiden[52]. Der Angehörige hat dann einen eigenen Anspruch aus § 823 I wegen der Verletzung seiner Gesundheit und nicht wegen der Tötung des Angehörigen, mag diese auch die Gesundheitsverletzung verursacht (**psychische Kausalität**) haben. Liegen die genannten Voraussetzungen nicht vor, so handelt es sich um eine nicht ausgleichspflichtige **Verwirklichung des allgemeinen Lebensrisikos**[53].

512 Mitunter ist die Schadenszurechnung deswegen zweifelhaft, weil der Schaden erst durch einen freiwilligen, nicht vom Schädiger beabsichtigten Entschluss eines Dritten entstanden ist, dieser sich jedoch zu seinem Handeln **herausgefordert** fühlen durfte[54]. Der Bundesgerichtshof lässt dies ausreichen, wenn für den Dritten eine „wenigstens im Ansatz billigenswerte Motivation" bestanden hatte[55]. Ob diese schon dann vorliegt, wenn ein Polizeibeamter einen Delinquenten verfolgt[56] und dabei zu Schaden kommt, ist zweifelhaft, weil er dazu dienstlich verpflichtet ist. Spendet dagegen eine Mutter ihrem Kind eine Niere, weil ein Arzt zuvor schuldhaft die gesunde Niere des Kindes entfernt hat[57], so liegt eine billigenswerte Motivation vor, so dass der Arzt nicht nur dem Kind, sondern auch der Mutter aus § 823 I haftet, zumal das Einverständnis der Mutter mit der Transplantation keine rechtfertigende Wirkung gegenüber dem Schädiger entfaltet[58].

513 Umstritten ist die Ersatzpflicht des Verursachers einer Verkehrsstockung, wenn andere Verkehrsteilnehmer daraufhin den Fußweg der Straße oder den **Grünstreifen** der Autobahn befahren[59]. Die Rechtsprechung lehnt eine Haftung dessen, der das Verkehrshindernis verursacht hat, ab[60]. Der Schaden sei zwar adäquat kausal verursacht, beruhe jedoch auf dem freien Entschluss Dritter, die rechtswidrig und schuldhaft handeln, so dass der Schaden dem Verursacher des Hindernisses nicht zurechenbar sei[61]. Im Schrifttum wird die Einstandspflicht mit dem Argument bejaht, dass auch der Straßeneigentümer in den Schutz der straßenverkehrsrechtlichen Normen einbezogen sei[62].

IV. Reserveursache und hypothetische Kausalität

514 Die sog. hypothetische Kausalität betrifft entgegen des Wortlauts weniger eine Frage der Kausalität als vielmehr eine solche der **Schadenszurechnung**[63]. Paradigmatisch ist der Fall, dass der Schädiger eine Fensterscheibe einschlägt, die kurz darauf durch die

---

52 BGHZ 56, 163; BGH VersR 1989, 854.
53 Dazu *Schack*, JZ 1986, 312.
54 BGHZ 57, 25, 31. Siehe auch BGH NJW 2002, 2232.
55 BGH NJW 1993, 2234.
56 So der Fall **BGHZ 63, 189**.
57 **BGHZ 101, 215.**
58 *Medicus/Petersen*, Bürgerliches Recht, Rz. 653.
59 Vgl. *Rothenfußer*, Kausalität und Nachteil, 2003.
60 **BGHZ 58, 162**; ebenso *Kramer*, JZ 1967, 344; a. A. OLG Bremen VersR 1970, 424.
61 BGHZ 58, 162; zustimmend Münch.-Komm.-*Oetker*, 5. Auflage 2007, § 249 Rz. 154.
62 Münch.-Komm.-*Grunsky*, 3. Auflage 1994, Vor § 249 Rz. 58.
63 Möglicherweise handelt es sich sogar eher um eine Frage der Schadensberechnung als -zurechnung; vgl. *Großerichter*, Hypothetischer Geschehensverlauf und Schadensfeststellung, 2001.

Druckwelle einer Explosion ohnehin zerborsten wäre. Einigkeit – und folglich keine Notwendigkeit, die Frage der hypothetischen Kausalität aufzuwerfen – besteht im Ausgangspunkt darüber, dass die Reserveursache unbeachtlich ist, wenn sie selbst einen Schadensersatzanspruch des Geschädigten ausgelöst hätte (sog. hypothetische Verantwortlichkeit eines Dritten)[64]. Der Schädiger wird dann auch mit dem Einwand nicht gehört, der Anspruch gegen den Dritten sei summenmäßig begrenzt oder nicht durchsetzbar[65]. **Schadensanlagen**, wie etwa eine post mortem festgestellte unheilbare Krebserkrankung eines Verkehrsunfallopfers, sind nach allgemeiner Ansicht stets beachtlich, weil die Reserveursache in diesem Fall beim ersten schädigenden Ereignis bereits wirklich gegeben war. Dieser Rechtsgedanke findet sich auch in **§ 844 II**[66].

Im Übrigen sind die Lösungswege umstritten. Das Reichsgericht hätte im gerade bezeichneten Schulfall geurteilt, der einmal entstandene Anspruch könne durch die Explosion nicht mehr untergehen[67]. Die Reserveursache der Explosion könne daran nichts mehr ändern[68]. Der Bundesgerichtshof[69] unterscheidet im Anschluss an einen Vorschlag aus der Literatur[70] zwischen **Objektschäden** (im Beispiel: die Scheibe) und **Vermögensfolgeschäden**, also etwa zusätzliche Kosten durch die erforderliche Anmietung eines Zimmers. Nur für die Vermögensfolgeschäden soll es auf die Reserveursache ankommen. 515

Schließlich ist zu beachten, dass spätere hypothetische Ursachen, die nach dem soeben Dargestellten grundsätzlich beachtlich wären, nach h. M. dann nicht mehr beachtlich und zu berücksichtigen sind, wenn der Schadensersatzanspruch durch Erfüllung erloschen ist[71]. Der Schadensfall wird dann gleichsam als „abgeschlossen" betrachtet, wiewohl die genaue dogmatische Begründung hierfür schwer fällt. Richtigerweise ist sie in der **Ausgleichsfunktion** des Schadensrechts zu erblicken: Der Geschädigte hat mit der Erfüllung des Ersatzanspruchs nämlich die Möglichkeit, sich eine neue Sache zu kaufen. Dasselbe soll – vorbehaltlich der Möglichkeiten der **§§ 323, 323a ZPO** – gelten, wenn der Anspruch in einem Urteil oder Vergleich festgestellt ist[72]. Dies geht jedoch zu weit, da die bloße Titulierung noch keine Ausgleichsfunktion hat; der Titelgläubiger kann sich dafür – überspitzt und salopp gesagt – noch nichts kaufen, zumal auch die Möglichkeit einer **Vollstreckungsgegenklage** nach **§ 767 ZPO** bestehen kann. 516

---

64 *Larenz*, Schuldrecht I, § 30 I; siehe auch BGH NJW 1967, 551, 552; 1983, 1053.
65 Palandt/*Grüneberg*, Vor § 249 Rz. 58.
66 Vgl. dazu *Medicus*, ZGS 2006, 103.
67 RGZ 141, 365; 144, 80; 169, 117; Palandt/*Grüneberg*, Vor § 249 Rz. 56.
68 A. A. *Esser/E. Schmidt*, § 33 IV: Reserveursache stets beachtlich.
69 BGH DB 1979, 352.
70 *Larenz*, Schuldrecht I, § 30 I, S. 525; etwas anders *Medicus*, Unmittelbarer und mittelbarer Schaden, 1977.
71 Soergel/*Mertens*, 12. Auflage 1990, § 249 Rz. 154; aber str.
72 Palandt/*Grüneberg*, Vor § 249 Rz. 63.

V. Vorteilsausgleichung und normativer Schaden

517 Einem ähnlichen Grundgedanken sind die Vorteilsausgleichung und die Lehre vom normativen Schaden verpflichtet. Beiden ist gemeinsam, dass eine **wertende** Entscheidung darüber erfolgen muss, ob ein Schaden im Rechtssinne (noch) besteht.

1. Vorteilsausgleichung und Sowieso-Kosten

Bei der Vorteilsausgleichung geht es um die Frage, welche Vorteile, die dem Geschädigten im Zusammenhang mit dem Schadensfall zugutekommen, anzurechnen sind. Eine gesetzliche Ausprägung dieser Lehre stellt etwa § 285 II dar. Keine Anrechnung soll erfolgen bei **freiwilligen Zuwendungen Dritter**[73], weil und sofern der Dritte nicht nach § 267 auf die Schuld des Schädigers leisten will. Ebenso wenig findet eine Vorteilsausgleichung statt, wenn sich der Geschädigte den Vorteil, etwa durch Abschluss einer entsprechenden Versicherung, erkauft hat. Nicht anrechenbar sind ferner eigene **überobligatorische Anstrengungen** des Geschädigten. Beurteilungsmaßstab hierfür ist das Bestehen einer etwaigen Schadensminderungsobliegenheit nach § 254 II 1[74]. Die anderweitige Vorteilsausgleichung ist rechtstechnisch eine Einwendung gegen den Schadensersatzanspruch.

518 Kein spezifisches Problem der Vorteilsausgleichung sind entgegen der Rechtsprechung[75] die sog. **Sowieso-Kosten**, die vor allem im Werkvertragsrecht entstehen können[76]: Es geht dabei um Fälle, in denen die Mängelbeseitigung nur durch eine teurere Ausführung möglich ist, als sie vertraglich vorgesehen war. Dabei sind auf die Ansprüche des Bestellers diejenigen Kosten anzurechnen, um die das Werk bei ordnungsgemäßer Ausführung ohnehin („sowieso") teurer gekommen wäre. Die Berücksichtigung solcher Sowieso-Kosten ähnelt zwar in der Tat der Vorteilsausgleichung, ist aber richtiger Ansicht zufolge[77] nicht mehr als ein **zusätzlicher Vergütungsanspruch** für eine zusätzliche Leistung.

519 Der Examenskandidat sollte diesbezüglich sensibilisiert sein, wenn das eher umgangssprachliche Wort „sowieso", dem das Problem seinen Namen verdankt, im Sachverhalt – womöglich in Anführungsstrichen – auftaucht. Selbstverständlich kann das Problem in der **Fallbearbeitung** entgegen der hier vertretenen Ansicht als Unterfall der Vorteilsausgleichung angesehen werden und sollte ihr in jedem Fall zumindest gegenübergestellt werden.

2. Normativer Schaden

520 Mitunter lässt sich ein Schaden erst bei wertender Betrachtungsweise ersehen. Dem Schädiger soll es nicht zugutekommen, dass bei natürlicher Betrachtungsweise kein

---

73 BGHZ 10, 107.
74 BGH VersR 1987, 1239 f.
75 BGHZ 91, 206; zutreffend *Wendehorst*, Ersatz und Ausgleich, 1999, S. 37, 459 m. w. N.
76 Überblick bei *Schellhammer*, Schuldrecht, Rz. 475.
77 *Wendehorst*, Ersatz und Ausgleich, S. 459; *Gross*, Festschrift für Korbion, 1986, S. 123, 131 f.

Schaden nachweisbar ist. Man spricht dann von einem „normativen Schaden"[78]. Positiv-rechtliche Ausprägung dieser normativen Korrektur der Schadensbilanz ist § 843 IV[79]. Voraussetzung dafür ist, dass „nach einer umfassenden Bewertung der Interessenlage (...) unter Berücksichtigung von Sinn und Zweck aller in Betracht kommenden Rechtsnormen die Differenzbilanz der Schadensentwicklung nicht gerecht wird"[80].

Die Grenzen der Lehre vom normativen Schaden lassen sich anhand der berühmten **Flugreise-Entscheidung**[81] aufzeigen, der neben den bereicherungsrechtlichen Fragen auch Fragen bezüglich der konkurrierenden Ansprüche aufwirft. Eine von diesen besteht darin, ob der Flug des Minderjährigen als blinder Passagier in einem Flugzeug nicht auch deliktsrechtliche Konsequenzen nach sich zieht. Ein Anspruch aus § 823 I scheidet aus, weil es sich lediglich um einen primären Vermögensschaden handelt. § 823 II i. V. m. strafbarer Leistungserschleichung käme grundsätzlich in Betracht. Ist das Flugzeug jedoch nicht ausgebucht, so wäre unter Zugrundelegung der **Differenzhypothese** kein Schaden auszumachen. Es stellt sich demnach die Frage, ob man mit der Lehre vom normativen Schaden darüber hinweghelfen soll. Das wird jedoch mit Recht abgelehnt: Die Annahme eines normativen Schadens soll den Geschädigten nicht ohne Grund besser stellen. 521

§ 15 Weitergehende schadensrechtliche Vorschriften und Wertungen

Vor allem wertungsmäßig interessant und für die Falllösung wichtig sind die §§ 253 ff. Hier sind im Examen einige Kenntnisse erforderlich, zumal sich die Ergebnisse nicht immer aus der Systematik erschließen und vielfach als ungeordnete Kasuistik erscheinen. 522

I. Ersatz immaterieller Schäden

Nach § 253 I kann Entschädigung in Geld, d. h. Ersatz nach § 251, wegen eines Schadens, der nicht Vermögensschaden ist, nur in den durch das Gesetz bestimmten Fällen gefordert werden. Das ist neben § 253 II im Wesentlichen[1] der Anspruch auf Entschädigung wegen nutzlos aufgewendeter Urlaubszeit gemäß **§ 651f II**[2].

---

78 Instruktiv dazu *Medicus*, JuS 1979, 233.
79 *Däubler*, NJW 2001, 3729, 3731, sieht auch § 284 (zu ihm sogleich) als gesetzlich anerkannten Fall des normativen Schadens an (zweifelhaft).
80 Zuletzt BGH VersR 2001, 196 f.
81 **BGHZ 55, 128**; dazu *Canaris*, JZ 1971, 560; *Petersen*, Jura 2003, 399, 400.

1 Nicht klausurrelevant sind die anderen Ausnahmen, etwa §§ 97 II UrhG, 27, 35 GWB, 53 III LuftVG.
2 Zur dogmatischen Einordnung des § 651f II und möglichen Folgeproblemen *Medicus/Petersen*, Bürgerliches Recht, Rz. 830; *Oechsler*, Rz. 751.

523 Trotz der eindeutigen Wertung bereitet die klausurgerechte Behandlung des § 253 nicht zuletzt deshalb Schwierigkeiten, weil die methodologische Fundierung seiner Ausnahmen nicht immer klar ist.

> Exemplarisch soll als **Fall 50** der berühmte „**Herrenreiterfall**"[3] dargestellt und gelöst werden: Der Inhaber der Kölner Brauerei „Sester" betätigte sich nebenbei als Herrenreiter auf Turnieren. Bei einem dieser Wettbewerbe war ein Foto von ihm aufgenommen worden, mit dem ein Pharmaunternehmen auf Plakaten für ein Potenzmittel ohne Genehmigung des Herrenreiters warb. Dieser verlangte 15 000 € Schadensersatz, weil er allenfalls um diesen Preis einer solchen Veröffentlichung zugestimmt hätte.

524 1. Als Anspruchsgrundlage kommt zunächst § 823 I in Betracht. Geschütztes Rechtsgut könnte hier das **allgemeine Persönlichkeitsrecht** als sonstiges Recht i. S. d. § 823 I sein, als dessen spezielle[4] Ausprägung hier das Recht am eigenen Bild in Betracht kommt. Das allgemeine Persönlichkeitsrecht hatte die Rechtsprechung schon vorher[5] als sonstiges Recht anerkannt. Dessen Tatbestand ist im Übrigen erfüllt. Rechtswidrig ist beim unbefugten Eingriff in die Individual- oder Privatsphäre der Eingriff in das allgemeine Persönlichkeitsrecht. Die hier verletzte **Intimsphäre** ist sogar absolut geschützt; hier besteht kein Raum für Abwägungen[6]. Die Verletzung geschah schuldhaft. Es ist nämlich zumindest fahrlässig, sich nicht hinreichend über das Vorliegen einer **Einwilligung** des Betroffenen zu vergewissern.

525 Schwierig zu bestimmen ist dagegen der **Anspruchsinhalt**, für den die §§ 249 ff. gelten. Geldersatz nach § 249 II 1 scheidet aus, weil es sich weder um die Verletzung einer Person noch um die Beschädigung einer Sache handelt. Auch auf § 251 kann wegen des insoweit eindeutigen § 253 I nicht ausgewichen werden. Eine Ausnahme von dieser Vorschrift liegt nicht vor. Die analoge Anwendung des § 253 II kann nicht damit begründet werden, die Missachtung des Rechts am eigenen Bild ähnele der Freiheitsentziehung[7]. Es liegt keine Lücke, d. h. eine planwidrige Unvollständigkeit, vor. Man kann also nur über eine mittlerweile gewohnheitsrechtlich verfestigte Überschreitung bzw. Durchbrechung des § 253 I aus verfassungsrechtlichen Gründen (Art. 2 I, 1 I GG) zu einem Anspruch auf billige Entschädigung in Geld gelangen. Dazu bedarf es freilich einer schweren Beeinträchtigung oder des Vorliegens entsprechend schwerer Vorwerfbarkeit[8]. Das ist hier anzunehmen. Deshalb kann ausnahmsweise Ersatz in Geld verlangt werden, dessen Höhe sich mangels entsprechender Vergleichsmaßstäbe – das Bild eines ansonsten unprominenten Kölner Brauereiinhabers hat kein übliches Entgelt[9] – nach dem richtet, was der Betroffene genommen hätte, d. h. gegen Zahlung

---

3 **BGHZ 26, 349**; instruktiv dazu *Hombrecher,* Jura 2004, 549.
4 Die Verletzung des Rechts am eigenen Bild geht dem allgemeinen Persönlichkeitsrecht als lex specialis vor; vgl. BGH GRUR 1962, 211, 213; *Larenz/Canaris,* Schuldrecht II/2, § 80 I 6 b; vgl. zum allgemeinen Persönlichkeitsrecht *Buck-Heeb,* Rz. 121 ff.; *Looschelders,* Schuldrecht Besonderer Teil, Rz. 1219, 1234 ff.
5 In BGHZ 13, 334, also nicht erst im Herrenreiterfall; häufiges Missverständnis!
6 Näher zum Ganzen *Larenz/Canaris,* Schuldrecht II/2, § 80 II 1 b.
7 So aber BGHZ 26, 349 ff.
8 BVerfGE 34, 269.
9 Anders verhielt es sich in **BGHZ 20, 345**: Die Veröffentlichung von Bildern des Schauspielers **Paul Dahlke** hatte einen bezifferbaren Marktwert.

dessen er in die konkrete Verbreitung seines Bildes zugestimmt hätte, hier also 15 000 €.

2. Daneben besteht ein Anspruch aus § 823 II i. V. m. **§ 22 KunstUrhG**, der ein **Schutzgesetz** darstellt und dessen Voraussetzungen unproblematisch erfüllt sind. Die Vorschrift schützt nämlich gerade das **Recht am eigenen Bild**[10]. Zum Schaden gilt das oben zu § 253 I Gesagte entsprechend.

3. Des Weiteren könnte ein Schadensersatzanspruch wegen angemaßter Eigengeschäftsführung aus §§ 687 II, 678[11] gegeben sein. Dessen Voraussetzungen liegen vor, wenn und weil das Pharmaunternehmen wusste, dass es zur Werbung mit dem Foto des Klägers, einem mangels entsprechender Gestattung objektiv fremden Geschäft, nicht befugt ist. Die Voraussetzungen der §§ 687 II, 678 liegen demnach vor. Zum Schaden oben 1.

4. Zu berücksichtigen ist ferner ein Anspruch aus § 812 I 1 Fall 2. Erlangt ist in derartigen Fällen nach moderner bereicherungsrechtlicher Dogmatik[12] nicht die Ersparnis von Aufwendungen[13], sondern die Nutzung und Verbreitung des Bildes des Brauers. Diese geschah in sonstiger Weise auf dessen Kosten, weil damit in den **Zuweisungsgehalt** fremden Rechts eingegriffen wurde. Das Recht am eigenen Bild ist mangels entsprechender Gestattung nämlich nur dem Abgebildeten von Rechts wegen zugewiesen. Das Pharmaunternehmen schuldet daher nach § 818 I Herausgabe der Nutzung des Bildes. Zu ersetzen ist gemäß § 818 II der Wert der Nutzung, der auf 15 000 € zu beziffern ist, weil der Abgebildete nur um diesen Preis den Abdruck gestattet hätte.

Beachte: Man unterscheidet in der Fallbearbeitung zweckmäßigerweise zwischen Schadensersatz und billiger Entschädigung in Geld. Die Geldentschädigung ist allerdings kein Schmerzensgeldanspruch, sondern, wie der Bundesgerichtshof in **BGHZ 128, 1 ff.** („Caroline von Monaco") klargestellt hat, ein Anspruch eigener Art. Sofern aus der Persönlichkeitsverletzung ein Vermögensschaden resultiert, ist *dieser* nach §§ 249 ff. zu ersetzen. So mag etwa eine verzerrte Darstellung in den Medien imageschädigend sein und den Entgang lukrativer Werbeeinnahmen zur Folge haben. Dann sind diese nach §§ 249 I, 252 S. 1 als **entgangener Gewinn** zu ersetzen.

1. Vermögenswerte und ideelle Bestandteile des Persönlichkeitsrechts

Seit **BGHZ 143, 214** („Marlene Dietrich") unterscheidet der Bundesgerichtshof zwischen ideellen und vermögenswerten Bestandteilen des Persönlichkeitsrechts. Bei schuldhafter Verletzung der **vermögenswerten** Bestandteile steht dem Verletzten unabhängig von der Schwere des Eingriffs ein Schadensersatzanspruch zu. Werden dagegen ideelle Bestandteile des Persönlichkeitsrechts beeinträchtigt, so bleibt es bei den soeben skizzierten Grundsätzen[14].

---

10 Vgl. *Larenz/Canaris*, Schuldrecht II/2, § 76 II 4 d.
11 Ein Anspruch aus §§ 687 II, 681 S. 2, 667 scheidet aus, weil er nur auf Erlösherausgabe und nicht auf Schadensersatz gerichtet ist und ein konkreter Erlös hier gerade nicht ersichtlich ist.
12 Siehe nur *Canaris*, JZ 1971, 126; vgl. auch Anw.-Komm.-*von Sachsen Gessaphe*, § 812 Rz. 8 ff., 12.
13 So aber noch der BGH, aaO.
14 Ausführlich *Petersen*, Medienrecht, 5. Auflage 2010, Rz. 40 ff.

531 Diese **Entscheidung** ist darüber hinaus im Hinblick auf die **Vererblichkeit** des Persönlichkeitsrechts bemerkenswert: Der Bundesgerichtshof nimmt nämlich die Vererblichkeit der vermögenswerten Bestandteile an. Das hat zur Folge, dass der Erbe alle Verletzungen der vermögenswerten Bestandteile des Persönlichkeitsrechts des Erblassers auch als eigenen Schadensersatzanspruch im **eigenen** Namen – freilich im Rahmen des ausdrücklichen oder mutmaßlichen Willens des Verstorbenen – geltend machen kann[15]. Die **ideellen** Bestandteile sind jedoch nicht vererblich; die sich aus ihrer Verletzung ergebenden Rechte sind von den Angehörigen oder einem hierzu berufenen Wahrnehmungsberechtigten auszuüben[16]. Schadensersatzansprüche kommen insoweit freilich in Ermangelung eines Schadens nicht in Betracht, weil der Verstorbene keinen durch Geldzahlung auszugleichenden Vermögensschaden mehr erleiden kann[17].

2. Schmerzensgeld

532 § 253 II **bestimmt**, dass wegen einer Verletzung des Körpers, der Gesundheit, der Freiheit oder der sexuellen Selbstbestimmung Schadensersatz zu leisten ist, auch wegen des Schadens, der nicht Vermögensschaden ist, eine billige Entschädigung in Geld verlangt werden kann. Das gilt auch für die verschuldensunabhängige Haftung[18]. Das Schmerzensgeld wird damit aus dem Deliktsrecht (§ 847 a. F.) herausgelöst und zu einem Problem des Allgemeinen Schuldrechts gemacht. Die erklärte Absicht des Gesetzgebers[19] besteht darin, dass nunmehr nicht nur bei der außervertraglichen Verschuldenshaftung, sondern unter den Voraussetzungen des § 253 II auch bei der Gefährdungshaftung[20] und sogar im Rahmen der **vertraglichen** Haftung Schmerzensgeld verlangt werden kann.

533 Auch wenn die Amtliche Begründung von einem „Anspruch auf Schmerzensgeld" spricht[21], dürfte es sich bei § 253 II wohl entsprechend seiner systematischen Stellung um **keine Anspruchsgrundlage** handeln[22]. Vielmehr ist dem einleitenden Satz zu entnehmen, dass ein anderweitig begründeter Anspruch – etwa, aber eben nicht zwingend, aus § 823 I – vorausgesetzt wird[23].

3. Kommerzialisierung und Entschädigung wegen entgangener Nutzungen

534 Der eingangs behandelte Herrenreiterfall veranschaulicht eine im Hinblick auf § 253 I erklärungs- und legitimationsbedürftige Tendenz der Rechtsprechung zur **Kommerzialisierung** von Nichtvermögensschäden. Die Kommerzialisierung (bzw. Kommerziali-

---

15 BGHZ 143, 214 ff.
16 BGHZ 143, 214, 226.
17 BGHZ 143, 214, 223 f.
18 Bamberger/Roth/*Spindler*, § 253 Rz. 10.
19 Vgl. die Amtliche Begründung zum zweiten Gesetz zur Änderung schadensersatzrechtlicher Vorschriften.
20 Zur Bemessung in derartigen Fällen *Jaeger*, ZGS 2004, 217.
21 Vgl. BT-Drs. 14/7752, S. 14.
22 Bamberger/Roth/*Spindler*, § 253 Rz. 9.
23 Vgl. dazu und zur Zitierweise oben unseren **Fall 14** (Rz. 131).

sierbarkeit) ist allerdings nur eine notwendige und noch keine hinreichende Bedingung für die Annahme eines Vermögensschadens. Der Bundesgerichtshof fordert für die Annahme eines Vermögensschadens darüber hinaus, dass es sich um **„Wirtschaftsgüter von allgemeiner, zentraler Bedeutung für die Lebenshaltung"** handelt[24]. Das dürfte vor allem bei Kraftfahrzeugen der Fall sein; Grundstücke hat das Gericht ausdrücklich ausgenommen. Speziell für Kfz wird eine abstrakte Nutzungsentschädigung, die ein Drittel der Mietwagenkosten betragen könnte, als **„Sparsamkeitsprämie"** vorgeschlagen[25].

Um eine schärfere dogmatische Konturierung des Vermögensschadens haben sich zuvor Teile des Schrifttums mit dem **Frustrierungsgedanken** bemüht: Beim Nutzungsausfall infolge eines schädigenden Ereignisses sind bestimmte Aufwendungen solange und soweit vergeblich (lat.: frustra), wie die bezweckte Nutzung, die der Geschädigte erkaufen wollte, notwendigerweise ausfällt[26]. Dagegen spricht, dass mit der Verletzung zugleich auch der Bedarf nach dem vorübergehend nicht nutzbaren Gegenstand entfällt (**Bedarfstheorie**)[27]. Die Rechtsprechung gewährt denn auch dem Frustrierungsgedanken nur den Rang einer **widerleglichen Rentabilitätsvermutung**[28], so dass die von einer Vertragspartei getätigten Aufwendungen eine Vermutung für den ersten handgreiflichen Schaden begründen[29]. Im Übrigen verweist der Bundesgerichtshof auf die „Gefahr einer unübersehbaren Ausdehnung der Ersatzpflicht"[30]. Das gilt auch für den Ersatz bloßer **Affektionsinteressen**, den § 253 mithin ausschließt[31].

535

II. Ersatz vergeblicher Aufwendungen

Die zuletzt skizzierte Rechtsprechung, nach der eine widerlegliche Vermutung des Inhalts angestellt werden könne, dass der Gläubiger zumindest seine Aufwendungen bei Erhalt der geschuldeten Leistung „hereingewirtschaftet"[32] hätte und wonach im Rahmen des Anspruchs auf das positive Interesse ein Mindestschadensersatz in Höhe der Aufwendungen gewährt werden konnte, galt seit jeher als unbefriedigend. Mehr als eine widerlegliche Vermutung der Rentabilität konnte und wollte der Bundesgerichtshof im Hinblick auf die Grenzen des § 253 I deshalb nicht annehmen[33].

536

---

24 BGHZ 98, 212 (Großer Senat für Zivilsachen); dazu *Medicus*, Jura 1987, 214.
25 Staudinger/*Medicus*, 12. Auflage 1983, § 253 Rz. 33 ff.
26 *Esser/E. Schmidt*, § 31 III; *Bötticher*, VersR 1966, 301.
27 *Zeuner*, AcP 163 (1964), 380.
28 BGHZ 71, 234, 237. Zur Frage, ob für diese neben § 284 noch ein Anwendungsbereich verbleibt, vgl. *Weitemeyer*, AcP 205 (2005), 275.
29 BGHZ 57, 78, 80.
30 BGHZ 55, 146: Kein Ersatz für die verletzungsbedingt verwehrte Nutzung einer im Voraus gepachteten Jagd.
31 *Medicus/Petersen*, Bürgerliches Recht, Rz. 822. Zum Schutz der Affektionsinteressen bei Leistungsstörungen rechtsvergleichend *Maultzsch*, JZ 2010, 939.
32 So *Canaris*, ZRP 2001, 329, 333.
33 BGHZ 99, 182, 202.

1. Die Regelung des § 284

537 Vor diesem Hintergrund erklärt sich der Anspruch auf Ersatz vergeblicher Aufwendungen in § 284[34]. Danach kann der Gläubiger anstelle des Schadensersatzes statt der Leistung Ersatz der Aufwendungen verlangen, die er im Hinblick auf den Erhalt der Leistung gemacht hat und billigerweise machen durfte[35], es sei denn, deren Zweck wäre auch ohne die Pflichtverletzung des Schuldners nicht erreicht worden[36].

538 Für die **Fallbearbeitung**[37] bedeutet dies, dass sich der Bearbeiter mit der problematischen Frage, ob die Frustrierung einen materiellen oder immateriellen Schaden darstellt, regelmäßig nicht auseinandersetzen muss[38]. An § 284 ist jedenfalls immer dann zu denken, wenn es um „nicht-kommerzielle Aktivitäten"[39] geht. Hat dagegen der Gläubiger einen auf Ersatz des negativen Interesses gerichteten Anspruch, so bleibt es bei den Grundsätzen des bisherigen Rechts und § 284 ist unanwendbar[40]. Die Vorschrift führt nicht dazu, dass der Gläubiger positives und negatives Interesse kumulativ verlangen kann[41].

> Welchen Fortschritt die neue Vorschrift gegenüber dem alten Rechtszustand bedeutet zeigt unser **Fall 51**[42]: Die P-Partei hatte von V eine Halle für eine Parteiveranstaltung der Partei gemietet, in der P für eine sauberere Umwelt, mehr Gerechtigkeit und Frieden eintreten wollte. Die Partei hat in wochenlanger Vorbereitung Aufwendungen in Höhe von 20 000 € für die Veranstaltung erbracht. V, dem bei der Betrachtung der Vorbereitungen, wie er sagt, „die ganze Richtung nicht passt", kündigt den Mietvertrag kurz vor dem vereinbarten Tag unter einem Vorwand und verweigert die Überlassung der Halle „ein für alle Mal". P verlangt Ersatz der 20 000 €. Wie wäre zu entscheiden, wenn die geplante Parteiveranstaltung verboten worden wäre?

539 P könnte einen Anspruch auf Ersatz der 20 000 € aus §§ 280 I 1, III, 281 I 1, 284 haben. Aus der einleitenden Wendung („anstelle des Schadensersatzes statt der Leistung") folgt, dass die Voraussetzungen eines Anspruchs auf Schadensersatz statt der Leistung vorliegen müssen[43]. Hier besteht dem Grunde nach[44] ein Anspruch aus **§§ 280 I 1,**

---

[34] Zu ihm bereits oben Rz. 317, 339; vgl. auch *Canaris*, ZRP 2001, 329, 333; ausführlich *Tröger*, ZGS 2005, 462; *Weitemeyer*, AcP 205 (2005), 275; *Fischinger/Wabnitz*, ZGS 2007, 139. Aus der Rechtsprechung BGHZ 163, 381; LG Bonn NJW 2004, 74; *Ellers*, Jura 2006, 241.
[35] Zum Aufwendungsersatz bei Zerstörung der Kaufsache vor Nachbesserung OLG München ZGS 2007, 80; *Löhnig*, ZGS 2007, 134.
[36] Zu den Einzelheiten *Oechsler*, Rz. 255, 260 ff.; speziell zur Rolle des § 284 im Mietrecht *Oechsler*, NZM 2004, 647; vgl. auch *Dauner-Lieb/Dötsch*, NZM 2004, 641, 643.
[37] Dazu auch *Meier*, Jura 2002, 118, 127; lehrreich *Grigoleit*, ZGS 2002, 122 (insbesondere zur AGB-rechtlichen Bewertung eines Ausschlusses oder einer Beschränkung des Aufwendungsersatzes; aaO., S. 124).
[38] Vgl. auch *Canaris*, DB 2001, 1415, 1420.
[39] So *Däubler*, NJW 2001, 3729, 3731. Hierbei handelt es sich jedoch nicht um eine notwendige Voraussetzung des Aufwendungsersatzanspruchs, dazu sogleich unter Rz. 541.
[40] Palandt/*Grüneberg*, § 284 Rz. 3.
[41] *Ehmann/Sutschet*, § 4 V 6, S. 121.
[42] Nachgebildet BGHZ 99, 182; dazu *Stoll*, JZ 1987, 517 ff.
[43] Des Weiteren folgt daraus, dass ein Anspruch aus § 284 nicht mit einem Anspruch aus § 281 kombiniert werden kann; vgl. Palandt/*Grüneberg*, § 284 Rz. 4.
[44] Ein Schaden muss indes nicht vorliegen; vgl. *Dauner-Lieb*, in: Das Neue Schuldrecht, § 2 Rz. 53.

III, 281 I 1. Die danach grundsätzlich erforderliche Fristsetzung ist hier nach § 281 II entbehrlich, weil V die Erfüllung endgültig („ein für alle Mal") verweigert, so dass besondere Umstände vorliegen, die unter Abwägung der beiderseitigen Interessen die sofortige Geltendmachung des Schadensersatzanspruchs rechtfertigen. Auch die Voraussetzungen des § 280 I 1 liegen vor, so dass im Folgenden die besonderen Voraussetzungen des § 284 zu prüfen sind. Die geltend gemachten Kosten sind Aufwendungen, die P im Vertrauen auf den Erhalt der mietvertraglich geschuldeten Leistung gemacht hat. P durfte diese auch billigerweise machen, weil sie dem Veranstaltungszweck dienten und gerade bei größeren Parteiveranstaltungen langfristige und kostenintensive Vorbereitungen ersichtlich möglich sein müssen. Dass V insoweit die ganze Richtung nicht mehr passt, steht dem nicht entgegen. Die aus diesem Grund erklärte Kündigung stellt vielmehr eine **Pflichtverletzung** des V dar. Auch der Nachsatz des § 284 („es sei denn") greift nicht ein. Denn ohne die Pflichtverletzung des Schuldners V wäre der von P verfolgte Zweck – Durchführung einer Veranstaltung für Frieden, Umwelt etc. – erreicht worden. Dass es sich hier um einen **ideellen** und keinen wirtschaftlichen **Zweck** handelt, steht der Anwendung des § 284 nicht entgegen; vielmehr ist der Wortlaut insofern bewusst offen gehalten[45]. Auch § 253 I setzt dem Ersatz von Aufwendungen für ideelle Zwecke keine Grenze. Die Voraussetzungen des § 284 liegen also vor, so dass der Anspruch gegeben ist. Nach früherem Recht wäre dagegen ein Anspruch ausgeschlossen. Denn die **Rentabilitätsvermutung** kam nach der Rechtsprechung nicht zum Zug, wenn der Gläubiger, wie im vorliegenden Fall, keine wirtschaftlichen, sondern „nur" ideelle Ziele verfolgt hat. Demgegenüber ist § 284 gerade auch auf Verträge mit spekulativer oder marktstrategischer Zielsetzung anwendbar[46].

In der **Abwandlung**[47] würde demgegenüber V keinen Schadensersatz schulden. Vielmehr kommt der Nachsatz („es sei denn") zum Zug. Denn auch ohne die Pflichtverletzung wäre der Zweck nicht erreicht worden. Hier tritt die Wertung des § 284 besonders klar hervor: Die Vorschrift möchte dem Gläubiger nicht das Risiko abnehmen – und dem Schuldner entsprechend zuweisen –, dass er eine von Grund auf verfehlte Investition oder Kalkulation getätigt hat, sondern der Schuldner soll nur dasjenige ersetzen, was durch seine Pflichtverletzung nutzlos wurde, mögen dies auch vereitelte ideelle Zwecke sein[48]. Der Genauigkeit halber ist deshalb zu betonen, dass der **Schaden** nicht etwa darin besteht, dass der Gläubiger die Aufwendung tatsächlich gemacht hat, sondern darin liegt, dass die Aufwendung infolge des vertragswidrigen Verhaltens des Schuldners ihren **Zweck verfehlt** hat[49].

---

45 *Canaris*, JZ 2001, 499, 516 Fußnote 164; vgl. aber auch *Dauner-Lieb*, in: Das Neue Schuldrecht, § 2 Rz. 50–55.
46 Vgl. Palandt/*Grüneberg*, § 284 Rz. 7. Nach BGHZ 114, 193 unterfallen freilich für die Verwendung der Leistung getätigte Aufwendungen grundsätzlich nicht der Rentabilitätsvermutung.
47 Beispiel nach *Canaris*, JZ 2001, 499, 517.
48 Skeptisch insoweit *Dauner-Lieb*, in: Das Neue Schuldrecht, § 2 Rz. 57.
49 *Canaris*, DB 2001, 1813, 1820, unter Hinweis auf die Amtliche Begründung, die von „frustrierten Aufwendungen als Schaden" spricht.

2. Einzelheiten

541 Inhaltlich ersetzt § 284 den in der Entwertung bzw. Frustrierung der Aufwendungen liegenden Schaden, der ohne die Pflichtverletzung nicht eingetreten wäre. **Kausalität** und **Schutzzweckzusammenhang** sind dann unproblematisch[50]. So können jetzt etwa **Vertragskosten** als nutzlose Aufwendungen geltend gemacht werden[51]. § 284 bietet dafür eine taugliche **Anspruchsgrundlage**[52]. Da die Aufwendungen nur anstelle des Schadensersatzes statt der Leistung beansprucht werden können, widerspricht die Regelung auch nicht dem allgemeinen schadensersatzrechtlichen Bereicherungsverbot[53]. Teilweise wird angenommen, dass die Ersatzpflicht entfällt, wenn die Aufwendungen in einem offensichtlichen Missverhältnis zur Bedeutung der nicht erbrachten Leistung stehen sowie dann, wenn der Vertrag zu erwerbswirtschaftlichen Zwecken geschlossen wurde. Doch ist dies zweifelhaft[54]. Nach der Rechtsprechung des Bundesgerichtshofs erfasst § 284 auch für **kommerzielle Zwecke** getätigte Aufwendungen[55]. Vom Ersatz auszuschließen sind dagegen wohl vor allem voreilige Aufwendungen des Gläubigers, doch darf die **Entscheidungsfreiheit** des Gläubigers damit nicht unzulässig eingeengt werden[56]. Auf die Vorhersehbarkeit eines drohenden hohen Schadens kommt es insoweit nicht an[57]. Die nach § 284 ersatzfähigen Aufwendungen muss der Gläubiger **billigerweise** gemacht haben dürfen. Damit wird auf § 254 Bezug genommen[58], der uns sogleich noch beschäftigen soll. Die Billigkeitskontrolle kann in der Fallbearbeitung eine Einbruchstelle für die Prüfung von Ansprüchen aus einem anderen Personenverhältnis darstellen[59].

III. Mitverschulden

542 Bei allen zum Schadensersatz verpflichtenden Ansprüchen ist in der Fallbearbeitung ein etwaiges Mitverschulden des Geschädigten in Betracht zu ziehen. § 254 ist eine rechtshindernde Einwendung, weil der Anspruch erst gar nicht entsteht, soweit das Mitverschulden reicht[60]. Der Anwendungsbereich des § 254 ist dabei so groß wie eben

---

50 A. A. *Altmeppen*, DB 2001, 1403; gegen ihn *Canaris*, DB 2001, 1815 ff.
51 BGHZ 163, 381; Münch.-Komm.-*Ernst*, 5. Auflage 2007, § 284 Rz. 16; *Canaris*, JZ 2001, 499, 517 m. w. N., zu den Motiven der Vorschrift; *ders.*, ZRP 2001, 329, 333.
52 So die h. M., vgl. z.B. Bamberger/Roth/*Grüneberg*, § 284 Rz. 1; Jauernig/*Stadler*, § 284 Rz. 1; a. A. *Stoppel*, AcP 204 (2004), 81: „Haftungsausfüllungsnorm" (zweifelhaft); vgl. auch *dens.*, ZGS 2006, 254.
53 Zu ihm sogleich unter Rz. 551; zur ausnahmsweise denkbaren teleologischen Reduktion des § 284 für Fälle, in denen die kumulative Zuerkennung beider Ansprüche schadensersatzrechtlich unbedenklich ist, siehe *Canaris*, JZ 2001, 499, 517.
54 Für die Anwendbarkeit auf Verträge mit erwerbswirtschaftlichem Zweck *Emmerich*, Das Recht der Leistungsstörungen, § 13 IV 4 b; Münch.-Komm.-*Ernst*, 5. Auflage 2007, § 284 Rz. 10a; Staudinger/*Otto*, 2009, § 284 Rz. 13; *Reim*, NJW 2003, 3662, 3664.
55 BGHZ 163, 381; ebenso zuvor *Gsell*, in: Dauner-Lieb/Konzen/K. Schmidt, Das neue Schuldrecht in der Praxis, 2003, S. 321, 324; Bamberger/Roth/*Grüneberg*, § 284 Rz. 4; Staudinger/*Otto*, 2009, § 284 Rz. 13.
56 *Canaris*, JZ 2001, 499, 517.
57 A. A. *Leonhard*, AcP 199 (1999), 675; dagegen *Canaris*, aaO.
58 *Fikentscher/Heinemann*, Schuldrecht, Rz. 441; *Oechsler*, Rz. 258; *Bruch*, Der Ersatz frustrierter Aufwendungen nach § 284 BGB, 2004, S. 77 ff.
59 Klausurbeispiel bei *S. Lorenz/Unberath*, JuS 2005, 335.
60 *Medicus/Petersen*, Bürgerliches Recht, Rz. 748.

Fälle eines „**Verschuldens gegen sich selbst**"[61] denkbar sind. Daher soll auch keine erschöpfende Aufzählung unternommen werden. Eine besonders prüfungsrelevante Konstellation, nämlich die Verweisung in § 254 II auf § 278, wurde bereits besprochen[62]. Daher sollen hier nur punktuelle Hinweise gegeben werden.

1. Mitveranlassung bei der Gefährdungshaftung

So wird § 254 als Ausdruck eines allgemeinen Rechtsgedankens auch bei der **Gefährdungshaftung** angewendet, obwohl diese gerade kein Verschulden voraussetzt. Zu beachten ist freilich, dass nicht jede Risikoerhöhung ausreicht, sondern es für die Anwendung des § 254 darauf ankommt, dass auch für das risikoerhöhende Verhalten des Geschädigten eine Gefährdungshaftung gilt[63].

543

> Die Rolle des § 254 bei der Gefährdungshaftung soll unser **Fall 52**, den der Bundesgerichtshof zu entscheiden hatte[64], veranschaulichen. S hatte auf einer Bundesstraße einen Unfall verursacht. Durch den damit verursachten Knall wurden die Schweine des Landwirts L, die in nahe gelegenen Stallungen in der für die moderne Massentierhaltung typischen Weise auf engstem Raum zusammengepfercht waren, in eine derartige Panik versetzt, dass sie einander totbissen bzw. vorzeitig ihre Tracht absetzten. Kann L von S dafür Schadensersatz verlangen?

1. Ein Anspruch aus § 7 I StVG ist dem Grunde nach gegeben[65]. S hat beim Betrieb eines Kraftfahrzeugs den Schaden verursacht. Zweifeln könnte man unter dem Gesichtspunkt der Adäquanz an der Vorhersehbarkeit des Schadenseintritts mit der Begründung, dass es geradezu abenteuerlich sei, dass durch den unfallbedingten Knall eine Panik im Schweinestall ausbricht. Das kann jedoch dahinstehen, weil die **Adäquanztheorie** nach der zutreffenden h. L.[66] bei der Gefährdungshaftung gar nicht anwendbar ist. Sie wird dort nämlich durch das Kriterium der tatbestandsspezifischen Gefahr ersetzt. Diese hat sich im vorliegenden Fall indes verwirklicht, so dass S grundsätzlich nach § 7 I StVG haften würde.

544

Fraglich ist, ob man die Schweinehaltung unter den gegebenen Umständen, d. h. auf engstem Raum, als anspruchsminderndes oder ausschließendes Mitverschulden ansehen kann. Grundsätzlich ist § 254 zwar sinngemäß anwendbar, obwohl die Gefährdungshaftung an sich verschuldensunabhängig ist. Voraussetzung ist jedoch, dass auch auf Seiten des Geschädigten eine Gefährdungshaftung eingreifen würde. Das ist hier indessen nicht der Fall: Für die Schweine als Nutztiere (§ 833 S. 2) würde nur eine Haftung für vermutetes Verschulden, nicht aber eine Gefährdungshaftung eingreifen, so dass eine Anspruchsminderung nach § 254 nicht in Betracht kommt. Der Bundesgerichtshof hat die Haftung jedoch unter dem Gesichtspunkt des **Schutzzwecks der Norm** mit der Begründung abgelehnt, dass der Geschädigte durch die gewählte Art der

545

---

61 Genau genommen ist es nur eine Obliegenheitsverletzung; siehe dazu noch unten **Fall 54** (Rz. 551).
62 **Fall 43** (Rz. 454).
63 *Larenz/Canaris*, Schuldrecht II/2, § 84 III.
64 **BGHZ 115, 84.**
65 Vgl. zu Ansprüchen aus § 7 StVG *Coester-Waltjen*, Jura 2004, 173; *Vogel*, ZGS 2002, 367; *Buck-Heeb*, Rz. 302; *Looschelders*, Schuldrecht Besonderer Teil, Rz. 1446 ff.
66 Ausführlich dazu *Petersen*, Von der Interessenjurisprudenz zur Wertungsjurisprudenz, 2001, S. 51 ff.

Tierhaltung selbst das Risiko gesetzt habe. Diese Schaffung eines eigenen Gefahrenkreises führe dazu, dass eine Haftung hier ausscheide[67].

546 2. Einem Anspruch aus § 823 I steht nach Ansicht des Bundesgerichtshofs ebenfalls die Schaffung eines eigenen Gefahrenkreises entgegen[68].

547 Der Fall illustriert zugleich zwei weitere Themen des Schadensrechts, nämlich die **Adäquanztheorie** und die Lehre vom **Schutzzweck der Norm**. Letztere ist in deliktsrechtlichen Fällen stets mit zu berücksichtigen. Die Frage, ob die jeweilige Vorschrift vor einem Schaden der geltend gemachten Art schützen will, kann maßgebliche Bedeutung für die Auslegung der jeweiligen Haftungsvoraussetzungen erlangen. Die Gefährdungshaftung nach § 7 I StVG etwa erfasst nach ihrem Schutzzweck auch solche Gefahren, die bewusst herbeigeführt werden, und kann daher selbst bei Einsatz eines Autos als Waffe eingreifen, solange sich hierbei auch eine betriebsspezifische Gefahr verwirklicht[69].

2. Einwand des Mitverschuldens beim Schuldanerkenntnis

548 In aufbautechnischer Hinsicht ist § 254 I gerade dort interessant, wo fraglich ist, ob es auf die Einwendung des § 254 überhaupt ankommt. Paradigmatisch dafür ist der Fall des am Unfallort unterschriebenen Schuldanerkenntnisses.

> Das sei an unserem **Fall 53** illustriert: F fährt mit seinem Fahrrad den Rentner R schuldhaft an. Da er in Eile ist, schreibt er auf einen datierten Zettel, dass er an dem Unfall dieses Tages mit R Schuld sei und händigt diesen R aus. R macht aufgrund dessen einige Schadensposten gegen F geltend. F wendet ein, dass es nicht zuletzt deshalb zum Unfall gekommen sei, weil R halb auf dem Fahrradweg gegangen sei. Ob dies zutrifft, lässt sich nicht mehr feststellen. Kann R von F ungeschmälerten Ersatz des Schadens verlangen?

549 1. In Betracht kommt zunächst ein Anspruch aus §§ 780, 781[70]. Dieser setzt voraus, dass es sich bei dem am Unfallort ausgefertigten Schreiben um ein abstraktes Schuldanerkenntnis handelt. Ob dies der Fall ist, ist im Wege der **Auslegung** (§§ 133, 157) der Urkunde zu ermitteln. Dagegen spricht entscheidend, dass F auf die Gegebenheiten und Einzelheiten des Unfalls Bezug genommen hat. Damit handelt es sich zumindest nicht um ein abstraktes Schuldanerkenntnis. Ist somit ein Anspruch aus §§ 780, 781 nicht gegeben, kann an dieser Stelle unentschieden bleiben, ob wenigstens ein deklaratorisches Schuldanerkenntnis vorliegt.

550 2. R könnte gegen F einen Anspruch aus § 823 I haben. Dieser ist dem Grunde nach unzweifelhaft gegeben. Es fragt sich nur, ob der Anspruch, wie F meint, nach § 254 zu mindern ist. Dem F könnte jedoch die **Einwendung** des Mitverschuldens durch das am

---

67 BGHZ 115, 85; dagegen *Larenz/Canaris*, Schuldrecht II/2, § 84 III 1 c), der in der Schaffung eines eigenen Gefahrenkreises eine unfundierte Eigenwertung erblickt, für die der Rechtsprechung die Kompetenz fehle.
68 Vgl. auch BGH ZIP 2002, 1623.
69 BGHZ 37, 311.
70 Diese beiden Vorschriften können als einheitliche Anspruchsgrundlage zusammen zitiert werden.

Unfallort ausgefertigte Schreiben von vornherein **abgeschnitten** sein. Dies wäre dann der Fall, wenn es sich bei dem Schreiben um ein **deklaratorisches Schuldanerkenntnis** handeln würde. Dafür spricht die konkrete Fassung und Bezugnahme auf den Unfall, für den sich der Ausfertigende die alleinige Schuld zuweist. Aber selbst wenn man in dem Schreiben nur ein – im Verhältnis zum deklaratorischen Schuldanerkenntnis graduell schwächeres – sog. **Zeugnis gegen sich selbst** erblickt, würde F mit dem Einwand des Mitverschuldens nicht durchdringen. Das Zeugnis gegen sich selbst zeichnet sich dadurch aus, dass der **Rechtsbindungswille** fehlt. Denn auch ein Zeugnis gegen sich selbst hätte immerhin noch beweisrechtliche Folgen und würde hier dazu führen, dass die mangelnde Feststellbarkeit des von F behaupteten Gehens des R auf dem Fahrradweg zu Lasten des F ginge und mithin nicht vom Vorliegen der das Mitverschulden begründenden Umstände ausgegangen werden könnte. Ungeachtet der genauen Qualifizierung als Zeugnis gegen sich selbst oder als deklaratorisches Schuldanerkenntnis schneidet das am Unfallort ausgehändigte Schreiben dem F somit den Einwand des Mitverschuldens ab[71], so dass der Anspruch des R aus § 823 I in voller Höhe besteht.

IV. Das schadensersatzrechtliche Bereicherungsverbot

Der Schadensersatz soll den Geschädigten so stellen, wie er ohne das schädigende Ereignis stehen würde, aber auch nicht besser. Das ist Inhalt des sog. schadensersatzrechtlichen Bereicherungsverbots, dessen Reichweite und Geltung[72] im Einzelnen umstritten sind und dessen **positiv-rechtliche Ausprägung § 255** ist[73]. 551

> Diese wichtige Vorschrift sei am **Fall 54** erläutert: S hat sein Fahrrad unabgesperrt auf dem Flohmarkt neben dem Verkaufsplatz des V abgestellt. K erkundigt sich nach dem Preis des Rads, das er für eine Ware des V hält. Dieser nutzt die Gunst der Stunde und verkauft das Rad für 50 €, die Hälfte des tatsächlichen Werts. Da K bei der Rückkehr des S unauffindbar ist, verlangt er von V Schadensersatz in Höhe von 100 €.

1. Ein Anspruch des S kann sich aus **angemaßter Eigengeschäftsführung** nach §§ 687 II, 677, 678 ergeben. V hat in Kenntnis der Berechtigung des S über dessen Eigentum verfügt und ist ihm daher zum Ersatz des Schadens in Höhe von 100 € und nicht lediglich zur (gleichfalls möglichen: §§ 687 II, 681 S. 2, 667) Erlösherausgabe in Höhe von 50 € verpflichtet. Problematisch ist jedoch, dass S wegen § 935 I Eigentümer geblieben sein könnte, mag auch der Anspruch schwer durchsetzbar sein. Dann aber würde § 255 eingreifen[74]: Wenn S noch das Eigentum am Fahrrad hat, so muss er es dem V übertragen. Andernfalls hätte er entgegen dem schadensersatzrechtlichen Bereicherungsverbot das Eigentum und den Ersatz in Höhe von 100 €. 552

---

71 Es darf freilich nicht schematisch davon ausgegangen werden, dass das am Unfallort abgegebene Anerkenntnis stets Einwendungen abschneidet; die Reichweite ist immer durch Auslegung im Einzelfall zu ermitteln.
72 Skeptisch *Wagner*, AcP 206 (2006), 352, 470 f.
73 BGHZ 60, 358.
74 Instruktiv dazu im Innenverhältnis der Gesellschafter *Kindler*, Grundkurs Handels- und Gesellschaftsrecht, 2. Auflage 2007, § 11 Rz. 35 ff.

553 Im Rahmen des § 255 ist also zu prüfen, ob S nach wie vor Eigentümer des Fahrrads ist. V hat als Nichtberechtigter verfügt; der gutgläubige K könnte demnach nur nach § 932 Eigentum erworben haben. Das setzt jedoch voraus, dass das Fahrrad nicht gestohlen worden oder sonst abhanden gekommen ist. In der unbefugten Weiterveräußerung liegt wohl schon ein Diebstahl i. S. d. § 242 StGB. Jedenfalls ist das Fahrrad dem S abhanden gekommen, weil er den unmittelbaren Besitz unfreiwillig verloren hat. Auch wenn S sein Fahrrad freiwillig beim Stand des V abstellte, so liegt darin kein Besitzverlust, sondern nur eine vorübergehende Besitzlockerung i. S. d. **§ 856 II**. S hat also den unmittelbaren Besitz gegen seinen Willen verloren, so dass K nicht gutgläubig erwerben konnte. S ist folglich Eigentümer geblieben und muss sein Eigentum nach § 255 an V übertragen, um von ihm Schadensersatz in Höhe von 100 € verlangen zu können.

554 Fraglich ist, ob der Anspruch des S nach § 254 zu kürzen ist, weil S das Fahrrad nicht abgesperrt hatte und somit ein Verschulden gegen sich selbst vorliegen könnte. Die **Obliegenheit**, seine Sachen abzuschließen, besteht indes jedenfalls nicht gegenüber dem Dieb, so dass der Anspruch gegen V in voller Höhe besteht.

555 2. In Betracht kommen weiterhin Ansprüche aus §§ 989, 990 I 1, § 823 I, §§ 823 II, 992 i. V. m. § 242 StGB bei denen jedoch jeweils das zu § 255 Festgestellte zu berücksichtigen ist. Ein Anspruch aus § 816 I 1 ist dagegen für S uninteressant, weil er damit selbst im Falle der Genehmigung der Verfügung nach § 185 II Fall 1 nur den **Erlös** in Höhe von 50 €, nicht aber den Wert in Höhe 100 € herausverlangen könnte.

Sechster Teil
Allgemeine Geschäftsbedingungen

Das Recht der Allgemeinen Geschäftsbedingungen gehört nur zu einem kleinen Teil in das Allgemeine Schuldrecht. Die Vorschriften über die Einbeziehung Allgemeiner Geschäftsbedingungen werden herkömmlicherweise im Allgemeinen Teil des BGB behandelt, weil sie die Frage betreffen, mit welchem Inhalt der Vertrag zustande gekommen ist[1]. Aus diesem Grund werden die §§ 305 ff. in dieser Darstellung ausgespart. Im vorliegenden Zusammenhang geht es vornehmlich um Fragen der Inhaltskontrolle. Diese lassen sich unter dem Gesichtspunkt der allgemeinen (vgl. § 307) und besonderen (§§ 308, 309) Inhaltskontrolle unterscheiden.

556

Entgegen der gesetzlichen Reihenfolge wird im Folgenden bewusst mit der Behandlung der besonderen Inhaltskontrolle begonnen, was der **Prüfungsreihenfolge in der Fallbearbeitung** entspricht. Steht nämlich fest, dass eine Klausel wirksam in den Vertrag einbezogen wurde (§ 305), nicht überraschend für den anderen Teil ist (§ 305c I) und auch keine vorrangige Individualabrede besteht (§ 305b) – diese Punkte sind zunächst in der dargestellten Reihenfolge zu prüfen –, so ist zu Beginn der Inhaltskontrolle als Nächstes zu fragen, ob die Klausel überhaupt der Inhaltskontrolle unterliegt (§ 307 III)[2]. Im Rahmen der Inhaltskontrolle ist dann vom Speziellen hin zum Allgemeinen zu prüfen. Zuerst ist zu untersuchen, ob die Klausel einem der in § 309 aufgelisteten Verbote ohne Wertungsmöglichkeit unterfällt. Sodann ist die Klausel an § 308 zu messen. Ist weder § 309 noch § 308 einschlägig, ist der Weg frei für die Prüfung der allgemeinen Vorschriften des § 307.

I. Besondere Inhaltskontrolle

Die besondere Inhaltskontrolle bemisst sich nach § 309 und § 308. Bemerkenswert sind in diesem Zusammenhang vor allem die Auswirkungen des geänderten Rechts der Leistungsstörungen auf die einzelnen Verbotstatbestände[3].

557

1. Klauselverbote ohne Wertungsmöglichkeit

Zu beginnen ist auch hier mit dem spezielleren § 309, der vor § 308 zu prüfen ist, weil die dort genannten Klauselverbote keine Wertungsmöglichkeit enthalten.

---

1 *Petersen*, Jura 2010, 667; *Wolf/Pfeiffer*, ZRP 2001, 303; speziell zum kaufmännischen Bestätigungsschreiben etwa *Berger*, ZGS 2004, 415, 418. Instruktiv dazu *Gottwald*, BGB-AT, Rz. 81.
2 *Hennrichs*, in: Das Neue Schuldrecht, § 6 Rz. 27.
3 Siehe zu § 309 Nr. 4 bereits oben Rz. 360 zur verzugsbegründenden Erstmahnung.

6. Teil   *Allgemeine Geschäftsbedingungen*

a) Leistungsverweigerungsrechte

558   Dem § 309 Nr. 2 a) kommt vor allem beim Kaufvertrag eine erhebliche Bedeutung zu. Denn da dem Käufer nunmehr nach § 433 I 2 i. V. m. § 439 in jedem Fall der mangelhaften Lieferung Nacherfüllungsansprüche zustehen, steht dem Käufer die Einrede des nichterfüllten Vertrags nach § 320 von Gesetzes wegen zu, die nicht ausgeschlossen werden darf.

b) Haftungsfreizeichnung für einfache Fahrlässigkeit

559   Zu den klauselträchtigsten Fragen gehören **Freizeichnungsklauseln**[4], insbesondere die Haftungsfreizeichnung für fahrlässiges Verhalten[5]. Konkret geht es um das Problem, ob der Verwender die Haftung wegen fahrlässiger Pflichtverletzung ausschließen kann[6].

> Die Frage der noch zulässigen Haftungsfreizeichnung mit ihren Folgeproblemen zeigt unser **Fall 55**: V verkauft dem K einen Schrank, den E, der Angestellte des V, anliefern soll. In den wirksam einbezogenen Allgemeinen Geschäftsbedingungen des V hieß es u. a.: „§ 8: Der Verkäufer haftet nicht für grob fahrlässiges Verhalten seiner Gehilfen. § 9: Unwirksame Klauseln sind durch solche zu ersetzen, die den vertraglich angestrebten Zweck erreichen." E beschädigt bei der Anlieferung leicht fahrlässig den Boden des K. Dieser verlangt Ersatz des Schadens von V, der – was zutrifft – darauf hinweist, dass E sorgfältig ausgesucht sei und sich bisher bei allen Kontrollen immer untadelig verhalten habe.

560   1. Ein Anspruch des K gegen V kann sich aus § 280 I 1 i. V. m. § 278 S. 1 ergeben. Durch die Beschädigung des Bodens hat V die aus dem Kaufvertrag erwachsene Pflicht zur Rücksichtnahme auf die sonstigen Rechtsgüter des K (§ 241 II) verletzt. Dies muss auch schuldhaft geschehen sein. Nach § 278 S. 1 wird V die leichte Fahrlässigkeit des E zugerechnet, da dieser im Pflichtenkreis des V mit dessen Wissen und Wollen tätig war. Möglicherweise hat V die Pflichtverletzung dennoch nicht zu vertreten, § 280 I 2. In Betracht kommt ein Haftungsausschluss durch die in den Kaufvertrag einbezogenen Allgemeinen Geschäftsbedingungen. § 8 der AGB betraf jedoch nur die Haftung wegen grober Fahrlässigkeit des Gehilfen und war als solcher gemäß § 309 Nr. 7b) unwirksam. Man könnte allerdings daran denken, den Ausschluss für grobe Fahrlässigkeit in einen solchen für leichte Fahrlässigkeit umzudeuten (vgl. § 140). Der Ausschluss der Haftung für leichte Fahrlässigkeit wäre nach § 309 Nr. 7b) grundsätzlich zulässig[7], weil und sofern keines der in § 309 Nr. 7a) erwähnten Rechtsgüter verletzt wurde. Eine derartige Umdeutung verstieße indes gegen das **Verbot geltungserhaltender Reduktion** (§ 306 II), da es sonst sanktionslos möglich wäre, Unzulässiges

---

4   Dazu Palandt/*Grüneberg*, § 309 Rz. 40 ff.
5   Zum Haftungsausschluss bei Fahrlässigkeit zwischen zwei Unternehmern vgl. *Arnold*, ZGS 2004, 16.
6   Ausführlich und vergleichend *von Westphalen*, BB 2002, 209 ff.
7   Anders *Hensen*, in: Ulmer/Brandner/Hensen, AGBG, 9. Auflage 2001, § 11 Nr. 7 Rz. 8: § 11 Nr. 7 a. F. AGBG regelt nur die grobe Fahrlässigkeit und erlaubt demnach nicht den Haftungsausschluss für leichte Fahrlässigkeit; wie hier aber BGH NJW 1993, 335.

im Vertrauen darauf zu vereinbaren, dass der zulässige Inhalt unberührt bliebe[8]. Daher kommt eine Umdeutung in eine Klausel mit noch zulässigem Inhalt nicht in Betracht.

Möglicherweise lässt sich das aus Sicht des V gewünschte Ergebnis aber mit Hilfe des § 9 der Allgemeinen Geschäftsbedingungen des V herbeiführen, wonach unwirksame Klauseln durch solche zu ersetzen sind, die den vertraglich erstrebten Zweck erreichen. Damit wird eine Abweichung vom Grundsatz des § 306 II angestrebt. Dabei handelt es sich indes um eine sog. **salvatorische Klausel**[9], die als solche ebenfalls unzulässig ist, wenn sie, wie hier, formularmäßig vereinbart wurde[10]. Da beide Klauseln unwirksam sind, bleibt es also bei der Haftung des V gemäß §§ 280 I 1, 278 S. 1.

2. Einem Anspruch aus § 831 I 1, der des Weiteren in Betracht kommt, steht die Exkulpationsmöglichkeit des § 831 I 2 entgegen, da V seinen Verrichtungsgehilfen E sorgfältig ausgesucht und überwacht hat. 561

c) Ausschluss anderweitiger Behelfe des Allgemeinen Schuldrechts

Für den vorliegenden Zusammenhang ist ferner § **309 Nr. 8** wichtig, der in Allgemeinen Geschäftsbedingungen sonstige Haftungsausschlüsse bei Pflichtverletzung für unwirksam erklärt[11]. Die Rechtsprechung hat darüber hinaus das Verbot der Haftungsfreizeichnung für einfache Fahrlässigkeit bei der Verletzung sog. **Kardinalpflichten** aus § 307 II Nr. 2 entwickelt[12]. Dieses bleibt von den Neuregelungen unberührt[13]. 562

Für den formularmäßig vereinbarten Ausschluss des Rücktrittsrechts ist zu beachten, dass § 309 Nr. 8a) unanwendbar ist und es statt ihrer vielmehr auf § 309 Nr. 8b) aa) ankommt, wenn das Rücktrittsrecht des Kunden aus der mangelhaften Sachlieferung oder Werkherstellung herrührt[14]. Danach ist ein Ausschluss des Rücktrittsrechts, welches beim Kauf- und Werkvertrag aus der mangelhaften Leistung erwächst, unwirksam. 563

2. Klauselverbote mit Wertungsmöglichkeit

Unter den in § 308 normierten Klauselverboten mit Wertungsmöglichkeit sind aus Sicht des Allgemeinen Schuldrechts die Nr. 1 bis 3 und Nr. 7 zu beachten. Unwirksam sind demnach Bestimmungen einer unangemessen langen oder nicht hinreichend bestimmten Annahme-[15], Leistungs- oder Nachfrist, ein entgegen dem Grundsatz **pacta** 564

---

8 Zu den Ausnahmen vom Verbot der geltungserhaltenden Reduktion siehe BGHZ 130, 19 (Ausdehnung des Bürgschaftszwecks) sowie BGHZ 127, 281; 129, 327. Gegen das Verbot der geltungserhaltenden Reduktion *J. Hager*, JZ 1996, 175. Speziell zu § 475 III siehe *Deckenbrock/Dötsch*, ZGS 2004, 62.
9 Vgl. dazu *Prasse*, ZGS 2004, 141.
10 *H. Roth*, Vertragsänderung bei fehlgeschlagener Verwendung von Allgemeinen Geschäftsbedingungen, 1994, S. 64 f.; Palandt/*Grüneberg*, § 306 Rz. 9; Münch-Komm-*Basedow*, 5. Auflage 2007, § 306 Rz. 29; einschränkend Bamberger/Roth/*Schmidt*, § 306 Rz. 17; anders verhält es sich jedoch bei individualvertraglich vereinbarten salvatorischen Klauseln; vgl. BGH NJW 1983, 159, 162.
11 Dazu *Stölting*, ZGS 2005, 299, 302.
12 BGHZ 93, 29, 48; BGH NJW 1993, 335; BGH NJW-RR 2000, 998; siehe auch *Arnold*, ZGS 2004, 16.
13 *Lorenz/Riehm*, Rz. 104; *von Westphalen*, ZGS 2002, 394.
14 *Von Westphalen*, NJW 2002, 12, 21.
15 Zur Annahmefrist beim Kauf von Kfz *von Westphalen*, ZGS 2002, 214.

sunt servanda[16] sachlich nicht gerechtfertigter Rücktrittsvorbehalt (Ausnahme: Dauerschuldverhältnisse!) sowie Bestimmungen, nach denen der Verwender für den Fall des Rücktritts oder der Kündigung entweder eine unangemessen hohe Vergütung für die Nutzung oder den Gebrauch einer Sache, eines Rechts bzw. für erbrachte Leistungen oder aber einen unangemessen hohen Ersatz von Aufwendungen verlangen kann (§ 308 Nr. 7). Der Lösungsgrund muss nach dem sog. **Bestimmtheitsgebot**, das freilich nicht überspannt werden darf[17], so konkret angegeben sein, dass der Durchschnittskunde daraus ersehen kann, wann sich der Verwender vom Vertrag lösen kann[18].

II. Allgemeine Inhaltskontrolle

565 Die allgemeine Inhaltskontrolle ist in § 307 geregelt. Zugleich stellen sich in diesem Zusammenhang grundlegende Fragen der Privatautonomie. So verstößt etwa eine **doppelte Schriftformklausel**, die anordnet, dass auch Änderungen einer Schriftformklausel ihrerseits der Schriftform bedürfen, gegen § 307. Denn durch eine solche Schriftformklausel kann der Vertragspartner zu der irrigen Annahme verleitet werden, dass eine mündliche Änderung ungeachtet § 305b nichtig sei; dies wiederum kann dazu führen, dass er seine Rechte von vornherein nicht wahrnimmt[19].

1. Kodifizierung des Transparenzgebots

Zu den auffälligsten Änderungen gehört die Aufnahme des von der Rechtsprechung entwickelten[20] Transparenzgebots in den Gesetzestext. Nach § 307 I 2 kann eine unangemessene Benachteiligung nämlich auch vorliegen, wenn die Klausel nicht klar und verständlich ist (**Transparenzklausel**)[21], wobei es für die Beurteilung auf den rechtlich nicht vorgebildeten Durchschnittskunden ankommt, der nicht weiß, welche Rechte ihm zustehen[22]. Nur wenn der rechtsunkundige Verkehrsteilnehmer ohne Einholung von Rechtsrat die ihn gegebenenfalls benachteiligende Wirkung einer Klausel erkennen kann, ist sie hinreichend klar und verständlich, also transparent[23].

566 Als Folge des Transparenzgebots ist im Bereich des § 305c II[24] nach wie vor das **Prinzip der kundenfeindlichsten Auslegung** maßgeblich[25], wonach – scheinbar paradox – gerade diese zu ermitteln ist, um den Verbraucher genau davor zu schützen[26]. Aus dem Wortlaut des § 307 I 2 („kann") folgt zugleich, dass nicht jede Intransparenz zwangs-

---

16 Dies ist die ratio legis; vgl. Palandt/*Grüneberg,* § 308 Rz. 16.
17 So dürfen etwa Rechtsbegriffe wie Unmöglichkeit, Verzug oder Pflichtverletzung verwendet werden; vgl. Palandt/*Grüneberg*, § 308 Rz. 17.
18 BGH NJW 1983, 1321: „wenn es die Umstände erfordern" genügt dem nicht.
19 OLG Rostock NJW 2009, 3376.
20 Vgl. nur BGHZ 104, 92; 106, 47, 264; 108, 57; 115, 185.
21 Vgl. dazu *Lange*, ZGS 2004, 208.
22 BGH NJW 2001, 292, 296. Siehe zum Verbraucher *Pfeiffer*, NJW 2011, 1.
23 BGH NJW 2002, 651, 652.
24 Hierzu neustens BGH NJW 2007, 504; BGH NJW 2006, 1323, 1350.
25 BGHZ 95, 353; 104, 88; 108, 56; 119, 72; *von Westphalen*, ZGS 2002, 215; *Ernst*, ZGS 2004, 259.
26 Palandt/*Grüneberg*, § 305c Rz. 18, folgert zu Recht, dass die scheinbar kundenfeindlichste also „in Wahrheit die ihm günstigste" Auslegung ist.

läufig dem Unwirksamkeitsverdikt anheimfällt[27]. Andererseits gilt auch hier das Prinzip der kundenfeindlichsten Auslegung, so dass sich der Verwender auch außerprozessual nicht auf eine unklare oder unverständliche Klausel berufen kann[28].

2. Pflichtenprogramm und Haftungsmaßstab

Für die Auslegung des § 307 II Nr. 2, wonach eine unangemessene Benachteiligung im Zweifel dann anzunehmen ist, wenn die jeweilige Bestimmung wesentliche Rechte oder Pflichten, die sich aus dem Vertrag ergeben, einschränkt, ist immer § 276 im Blick zu behalten, der die Möglichkeit einer individualvertraglich vereinbarten Übernahme eines bestimmten Beschaffungsrisikos oder eines anderweitigen Pflichtenprogramms voraussetzt[29]. Kein Grund für unangemessene Geschäftsbedingungen ist das sog. **Preisargument**, also die Höhe des bedungenen Entgelts, weil weder der angemessene Preis feststellbar noch der angebliche Preisvorteil zu beziffern ist[30].   **567**

Eine Ergänzung oder Abrundung des Pflichtenprogramms durch Allgemeine Geschäftsbedingungen, welche das individualvertraglich übernommene (Beschaffungs-) Risiko nicht ändern (dann: Nichtigkeit nach § 307 II Nr. 2), ist unbedenklich[31], zumal individuelle Vertragsabreden nach § **305b** ohnehin Vorrang vor Allgemeinen Geschäftsbedingungen haben. Allgemein ist bei der Prüfung von Allgemeinen Geschäftsbedingungen, die Haftungsregeln enthalten, von wesentlicher Bedeutung, ob das jeweilige Risiko eher vom Verwender oder vom Kunden versichert werden kann[32]. Sachverhaltsangaben in der Fallbearbeitung, die auf den **Versicherungsschutz** hinweisen oder hindeuten, können unter diesem Blickwinkel gedeutet werden.   **568**

3. Ausschluss der Inhaltskontrolle

Nach § 307 III gelten die §§ 307 I, II, 308 und 309 nur für Bestimmungen in Allgemeinen Geschäftsbedingungen, durch die von Rechtsvorschriften abweichende oder diese ergänzende Regelungen vereinbart werden. Soweit die Klauseln dagegen lediglich mit geltenden gesetzlichen Bestimmungen übereinstimmen (**deklaratorische Klauseln**), ist eine Inhaltskontrolle ausgeschlossen. § 307 III 2 ordnet allerdings an, dass sowohl die Bestimmung des Preises als auch die der geschuldeten Leistung darauf überprüft werden können, ob die entsprechende vertragliche Bestimmung hinreichend klar und verständlich abgefasst ist. Eine richterliche Inhaltskontrolle scheidet nur dann aus, wenn dem **Transparenzgebot** entsprochen wurde[33]. Es ist daher zwischen der Inhaltskontrolle und der Transparenzkontrolle, die auch gegenüber **leistungsbestimmenden Klauseln** greift, zu unterscheiden. Zwar sollen die Klauseln, die unmittelbar den Ge-   **569**

---

27 *Von Westphalen*, NJW 2002, 12, 17.
28 *Von Westphalen*, aaO., S. 17.
29 Vgl. aber zur (unangemessenen) Haftungsbeschränkung eines Autowaschanlagenbetreibers BGH NJW 2005, 422.
30 BGHZ 120, 226; Palandt/*Grüneberg*, § 307 Rz. 18.
31 Näher *von Westphalen*, NJW 2002, 12, 18.
32 BGHZ 103, 326; 114, 246; Palandt/*Grüneberg*, § 307 Rz. 19, dort besonders hervorgehoben.
33 BGH NJW 2002, 2400 f.

genstand der Hauptleistung (leistungsbestimmende Klauseln) oder das zu erbringende Entgelt (**Preisklauseln**) regeln, an sich nicht überprüft werden und unterliegen nur der Privatautonomie der Beteiligten. Aber auch leistungsbestimmende Klauseln und Preisbedingungen müssen einer Transparenzkontrolle standhalten, die somit ein eigenständiger Prüfungsschritt ist[34].

570 Der Grund für den Ausschluss der Inhaltskontrolle liegt letztlich im Grundsatz der **Privatautonomie**, weil die Preisvereinbarung ein von den Parteien privatautonom zu regelndes essentiale negotii ist, für welches das dispositive Ersatzrecht nicht zur Verfügung steht[35]. Dass die nach neuem Recht in Grenzen mögliche Überprüfung der Preisabrede diese Rechtsprechung in Zweifel zieht, ist nicht anzunehmen[36], weil das Gebot der **Preisklarheit** als Ausprägung des Transparenzgebots auch vorher schon galt[37]. In der Fallbearbeitung ist § 307 III jeweils zu Beginn der Inhaltskontrolle zu prüfen, weil sie eine Kontrolle nach den §§ 309, 308, 307 I, II erst ermöglicht.

---

34 *Hennrichs*, in: Das Neue Schuldrecht, § 6 Rz. 30.
35 Vgl. BGH NJW 1999, 1865 f., 3260, 3411 ff.
36 *Von Westphalen*, NJW 2002, 12, 19.
37 Vgl. nur BGH BB 1988, 2410 f.; BGH WM 1990, 1367.

Sachverzeichnis

Die Zahlen verweisen auf die Randnummern des Buches.

Abbruch von Vertragsverhandlungen 102
Ablösungsberechtigter 120, 382
Abschöpfungsfunktion 252
Abstraktionsprinzip 136, 372
Abtretung 371 ff.
– Anzeige 382
– Aufrechnung 380
– Ausschluss 374, 380, 385 f.
– Bankgeheimnis 374
– Bestimmbarkeit 391
– cessio legis 382, 389, 393, 423, 432
– Fiktion 407
– Gesamtschuld 438
– gutgläubiger Erwerb 386
– Prioritätsprinzip 391
– rechtsgeschäftliches Verbot 401
– Schadensberechnung 388
– Schuldnerschutz 375 ff., 401
– Teilabtretung 406
– Vertrag 405
– Vorausabtretung 391
– Wahlrecht 381
– Zustimmungsvorbehalt 385
Abwendungsbefugnis 342
Abzug neu für alt 504
Adäquanztheorie 544, 547
Affektionsinteresse 504, 535
Akzessorietät 379, 392, 425, 434
Alles-oder-nichts-Prinzip 496
Allgemeine Geschäftsbedingungen 128, 556 ff.
– Bestimmtheitsgebot 564
– deklaratorische Klausel 569
– doppelte Schriftformklausel 565
– Durchschnittskunde 564 f.
– Haftungsfreizeichnung 559
– geltungserhaltende Reduktion 560
– Inhaltskontrolle 557 ff., 565 ff.
– Kardinalpflicht 562
– kundenfeindlichste Auslegung 566
– leistungsbestimmende Klausel 569
– Mahnung 360
– Preisargument 567
– Preisklarheit 570
– Preisklausel 569
– Prüfungsreihenfolge 556

– rechtsgeschäftliches Abtretungsverbot 401
– Rücktritt 159
– salvatorische Klausel 560
– Transparenzgebot 565, 569
– Wertungsmöglichkeit 557, 564
Änderungsvertrag 113
Andienung, zweite 144
Anerkenntnis, negatives 135
Angemessenheit 143
Annahmeverzug s. Gläubigerverzug
Anscheinsvollmacht 80
Anspruchserhaltung 155, 281, 285, 289 ff., 325
Anstrengung, überobligationsmäßige 261, 517
Anvertrauenshaftung 74, 79
Anwaltskosten 508
Anwendung, entsprechende 179, 182, 222, 447
Äquivalent 304
Äquivalenzinteresse 277c, 305
Äquivalenzprinzip 174
Aufhebungsvertrag 202
Aufklärungspflicht 103
Auflassung 18
Aufrechnung 65, 411
– Anrechnung 131
– Aufrechnungsverbote 123 ff.
– cessio legis 396
– Durchsetzbarkeit 122
– Erfüllbarkeit 123
– Erklärung 131, 133
– Gegenforderung 127
– Gegenseitigkeit 408
– Gesamtschuld 129
– Gleichartigkeit 121
– im Gesellschaftsrecht 130
– und Rücktritt 168
– rückwirkendes Erlöschen 119
– Wechselseitigkeit 120
Aufsichtspflichtverletzung 436
Aufwendung, vergebliche 317
Aufwendungsersatz 191, 317 f., 536 ff.
– Abgrenzung zum Schaden 317
– Einsatz eigener Arbeitskraft 317

219

Sachverzeichnis

- kommerzielle Zwecke 541
Auseinandersetzungsvorschriften 439
Ausführungsgeschäft 407
Ausgleichsanspruch 424, 433
Ausgleichsfunktion 516
Auslegung, richtlinienkonforme 144, 205
Ausschlussfunktion 6
Aussonderungsrecht 403

Bankgeheimnis 374
Bedarfstheorie 535
Bedingungsfeindlichkeit 131
Befreiungsnorm 252
Begleitschuldverhältnis 19
Beitreibungskosten 361
Beratungsfunktion 61
Bereicherungsschuldner
- bösgläubiger 345
- verklagter 367
Bereicherungsverbot 173, 551 ff.
Beschaffenheitsgarantie 277
Beschaffungsrisiko 259, 267, 270, 276, 348, 351, 567
Betriebsausfallschaden 353 ff.
Beweisfunktion 61
Beweislast 53 ff.
Bewertungsspielraum 149
Bezugspunkt 51 f.
B-Geschäft 209
Bierbezugsvertrag 429
Bonitätsrisiko 322
Bösgläubigkeit 247
Bringschuld 284, 287, 296
Bürgschaft 21, 67, 109, 129, 203 f., 222 ff., 420 ff.
Bürgschaftsvertrag 222 f.

Cessio legis 382, 389, 393, 396, 423, 432 ff.
Commodum
- ex negotiatione 319
- stellvertretendes 319 ff., 485
Culpa in contrahendo 69 ff.
- Abgrenzung zum Schuldverhältnis mit Schutzwirkung zugunsten Dritter 83, 476
- Anscheinsvollmacht 80
- Aufnahme von Vertragsverhandlungen 73
- Eigenhaftung Dritter 82
- Eigeninteresse, unmittelbares, wirtschaftliches 90
- Fallgruppen 58
- Inanspruchnahme besonderen Vertrauens 85

- Kalkulationsirrtum 220
- Konkurrenzen 93 ff.
- Minderjähriger 92
- Prospekthaftung 89
- Scheitern von Verträgen 102
- Vertragsanbahnung mit Einwirkungsmöglichkeit 74
Culpa post contractum finitum 4, 69

Darlegungslast, abgestufte 54
- sekundäre 56
Darlehen 21, 137, 208 ff., 399, 420 f., 427 f.
- valutiert 212
Dauerschuldverhältnis 59, 438
- Kündigung 59, 237 f.
- Wertersatz 176
Deckungsgeschäft 35, 273, 335
Deckungsverhältnis 457 f., 460
Dienstvertrag 79, 176, 288 f.
Differenzhypothese 94, 98, 515
diligentia quam in suis 181, 185
Direkterwerb 458
Dispositionsfreiheit 500
Drittleistung 1, 106, 108, 382, 416, 443 ff., 517
Drittschadensliquidation 469, 480 ff.
- Abgrenzung zum Schuldverhältnis mit Schutzwirkung zugunsten Dritter 480
- Frachtvertrag 481
- Kommission 486
- mittelbare Stellvertretung 404, 486
- Obhutsverhältnis 487 ff.
- obligatorische Gefahrentlastung 481 ff.
- Schadensberechnung 490
- Treuhandverhältnis 487 ff.
- Vermächtnis 482 ff.
- Versendungskauf 481
Drittwiderspruchsklage 403
Drittzuwendung 517
Durchgangserwerb 458
Durchgriff 208 ff.
- Einwendungsdurchgriff 213
- Widerrufsdurchgriff 209
Durchgriffskondiktion 212
Durchsetzbarkeit 236

E-Commerce 207
Eigengeschäftsführung, angemaßte 5, 133, 527, 552
Eigenhaftung des Vertreters 90
Eigenhaftung Dritter 85
- Fallgruppen 88
Eigenmacht, verbotene 133

Eigenschaft, verkehrswesentliche 257
Eigenschaftszusicherung 277
Eigentümer-Besitzer-Verhältnis 60, 247, 319, 345
Eigentümergrundschuld 400
Eigentumsvorbehalt 6, 172
Einheit
- rechtliche 63
- wirtschaftliche 209, 215
Einrede 1, 230, 269, 279, 310, 342, 376 ff., 461
- des nichterfüllten Vertrages 342, 378
- der Unmöglichkeit 261 f.
- der Unverhältnismäßigkeit 277a ff.
- peremptorische 279
Entreicherungsrisiko 108
Einwendung 1, 213, 216, 256, 262, 375 ff., 478 f., 517, 542, 550
Einwendungsdurchgriff 213 ff.
- Aufrechnung 121
Einwendungsverzicht 479
Einwilligung 92, 524
Einwirkungshaftung 74, 79
Einzugsermächtigung 481
Elektive Konkurrenz 169
Empfangszuständigkeit 107, 458
Entgeltforderung 357
Entgeltfortzahlung 436
Entscheidungsfreiheit 95, 541
Entschließungsfreiheit 98
Erbrecht 68
Erbschaftsanspruch 192
Erbschaftskauf 192
Erbschein 373, 412
Erfolgsort 284, 287
Erfüllbarkeit 123
Erfüllungsanspruch 63, 76, 118, 144, 169
Erfüllungsgehilfe 80, 84, 242 ff., 246, 291
Erfüllungsort *siehe Leistungsort*
- Nacherfüllung 118
Erfüllungssurrogate 111 ff.
- Leistung an Erfüllungs Statt 113
- Leistung erfüllungshalber 111 f.
Erfüllungstheorien 105 ff.
Erfüllungsübernahme 417
Erfüllungsverweigerung 146 f., 362
Erfüllungszeitraum 341
Erhaltungsinteresse 501
Erkundigungspflichten 313
Erlass 22, 135 f.
Erlöschenstatbestände 236
Ersetzungsbefugnis 113, 115, 501, 503

Eventualaufrechnung 131
Examensrelevant 17, 294, 390, 401, 459, 466

Fahrtkosten naher Angehöriger 501
Fallbearbeitung 52 f., 91, 218, 235, 246, 252 f., 262, 264, 412, 519, 538, 556
Fälligkeit 122, 147, 152 ff., 344, 359
Fälligkeitskündigung 438 f.
Fangprämie 509
Fernabsatzverträge 207
Feststellungsklage 340
Fixgeschäft
- absolutes 148
- Fixhandelskauf 148
- Rechtsfolge 148
- relatives 63, 148
Fixhandelskauf 148
Fixschuld 289
Flugreisefall 521
Forderung 1 ff.
- als Gegenstand von Verfügungen 22
- als sonstiges Recht 3 ff.
- Ausschlussfunktion 6
- deliktisch begründete 124
- Forderungszuständigkeit 5
- hypothekarisch gesicherte 399
- inkonnexe 410
- unpfändbare 124
- Zuweisungsfunktion 6
Forderungsauswechslung, gesetzliche 419
Forderungsübergang, gesetzlicher 393, 423
Forderungsverzicht 135
Formerfordernisse 61 ff., 103, 415, 420, 427 f., 463
Formfreiheit 415
Freistellungsanspruch 419
Freizeichnungsklausel 559
Fristsetzung 138, 141, 143 ff., 252, 277a, 336 f., 344, 350, 502 f., 539
Frustrierungsgedanke 535 f.
Fürsorgepflicht 468
Fuldaer Dombrandfall 440, 449

Garantie 267, 276 f., 292
- Garantieelement 85
- Garantiehaftung 43, 259, 471
- Garantieprinzip 254
- Garantieversprechen 255
Gattungskauf, funktioneller 275
Gattungsschuld 259, 266 f., 269 f., 275, 284, 287, 348
Gebrauchsüberlassungsvertrag 176

221

Sachverzeichnis

Gefahrtragung 155, 180, 296, 481 f.
Gefahrübergang 26, 157, 165, 195, 277a, 296
Gefälligkeitsverhältnis mit rechtsgeschäftlichem Charakter 81
Gefährdungshaftung 543 ff.
Gegenleistung 279 ff., 283 ff., 294
Gegenleistungsgefahr 281, 285, 300
Geldentschädigung 501 ff.
Geldschulden 121, 295 ff., 368
Gesamtgefüge 20
Gesamtgläubiger 433, 458, 481
Gesamthand 137
Gesamtschuld 136 f., 431 ff.
– Ausgleichsanspruch 423 f.
– Einzelwirkung 437 ff.
– fingierte 455
– gestörte 451 ff.
– Gleichstufigkeit 435 f., 440
– Mitwirkungspflicht 433
– Rückgriff 422
– Schuldbeitritt 422
– unechte 440
Gesamtschuldner 129, 422
Geschäftsführung ohne Auftrag
– auch-fremdes Geschäft 64, 442
– Fremdgeschäftsführungswille 64, 442
Geschäftsgrundlage 217 ff.
– Ehescheidung 221 ff.
– Leistungserschwerungen 225
– Oertmann'sche Formel 221
– Vertragsanpassung 229
– wirtschaftliche Unmöglichkeit 225 f.
Gesellschaft bürgerlichen Rechts 137
– Auseinandersetzung 439
– Mitwirkungsanspruch 439
Gestaltungsrecht 61, 131, 164 ff., 166, 168, 198
Gewährleistung 165
– Auswahlpflicht 31
– und Erfüllungstheorie 118, 239
Gewinn
– Gewinnchance 492
– entgangener 193, 336, 529
– erzielter 286
Gläubigerinteresse 263 f., 274
Gläubigernähe 468 f., 476 f.
Gläubigerverzug 155, 157, 282 f., 285, 288, 291, 297
Gutachtervertrag 476
Gutglaubenserwerb 8, 412
– Forderung 386
Grünstreifenfälle 513

Haftung, vertragliche 532
Haftungsausschluss 277, 471
Haftungsgrund
– Enttäuschung berechtigten Vertrauens 102
Haftungsinteresse 495
Haftungsmilderung 44 ff., 183, 285, 298, 330, 451 ff.
Haftungsrisiko 469
Haftungsverschärfung
– im Verzug 363
– für Zufall 364
Haltbarkeitsgarantie 277
Handelsrecht 371, 401 ff.
Händlerspanne 508
Hauptforderung 123
Hauptpflicht 31, 152, 175
Haustürgeschäfte 200 ff.
Haustürsituation 204 f.
– doppelte 204
– Zurechnung einer 205
Heilung 21, 428
Heininger-Entscheidung 206
Herausforderung 511 ff.
Herrenreiterfall 523
Herstellungsinteresse 499
Hilfsanspruch 18
Hilfsantrag 340
Holschuld 284, 287
Hypothek 393, 399, 418
– forderungsentkleidete 373
– Schuldübernahme 417 ff.
– Sicherungshypothek 377

Immaterialgüterrecht 396
Immobiliardarlehensvertrag 209
impossibilium nulla est obligatio 256 ff.
Informationspflicht 43, 207, 314
Insolvenz 4, 107, 121 f., 295, 403, 458
Insolvenzrisiko 108
Institutionsmissbrauch 222
Integritätsinteresse 33, 44, 49, 54, 162, 241, 277c, 350 ff., 496
Interesse 95
– negatives 76, 219, 314, 316, 538
– positives 304, 314 f., 335 ff., 538
Interessenwegfall 148, 301
Internetauktionen 207
Interzessionsgeschäft 417
Inzahlunggabe gebrauchter Sachen 114, 116
Inzidentprüfung 160, 472

222

Kalkulationsirrtum 220
Kapitalaufbringung, reale 130
Kaufrecht 100, 277a ff.
Kausalgeschäft 372
Kausalität 541
- hypothetische 514
- psychische 511
Klausurproblem 197
Kommerzialisierung 534
Kommission 402, 486
Kompensation 497 f.
Kondiktionsfestigkeit 463
Konfusion 137
Konkretisierung 284, 287, 296, 299
Konkurrenz, elektive 169
Konnexität 127, 410
Konzentration 284, 287
Kostenerstattungsanspruch 508
Kreditsicherungsrecht 371, 377, 390 ff.
Kündigung
- Dauerschuldverhältnis 59, 237 f.
- ernsthafte Leistungsverweigerung 146

Ladendiebstahl 509
Ladenvollmacht 75, 201
Lebensrisiko, allgemeines 511
Lebensverhältnis 127
Lebensversicherung 458
Legitimationspapier 383, 460 f.
Leihe 10 ff., 241
Leistungsanspruch, primärer 457
Leistungsanstrengung, überobligationsmäßige 261
Leistungsbewirkung 105
Leistungserfolg 105
Leistungserschwerung 225, 261
Leistungsfähigkeit 254, 277, 295
Leistungsgefahr 296 f., 300
Leistungsgegenstand 266, 364
Leistungshandlung 105
Leistungsinteresse 33, 154, 162, 263, 269, 350
Leistungsort 118, 287
Leistungspflicht 28, 39 f., 42, 45, 154, 161, 255
- Hauptleistungspflicht 31 f., 339
- Nebenleistungspflicht 32 f., 161
Leistungsrisiko 55
Leistungssubstrat 293
Leistungsurteil 122
Leistungsversprechen, Bruch des 313
Leistungsverweigerung 146, 362
Leistungsverweigerungsrecht 129 f., 215 f., 229 f., 261, 269, 558

Leistungsverzögerung 338 f.
Leistungszweck 23
Liberationswirkung 384
Lieferung mangelhafter Sachen 180
Lieferung unbestellter Ware 104

Mahnung 359 ff.
- befristete 337
- Entbehrlichkeit 362 ff.
- Fristsetzung 344
- Nachfristsetzung 337, 354
Mangel, unbehebbarer 165 f.
Mängeleinrede 167
Mankohaftung 54 f.
Mehraufwendung 158
Mehrkosten 34 ff.
Mehrwertsteuer 508
Minderjährige 107
Minderung 116 f., 301 f., 322
Minderwert 353
- mangelbedingter 116
- merkantiler 116, 504
Miterben 129, 396, 431
Mitgliedschaft 396
Mittelbare Stellvertretung 404, 486
Mitverschulden 454 f., 504, 510, 542 ff.
Mitverschuldensanteil 328
Mitwirkungsanspruch 439
Mitwirkungspflicht 433
Motivirrtum, beiderseitiger 219
Mühlenbrand-Entscheidung 267

Nachbarschaftliches Gemeinschaftsverhältnis 60
Nacherfüllung 31, 51 f., 100 f., 117 f., 144 f., 150 f., 156, 165 ff., 216, 250 ff., 346 ff.
- Anspruch 336
- und Selbstvornahme 250 ff.
- Unterlassen der 347
- Vorrang 100, 117, 347
- Zeitraum 353 ff.
Nachlassverwaltung 107
Naturalobligation 21
Naturalrestitution 93, 496 ff., 506
Nebenpflicht 31
- doppelrelevante 54, 241
- leistungsbezogene 33
- nicht leistungsbezoge 30, 33
Nebenpflichtverletzung 25, 31, 35, 44 ff.
Nebenrecht 423 f.
Negatives Interesse 76
Ne ultra petita 497

Sachverzeichnis

Nichtleistung 240
Nutzung 133 f., 138
– als Hauptleistungspflicht 175
– Berechnung 195
– entgangene 534 f.
– unterlassene 181
Nutzungsausfallschaden 170
Nutzungsersatzanspruch 138
Nutzungspfand 134

Obhutspflicht 243
Obhutsverhältnis 487 ff.
Obliegenheit 30, 554
Oertmann'sche Formel 221
Offenkundigkeitsprinzip 75
Opfergrenze 231
Orderpapier 387

Pacta sunt servanda 564
Pactum de non petendo 222
Passivforderung 123
Passivsaldo 492
Persönlichkeitsrecht
– allgemeines 524 ff.
– Intimsphäre 524
– Vererblichkeit 531
– vermögenswerte Bestandteile 530
Pfandrecht 132 ff., 377 ff., 397
Pferdefutterfall 26
Pflichtverletzung 24 ff., 477, 539 ff.
– arglistige Täuschung 97
– Arten 31, 33, 240
– beim nichtigen Vertrag 39 ff.
– bei Unmöglichkeit 29, 307 f.
– beim Rücktritt 187, 194 f.
– Beweislast 53 ff.
– Kritik am Konzept 27 f.
– Mitteilungspflicht 19
– nichtsynallagmatisch 140, 278
– sonstige 161
Positive Forderungsverletzung 25, 30, 147, 152, 240 f.
Präklusion 197 ff.
Preisgefahr 281, 285, 300
Primäranspruch 9, 228, 256, 259, 264, 273, 334
Primärleistung 308
Primärpflicht 31
Prioritätsprinzip 391
Privatautonomie 174, 219, 249, 570
Privilegierend 48
Prognoserisiko 504
Prospekthaftung 89

Prozessökonomie 198
Putativschuldner 108

Räumungsurteil 131 f.
Recht am eigenen Bild 524, 526, 528
Rechtsausübung, unzulässige 461
Rechtsbindungswille 474, 550
Rechtsfolgenverweisung 188, 454
Rechtsgrundverweisung 156, 454
Rechtsgüter, sonstige 353
Rechtskraft 198, 405
Rechtsmangel 101, 115
Rechtsnachfolge, prozessual 417
Rechtsscheinträger 373
Rechtszuständigkeit 498
Regeln einer ordnungsgemäßen Wirtschaft 181
Regelungsmechanismus 192
Regressbehinderung 451 ff.
Rektapapier 387
Relative Unwirksamkeit 17 f.
Relativität 1 ff.
– Durchbrechungen 10 ff., 213 ff.
Rentabilitätsvermutung 535, 539
Reserveursache 514 f.
Richtgröße 216
Risikoerhöhendes Verhalten 185
Risikotragung 427 f.
Risikoverteilung 224
Rückforderungsdurchgriff 209
Rückgabepflicht 241, 243
Rückgriff 431, 434
– aufgedrängter 382
Rückgriffsanspruch 425
Rückgriffskondiktion 444
Rücktritt 138 ff.
– arglistiges Verschweigen eines Mangels 150
– Aufrechnung 168
– Ausschluss 155, 159, 175 f.
– Fristsetzung 145
– gesetzliches Rücktrittsrecht 184 ff., 195
– Grund 141
– Kenntnis des Rücktrittsrechts 181, 187, 194 f.
– Leistungsverweigerung, endgültige 146 f.
– Nutzungsersatz 138, 195
– Relatives Fixgeschäft 63, 148
– Rückgewährschuldverhältnis 138, 165
– Rücktrittsberechtigter 187
– Rücktrittsgegner 187
– Teilleistung 172
– Umgestaltung 182

Sachverzeichnis

- ungeschriebene Voraussetzung 163
- Unmöglichkeit 280
- und Schadensersatz 154, 169 ff.
- Unwirksamkeit des Rücktritts 164 ff.
- Verarbeitung 182
- Verjährung 164
- vertragliches Rücktrittsrecht 138
- Verwendungsersatz 189
- vor Fälligkeit 152
- Verletzung der Rückgewährpflicht 194
- wegen Schutzpflichtverletzung 161 ff.
- Wertersatz 174 ff.
- zweistufiges Ausgleichsystem 170

Sachgefahr 300
Sachkunde 85
Sachmangel 115 f., 157, 159, 301
Sachverständigengutachten 508
Sachwalter 86
Salvatorische Klausel 560
Schaden
- Abgrenzung Naturalrestitution und Wertkompensation 506
- Belastung mit Ansprüchen 495
- entgangener Gewinn 193, 336, 529
- ersatzfähiger 491 f.
- Fahrtkosten naher Angehöriger 501
- Gesamtvermögensvergleich 492
- Gewinnchance 492
- Heilungskosten 501
- immaterieller 522
- Kind als Schaden 494
- Kraftfahrzeuge 500, 504, 534
- mittelbarer 515
- normativer 446, 520
- Objektschaden 515
- Schockschaden 511
- unmittelbarer 515
- Vermögensfolgeschäden 515
- Vermögensschaden 94, 98, 125, 521
- Vertrauensschaden 219, 316
- Verzögerungsschaden, spezifischer 334, 363, 389
- Verzugsschaden 354
- Vorhaltekosten 509 f.
Schadensanlage 514
Schadensersatz statt der Leistung 34 f., 239, 249, 256, 260, 298, 335 ff., 347
- Abgrenzung zum einfachen Schadensersatz 305
- bei anfänglicher Unmöglichkeit 312 ff.
- bei nachträglicher Unmöglichkeit 304
- Differenztheorie 170

- Großer Schadensersatz 171, 338
- Kleiner Schadensersatz 171, 338
- Minderungsmöglichkeiten 322
- positives Interesse 304
- Rechtsfolgen 312 ff.
- Surrogationstheorie 170, 173
- und Rücktritt 154, 169 ff.
- und Wertersatz 193 ff.
- wegen Leistungsverzögerung 334
- wegen Verletzung der Rückgewährpflicht 194
- wegen Verletzung einer sonstigen Pflicht 57
- zweistufiges Ausgleichsystem 170
Schadensminderungsobliegenheit 510, 517
Schadensverlagerung, zufällige 480 ff.
Scheck 112
Schenkung 278
- auf den Todesfall 462
- Vertrag der 462
Schickschuld 284, 287, 296
Schlechtleistung 25, 142, 240, 311, 339, 354
Schmerzensgeld 125 f., 532 f.
Schockschaden 511 ff.
Schönheitsreparatur 32, 146
Schriftformerfordernis 427
Schriftformklausel, doppelte 565
Schuldanerkenntnis
- abstraktes 548 f.
- deklaratorisches 549
- gesetzliches 60, 65
Schuldbeitritt 212, 420 ff.
Schuldverhältnis
- gesetzliches 60, 65
- Inhalt 272
- im engeren und weiteren Sinne 20
- Pflichten 30 ff.
Schuldverhältnis mit Schutzwirkung zugunsten Dritter 84, 464 ff.
- Abgrenzung zur Drittschadensliquidation 480, 488 f.
- Erkennbarkeit 469
- gegenläufige Interessen 473 ff.
- Gläubigernähe 468
- Leistungsnähe 467
- Schutzbedürftigkeit 470
Schuldübernahme 120, 415 ff.
Schutzgesetz 526
Schutzinteresse des Gläubigers 476
Schutzpflichten 31 ff., 39 ff., 44 f., 77, 84, 161 ff., 194, 207, 240 ff., 366
Schutzpflichtverletzung 25, 84, 161 ff.
Schutzzweck 62, 76, 428, 545, 547

Schutzzweckzusammenhang 541
Schwebelage 169
Selbstjustiz 126
Selbstmahnung 362
Selbstvornahme, eigenmächtige 250 ff.
Sekundärpflicht 31
Sicherungsabrede 377
Sicherungsgeber 395
Sicherungsgrundschuld 377, 392
Sicherungshypothek 377
Sicherungsmittel 425
Sicherungsrechte, akzessorische 392, 434
Sicherungsübereignung 487
Sicherungszession 388
Singularsukzession 499
Sonderverbindung 59 f., 73, 80, 247, 454
Sorgfalt, eigenübliche 184 ff.
Sorgfaltspflicht 73, 458
Sowieso-Kosten 517 ff.
Sparbuch 383 ff., 459 ff.
Sparsamkeitsprämie 534
Spezialitätsgrundsatz 391
Stückkauf 275
Stückschuld 259, 266, 269, 275, 284, 324
Stufenklage 340
Stundung 111, 222
Sukzessionsschutz 10 ff., 402 ff.
Sukzessivlieferungsvertrag 57, 59, 162, 429
Surrogat 107 ff., 319
Surrogationsanspruch 319 f.
Surrogationsmethode 173
Surrogationstheorie 170
Synallagma 21, 32, 44, 140, 279

Teilleistung 155, 172, 301
Teilunmöglichkeit 280, 311, 318
Testamentsvollstreckung 107
Themenklausuren 27
Tilgungsbestimmung 106
Tilgungsgemeinschaft 437, 445
Tilgungswirkung, wechselseitige 443
Totalrestitution 496 ff.
Totalschaden
– technischer 503
– wirtschaftlicher 503
Transparenzgebot 565 f.
Trennungsprinzip 18, 210
Treuhandverhältnis 128, 392, 487 ff.
Typenfreiheit 420
Typisierung, gesetzliche 453

Übergabe 157
Überlebensbedingung 463

Übernahmevertrag 415 f.
Überrumpelung 200, 202
Übertragung, rechtsgeschäftliche 429
Überwachungskosten 509
Umkehrschluss 164
Umsatzsteuer 508
Umwidmung der Eigenleistung 108
Unerlaubte Handlung 124 ff.
Unerschwinglichkeit 225
Unikat 275, 506
Universalsukzession 137, 483, 499
Unmöglichkeit 18, 248 ff., 310
– absolutes Fixgeschäft 148
– anfängliche 254 f., 311, 318, 352
– beiderseits zu vertretende 282, 323 ff.
– bei Geldschulden 295
– bei nichtsynallagmatischen Schuldverhältnissen 278
– Drittschadensliquidation 485
– faktische 233
– impossibilium nulla est obligatio 256 ff.
– praktische 233
– qualitative 165
– Rücktritt 280
– Teilunmöglichkeit 165, 280, 311, 318
– und Motivirrtum 316
– Unterscheidung 234
– Wegfall des Leistungssubstrats 293
– wirtschaftliche 226, 263
– Zweckfortfall 290, 293
Unterhaltsverpflichtung 494
Unterlassen 47
Untermiete 471
Unternehmer 196, 201 f., 212, 215 f.
Unvermögen 253 f., 256
Unvollkommene Verbindlichkeiten 21
Unwirksamkeit, relative 17 f., 402, 407
Unzumutbarkeit 33, 35, 149 ff., 151, 162, 220, 228 ff., 263, 266

Valutaverhältnis 457, 460, 462 f.
Venire contra factum proprium 478
Veräußerungsbeständigkeit 376
Veräußerungsgewinn, entgangener 336
Verbot geltungserhaltender Reduktion 560
Verbraucher 104, 196 ff., 358
Verbraucherdarlehensvertrag 209 ff., 420, 427 f.
Verbrauchereigenschaft, doppelte 204
Verbraucherschutz 196 ff., 211
Verbrauchsgüterkauf 144, 300, 481
Verbrauchsgüterkaufrichtlinie 138, 144

Sachverzeichnis

Verdinglichung obligatorischer Rechte 10 ff.
Verfügung 22 f., 372, 391, 402 f., 413
Vergütungsanspruch, zusätzlicher 518
Vergütungsgefahr 300
Verjährung, hypothetische 166
Verkehrsschutz 384
Verkehrssicherungspflicht 47 f.
Vermächtnis 278, 482 ff.
Vermieterpfandrecht 132
Vermögenseinbuße 94
Vermögensopfer 317
Vermögensverwaltung, private 428
Verpflichtung 22 f.
Verrichtungsgehilfe 50, 78, 245 f., 561
Versandhandel 287
Verschulden beim Verzug 343
Verschulden gegen sich selbst 181, 542
Verschuldenserfordernis 317, 355
Verschuldensprinzip 254
Verschuldensunabhängig 142, 302
Verschuldensvorwurf 326
Versandhandel 287
Versendungskauf 481
Vertrag
– abstrakter 23
– Abwicklung 301
– just-in-time Verträge 150
– kausaler 23
– mit Schutzwirkung zugunsten Dritter 464 ff.
– ohne primäre Leistungspflicht 40, 320, 352
– synallagmatischer 21
– unvollkommen zweiseitig verpflichtender 21
– zugunsten Dritter 457 ff.
– zu Lasten eines Dritten 453
– zusammengesetzter 63
Vertragsanpassung 217, 229
Vertragsaufhebung 93 ff.
Vertragsaufsage 153
Vertragsbruch, vorweggenommener 152
Vertragsfreiheit 102
Vertragskosten 541
Vertragstheorie 105
Vertragstreue, eigene 163
Vertragsübernahme 429 f.
Vertragsverhandlungen 102
Vertrag mit Schutzwirkung zugunsten Dritter 464 ff.
– Abgrenzung zur culpa in contrahendo 476

– Erkennbarkeit 469
– gegenläufige Interessen 473 ff.
– Gläubigernähe 468 f., 476 f.
– Leistungsnähe 467
– Personenrechtlicher Einschlag 468
– Schutzbedürftigkeit 470 f., 489
– Wohl und Wehe 468
Vertrauen, qualifiziertes 85
Vertretenmüssen 51 f., 183
Vertreter, gesetzlicher 242
Vertriebsformen, besondere 200 ff.
Verwendung 12 f., 189 ff.
Verwendungsersatz 189 ff.
Verwendungskondiktion 13
Verzögerungsschaden, spezifischer 334, 354, 363, 389
Verzug
– Haftungsverschärfung 363
– Verschulden 343
– Verzugsbegründende Erstmahnung 344, 359 ff.
– Zinsen 368
Vollmacht 61
Vollstreckungsgegenklage 197 ff., 516
Vorkaufsrecht 17 ff.
Vormerkung 17, 392
Vorratsschuld 269
Vorteilsausgleichung 322, 517 ff.

Wahlfeststellung 29
Wahlschuld 169
Warnfunktion 61
Wechsel 112
Wegfall der Geschäftsgrundlage 217 ff.
– hypothetisches Element 218, 221
– normatives Element 218, 221
– Risikobereich 218
– tatsächliches Element 218, 221
Wegnahmerecht 10, 14
Wertersatz 174 ff., 189
– Lieferung mangelhafter Sachen 180
– und Schadensersatz 193 ff.
– unterlassene Nutzungsziehung 181
– Verschlechterung/Untergang 178
– Wegfall der Wertersatzpflicht 182 ff.
Wertinteresse 496, 501
Wertminderung, zeitanteilige lineare 195
Wertung 359, 522 ff.
– gesetzliche 315
Wertungswiderspruch 425
Widerklage 340
Widerruf
– Einwendungsdurchgriff 213 ff.

Sachverzeichnis

- Fernabsatzgeschäfte 207
- Haustürgeschäfte 200 ff.
- Präklusion der Vollstreckungsgegenklage 197 ff.
- Überrumpelung 200, 202
- verbundenes Geschäft 215

Wiederbeschaffungsaufwand 266
Wiederbeschaffungswert 490, 504, 508
Wiedergutmachung 126
Wohl und Wehe 468

Zahlungsaufstellung 357 f.
Zahlungsverzugsrichtlinie 361
Zeugnis gegen sich selbst 550
Zufall 193, 364 f.
Zug-um-Zug 13

Zurechnung 205, 242, 369, 508 ff., 512 ff.
Zurechnungsnorm 246
Zurückbehaltungsrecht 13, 121, 342, 403
Zurückweisungsrecht 416
Zuständigkeitsregelung 403
Zustimmungsvorbehalt 385 f.
Zuweniglieferung 301
Zuweisungsfunktion 6
Zuweisungsgehalt 133, 528
Zwangsvollstreckung 400
Zweck, ideeller 539
Zweckerreichung 293
Zweckfortfall 290, 293
Zweckgemeinschaft 435
Zweckvereinbarungstheorie 106
Zweckverfehlung 540